证券投资综合实训

主　编　朱品品
副主编　邢仕宏　张福萍

哈爾濱工業大學出版社

内 容 简 介

本书立足于应用型本科人才培养的特点,突出应用性、强化实践性、注重前瞻性,紧跟证券市场最新动态。全书共十章,内容覆盖股票、债券、基金、期货、期权、证券系统软件的使用、证券投资分析方法、量化投资等。每一章既有相关的理论知识的介绍,又精心设计了实训项目,让学生在实践中掌握证券投资的基本技能,提升实际操作能力,使学生能够更好地适应未来的职业需求。

本书适合作为应用型本科院校金融学、投资学及相关专业独立开设的证券投资实训课程教材,证券投资学、证券投资分析等课程的实训配套教材,同时也可以作为证券、期货从业人员的参考用书。

图书在版编目(CIP)数据

证券投资综合实训/朱品品主编. --哈尔滨:哈尔滨工业大学出版社,2025.5. --ISBN 978-7-5767-2122-5

Ⅰ. F830.91

中国国家版本馆 CIP 数据核字第 202555BN73 号

策划编辑　杨秀华
责任编辑　张志雯
封面设计　刘　乐
出版发行　哈尔滨工业大学出版社
社　　址　哈尔滨市南岗区复华四道街 10 号　邮编 150006
传　　真　0451-86414749
网　　址　http://hitpress.hit.edu.cn
印　　刷　黑龙江艺德印刷有限责任公司
开　　本　787 mm×1 092 mm　1/16　印张 16.25　字数 392 千字
版　　次　2025 年 5 月第 1 版　2025 年 5 月第 1 次印刷
书　　号　ISBN 978-7-5767-2122-5
定　　价　56.00 元

前　言

在数字化时代背景下，金融科技正在重塑行业格局，如人工智能算法可助于优化投资决策，大数据分析可赋能市场洞察。数字化和智能化已经成为金融市场创新发展的核心引擎。这种变化趋势对应用型本科院校人才的培养提出了新的要求和挑战，如何培养出既懂理论，又懂实操的高素质应用型人才，是当下教育者需要思考的重要问题。

基于这样的背景，本书以“夯实理论、聚焦实践、融合数字化”为编写理念，以服务产业需求为导向，通过系统梳理证券投资业务全流程——从股票的认知、行情解读，到债券、基金、期货期权的投资分析与交易实践；从传统基本面、技术面分析，到量化投资交易平台的搭建与使用，再到量化投资策略的设计、开发与优化——构建起覆盖证券投资全领域的知识与实训体系。本书不仅包括股票、债券、基金、期货期权等投资工具的基础知识，而且紧跟数字化、智能化浪潮，将模拟仿真交易、行情分析和识别、量化投资策略开发等内容深度融入教学，便于学生在实训中触摸行业前沿，真正实现“学为所用、用以促学”的良性循环。

本书最大的亮点在于立足应用型本科人才培养特点，通过基础认知、工具应用、分析体系、多元投资、创新拓展五大模块，致力于培养高素质的应用型本科人才。

第一章股票投资概述为基础认知模块，筑牢投资基础。本章通过讲解股票市场逻辑、软件操作流程，让学生建立对证券投资的底层认知，即理解股票是什么、市场如何运行，掌握获取信息的工具入口。实训项目“股票市场的信息收集与认知”则可以引导学生主动挖掘信息，培养金融从业者必备的“信息敏感度”，为后续深入学习搭建认知框架。

第二章证券行情软件的使用为工具应用模块。本章围绕证券行情软件展开，这是连接理论与实操的核心纽带。行情软件是金融从业者的重要工具，其功能覆盖行情查看、数据分析、模拟交易等。通过实训项目“股票行情解读与模拟交易”引导学生熟悉软件操作，验证投资策略，为后续分析模块提供实操载体。

第三章证券投资基本分析、第四章证券投资技术分析为分析体系模块。这两章主要介绍如何构建“基本面+技术面”分析体系，是证券投资的核心方法论。基本面分析教学生看透价值本质，即理解经济运行如何影响股市、行业政策怎样塑造机会、公司财报隐藏哪些信号等；技术面分析则教学生捕捉交易时机，即如何从价格形态、趋势变化中识别买卖点。实训项目中的“宏观经济运行对股票市场的影响分析”“技术指标的分析与应用”推动学生将分析逻辑转化为可验证、可迭代的投资结论，培养他们的理性决策思维。实训项目中的“行业研究报告的撰写”“上市公司投资分析报告的撰写”则培养学生运用统计分析方法、数据挖掘技术等进行数据分析与处理，锻炼学生撰写高质量分析报告的能力。

第五章债券投资、第六章证券投资基金、第七章期货投资分析和第八章期权投资分析为多元投资模块，覆盖债券、基金、期货、期权相关知识，是证券投资知识的横向拓展。不同金融工具对应不同风险收益特征及适用场景：债券注重“稳健配置”，基金强调“专业管理”，期货聚焦“杠杆与避险”，期权侧重“复杂策略”。通过对基础知识的学习及实训项目的练习，学生可以充分理解不同投资工具的特性和差异，便于理解如何根据市场环境、投资目标组合运用投资工具来平衡收益和风险。

第九章量化投资入门、第十章量化投资策略的开发为创新拓展模块。在这两章中引入量化投资知识，这是金融科技浪潮下的创新方向。学生学习搭建量化平台和开发投资策略，从而了解金融与科技结合的思路，通过算法优化投资收益和风险，这不仅是对传统投资分析方法的升级，也为他们未来从事金融科技、量化投资等工作奠定了基础。实训项目“量化策略的设计、开发与优化”能培养学生运用科技手段提升金融投资水平的能力，适应资本市场数字化发展的需要。

综上，本书以“基础认知→工具应用→分析体系→多元投资→创新拓展”为脉络，既夯实了证券投资知识体系，又通过实训贯穿了“学—练—用”闭环。期望本书能够帮助应用型本科学生从“知识学习者”成长为“实践探索者”，最终成为适配行业需求的高素质应用型人才。

虽然我们想尽善尽美，但由于作者的阅历和水平有限，书中难免会有疏漏之处，恳请广大读者批评指正。

作　者
2025 年 3 月

目　　录

第一章　股票投资概述

证券市场主要是指以股票、债券、基金等有价证券为交易对象的场所，包括证券发行市场和证券交易市场。它为资金供求双方提供了一个公开、公平、公正的投资和融资平台，实现了资金的有效配置。证券投资是指投资者通过买卖有价证券及其衍生品，以获取红利、利息及资本利得的投资行为和投资过程。证券投资是一种复杂的投资行为，投资者需要充分了解证券市场的基本知识和投资分析方法，根据自己的风险承受能力和投资目标，制定合理的投资策略。

第一节　股票与股票市场

一、股票和股票种类

股票是股份有限公司发行的，用以证明投资者的股东身份和权益，并据以获取股息和红利的凭证。

在我国，股票可以从多个维度进行分类，如按上市地区和面向的投资者不同，可以分为：

A 股：人民币普通股，是由中国境内公司发行，供境内机构、组织或个人以人民币认购和交易的普通股股票。虽然现在通过沪港通、深港通等机制，外资也可以投资 A 股，但内地投资者仍然是 A 股市场的主力军。

B 股：人民币特种股票，是中国境内上市公司发行的一种股票形式，以人民币标明面值，但以外币认购和交易，主要在上海证券交易所和深圳证券交易所上市。目前，上海证券交易所 B 股以美元标价，深圳证券交易所 B 股以港元标价。B 股最初仅限外国投资者和中国港澳台投资者参与。2001 年 2 月 19 日，经国务院批准，中国证监会决定，允许境内居民以合法持有的外汇开立 B 股账户，交易 B 股股票。

H 股：注册地在内地、上市地在香港的中资企业股票，以港币计价。

A+H 股：在 A 股市场和 H 股市场同时上市的股票。

N 股：在中国内地注册、在美国纽约证券交易所上市的外资股票，以美元计价和交易。

按照市值不同，A 股市场上的股票可以划分为大盘股、中盘股、小盘股和微盘股。一般来说，沪深 300 指数包含 A 股市值规模最大的前 300 只股票，代表大盘股；中证 500 指数包含规模排名第 301～800 的股票，代表中小盘股；中证 1000 指数、中证 2000 指数分别包含规模排名第 801～1 800 的股票和第 1 801～3 800 的股票，代表小盘股；中证 2000 之后的指数代表微盘股。

按上市公司业绩的状况，A 股市场上的股票可以划分为蓝筹股、绩优股、绩差股和 ST

股。其中ST股分为ST股和＊ST股,ST股用于标识财务状况或其他状况异常的上市公司股票,＊ST股则是因连续亏损等原因被给予退市风险警示的股票。＊ST股的风险显著高于ST股,直接涉及退市的风险,对投资者的潜在损失可能更大。

此外,股票还可以根据利润和财产分配方式划分为普通股和优先股,根据投资主体划分为国有股、法人股和社会公众股。

二、A股市场

A股市场主要面向国内投资者,是中国股票市场的重要组成部分。随着中国经济的快速发展和资本市场的逐步开放,A股市场逐渐成为全球投资者关注的焦点。目前,中国境内共有三家全国性证券交易所,即上海证券交易所、深圳证券交易所和北京证券交易所。

A股市场包含多个板块,每个板块都有其特定的定位和上市条件。

(一)主板市场

主板市场主要面向具有较大资本规模、有稳定盈利能力的大中型企业,是传统意义上的证券市场。主板市场是A股市场的主要组成部分,上市公司多为大型国有企业和知名民营企业。这些企业往往具有较高的市值、稳定的盈利能力和良好的公司治理结构。主板市场的上市公司涵盖了能源、金融、制造、消费等多个行业,是中国经济发展的重要支柱。

(二)创业板市场

创业板市场是深圳证券交易所的一个板块,专为创新型、成长型企业设立,上市条件相对宽松,更注重企业的发展潜力和创新能力,对企业的盈利能力要求相对宽松。创业板市场的推出,为中国的高新技术企业和创新型企业提供了融资的新平台,促进了中国创新型企业的发展。

(三)科创板市场

科创板市场是上海证券交易所在主板外单独设立的一个板块,旨在支持科技创新企业。科创板市场的上市条件强调企业的科技含量和成长性,对企业的盈利能力要求较低,重点支持新一代信息技术、高端装备、新材料、新能源、节能环保及生物医药等高新技术产业和战略性新兴产业。科创板市场的推出,是中国资本市场服务科技创新的重要举措,有助于推动中国科技创新的发展。

(四)北京证券交易所市场

北京证券交易所是由新三板精选层变更设立的,致力于打造服务创新型中小企业主阵地。通过更加灵活的上市标准和完善的转板制度,北京证券交易所的设立为中小企业提供了一个更加高效、便捷的融资渠道,为处于成长期、具有发展潜力的中小企业提供了资金支持。

在股票市场中,不同类型的股票具有不同的代码,如图1.1所示。例如:沪市A股主板股票代码通常以60开头,B股代码以900开头,科创板股票代码以68开头;深市A股主板股票代码以00开头,B股代码以200开头,创业板股票代码以30开头;北京证券交易所股票代码通常以 8 开头。

代码	名称	涨幅	现价	涨跌	买价	卖价	总手	总金额	现手	1分钟涨速	实体涨幅
600150	中国船舶	-1.63%	30.78	-0.51	30.78	30.79	38.55万	11.91亿	5953↓	+0.03%	-1.12%
601985	中国核电	-0.11%	9.29	-0.01	9.29	9.30	55.50万	5.15亿	8671↓	-0.11%	-0.11%
603300	海南华铁	+0.20%	10.01	+0.02	10.01	10.02	187.5万	19.01亿	22143↑	+0.00%	+0.30%
605300	佳禾食品	+3.41%	14.54	+0.48	14.54	14.55	11.33万	1.63亿	1880↑	+0.00%	+3.78%
900905	老凤祥B	-0.14%	3.600	-0.005	3.597	3.600	1407	50.66万	12↓	+0.00%	+0.00%
688380	中微半导	-1.57%	29.52	-0.47	29.52	29.53	42928	1.28亿	479↓	-0.03%	-1.34%
688567	孚能科技	-0.14%	14.18	-0.02	14.17	14.18	10.35万	1.47亿	749↓	-0.07%	+0.35%
000430	张家界	-0.13%	7.84	-0.01	7.84	7.85	33.34万	2.60亿	2450↓	+0.26%	+1.95%
001255	博菲电气	-3.75%	26.96	-1.05	26.96	26.97	9996	2720万	146↓	-0.07%	-3.71%
002461	珠江啤酒	-1.55%	10.14	-0.16	10.13	10.14	10.61万	1.07亿	585↓	+0.30%	-0.69%
200581	苏威孚B	-0.50%	13.89	-0.07	13.89	13.91	1113	154.7万	35↓	-0.14%	-0.36%
200596	古井贡B	-0.80%	124.21	-1.00	124.20	124.88	526	656.3万	73↓	-0.08%	-0.72%
301153	中科江南	+1.90%	26.33	+0.49	26.32	26.33	51894	1.37亿	333↑	+0.00%	+2.21%
300433	蓝思科技	-0.97%	25.61	-0.25	25.60	25.61	34.17万	8.70亿	1↓	+0.00%	-0.70%
871694	中裕科技	-11.80%	20.77	-2.78	20.77	20.88	34908	7655万	936↑	-0.95%	-10.67%
870976	视声智能	-3.42%	25.41	-0.90	25.41	25.42	13691	3575万	415↑	-0.16%	-4.51%
830839	万通液压	-4.73%	26.97	-1.34	26.97	26.98	38965	1.08亿	442↑	+0.00%	-3.71%
000001	上证指数	-0.67%	3351.31	-22.44	--	--	4.12亿	4688亿	23.52万↑	-0.03%	-0.61%
399006	创业板指	-0.79%	2128.21	-16.89	--	--	1.80亿	2995亿	66.04万↑	-0.06%	-0.55%

图 1.1　股票与股票代码示例

三、股票市场中的常用术语

熟悉股市的常用术语，可以帮助投资者更好地理解股市的运作和特点，以及在日常交流中更准确、迅速地沟通。表 1.1 列举了一些常用的股市术语。

表 1.1　股市的常用术语

术语	含义
股价指数	反映股票市场总体价格水平及其变动趋势的指标。一般是挑选一定数量的代表性股票，根据这些股票价格的平均值或加权平均值计算得出
大盘	股票市场整体的走势或水平，它能够反映整个市场的状况。在国内，大盘一般是指沪市的上海证券综合指数（简称上证指数）和深市的深圳证券交易所成分股价指数（简称深证成指）
牛市	股票市场整体呈现上涨趋势的时期，通常伴随着投资者信心的增强及对未来的乐观预期。在牛市中，股票价格普遍上涨，市场成交量活跃
熊市	股票市场整体呈现下跌趋势的时期，通常伴随着投资者信心的减弱及对未来的悲观预期。在熊市中，股票价格普遍下跌，市场成交量可能减少
震荡市	股票市场波动幅度相对较小，股价在一个相对固定的区间内上下波动，没有明显的上涨或下跌趋势
开盘价	股票在每个交易日早盘竞价集中撮合后的价格
收盘价	股票在每个交易日尾盘竞价集中撮合后的价格
最高价	在某个交易时间段内，成交价格的最高点
最低价	在某个交易时间段内，成交价格的最低点
涨跌幅	股票价格上涨或下跌的幅度，通常用百分比来表示

续表1.1

术语	含义
涨停	股票价格在单个交易日内上涨达到交易所规定的最大涨幅限制,股票价格不能再继续上涨
跌停	股票价格在单个交易日内下跌达到交易所规定的最大跌幅限制,股票价格不能再继续下跌
高开	今日开盘价高于前一交易日的收盘价
低开	今日开盘价低于前一交易日的收盘价
停牌	证券交易所因特定原因暂停某只股票的交易,投资者在此期间无法买卖该股票
成交量	某一时间段内某只股票或市场整体的实际交易数量
成交额	某一时间段内所有交易的总金额,即成交量乘以成交价格的总和
量比	当前成交量与过去一段时间内平均成交量之间的比值。较高的量比通常表示市场交投活跃,而较低的量比则可能意味着市场较为冷静
建仓	投资者开始买入或卖出某种资产,从而建立一个新头寸的过程
平仓	投资者通过反向交易,将已有的头寸全部或部分了结,从而结束一个交易头寸的过程
清仓	投资者将所有持有的头寸全部平仓,即完全结束所有交易头寸,使得账户中不再有任何未平仓的头寸
仓位	投资者在某个特定时间点上,持有的某种资产或头寸的数量或比例。仓位通常分为全仓(满仓)、半仓、轻仓和空仓等
委比	通过计算当前买入委托量与卖出委托量的差值占两者总和的比例,来反映市场上的买方和卖方力量的相对强弱,用于衡量买卖盘之间的力量对比
换手率	表示一定时间内股票转手买卖的频率,计算公式:换手率 =(某一段时间内的成交量/流通股数)× 100%
外盘	又称为主动性买盘,它表示的是多方主动以高于或等于当前卖一、卖二、卖三等的价格下单买入股票的成交数量。该指标反映了市场中多方的交易意愿,当外盘较高时,意味着多方占优,可能导致股价上涨
内盘	又称为主动性卖盘,它表示的是空方主动以低于或等于当前买一、买二、买三等的价格下单卖出股票的成交数量。该指标反映了市场中空方的交易意愿,当内盘较高时,意味着空方占优,可能导致股价下跌
融资	投资者向证券公司借入资金,用于购买股票或其他证券
融券	投资者向证券公司借入股票,然后立即卖出,希望在股票价格下跌后以更低的价格买回股票并归还给证券公司,从而赚取差价
分红	上市公司将其盈利的一部分分配给股东的过程,主要包括现金分红和股票分红
派息	公司将利润以现金形式分配给股东

四、股票交易的规则

股票交易遵循一系列的规则和程序，旨在维护市场的公平、公正和透明。以下是投资者应该了解的股票交易规则。

（一）股票交易时间

A股的交易日为每周一至周五（法定节假日及交易所公告的休市日除外）。具体时间为，每个交易日的9:15—9:25为开盘集合竞价时间，9:30—11:30、13:00—14:57为连续竞价时间，14:57—15:00为收盘集合竞价时间。

（二）股票交易流程

投资者可以采用限价委托或市价委托的方式委托会员进行股票买卖操作。在交易软件中输入股票代码、买卖方向、数量和价格等信息，确认无误后提交订单。

限价委托是指投资者设定一个特定的价格来买入或卖出股票。只有当市场价格达到或优于设定的价格时，交易才会执行。市价委托是指投资者不指定具体的交易价格，而是要求交易系统或经纪人按照当前市场上的最优价格立即执行买入或卖出交易。市价委托能够迅速匹配市场上的最优交易对手方，实现快速成交，但价格不确定，可能高于或低于投资者的预期价格。因此，市价委托适用于紧急交易或市场快速变化的场景，而限价委托更适用于有明确价格目标的长期投资策略。

（三）股票交易数量

主板和创业板：交易单位为1手，即100股。买入时，必须是100股的整数倍；卖出时，不足100股的部分应当一次性申报卖出。

科创板：每笔申报数量至少为200股，超过部分可按1股递增；卖出时若余额不足200股，需一次性申报。

（四）股票交易竞价方式

（1）竞价方式。

股票交易中的竞价方式主要包括集合竞价和连续竞价两种。集合竞价是指对一段时间内接受的买卖申报一次性集中撮合的竞价方式，通常用于确定开盘价和收盘价。连续竞价采取逐笔连续撮合的竞价方式。

（2）竞价原则。

股票竞价按照价格优先、时间优先的原则撮合成交，集合竞价的所有交易以同一个价格成交。

价格优先原则：价格较高的买入申报优先于价格较低的买入申报；价格较低的卖出申报优先于价格较高的卖出申报。

时间优先原则：当买卖方向、价格相同时，先申报者优先于后申报者。先后顺序根据交易主机接受申报的时间确定。

（五）股票交易的费用

股票交易过程中涉及的费用主要包括交易佣金、印花税和过户费等。

(1)交易佣金。

交易佣金是由证券公司收取的费用,是股票交易中最主要的费用之一。佣金费率因券商而异,一般根据客户的资金量、交易频率、交易品种等因素来设定,最高不得超过成交金额的3‰,每笔不足5元按5元收取。计算方法:

佣金=成交金额×佣金费率

(2)印花税。

印花税是由国家税务部门征收的税收,仅在卖出股票时收取。印花税率为成交金额的0.05%,计算方法:

印花税 = 成交金额×0.05%

(3)过户费。

过户费是由中国证券登记结算有限责任公司收取的费用,用于变更证券登记。过户费率为成交金额的0.001%,买卖双方都需要支付。计算方法:

过户费 = 成交金额×0.001%

例如:假设投资者在沪市卖出一笔成交金额为10万元的股票,券商佣金费率为0.03%,则交易费用计算如下:

佣金: 100 000×0.03% = 30元

印花税:100 000×0.05% = 50元

过户费:100 000×0.001% = 1元

因此,该笔卖出股票交易的总费用为30元(佣金)+50元(印花税)+1元(过户费)= 81元。

除交易佣金、印花税和过户费之外,股票交易还可能产生交易所费用和通信费等。投资者在进行股票交易时,应该将这些费用考虑在内,以准确计算交易成本。

(六)涨跌幅限制

主板:新股上市后的前5个交易日不设价格涨跌幅限制,从第6个交易日起,涨跌幅限制为10%。

创业板及科创板:新股上市后的前5个交易日不设价格涨跌幅限制,从第6个交易日起,涨跌幅限制为20%。

北京证券交易所:新股上市首日不设涨跌幅限制,从第2个交易日起,涨跌幅限制为30%。

第二节 常用证券行情软件的下载和安装

投资者虽然可以通过各大网站查询证券市场行情,但更方便快捷的方式是在电脑上安装证券行情软件。下面以最常用的同花顺和东方财富软件为例来介绍证券行情软件的下载与安装。

一、同花顺软件的下载与安装

第一步:在浏览器中输入同花顺官方网址,进入同花顺官方网站,如图1.2所示。

图 1.2 同花顺官方网站

点击【软件下载】，按照网站所示步骤操作即可下载同花顺 PC 版客户端软件。

第二步：双击下载后的同花顺安装程序图标，弹出同花顺安装向导页面（图 1.3），默认的安装路径为 C 盘，投资者也可以点击【浏览】按钮自行设置软件安装的位置，单击【立即安装】按钮。待软件安装成功后，双击同花顺图标打开应用即可使用。

图 1.3 同花顺安装向导页面

第三步：首次使用同花顺软件，可以先进行注册，以便获得更好的使用体验。打开同花顺软件后，点击【极速注册】（图 1.4），按照提示进行注册即可。

图 1.4 同花顺注册与登录页面

在同花顺客户端登录页面中,提供了以下几种登录方式:

(1)在登录框输入用户名和密码登录。

(2)在登录框右侧可以选择短信登录、扫码登录等方式。

(3)点击对应图标,通过微信、QQ、微博的方式进行关联登录。

第四步:打开同花顺客户端后,首先看到的是同花顺的主页面,如图1.5所示。

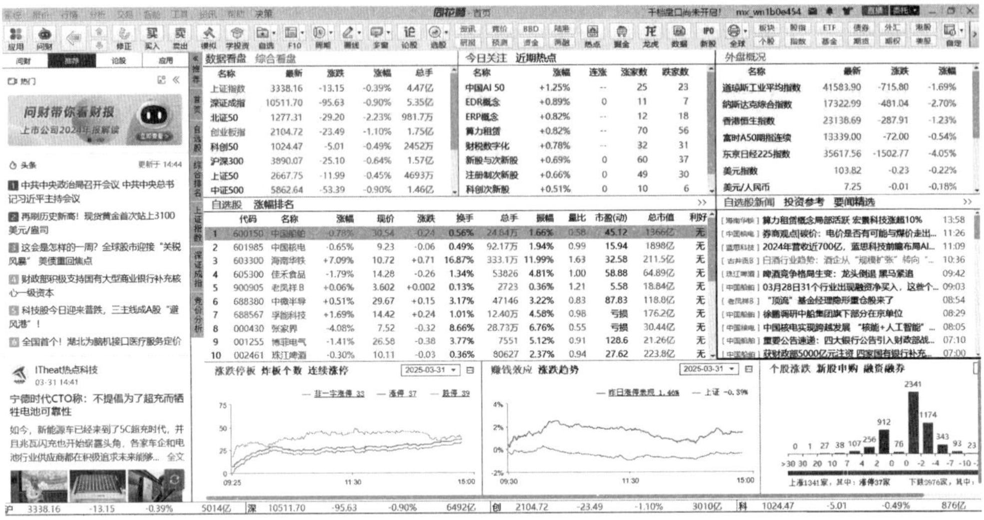

图1.5　同花顺客户端主页面

同花顺客户端的主页面由主窗口、菜单栏、工具栏、功能树、标题栏、指数条等组成。

(1)主窗口。

主窗口是主要页面,当投资者点击使用某个模块时,相关信息会在主窗口中显示。

(2)菜单栏。

菜单栏位于同花顺软件主页面的左上方,包括系统、报价、行情、分析、交易、智能、工具、资讯、帮助、决策等。

(3)工具栏。

工具栏在菜单栏下方,包括买入、卖出、模拟、周期、画线、论股、选股、资讯、研报、竞价、预测、BBD①、资金、陆港、两融、热点、数据、新股、全球、板块、个股、基金、债券、期货、期权、外汇、港股、美股等。

(4)功能树。

功能树位于主窗口的左侧,包括推荐、首页、自选股、综合排名、上证指数、深证成指、竞价分析等模块。

(5)标题栏。

标题栏位于同花顺软件主页面的右上方,有个人中心、消息中心、股票预警、委托等功能。

① BBD是衡量市场中主力资金多空力度的指标。若BBD为正且呈现不断上扬走势,表明市场中多方占优势;若BBD为负且呈现不断下探走势,表明市场中空方占优势。

(6)指数条。

指数条位于同花顺软件主页面下方,默认显示上证指数、深证成指、创业板指、科创50等的涨跌情况。

二、东方财富软件的下载与安装

第一步:在浏览器中输入东方财富官方网址,进入东方财富官方网站,如图1.6所示。

图1.6 东方财富官方网站

单击网页上方的【东方财富】选项,打开东方财富终端下载页面(图1.7),单击【免费下载Windows版】按钮即可进行软件下载。

图1.7 东方财富终端下载页面

第二步:双击下载后的东方财富安装程序图标,弹出东方财富安装向导页面(图 1.8),点击【快速安装】,也可以选择【自定义安装】,默认的安装路径为 C 盘,投资者可以自行设置软件安装的位置。

图 1.8　东方财富安装向导页面

第三步:东方财富软件安装完毕后,投资者可以单击【立即体验】按钮使用该软件。投资者可以在登录页面(图 1.9)进行注册和登录。

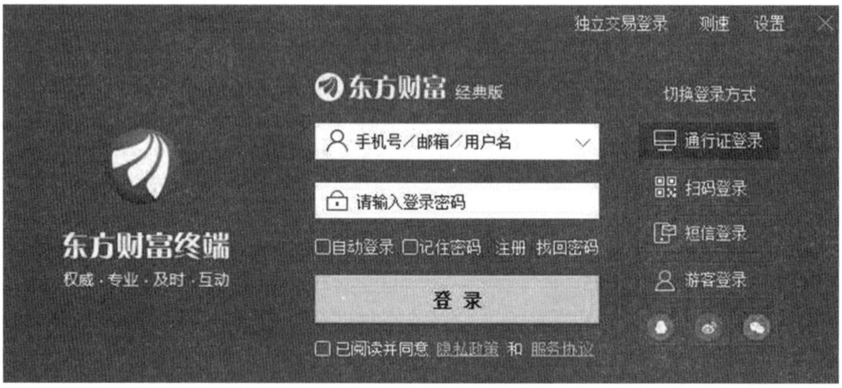

图 1.9　东方财富登录页面

实训项目一　股票市场的信息收集与认知

一、实训目的

(1)了解 A 股市场中主板、创业板、科创板的市场定位、上市条件、交易规则等基础知识,准确掌握各类股票代码的编码规律。

(2)熟练掌握通过证券交易所官方网站和同花顺、东方财富等金融软件,收集上市证券信息、财经资讯、市场行情数据的方法,提升信息获取与筛选能力。

(3)培养学生对收集到的股票市场信息进行整理、分析和解读的能力。

(4)通过实践操作,增强对股票市场的认知与理解,为后续学习证券分析、开展投资实践等奠定坚实基础。

二、实训要求

（1）获取的信息必须真实、准确，对收集到的信息进行分类整理，避免信息混淆。

（2）初步掌握同花顺、东方财富软件的基本操作，包括行情查询、资讯筛选、数据导出等功能。

（3）保持严谨的态度，认真记录实训过程中获取的信息，严格按照进度安排完成实训任务。

三、实训内容及步骤

（1）在官方网站下载同花顺、东方财富软件，并按照安装提示完成软件安装。安装完成后，熟悉软件的页面和基本操作功能，如登录账号、切换行情页面等。

（2）登录上海证券交易所和深圳证券交易所官方网站。在“信息披露”板块，查找主板、创业板、科创板上市公司的相关信息，包括公司基本信息、上市公告、定期报告、招股说明书等。登录北京证券交易所官网，收集上市公司的信息。对收集到的信息进行分类整理。

（3）打开同花顺或东方财富软件，查找不同板块的股票，观察股票代码的规律，总结主板、创业板、科创板、北京证券交易所股票代码的起始数字及特点。在软件的“资讯”板块，收集与股票市场相关的财经资讯，包括宏观经济政策、行业动态、上市公司新闻等。

（4）撰写实训报告。报告内容需包括对 A 股各市场板块的详细介绍、股票代码规则总结、收集到的财经资讯要点分析、数据图表展示及分析结论等。

四、实训结果

提交一份完整、规范的实训报告，报告内容能够准确反映对股票市场信息的收集与分析过程。报告中的数据来源可靠，图表制作规范，文字表述准确。

第二章　证券行情软件的使用

第一节　行情、资讯和数据的查询

可查询证券行情的软件主要有同花顺、东方财富、通达信、大智慧、雪球等，这些软件各具特色，能帮助投资者快速、准确地获取证券资讯，为投资决策提供参考。下面以东方财富软件为例，介绍证券行情软件的使用方法。

一、系统菜单

东方财富【系统】菜单包括重新登录服务器、断开行情、网络监测、最小化设置、弹窗设置、皮肤设置、操作设置等菜单项。

如果投资者想实时了解盘中最新资讯，可开启弹窗，届时将在屏幕的右下方弹出相关的最新资讯。在主菜单栏中选择【系统】⇨【弹窗设置】选项，弹出【弹窗设置】对话框(图2.1)，投资者需要勾选接收快讯选项，单击【确定】按钮，完成设置。

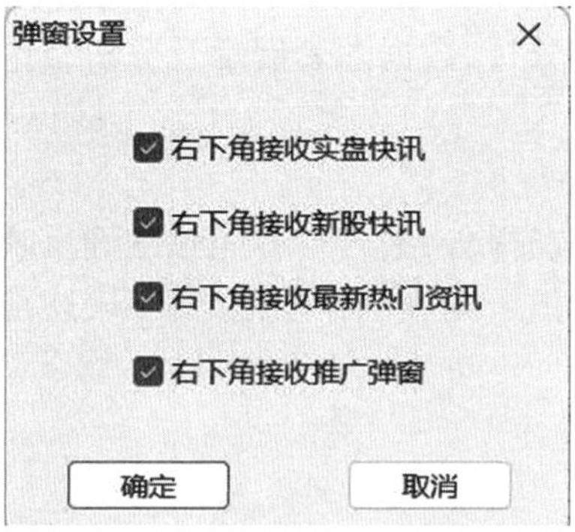

图2.1　东方财富软件弹窗设置

东方财富有三种风格的页面：经典黑、深空灰和典雅白，投资者可以根据自身的习惯和喜好进行切换。在主菜单栏中选择【系统】⇨【皮肤设置】进行设置即可，如图2.2所示。

图2.2　东方财富软件皮肤设置

二、行情菜单

通过【行情】菜单(图2.3),投资者可以清晰地了解股票、债券、基金、期货、外汇等多个金融市场的实时行情,迅速了解市场动态,及时掌握价格波动。

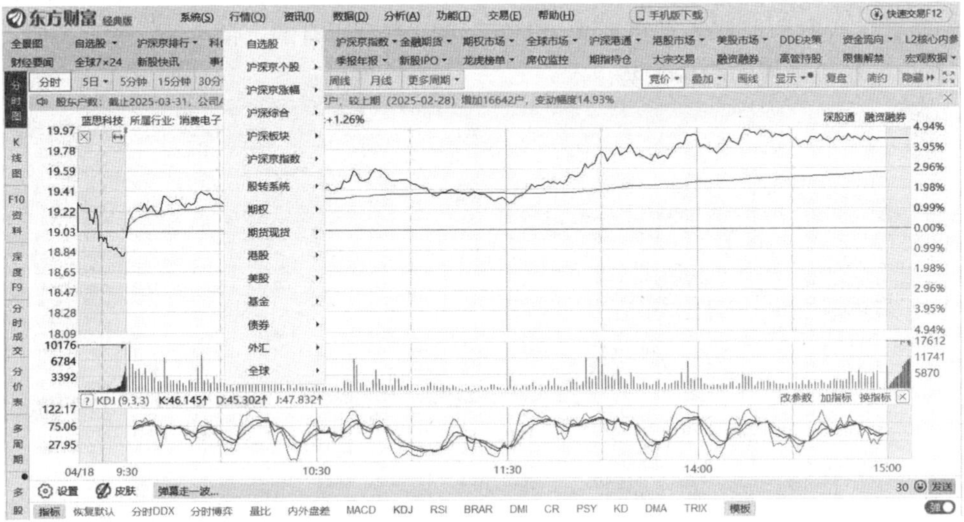

图2.3 东方财富软件行情菜单

(一)自选股

自选股页面是投资者自己选择的股票库的报价页面,投资者可将关注的股票添加到自选股列表,在自选股页面能实时查看这些股票的最新价格、涨跌幅等关键行情数据。单击主菜单栏中的【行情】⇨【自选股】,进入自选股页面(图2.4),投资者可以单击【最新】、【涨幅】、【涨跌】、【总量】、【现量】、【换手】等对自选股进行排序。例如,单击【涨幅】,自选股将自动按照从高到低或者从低到高进行排序。投资者也可以设置多个自选股组。

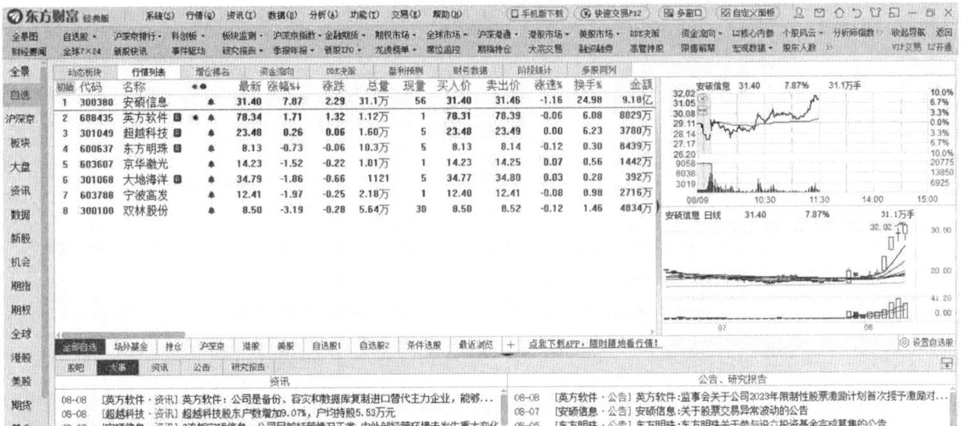

图2.4 东方财富软件自选股页面

(二)沪深京个股

沪深京个股涵盖沪深京三市所有个股的基本资料和实时行情数据分为沪深京 A 股、CDR(中国存托凭证)、沪深 B 股、沪深风险警示等几大模块。单击主菜单栏中的【行情】⇨【沪深京个股】⇨【沪深京 A 股】,将进入沪深京 A 股行情列表页面(图 2.5)。该列表包含了所有沪深京 A 股的股票,投资者可以查看所有的上证 A 股、深证 A 股、北证 A 股、创业板和科创板的股票走势。

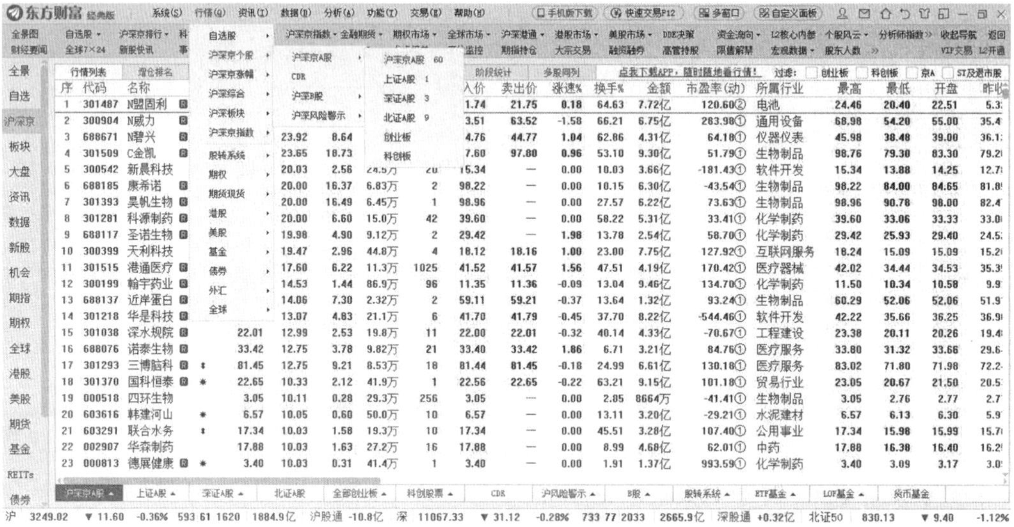

图 2.5　沪深京 A 股行情列表页面

投资者可以查看 B 股股票列表(图 2.6),上证 B 股股票代码均为“900”开头,深证 B 股股票代码均为“200”开头。

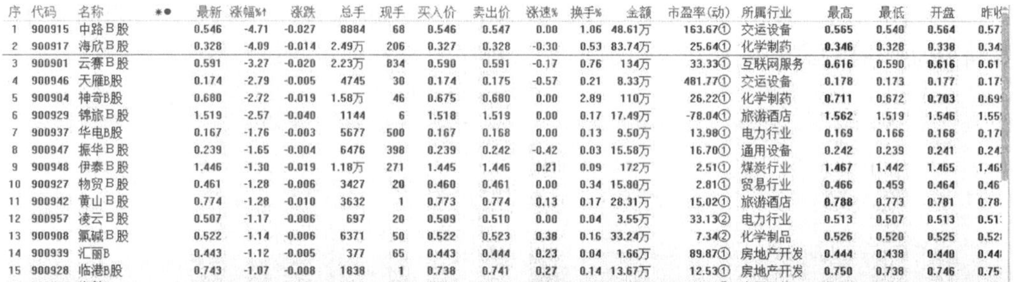

图 2.6　B 股股票列表

如果投资者想要查看沪深风险警示股票列表,可以单击主菜单栏中的【行情】⇨【沪深京个股】⇨【沪深风险警示】,包括沪风险警示、沪退市整理、深风险警示、深退市整理等四类。风险警示股票名称前面均标有 ST、* ST,如图 2.7 所示。

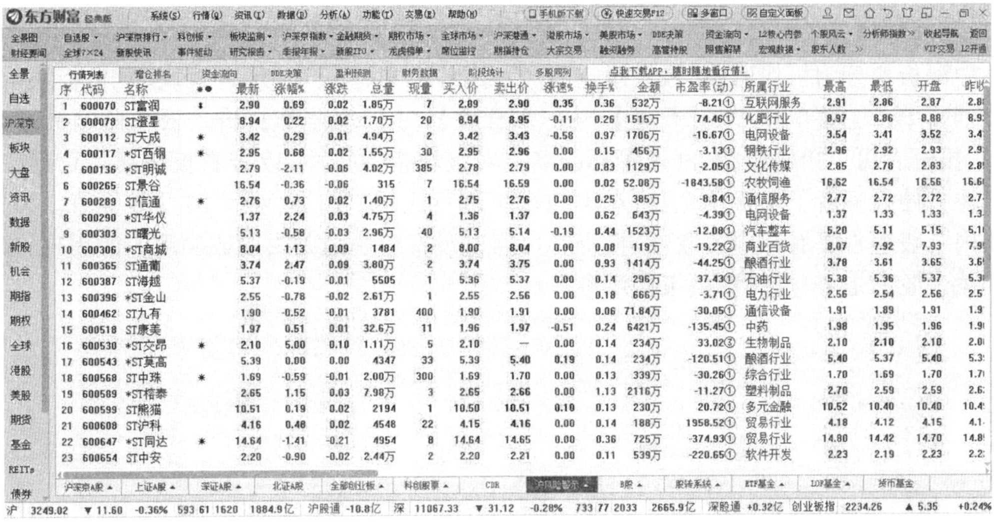

图 2.7　沪风险警示股票列表

(三)沪深京涨幅

沪深京涨幅是将各类股票按照涨幅情况进行降序排列,包括沪深京 A 股、上证 A 股、深证 A 股、北证 A 股、创业板、科创板、上证 B 股和深证 B 股等类别的涨幅排名。投资者可以打开相应类别的涨幅排行列表窗口,查看详细行情报价数据,快速发现涨幅居前的股票。双击涨幅排行列表的任意股票,便可打开其分时走势图窗口。

(四)沪深综合

沪深综合主要展示沪深市场涨跌排名情况、振幅排名情况、量比排名情况、委比排名情况、总金额排名情况以及 5 分钟涨跌排名情况,如图 2.8 所示。每项排名窗口都显示了排名前 9 位的股票数据信息。排行主题包括沪深 A 股、上证 A 股、深证 A 股、创业板、科创板、上证 B 股和深证 B 股市场的所有个股。

图 2.8　沪深综合股票行情列表

（五）沪深板块

沪深板块分为板块监测、板块星空图、行业板块、概念板块、地区板块、风格板块等几个类别。单击主菜单栏中的【行情】⇨【沪深板块】⇨【板块监测】，进入板块监测页面（图2.9），投资者可以单击涨幅、涨速等标题名称对板块指数排序，以查看板块行情信息。沪深板块方便投资者了解板块全貌，对不同板块进行比较，评估各板块的投资价值。另外，板块内个股通常具有一定关联性，投资者可通过观察板块内龙头股或领涨股的表现，来判断相关个股的走势，为投资决策提供参考。

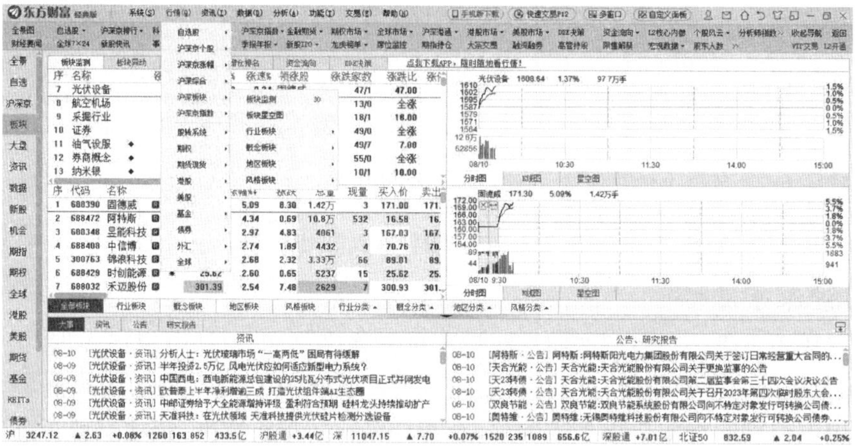

图2.9　沪深板块监测页面

（六）沪深京指数

沪深京指数包含上证指数、深证成指、沪深300指数、中小100、创业板指等重要指数数据，也包括沪深板块指数、巨潮指数等。

选择主菜单栏中的【行情】⇨【沪深京指数】⇨【沪深京重要指数】，进入沪深京重要指数页面，如图2.10所示。双击沪深京重要指数页面中的任意一种指数，便可打开该指

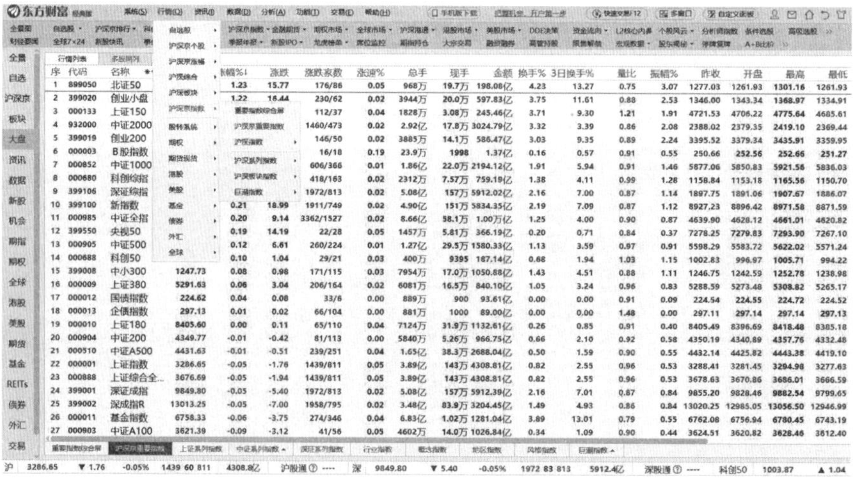

图2.10　沪深京重要指数页面

数的分时走势图。例如,双击【中证1000】,系统将进入【中证1000】的分时走势图窗口(图2.11)。

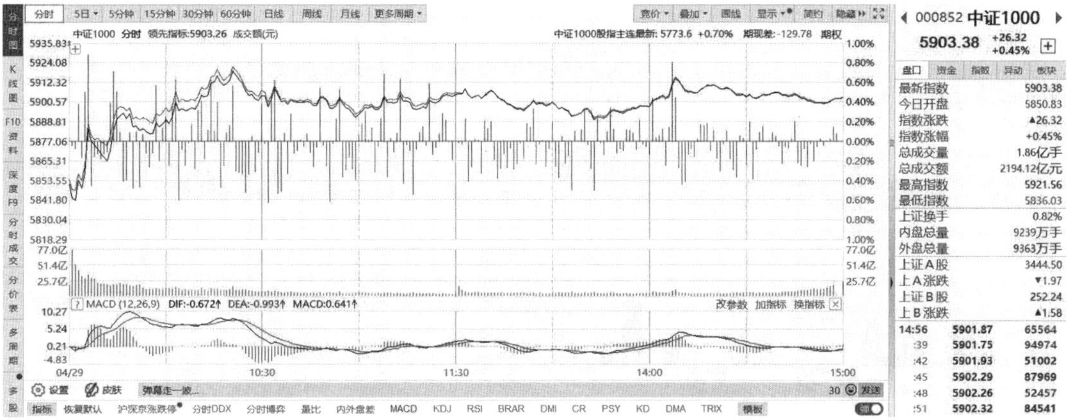

图2.11　中证1000分时走势图

投资者如果想要查看其他指数的行情信息,可参照上述操作。

(七)港股

投资者可以查看香港重要指数、港股主板、港股创业板、行业板块、概念板块、红筹股、蓝筹股、港股基金、港股债券、港股轮证等行情信息。

(1)沪深港股通。

选择主菜单栏中的【行情】⇨【港股】⇨【沪深港通综合屏】,通过资金分析页面可以查看沪股通、深股通和港股通的资金流入与流出,如图2.12所示。

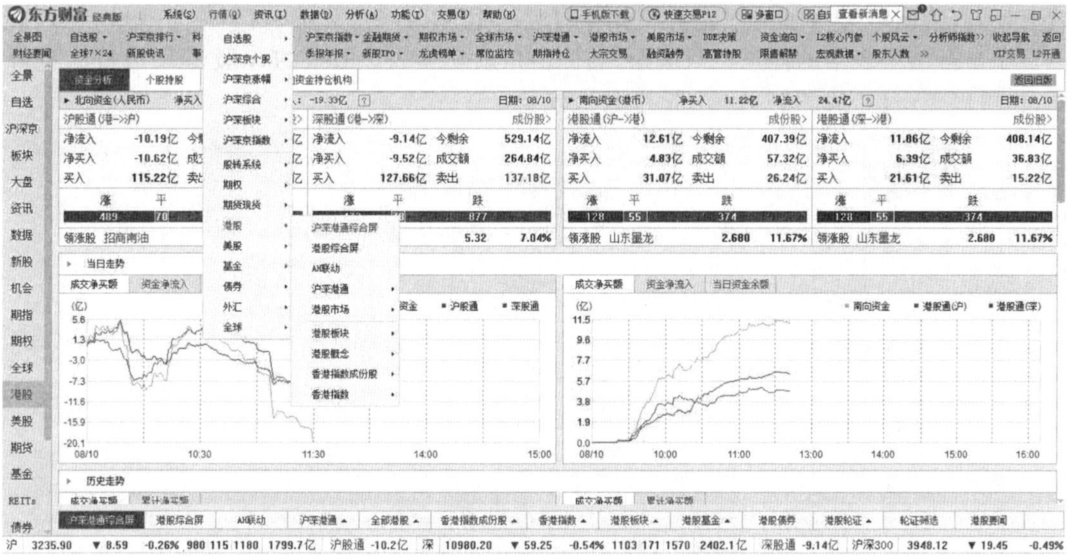

图2.12　沪深港通综合屏资金分析页面

点击【个股持股】可以查看沪股通、深股通的个股涨幅、持仓及增持榜,如图 2.13 所示。也可以点击【板块配置】、【北向资金持仓机构】查看相应的数据信息。

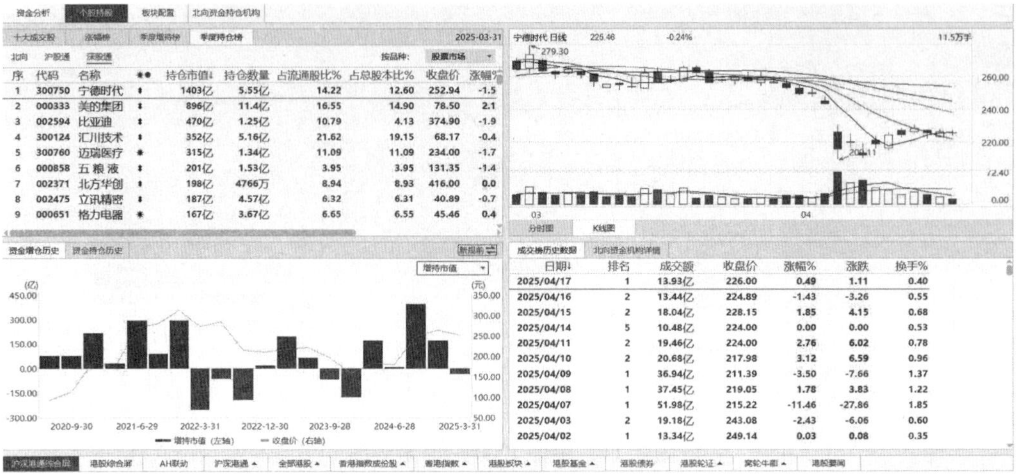

图 2.13　沪深港通综合屏个股持股页面

(2)AH 联动。

虽然 A 股市场与 H 股市场在交易规则、交易制度上存在诸多不同,但是同时在 A 股市场与 H 股市场上市的股票之间依然存在着较强的联动性。东方财富软件为投资者提供了对比 A 股与 H 股两者之间差额的功能,投资者可以同时查看同一公司的 A 股和 H 股股价走势、实时价格、涨跌幅等数据,直观了解两个市场对该公司股票的定价差异。

在主菜单栏中选择【行情】⇨【港股】⇨【AH 联动】菜单命令,进入 AH 联动主页面(图 2.14),左侧窗口为 AH 股股票行情列表,展示了 H 股和对应的 A 股的行情信息及溢价对比,右侧窗口为 A 股分时走势图和相对应的 H 股分时走势图,右下角为 A+H 相关资讯。单击行情列表中的任意一只股票,右侧窗口就切换为该股票的 A 股与 H 股分时走势图,也可以点击【K 线图】对比 A 股与 H 股走势。

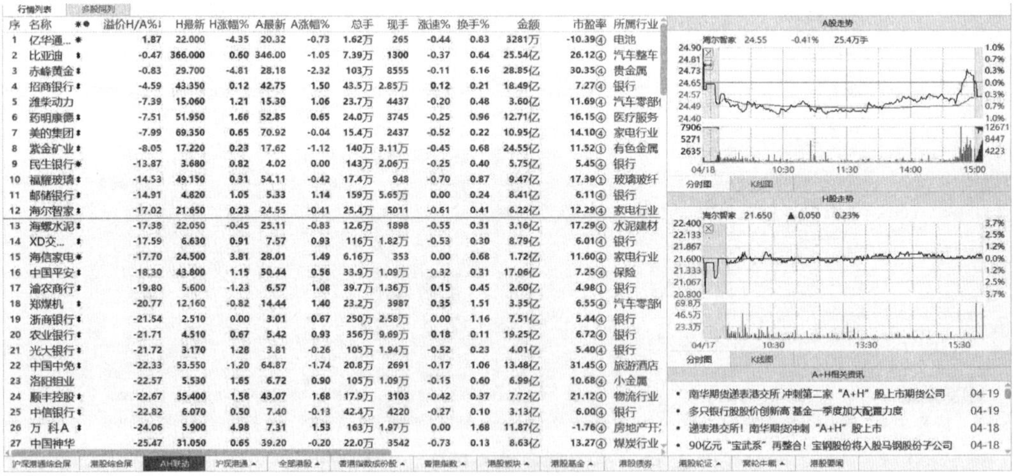

图 2.14　AH 联动主页面

(八)美股

长期以来,美国证券市场在全球证券市场中扮演着重要的角色,相关个股的涨跌往往也会影响到全球其他证券市场的个股乃至整个行业、概念板块的走势。

在东方财富软件中,美股包含了中美联动、中国概念股、美股指数、美股股票、美股板块、美股债券、美股 ETF(交易型开放式指数证券投资基金)等类别。

中美联动通过对隔夜美国证券市场中个股走势的跟踪,帮助投资者预判中国 A 股市场中相关联的个股的走势,从而达到规避风险或者获得投资机会的目的。

在主菜单栏中选择【行情】⇨【美股】⇨【中美联动】菜单命令,进入中美联动主页面(图 2.15)。左侧上方为知名美股,下方为相关 A 股;右侧为美股和 A 股走势图。例如,单击左侧知名美股窗口中的波音,下方窗口自动切换至通用航空相关 A 股,右侧切换至波音的分时图和相应 A 股股票的分时图,方便投资者进行对比分析。

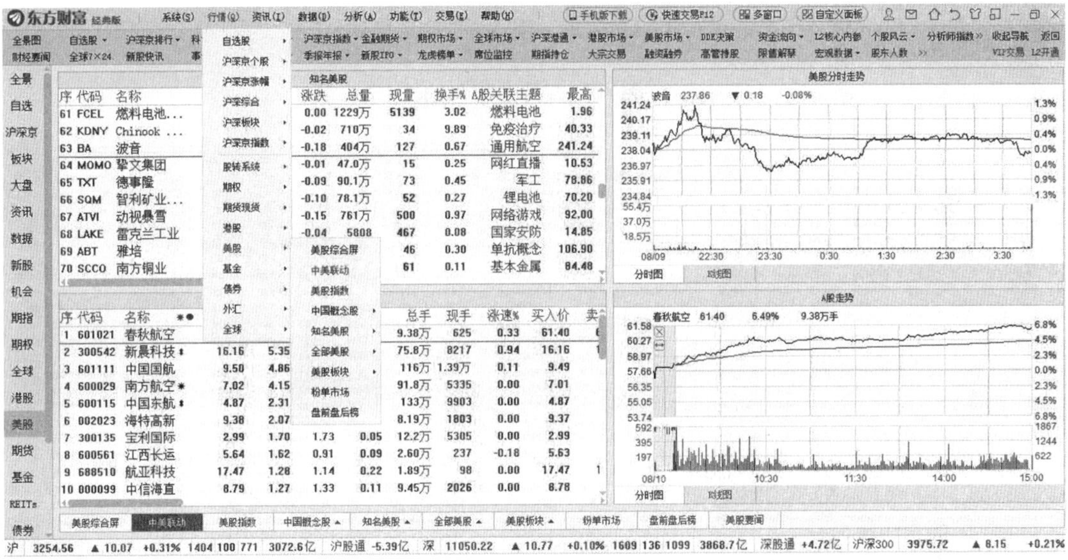

图 2.15 中美联动主页面

(九)基金

东方财富软件的【基金】菜单,包括场内基金和场外基金两大类。投资者不仅可以查看场内基金中的上证基金、深证基金、ETF、LOF(上市开放式基金)、货币基金等的报价和行情信息,还可以查看场外基金的分类排行和基金净值等信息,如图 2.16 所示。

(十)债券

东方财富软件将债券分为上证债券、深证债券、国债、地方债、企业公司债、可转债、可交换债、质押式回购等类别,如图 2.17 所示。

此外,【行情】菜单下还有期货、期权、外汇等的行情数据,供投资者查看。

序	代码	名称	*●	最新	涨幅%	涨跌	总手	现手	买入价	卖出价	涨速%	换手%	金额↓	最高	最低	开盘	昨收	振幅%	量比	委比%	均价	内盘
1	511990	华宝添益ETF	*	100.012	0.01	0.009	106万	95	100.011	100.013	0.00	13.57	106.35亿	100.014	100.007	100.008	100.003	0.01	1.12	-80.73	100.010	54.9万
2	511090	30年国债ETF	*	125.158	0.09	0.113	80.2万	4	125.170	125.171	0.00	60.23	100.19亿	125.176	124.584	124.900	125.045	0.47	0.97	16.16	124.911	39.9万
3	511880	银华日利ETF	‡	100.442	0.01	0.007	95.9万	10	100.441	100.442	0.00	12.37	96.33亿	100.445	100.439	100.441	100.435	0.01	0.77	-66.79	100.442	44.3万
4	511520	政金债券ETF	*	115.194	-0.05	-0.055	77.3万	70	115.190	115.200	0.00	19.92	88.99亿	115.281	115.077	115.243	115.249	0.18	1.38	-80.46	115.179	39.3万
5	510300	沪深300ETF	‡	3.873	0.26	0.010	1378万	804	3.871	3.872	-0.10	1.42	53.27亿	3.879	3.847	3.857	3.863	0.83	1.09	26.01	3.866	515万
6	511360	短融ETF		111.613	0.02	0.017	45.6万	10	111.612	111.613	0.00	15.92	50.94亿	111.614	111.610	111.611	111.596	0.00	0.65	-56.92	111.613	18.6万
7	510330	沪深300ETF华夏	‡	3.893	0.18	0.007	1200万	235	3.892	3.893	-0.23	2.45	46.74亿	3.904	3.870	3.881	3.886	0.87	2.07	-45.37	3.895	176万
8	511380	可转债ETF	*	11.715	-0.07	-0.008	328万	50	11.714	11.715	-0.03	11.01	38.44亿	11.749	11.691	11.715	11.723	0.49	0.91	47.62	11.712	163万
9	511130	30年国债ETF博...	‡	111.850	0.03	0.030	34.2万	3	111.848	111.850	0.00	58.12	38.12亿	111.895	111.313	111.820	111.820	0.52	1.42	61.76	111.601	13.7万
10	518880	黄金ETF	‡	7.583	0.24	0.018	478万	554	7.584	7.585	0.01	6.11	36.17亿	7.589	7.533	7.564	7.565	0.74	0.61	-50.21	7.566	223万
11	510050	上证50ETF	‡	2.720	0.07	0.002	1302万	514	2.717	2.719	-0.07	2.14	35.39亿	2.727	2.705	2.710	2.718	0.81	1.07	-49.08	2.719	423万
12	511070	上证公司债ETF		100.071	-0.02	-0.025	35.3万	300	100.068	100.071	0.00	57.61	35.37亿	100.096	100.061	100.096	100.096	0.03	0.81	-2.47	100.074	15.7万
13	512050	A500ETF基金	‡	0.911	0.22	0.002	3005万	229	0.910	0.911	0.00	16.61	27.26亿	0.912	0.905	0.909	0.909	0.77	0.99	15.90	0.907	1504万
14	511010	国债ETF		141.217	-0.04	-0.059	17.8万	18	141.216	141.217	-0.01	92.13	25.15亿	141.301	141.200	141.275	141.276	0.07	1.49	16.67	141.241	7.05万
15	510310	沪深300ETF易...	‡	3.716	0.11	0.004	630万	130	3.714	3.715	-0.19	0.90	23.43亿	3.725	3.695	3.702	3.712	0.81	0.96	-56.09	3.717	128万
16	511260	十年国债ETF		136.248	-0.06	-0.077	16.3万	1	136.248	136.249	0.01	65.69	22.16亿	136.379	136.180	136.314	136.325	0.15	1.33	-6.75	136.226	4.75万
17	563800	中证A500ETF龙头		0.911	0.00	0.000	2260万	1	0.912	0.913	-0.22	10.70	20.54亿	0.913	0.906	0.912	0.911	0.77	1.13	72.26	0.909	1167万
18	588000	科创50ETF	‡	1.059	-0.66	-0.007	1769万	9216	1.058	1.059	-0.09	2.39	18.71亿	1.063	1.053	1.063	1.066	0.94	0.58	-24.91	1.058	974万
19	511190	信用债ETF	*	100.106	-0.01	-0.012	17.7万	1	100.101	100.118	0.00	38.15	17.75亿	100.128	100.098	100.118	100.118	0.03	0.41	-43.52	100.114	11.4万
20	512100	中证1000ETF	‡	2.332	-0.17	-0.004	741万	180	2.332	2.335	0.04	2.80	17.27亿	2.345	2.317	2.330	2.336	1.20	1.07	51.87	2.330	373万
21	513090	香港证券ETF		1.418	0.07	0.001	1158万	187	1.418	1.419	-0.07	23.40	16.42亿	1.426	1.410	1.414	1.417	1.13	0.51	-44.64	1.419	527万
22	510500	中证500ETF	‡	5.550	0.04	0.002	295万	3067	5.549	5.551	-0.04	1.51	16.37亿	5.576	5.519	5.540	5.548	1.03	0.90	-24.75	5.547	130万
23	511110	公司债ETF易方达		100.141	-0.03	-0.034	14.4万	2	100.141	100.160	0.00	21.21	14.45亿	100.173	100.066	100.160	100.175	0.11	0.35	-17.52	100.168	8.36万
24	513130	恒生科技ETF		0.660	-0.75	-0.005	2100万	2752	0.660	0.661	0.00	5.79	13.86亿	0.663	0.658	0.662	0.665	0.75	0.20	-33.91	0.660	1113万
25	513180	恒生科技指数E...	‡	0.669	-0.74	-0.005	1990万	1544	0.668	0.669	0.00	5.15	13.31亿	0.670	0.667	0.670	0.674	0.45	0.17	14.59	0.669	1019万
26	588200	科创芯片ETF	*	1.555	-0.89	-0.014	716万	796	1.555	1.556	0.00	4.61	11.12亿	1.564	1.545	1.564	1.569	1.21	0.49	-56.52	1.553	374万
27	512880	证券ETF	*	1.031	0.68	0.007	1004万	4869	1.031	1.032	0.00	3.65	10.33亿	1.035	1.021	1.022	1.024	1.37	1.06	-58.15	1.028	445万

场内基金 上证基金 深证基金 ETF ▲ LOF ▲ 货币基金 场外基金 分类排行 基金净值

图 2.16　基金主页面

序	代码	名称	*●	最新	涨幅%	涨跌	正股简称	正股涨幅%	转股价格	转股价值	转股溢价率%	总手	现手	买入价	卖出价	涨速%	金额↓	换手%	最高	最低
1	127081	中旗转债	‡	254.500	-4.61	-12.300	中旗新材	-5.78	20.700	234.541	8.51	145万	1.23万	254.492	254.500	-0.04	37.27亿	450.47	274.998	247.55
2	123132	回盛转债	‡	147.502	-13.02	-22.089	回盛生物	-8.30	15.000	147.333	0.11	218万	1.88万	147.502	147.600	-0.37	32.90亿	624.11	166.888	142.70
3	110060	天路转债		173.089	3.81	6.356	西藏天路	4.29	4.170	163.070	6.14	115万	44	173.558	173.568	0.27	20.32亿	672.13	183.237	166.20
4	118016	京源转债		191.796	2.69	5.033	京源环保	0.83	9.790	185.291	3.51	104万	88	191.613	191.955	0.33	19.52亿	517.24	192.276	183.60
5	123118	惠城转债	‡	1638.811	-1.73	-28.854	惠城环保	-2.88	11.250	1235.378	32.66	9.32万	444	1638.500	638.811	0.12	15.34亿	75.27	1696.665	1604.23
6	127094	红墙转债	‡	114.190	0.87	0.990	红墙股份	9.99	10.740	89.199	28.02	124万	8110	114.180	114.190	0.06	14.57亿	393.34	121.120	113.30
7	113687	振华转债		164.414	3.71	5.879	振华股份	3.23	11.640	145.447	13.04	79.4万	9	164.848	164.972	0.33	13.32亿	195.53	172.750	159.50
8	123131	奥飞转债		224.199	0.63	1.399	奥飞数据	0.14	10.070	206.753	8.44	56.6万	2827	224.160	224.199	-0.02	12.87亿	178.67	234.300	223.00
9	128082	华锋转债		150.601	0.57	0.861	华锋股份	10.01	8.700	137.701	9.37	78.6万	8260	150.601	150.666	-0.26	12.10亿	554.35	159.500	148.50
10	123186	志特转债		153.700	4.49	6.600	志特新材	7.66	12.500	149.520	2.80	68.4万	4311	153.693	153.700	0.03	10.52亿	163.87	156.900	146.80
11	123241	欧通转债		227.245	-0.10	-0.234	欧陆通	0.34	44.560	221.275	2.70	37.0万	2170	227.245	227.300	0.01	8.49亿	90.72	231.890	227.10
12	123056	雪榕转债		125.011	0.01	0.011	雪榕生物	1.45	4.100	119.512	4.60	64.8万	2538	125.011	125.065	-0.09	8.29亿	207.81	130.429	124.80
13	128144	利民转债	‡	141.888	2.45	3.389	利民股份	2.50	8.350	142.515	-0.44	48.1万	3248	141.882	141.888	0.06	6.77亿	85.91	143.642	136.15
14	113052	兴业转债	‡	117.481	0.36	0.425	兴业银行	1.71	22.250	96.135	22.20	43.2万	110	117.305	117.348	-0.02	5.08亿	0.86	117.588	116.90
15	118046	诺泰转债	‡	112.723	0.70	0.787	诺泰生物	0.25	42.230	114.066	-1.18	43.1万	10	112.689	112.695	-0.05	4.95亿	337.36	119.272	112.00
16	123213	天源转债	‡	210.400	2.06	4.250	天源环保	0.47	7.240	207.873	1.22	21.1万	703	210.300	210.400	0.23	4.42亿	40.54	213.456	205.32
17	127037	银轮转债	*	240.412	2.45	5.746	银轮股份	1.49	10.510	219.981	9.29	16.6万	878	240.410	240.412	0.25	3.94亿	32.78	241.499	231.02
18	123249	英搏转债	*	168.513	1.75	2.903	英搏尔	1.44	17.460	169.645	-0.67	23.0万	1056	168.513	168.550	-0.05	3.86亿	28.11	170.947	166.00
19	110079	杭银转债	‡	128.111	-0.27	-0.343	杭州银行	-0.07	11.350	128.546	-0.34	29.6万	7	128.134	128.140	-0.11	3.81亿	2.93	128.870	128.00
20	113678	中贝转债	‡	134.248	1.10	1.456	中贝通信	3.03	21.060	109.687	22.39	25.8万	55	134.227	134.337	0.11	3.51亿	50.56	137.789	132.35
21	118021	新致转债		205.629	-1.99	-4.167	新致软件	-0.49	10.560	190.530	7.92	16.6万	11	205.604	205.611	-0.08	3.45亿	83.32	210.714	205.43
22	111011	冠盛转债		185.487	-1.18	-2.224	冠盛股份	-1.30	17.010	182.657	1.55	18.3万	16	185.293	185.346	0.04	3.39亿	56.33	189.507	182.70
23	110059	浦发转债	‡	108.755	-0.35	-0.385	浦发银行	0.56	12.920	83.669	29.98	30.5万	2028	109.070	109.072	-0.29	3.33亿	0.61	109.233	108.02
24	111012	福新转债		293.373	-1.06	-3.153	福莱新材	-0.90	13.460	277.415	5.75	11.1万	5	293.200	293.300	-0.11	3.28亿	102.28	298.749	292.80
25	128117	道恩转债	‡	134.340	-2.45	-3.375	道恩股份	-2.88	11.760	134.864	-0.39	23.8万	1185	134.335	134.340	0.03	3.25亿	179.89	142.800	132.87
26	127076	中宠转2	*	168.890	0.93	1.560	中宠股份	0.30	27.810	168.788	0.06	19.2万	796	168.890	168.896	0.14	3.21亿	25.80	170.543	164.50
27	113056	重银转债		118.386	0.21	0.243	重庆银行	1.20	9.920	102.319	15.70	25.8万	5	118.334	118.433	-0.17	3.05亿	1.98	118.900	118.03

债券现券 上证债券 深证债券 北证债券 做市交易 ▲ 国债 地方债 企业公司债 可转债(沪深) ▲ 可交换债 公司债(合格投资者) 质押式回购 国债预发行 债券要闻

图 2.17　债券主页面

三、信息资讯

东方财富软件的【资讯】菜单如图 2.18 所示。

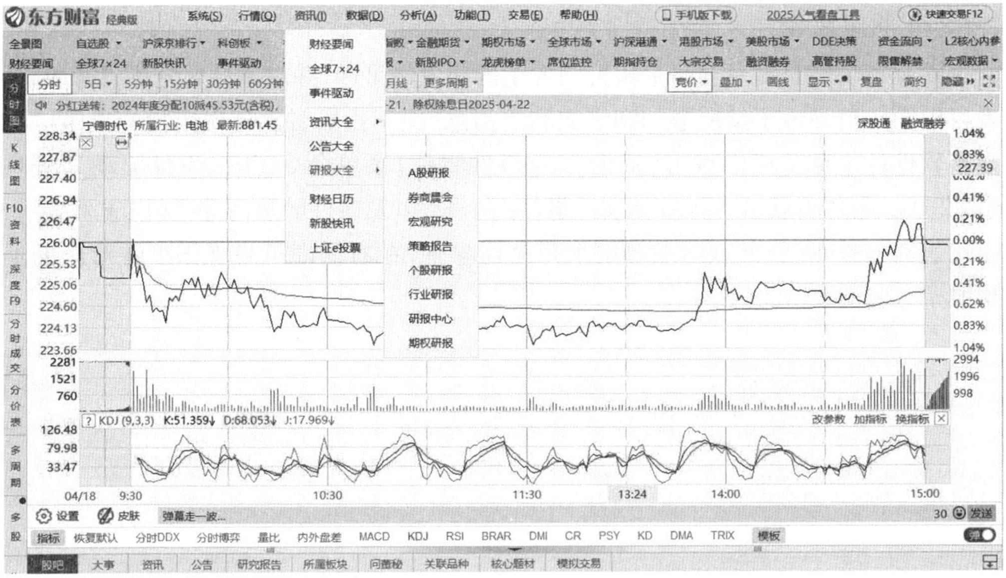

图 2.18 东方财富软件【资讯】菜单

(一)财经要闻

在东方财富软件的主菜单栏中选择【资讯】⇨【财经要闻】菜单命令,进入财经要闻主页面(图 2.19)。单击【全球 7×24】可切换至全球财经要闻页面,也可以点击查看最新的经济数据和地区资讯等相关信息。

图 2.19 财经要闻主页面

(二)事件驱动

事件驱动功能是提示当日上市公司发生的突发性事件,并对事件划分热门等级,让投资者可以简单清晰地了解股票的利多或利空消息,便于投资者迅速做出投资决策。在东方财富软件的主菜单栏中点击【资讯】⇨【事件驱动】菜单命令,进入事件驱动列表页面(图2.20)。此页面展示当日有突发性事件的个股,以及事件的热门等级(以★来表示,★越多代表新闻越热门)。点击左侧的上市公司事件,在右侧即可呈现该事件对应的上市公司股票分时图及K线图。

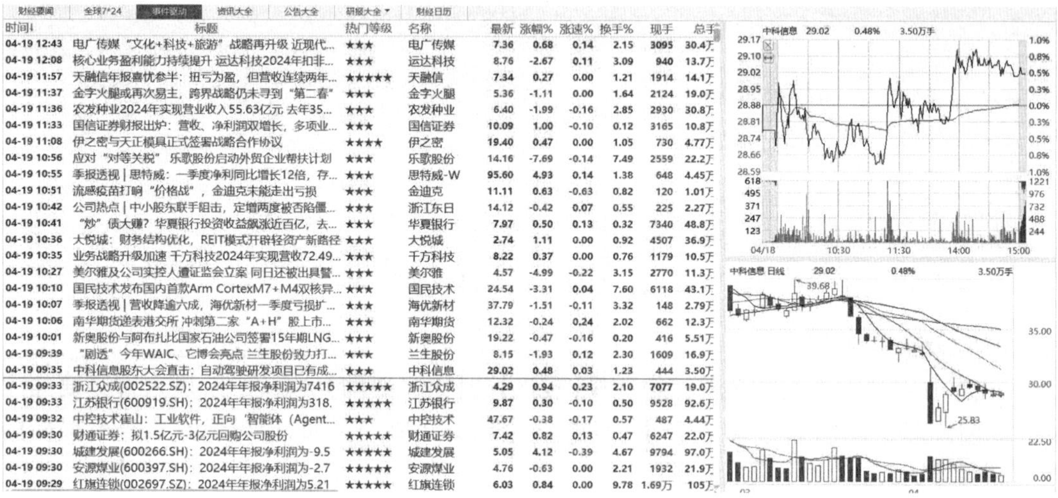

图2.20　事件驱动列表页面

(三)资讯大全

(1)财经热点。

如图2.21所示,东方财富软件的财经热点板块将资讯分为财经导读、要闻精华、报刊头条、国内经济、国际经济、产业经济、金融资本、上市公司、证券要闻、东方观点、纵深调查等十一类,投资者可以在相应模块快速查看财经热点资讯。

(2)市场动态。

东方财富软件的市场动态板块将资讯分为股市直播、大盘分析、早盘内参、板块聚焦、市场策略、市场数据、晨会纪要、晚间快递、机构观点、股票名家、指数风向、财经滚动和股票滚动等十三类,如图2.22所示,投资者可以快速地查看想要查看的市场动态资讯。

(3)行业资讯。

东方财富软件的行业资讯板块将资讯分为行业资讯、行业研究、产业透视、行业数据、原油、有色金属、黄金、钢铁、房地产、汽车、科技和创业等十二类,如图2.23所示,投资者可以使用行业资讯功能查看相应的资讯信息。

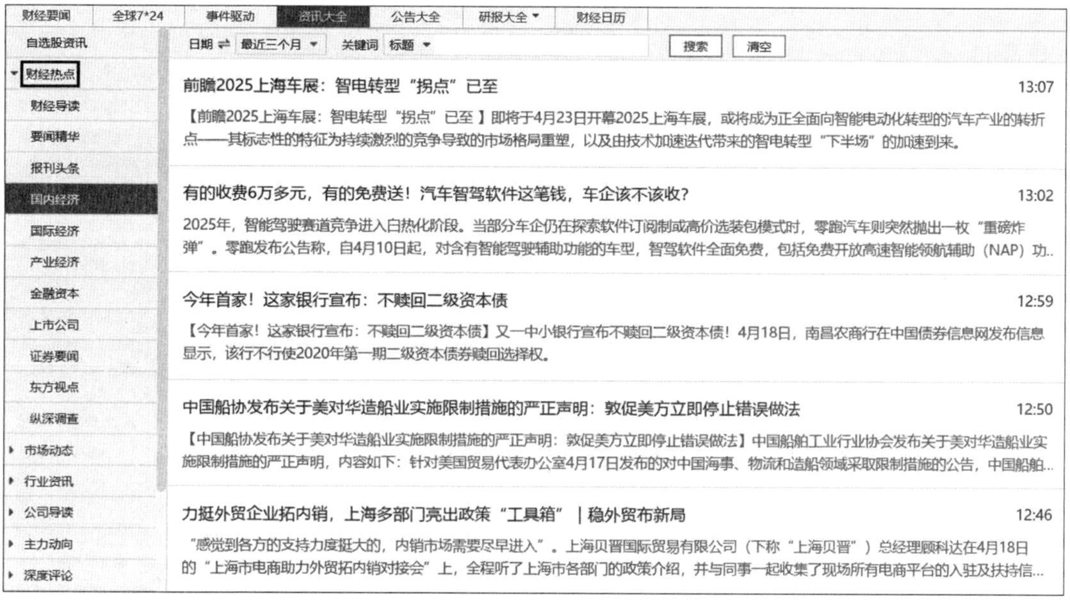

图 2.21　财经热点页面

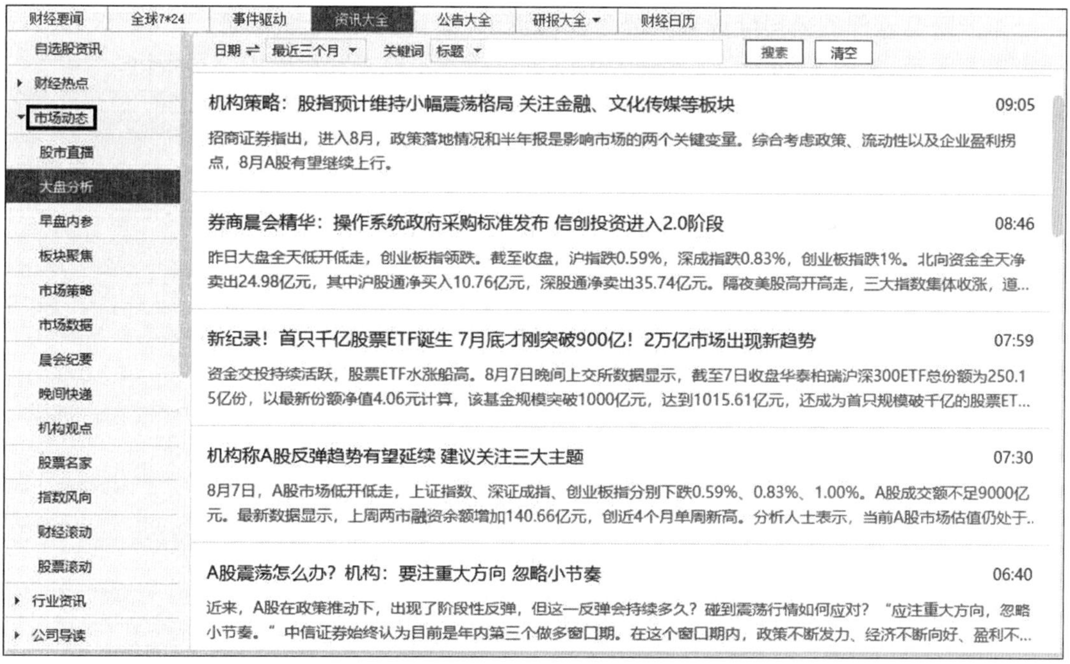

图 2.22　市场动态页面

图 2.23　行业资讯页面

(4)公司导读。

东方财富软件的公司导读板块分为公司资讯、最新公告、个股点睛、公司评级和公司研究等五大类，如图 2.24 所示，投资者可以更快速方便地查看相应的公司资讯。

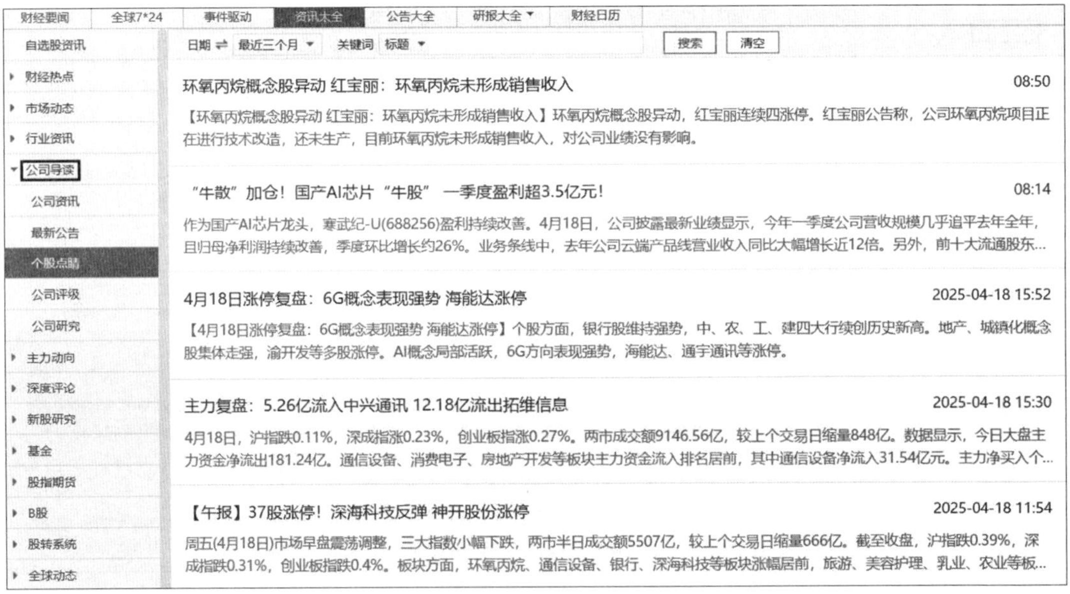

图 2.24　公司导读页面

(5)主力动向。

东方财富软件的主力动向板块包括主力动态、主力持仓、主力论市、公募基金、游资私募、QFII（合格境外机构投资者）、社保基金、保险资金和券商信托等九大类，如图 2.25 所示。

图 2.25　主力动向页面

此外，资讯大全还包括深度评论、新股研究、基金、指数期货、B 股、股转系统、全球动态等，为投资者提供相应的资讯信息。图 2.26 所示为新股研究页面。

图 2.26　新股研究页面

(四)公告大全

东方财富软件的公告大全板块为投资者提供了所有上市公司的最新公告。按照个股类别不同,分为沪市A股、科创板、深主板A股、创业板、京市A股、沪市B股、深市B股、三板和自选股等。公告类型包括重大事项、财务报告、融资公告、资产重组等。

在东方财富软件的主菜单栏中选择【资讯】⇨【公告大全】菜单命令,进入公告大全页面(图2.27),单击其中任何一个上市公司的公告即可查看公告的原文。

序	代码	名称	公告标题	公告类型	公告日期
1	002028	思源电气	思源电气:监事会决议公告	监事会决议公告	2025-04-19
2	605133	嵘泰股份	嵘泰股份:嵘泰股份第三届监事会第二次会议决议公告	监事会决议公告	2025-04-19
3	002006	精工科技	精工科技:监事会决议公告	监事会决议公告	2025-04-19
4	002212	天融信	天融信:监事会决议公告	监事会决议公告	2025-04-19
5	688291	金橙子	金橙子:第三届监事会第十七次会议决议公告	监事会决议公告	2025-04-19
6	301596	瑞迪智驱	瑞迪智驱:监事会决议公告	监事会决议公告	2025-04-19
7	002138	顺络电子	顺络电子:监事会决议公告	监事会决议公告	2025-04-19
8	000547	航天发展	航天发展:上市公司独立董事候选人声明与承诺(徐连春)	独立董事候选人声明	2025-04-19
9	000610	西安旅游	西安旅游:2024年度营业收入扣除情况专项核查意见	保荐/核查意见	2025-04-19
10	A18061	中星技术	关于中星微技术股份有限公司首次公开发行股票并上市辅导工作进展报告(第七期)	辅导工作进展报告	2025-04-19
11	300753	爱朋医疗	爱朋医疗:关于召开2024年年度股东会的通知	召开股东大会通知	2025-04-19
12	002822	ST中装	关于对深圳市中装建设集团股份有限公司及相关当事人给予公开认定等纪律处分的决定	深交所股票通报批评	2025-04-19
13	002126	银轮股份	银轮股份:关于使用闲置自有资金进行投资理财的公告	投资理财	2025-04-19
14	002126	银轮股份	银轮股份:2024年度财务决算报告	年度财务报告	2025-04-19
15	002126	银轮股份	银轮股份:关于续聘会计师事务所的公告	审计机构变更	2025-04-19
16	002126	银轮股份	银轮股份:内部控制自我评价报告	内部控制报告	2025-04-19
17	002126	银轮股份	银轮股份:2024年年度审计报告	审计报告	2025-04-19
18	002126	银轮股份	银轮股份:关于2025年日常关联交易预计的公告	关联交易	2025-04-19
19	002126	银轮股份	银轮股份:证券投资专项说明	专项说明/独立意见	2025-04-19
20	002126	银轮股份	银轮股份:2024年年度报告	年度报告全文	2025-04-19
21	002126	银轮股份	银轮股份:关于为子公司提供担保额度的公告	提供/对外担保公告	2025-04-19

图2.27 公告大全页面

(五)研报大全

研报大全为投资者提供了券商、研究机构出具的研究报告,包括A股研报、券商晨会、宏观研究、策略报告、个股研报、行业研报、研报中心、期权研报等研究报告。

如图2.28所示,该窗口列出了最新的A股研报,投资者可以进行简要浏览。单击选中的研报标题,将自动弹出研究报告窗口,可以查看研究报告的详细内容,也可以下载pdf格式的研究报告原文。

研报日期	研报标题	研报类型	机构名称	券商评级
2025-04-29	经纪市占下滑,境外业务增长	个股研报	国信证券	AA
2025-04-29	量稳质增,转型持续	个股研报	国信证券	AA
2025-04-29	2024年年报&2025年一季报点评:业绩增长稳健,资产质量持续优异	个股研报	东吴证券	A
2025-04-29	2024年年报&2025年一季报点评:锂盐业绩承压,收购铜矿实现多金属布局	个股研报	中国银河	AA
2025-04-29	自动化龙头地位稳固,新能源汽车业务维持高增	个股研报	群益证券	-
2025-04-29	智造赋能海外布局,多元化业务稳步推进	个股研报	中国银河	AA
2025-04-29	2025一季报点评:N型保持高占比,25H2高铜浆有望量产突破	个股研报	东吴证券	A
2025-04-29	2024年报点评:业绩经历调整,坚持品质交付	个股研报	中国银河	AA
2025-04-29	营收、利润稳健增长,精细化运营持续带动盈利能力提升	个股研报	中邮证券	CCC
2025-04-29	一季度订单大幅增长,业绩即将重回高增长	个股研报	山西证券	A
2025-04-29	AIoT需求随大模型爆发式增长,公司SoC产品全面推广	个股研报	山西证券	A
2025-04-29	煤炭量价下行影响业绩,产能释放仍有空间	个股研报	山西证券	A
2025-04-29	公司信息更新报告:2025Q1业绩表现靓眼,全球产能布局推动份额提升	个股研报	开源证券	A
2025-04-29	2025年一季报及2024年年报点评:营收+业绩稳健齐升,出海+AIDC有望贡献增量	个股研报	东吴证券	A
2025-04-29	2024年报及2025一季报点评:多点协同发力,利润弹性逐步释放	个股研报	西南证券	A
2025-04-29	2025年一季报点评:Q1销量增速亮眼,盈利能力持续提升	个股研报	西南证券	A
2025-04-29	25Q1实现开门红,大单品U8延续强势表现	个股研报	西南证券	A
2025-04-29	Q1利润承压,布局巴西生产基地	个股研报	西南证券	A
2025-04-29	2025年一季报点评:Q1收入端超预期,新兴渠道放量可期	个股研报	西南证券	A
2025-04-29	2024年报点评:Q4收入端环比改善,期待后续改革成效	个股研报	西南证券	A
2025-04-29	涪陵榨菜2024年年报2025年一季报点评:榨菜主营增收承压,并购扩品充实渠道	个股研报	诚通证券	CCC

图2.28 A股研报

在东方财富软件的主菜单栏中选择【资讯】⇨【研报大全】⇨【研报中心】，进入机构研究报告行情列表（图2.29）。研报中心将收集的各家券商的研究报告进行统计分析，对个股评级分为强烈推荐、推荐、谨慎推荐、买入、增持和持有等。投资者可以关注评级较高的股票，从中进行筛选。

序	日期	代码	名称	相关		最新	涨幅%	评级	2022实际	2023预测		2024预测		2025预测	
				研报	行情				收益	收益	市盈率	收益	市盈率	收益	市盈率
1	8-8	000034	神州数码	研报	行情	27.48	-0.43	增持	1.501	1.846	14.890	2.197	12.510	2.594	10.593
2	8-8	301101	明月镜片	研报	行情	40.68	-3.17	买入	0.676	1.199	33.928	1.497	27.174	1.881	21.632
3	8-8	688510	航亚科技	研报	行情	17.56	-7.97	推荐	0.078	0.270	65.037	0.430	40.837	0.600	29.267
4	8-8	688095	福昕软件	研报	行情	104.70	-0.38	买入	-0.019	0.244	429.098	0.630	166.190	1.084	96.609
5	8-8	600519	贵州茅台	研报	行情	1890.00	0.11	买入	49.926	59.186	31.933	69.050	27.371	80.173	23.574
6	8-8	600299	安迪苏	研报	行情	8.13	-2.05	强烈推荐	0.465	0.554	14.675	0.620	13.113	0.690	11.783
7	8-8	603606	东方电缆	研报	行情	42.60	-5.31	买入	1.225	2.348	18.144	3.150	13.526	3.865	11.022
8	8-8	605499	东鹏饮料	研报	行情	179.75	-0.90	买入	3.601	4.728	38.017	6.004	29.939	7.402	24.284
9	8-8	688556	高测股份	研报	行情	50.60	2.72	买入	2.326	4.564	11.086	5.893	8.586	7.551	6.701
10	8-8	300761	立华股份	研报	行情	18.60	-0.05	买入	1.076	3.072	6.054	3.405	5.462	3.489	5.331
11	8-8	872808	曙光数创	研报	行情	55.53	-0.66	持有	0.584	2.110	26.318	2.722	20.400	3.390	16.381
12	8-8	830779	武汉蓝电	研报	行情	26.58	-1.45	买入	1.235	1.680	15.821	2.220	11.973	2.910	9.134
13	8-8	300768	迪普科技	研报	行情	16.88	-0.82	买入	0.233	0.433	38.997	0.564	29.914	0.716	23.585
14	8-8	301101	明月镜片	研报	行情	40.68	-3.17	买入(Buy	0.676	1.199	33.928	1.497	27.174	1.881	21.632
15	8-8	300580	贝斯特	研报	行情	23.37	-2.63	买入	0.676	1.062	22.009	1.342	17.417	1.648	14.179
16	8-8	601021	春秋航空	研报	行情	58.15	0.55	买入	-3.102	2.052	28.337	3.729	15.592	4.614	12.603
17	8-8	000983	山西焦煤	研报	行情	8.61	-1.49	买入	1.889	2.078	4.143	2.228	3.864	2.343	3.675
18	8-8	600309	万华化学	研报	行情	97.04	0.10	买入	5.170	6.371	15.230	7.877	12.319	9.188	10.561
19	8-8	300580	贝斯特	研报	行情	23.37	-2.63	增持	0.676	1.062	22.009	1.342	17.417	1.648	14.179
20	8-8	000983	山西焦煤	研报	行情	8.61	-1.49	谨慎推荐	1.889	2.078	4.143	2.228	3.864	2.343	3.675
21	8-8	688556	高测股份	研报	行情	50.60	2.72	推荐	2.326	4.564	11.086	5.893	8.586	7.551	6.701

图2.29　研报中心页面

（六）财经日历

财经日历按照时间顺序为投资者提供了国内和国外的财经大事件，主要向投资者提供未来7天、30天、60天、90天等的特别提示信息，包括财经会议、重要经济数据等，帮助投资者在数据公布前提前规划投资策略，以应对可能出现的市场波动。在东方财富软件的主菜单栏中选择【资讯】⇨【财经日历】菜单命令，进入财经日历页面，如图2.30所示。

> 财经日历

全部　财经会议　重要经济数据　其它

周一(04-28)　周二(04-29)　周三(04-30)　周四(05-01)　周五(05-02)　周六(05-03)　周日(05-04)　未来7天　未来30天(04-29至05-28)　未来60天　未来90天　按时间　2025-04-29　2025-05-28　查询

时间↑	名称	主办单位	地区	类型
04月23日-05月02日	第二十一届上海国际汽车工业展览会	上海市国际贸易促进委员会,中国汽车工业协会	上海	行业会议
04月28日-29日	华为2025创新数据基础设施论坛	-	慕尼黑	高峰论坛
04月29日（周二）	专门面向生成式人工智能的开发者大会	-	-	行业会议
04月29日 10:30	新加坡：失业率：季调(报告期:2025年03月)	-	新加坡	经济数据
04月29日 17:00	意大利：工业信心指数(报告期:2025年04月)	-	意大利	经济数据
04月29日 17:00	意大利：服务业信心指数(报告期:2025年04月)	-	意大利	经济数据
04月29日 17:00	意大利：经济景气指数(报告期:2025年04月)	-	意大利	经济数据
04月29日 17:00	意大利：零售信心指数(报告期:2025年04月)	-	意大利	经济数据
04月29日 17:00	意大利：消费者信心指数(报告期:2025年04月)	-	意大利	经济数据
04月29日 17:00	意大利：营建信心指数(报告期:2025年04月)	-	意大利	经济数据
04月30日（周三）	菲律宾：PPI：同比(报告期:2025年03月)	-	菲律宾	经济数据
04月30日（周三）	菲律宾：进口额：同比(报告期:2025年03月)	-	菲律宾	经济数据
04月30日（周三）	俄罗斯：M2(报告期:2025年04月)	-	俄罗斯	经济数据
04月30日 09:20	中国：人民币汇率(报告期:2025年04月)	-	中国	经济数据
04月30日 09:30	澳大利亚：CPI：同比(报告期:2025年03月)	-	澳大利亚	经济数据
04月30日 09:30	中国：制造业PMI(报告期:2025年04月)	-	中国	经济数据
04月30日 09:30	中国：PMI(报告期:2025年04月)	-	中国	经济数据
04月30日 09:30	中国：非制造业PMI(报告期:2025年04月)	-	中国	经济数据

图2.30　财经日历页面

(七)新股快讯

在东方财富软件的主菜单栏中选择【资讯】⇨【新股快讯】菜单命令,进入新股快讯窗口(图 2.31),可以查看新股申购、中签缴款方面的信息。

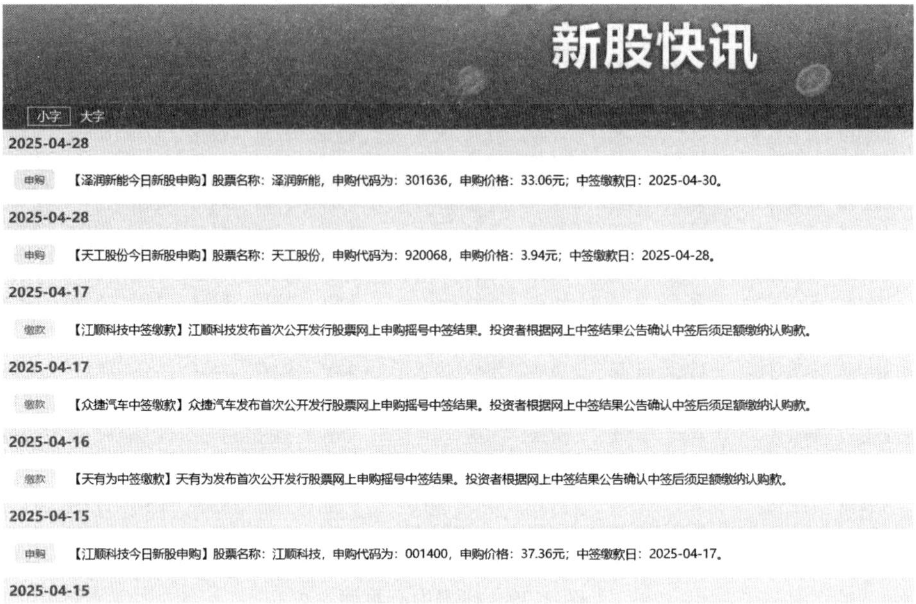

图 2.31　新股快讯窗口

四、数据菜单

(一)个股风云榜

在东方财富软件的主菜单栏中选择【数据】⇨【个股风云榜】菜单命令,进入东方财富个股风云榜行情列表(图 2.32)。该列表默认按照涨幅降序排列。

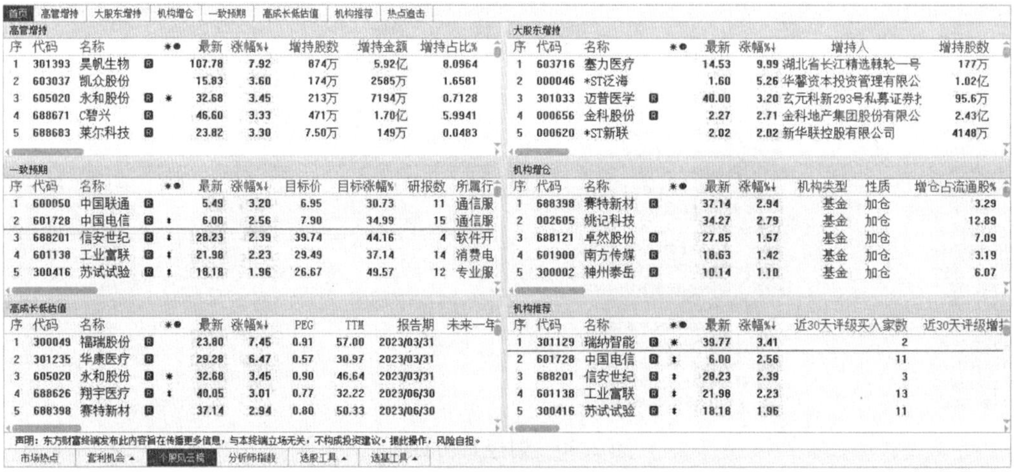

首页 | 高管增持 | 大股东增持 | 机构增仓 | 一致预期 | 高成长低估值 | 机构推荐 | 热点追击

高管增持

序	代码	名称		*●	最新	涨幅%↓	增持股数	增持金额	增持占比%
1	301393	昊帆生物	R		107.78	7.92	874万	5.92亿	8.0964
2	603037	凯众股份			15.83	3.60	174万	2585万	1.6581
3	605020	永和股份	R	*	32.68	3.45	213万	7194万	0.7128
4	688671	C碧兴	R		46.60	3.33	471万	1.70亿	5.9941
5	688683	莱尔科技	R		23.82	3.30	7.50万	149万	0.0483

大股东增持

序	代码	名称		*●	最新	涨幅%↓	增持人	增持股数
1	603716	塞力医疗			14.53	9.99	湖北省长江精选棘轮一号	177万
2	000046	*ST泛海			1.60	5.26	华馨资本投资管理有限公	1.02亿
3	301033	迈普医学	R		40.00	3.20	玄元科新293号私募证券扌	95.6万
4	000656	金科股份	R		2.27	2.71	金科地产集团股份有限公	2.43亿
5	000620	*ST新联			2.02	2.02	新华联控股有限公司	4148万

一致预期

序	代码	名称		*●	最新	涨幅%↓	目标价	目标涨幅%	研报数	所属行
1	600050	中国联通	R		5.49	3.20	6.95	30.73	11	通信服
2	601728	中国电信	R	↕	6.00	2.56	7.90	34.99	15	通信服
3	688201	信安世纪	R	↕	28.23	2.39	39.74	44.16	4	软件开
4	601138	工业富联	R	↕	21.98	2.23	29.49	37.14	14	消费电
5	300416	苏试试验	R	↕	18.18	1.96	26.67	49.57	12	专业服

机构增仓

序	代码	名称		*●	最新	涨幅%↓	机构类型	性质	增仓占流通股%
1	688398	赛特新材	R		37.14	2.94	基金	加仓	3.29
2	002605	姚记科技			34.27	2.79	基金	加仓	12.89
3	688121	卓然股份	R		27.85	1.57	基金	加仓	7.09
4	601900	南方传媒	R		18.63	1.42	基金	加仓	3.19
5	300002	神州泰岳	R		10.14	1.10	基金	加仓	6.07

高成长低估值

序	代码	名称		*●	最新	涨幅%↓	PEG	TTM	报告期	未来一年
1	300049	福瑞股份	R		23.80	7.45	0.91	57.00	2023/03/31	
2	301235	华康医疗	R		29.28	6.47	0.57	30.97	2023/03/31	
3	605020	永和股份	R	*	32.68	3.45	0.90	46.64	2023/03/31	
4	688626	翔宇医疗	R	↕	40.05	3.01	0.77	32.22	2023/06/30	
5	688398	赛特新材	R		37.14	2.94	0.80	50.33	2023/06/30	

机构推荐

序	代码	名称		*●	最新	涨幅%↓	近30天评级买入家数	近30天评级增扌
1	301129	瑞纳智能	R	*	39.77	3.41	2	
2	601728	中国电信	R	↕	6.00	2.56	11	
3	688201	信安世纪	R	↕	28.23	2.39	3	
4	601138	工业富联	R	↕	21.98	2.23	13	
5	300416	苏试试验	R	↕	18.18	1.96	11	

声明：东方财富终端发布此内容旨在传播更多信息，与本终端立场无关，不构成投资建议。据此操作，风险自担。

市场热点 | 套利机会 ▲ | 个股风云榜 | 分析师指数 | 选股工具 ▲ | 选基工具 ▲

图 2.32　个股风云榜

个股风云榜中的股票是从高管增持、大股东增持、一致预期、机构增仓、高成长低估值、机构推荐等板块中择优选出的。

高管增持:东方财富软件在高管增持的股票中,挑选出增持比例比较大的上市公司股票,供投资者参考。

大股东增持:为投资者提供了精选的大股东增持的上市公司。由于大股东对公司实际运营情况比较了解,在二级市场增持是对公司未来信心的体现,选择这些上市公司股票会比较安全并且可能取得较好的收益。

一致预期:在东方财富软件的机构报告数据库基础上,根据海量的上市公司研究报告,统计出分析师调查和预测的上市公司盈利预期数据,并在此数据基础上衍生出个股一致性盈利预期,方便投资者对盈利数据进行挖掘。

机构增仓:统计公司报表中主力机构增仓的股票,主力机构包括基金、QFII、社保、券商、信托等,当这些机构在报表中增仓某只股票或某些行业的股票时,意味着机构比较看好该股或者该行业。

高成长低估值:根据机构的研究报告预测,筛选出那些未来成长性比较好,同时估值又在合理区间内的上市公司股票供投资者选择和参考。

机构推荐:将个股研究报告收集整理后,在当天研究员强烈推荐的个股研究报告中精选出相关的个股报告,投资者可以查看该报告的相关机构、目标价及对个股未来业绩的一些预测。

(二)分析师指数

分析师指数是由东方财富研究院和 Choice 数据联合发布的,对国内 A 股分析师研究能力的一套评价体系,通过对个股研报的数据采样,提取研报核心内容,利用指数化方式处理得到每个分析师的实时指数值,为投资者甄别分析师研究水平、跟踪明星分析师提供数据支持。在主菜单栏中选择【数据】⇨【分析师指数】,进入分析师指数页面,如图 2.33 所示。

图 2.33　分析师指数页面

(三)新股 IPO(首次公开募股)

在主菜单栏中选择【数据】⇨【新股 IPO】菜单命令,即可进入新股 IPO 板块。东方财富软件的新股 IPO 板块将数据分为新股综合屏、新股申购、新股日历、新股上会、新股新闻、新股评论、新股策略、首发申报、增发、配股等类别,投资者可以更快速地查看想要了解的新股数据。

图 2.34 所示是新股上会页面,投资者可以方便地查看上会通过的公司、申购日期、拟发行股票数量等信息。

新股综合屏 | 新股申购 | 新股日历 | 新股上会 | 新股要闻 | 新股评论 | 新股策略 | 首发申报 | 增发 | 配股

> 新股上会情况一览表

注:预估值会因为募集资金、发行数量、发行费用等数据变动而变动,仅供参考,实际数据公布后本网会第一时间更新。

全部股票　上海主板　创业板　深证主板　科创板　　当前第1页　上一页　下一页

最新上会　最新申报　上会已通过　未上会　上会未通过

序号	公司名称	申报日期	上会日期	当前状态	申购日期	拟发行数量(万)	拟上市地点	主承销商
1	扬州天富龙集团股份有限公司	2024-11-02	2025-04-23	上会通过	-	12000.00	上交所主板	中信建投证券
2	广州瑞立科密汽车电子股份有限公司	2024-12-31	2025-04-18	上会通过	-	4504.45	深交所主板	中信证券
3	悍高集团股份有限公司	2024-12-30	2025-04-11	上会通过	-	4001.00	深交所主板	国泰海通证券
4	山东山大电力技术股份有限公司	2024-12-28	2025-04-10	上会通过	-	4072.00	深交所创业板	兴业证券
5	技源集团股份有限公司	2024-10-22	2025-04-03	上会通过	-	5001.00	上交所主板	东方证券
6	苏州华之杰电讯股份有限公司	2023-02-27	2025-03-28	上会通过	-	2500.00	上交所主板	中信建投证券
7	海阳科技股份有限公司	2024-12-31	2025-03-14	上会通过	-	4531.29	上交所主板	东兴证券
8	汉桑(南京)科技股份有限公司	2024-09-27	2025-03-14	上会通过	-	3225.00	深交所创业板	中国国际金融证券
9	山东威高血液净化制品股份有限公司	2024-11-07	2025-02-26	上会通过	2025-05-08	4113.94	上交所主板	华泰联合证券
10	江苏汉邦科技股份有限公司	2024-12-31	2025-02-21	上会通过	2025-05-07	2200.00	上交所科创板	中信证券
11	中策橡胶集团股份有限公司	2024-12-09	2025-02-13	上会通过	-	8744.86	上交所主板	中信建投证券
12	马可波罗控股股份有限公司	2023-06-28	2025-01-14	上会通过	-	11949.20	深交所主板	招商证券
13	黑龙江天有为电子股份有限公司	2024-11-14	2024-12-06	上会通过	2025-04-14	4000.00	上交所主板	中信建投证券
14	胜科纳米(苏州)股份有限公司	2024-10-21	2024-11-22	上会通过	2025-03-14	4033.11	上交所科创板	华泰联合证券
15	江西江南新材料科技股份有限公司	2023-03-01	2024-11-15	上会通过	2025-03-10	3643.63	上交所主板	中信证券
16	浙江泰鸿万立科技股份有限公司	2023-05-17	2024-11-08	上会通过	2025-03-28	8510.00	上交所主板	东方证券

图 2.34　新股上会页面

(四)融资融券

融资融券交易是指投资者向具有融资融券业务资格的证券公司提供担保物,借入资金买入证券(融资)或借入证券并卖出(融券)的行为。如果短时间某只股票融资额度持续增加,则说明这只股票被多数投资者看好,后市有上涨空间。如果某只股票融券额度增加,则说明看空该股票的投资者越来越多,后市有下跌的风险。如果整个市场的融资额度增加,则对大盘走高有一定的推动作用。如果整个市场的融券额度增加,则后市大盘下跌的风险较大。

在主菜单栏中选择【数据】⇨【融资融券】菜单命令,进入融资融券页面,如图 2.35 所示,可以查看融资余额、融券余额、融资买入额、融券卖出额、融资融券余额差值及融资融券交易明细等。

(五)高管持股

高管持股是基于对全部股票高管增持减持情况的统计分析,为投资者提供整个股票市场的高管持股状况图,投资者可以从图中获得高管增持与减持的整体情况。在主菜单栏中选择【数据】⇨【高管持股】菜单命令,进入高管持股页面(图 2.36),可以查看高管持股变动图、高管净增持排行榜、高管净减持排行榜等信息。

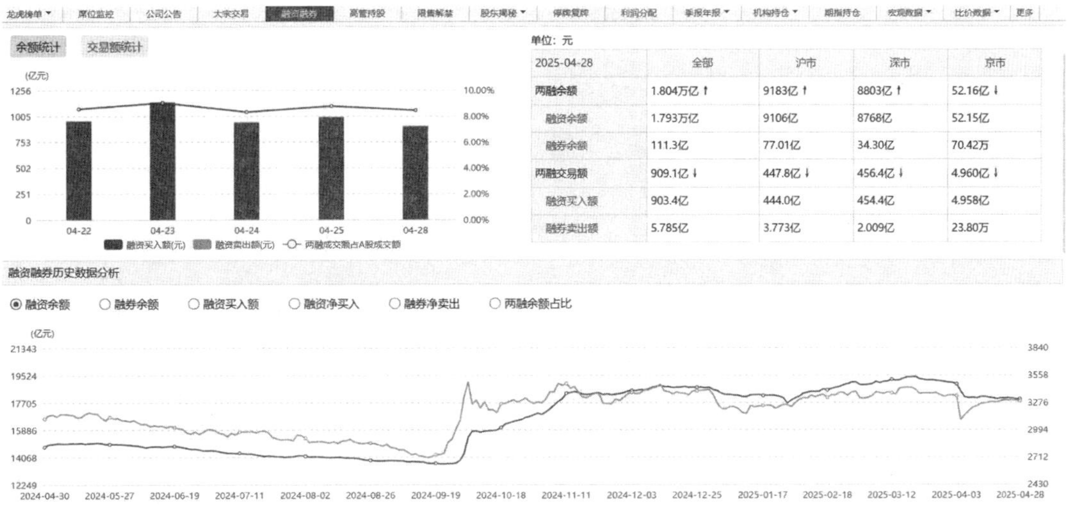

图 2.35　融资融券页面

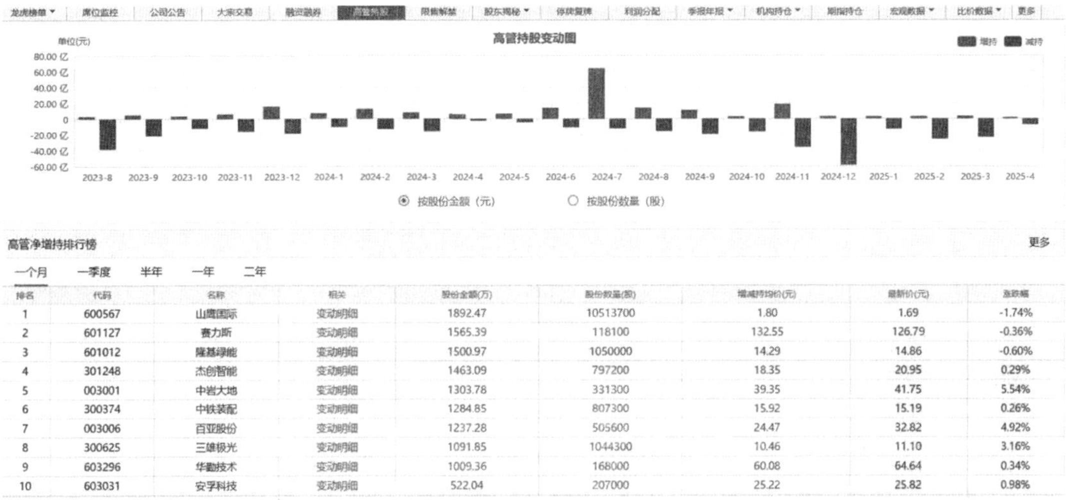

图 2.36　高管持股页面

（六）限售解禁

限售解禁是指受到流通限制的非流通股票取得流通权后可以上市交易。先前持有限售股的股东在股票解禁之后即可卖出套现，因此会对股票产生卖出压力导致股价下跌。投资者可以在限售解禁页面查看当年所有月份的限售股解禁数量和解禁市值，以及当月所有限售解禁股，如图 2.37 所示。

（七）停牌复牌

东方财富软件提供了停牌复牌查询功能，投资者使用该功能可以查看停牌上市公司的停牌时间、停牌截止时间、预计复牌时间、停牌期限、停牌原因等，如图 2.38 所示。

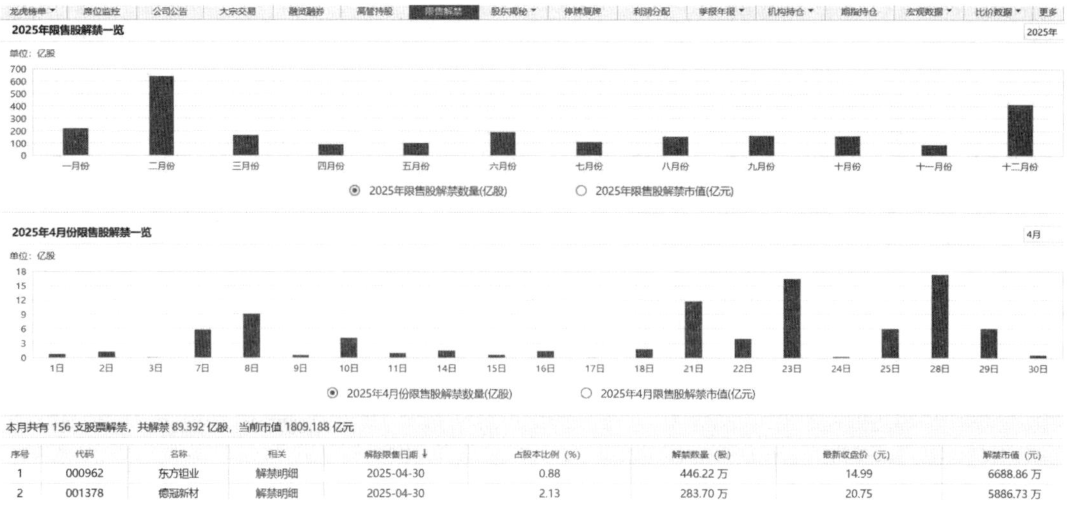

序号	代码	名称	相关	解除限售日期	占股本比例（%）	解禁数量（股）	最新收盘价（元）	解禁市值（元）
1	000962	东方钽业	解禁明细	2025-04-30	0.88	446.22 万	14.99	6688.86 万
2	001378	德冠新材	解禁明细	2025-04-30	2.13	283.70 万	20.75	5886.73 万

图 2.37　限售解禁页面

停复牌一览　数据日期：2025-04-29

序号	代码	名称	停牌时间	停牌截止时间	预计复牌时间	停牌期限	停牌原因
1	002693	双成药业	2025-04-29	2025-04-29	2025-04-30	停牌一天	刊登重要公告
2	002868	绿康生化	2025-04-29	2025-04-29	2025-04-30	停牌一天	刊登重要公告
3	300205	ST天喻	2025-04-29	2025-04-29	2025-04-30	停牌一天	刊登重要公告
4	002231	奥维通信	2025-04-29	2025-04-29	2025-04-30	停牌一天	刊登重要公告
5	600381	ST春天	2025-04-29	2025-04-29	2025-04-30	停牌一天	刊登重要公告
6	600130	波导股份	2025-04-29	2025-04-29	2025-04-30	停牌一天	刊登重要公告
7	002305	南国置业	2025-04-29	2025-04-29	2025-04-30	停牌一天	刊登重要公告
8	002168	ST惠程	2025-04-29	2025-04-29	2025-04-30	停牌一天	刊登重要公告
9	002058	威尔泰	2025-04-29	2025-04-29	2025-04-30	停牌一天	刊登重要公告
10	688287	ST观典	2025-04-29	2025-04-29	2025-04-30	停牌一天	刊登重要公告
11	002630	华西能源	2025-04-29	2025-04-29	2025-04-30	停牌一天	刊登重要公告

图 2.38　停牌复牌页面

(八)年报季报

东方财富软件的年报季报板块将数据分为年报、一季报、中报、三季报等四大类，每一类又分为报表详情、报表快报、报表预告、报表披露时间，如图 2.39 所示，投资者可根据需要快速查看相关财务数据。

2025年一季报业绩快报　数据日期 2025-03-31

序号	股票代码	股票简称	每股收益(元)	营业收入 营业收入(元)	营业收入 去年同期(元)	营业收入 同比增长(%)	营业收入 环比增长(%)	净利润 净利润(元)	净利润 去年同期(元)	净利润 同比增长(%)	净利润 环比增长(%)	每股净资产(元)	净资产收益率(%)	所处行业	公告日期
1	603322	超讯通信	0.3100	2.66 亿	8.14 亿	-67.26	179.63	5013 万	2220 万	125.77	156.77	1.76	15.55	通信服务	04-26
2	600496	精工钢构	0.0600	48.20 亿	34.14 亿	41.17	-312.12	1.23 亿	9749 万	26.28	-1173.87	4.54	1.37	水泥建材	04-22
3	600161	天坛生物	0.1200	13.18 亿	12.22 亿	7.84	-340.70	2.44 亿	3.17 亿	-22.90	-362.34	5.76	2.17	生物制品	04-16
4	601128	常熟银行	0.3600	29.71 亿	27.00 亿	10.04	-412.62	10.84 亿	9.52 亿	13.87	-425.92	9.81	3.7225	银行	04-15
5	600958	东方证券	0.1600	53.82 亿	36.11 亿	49.04	-370.18	14.36 亿	8.86 亿	62.08	-4074.73	9.77	1.79	证券	04-14
6	603101	汇嘉时代	0.1142	7.27 亿	7.05 亿	3.13	-399.02	5370 万	3778 万	42.14	-157.37	3.01	3.84	商业百货	04-11
7	601139	深圳燃气	0.0800	75.13 亿	68.63 亿	9.48	-373.83	2.33 亿	2.76 亿	-15.47	-404.94	5.49	1.49	燃气	04-11
8	000728	国元证券	0.1500	15.19 亿	10.98 亿	38.37	-326.62	6.41 亿	4.63 亿	38.40	-337.80	8.51	1.73	证券	04-11
9	600995	南网储能	0.1200	15.57 亿	13.25 亿	17.52	-379.01	3.74 亿	2.85 亿	31.10	-1025.48	6.8	1.74	电力行业	04-09
10	603019	中科曙光	0.1270	25.86 亿	24.79 亿	4.34	-306.83	1.85 亿	1.43 亿	29.53	-251.23	13.81	0.9	计算机设备	04-08
11	601377	兴业证券	0.0568	27.92 亿	23.77 亿	17.48	-369.85	5.16 亿	3.28 亿	57.32	-295.23	6.34	0.9	证券	04-08
12	601077	渝农商行	0.3300	72.24 亿	71.28 亿	1.35	-411.80	37.45 亿	35.24 亿	6.27	-744.74	11.21	3	银行	04-08
13	600428	中远海特	0.1610	51.96 亿	34.30 亿	51.47	-344.55	3.45 亿	3.40 亿	1.56	-460.96	5.98	2.71	航运港口	04-08

图 2.39　年报季报页面

(九)机构持仓

东方财富软件的机构持仓板块分为基金重仓、QFII 重仓、社保重仓、券商重仓、信托重仓、保险重仓等六大类。投资者可以查看机构持仓及其变化,制定及调整投资策略。以基金重仓为例,列表中个股默认按持有基金家数降序排列,如图 2.40 所示。

序号	股票代码	股票简称	持有基金家数(家) ↓	持股总数(万股)	持股市值(亿元)	持股变化	持股	持股变动比例(%)	持仓明细
1	300750	宁德时代	1861	58030.51	1467.82	减仓		-13.61	持仓明细
2	000333	美的集团	1331	80819.08	634.43	减仓	-17080.82	-17.45	持仓明细
3	601899	紫金矿业	1194	308062.03	558.21	减仓	-27305.77	-8.14	持仓明细
4	600519	贵州茅台	1194	9065.71	1415.16	减仓	-347.33	-3.69	持仓明细
5	002594	比亚迪	1016	14190.32	532.00	减仓	-1052.21	-6.90	持仓明细
6	002475	立讯精密	986	111728.23	456.86	减仓	-40264.71	-26.49	持仓明细
7	600036	招商银行	865	158761.78	687.28	减仓	-8510.61	-5.09	持仓明细
8	600900	长江电力	714	141634.38	393.89	减仓	-26616.23	-15.82	持仓明细
9	000651	格力电器	602	49958.98	227.11	减仓	-27471.50	-35.48	持仓明细
10	601318	中国平安	596	212639.69	1097.86	增仓	68143.70	47.16	持仓明细
11	000858	五粮液	551	33245.75	436.68	减仓	-10838.96	-24.59	持仓明细
12	600276	恒瑞医药	531	73058.51	359.45	减仓	-30962.36	-29.77	持仓明细
13	002371	北方华创	523	6545.96	272.31	减仓	-3057.80	-31.84	持仓明细
14	688981	中芯国际	499	46678.62	416.98	减仓	-24948.06	-34.83	持仓明细
15	688041	海光信息	464	26990.98	381.38	减仓	-11661.46	-30.17	持仓明细

图 2.40　机构持仓页面

(十)期指持仓

指数期货与股价指数的走势息息相关、相互影响。如果指数期货持仓量之前一直处于平稳状态,突然持仓增加,则可能酝酿一轮新的行情。

在主菜单栏中选择【数据】⇨【期指持仓】菜单命令,进入期指持仓页面,如图 2.41 所示。投资者可以单击某期货会员名称查看建仓过程、持仓机构、持仓均价和盈亏分析等。

成交量龙虎榜

名次	会员简称	成交量	增减
1	中信期货(代客)	8084	157
2	国泰君安(代客)	6732	237
3	海通期货(代客)	3367	-510
4	国信期货(代客)	1791	-58
5	东证期货(代客)	1623	-50
6	华闻期货(代客)	1533	-19
7	五矿期货(代客)	778	52
8	银河期货(代客)	713	-259
9	广发期货(代客)	685	-17

多头持仓龙虎榜

名次	会员简称	多头持仓	增减
1	国泰君安(代客)	10597	84
2	中信期货(代客)	7897	-143
3	国投期货(代客)	5221	-17
4	东证期货(代客)	2283	-6
5	海通期货(代客)	2190	-340
6	宝城期货(代客)	2109	-49
7	兴证期货(代客)	2070	-2
8	广发期货(代客)	1924	-28
9	银河期货(代客)	1900	-250

空头持仓龙虎榜

名次	会员简称	空头持仓	增减
1	国泰君安(代客)	11943	316
2	中信期货(代客)	10940	-453
3	瑞银期货(代客)	5798	14
4	海通期货(代客)	5380	-413
5	华泰期货(代客)	3127	19
6	申银万国(代客)	2556	83
7	中信建投(代客)	2520	41
8	国投期货(代客)	2177	47
9	东证期货(代客)	2063	-43

图 2.41　期指持仓页面

(十一)宏观数据

东方财富软件为投资者提供了宏观经济数据,便于投资者从宏观角度对当前经济形势进行预判,进而帮助投资者调整投资策略。

此外,东方财富软件主菜单栏的【数据】模块下还有龙虎榜单、公司公告、大宗交易、利润分配、比价数据、拆借利率等,投资者可以查看相应的数据信息,为制定投资决策提供依据。

第二节 分析、功能、交易和帮助菜单的使用

一、分析菜单

单击【分析】菜单选项，投资者可以查看东方财富软件特色分析功能（图 2.42），主要包括增仓排名、资金流向、盈利预测、财务数据、阶段统计、套利机会、分时图、K 线图、技术分析、数据浏览、条件选股、选股器等分析功能，可以为投资者的决策提供更有力的保障。

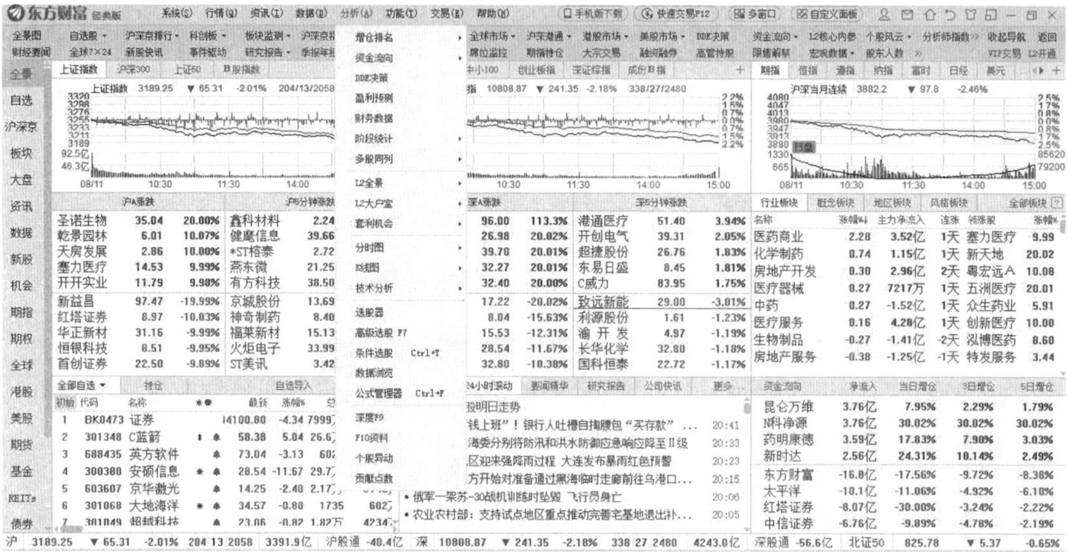

图 2.42 东方财富经典版分析菜单

（一）增仓排名

东方财富软件的主力增仓统计系统实时采集上海证券交易所、深圳证券交易所、北京证券交易所高速行情数据，精确统计每日交易过程中主力增减仓的成交数据，揭示市场主力资金的仓位变化情况。投资者可以通过观测板块和个股的增仓数据，把握主力的运作方向。

在主菜单栏中选择【分析】⇨【增仓排名】⇨【沪深京 A 股】菜单命令，可以查看行情列表中的今日增仓排名、3 日增仓排名、5 日增仓排名和 10 日增仓排名等相关数据，如图 2.43 所示。

（二）资金流向

东方财富软件的资金流向统计系统采用云计算技术，实时采集上交所、深交所、北交所的行情数据，通过服务器集群的海量运算，精确分析成交单交易瞬时的资金流方向和大小，利用还原算法揭示市场主力资金的流向。投资者可以通过观测板块资金明细和个股资金明细，实时把握主力资金的动态。

在主菜单栏中选择【分析】⇨【资金流向】⇨【沪深京 A 股】菜单命令，进入资金流向页面（图 2.44），投资者可以查看实时超大单统计、实时大单统计、实时中单统计和实时小

单统计数据。其中,超大单表示大于等于 50 万股或者 100 万元的成交单;大单表示大于等于 10 万股或者 20 万元且小于 50 万股或者 100 万元的成交单;中单表示大于等于 2 万股或者 4 万元且小于 10 万股或者 20 万元的成交单;小单表示小于 2 万股或者 4 万元的成交单。

行情列表　增仓排名　资金流向　DDE决策　盈利预测　财务数据　阶段统计　多股同列　点我下载APP，随时随地看行情!　过滤: 创业板　科创板　京A　ST及退市股

序	代码	名称	*●	所属行业	今日增仓排名 增仓占比	排名↓	排名变化	涨幅%	3日增仓排名 增仓占比	排名	排名变化	涨幅%	5日增仓排名 增仓占比	排名	排名变化	涨幅%	10日增仓排名 增仓占比	排名	排名变化
1	002451	摩恩电气	*	电网设备	49.52	1	+4316	10.01	23.05	4	+4777	5.14	13.30	8	+3453	5.90	2.70	249	+32
2	002433	*ST太安	*	中药	47.23	2	-1	5.05	22.94	5	+4	10.63	12.53	14	+906	11.71	-0.38	1000	+12
3	002584	西陇科学		电子化学品	47.17	3	+2380	9.94	37.57	1	+2331	9.74	27.41	2	+3873	9.14	16.04	2	+14
4	000573	粤宏远A		房地产开发	42.21	4	+1370	10.08	17.28	10	+2461	9.23	8.69	48	+2447	3.15	1.15	521	+20
5	000705	浙江震元		医药商业	33.23	5	+2820	10.00	12.94	31	+1666	12.82	10.82	23	+1848	13.10	8.50	19	+18
6	002173	创新医疗	‡	医疗服务	30.18	6	+4025	10.00	4.99	324	+2284	0.97	4.58	216	+2157	3.09	3.08	206	+24
7	301372	N科净源	‡	环保行业	30.02	7	+1930	113.33	30.02	2	+1508	113.33	30.02	1	+1229	113.33	30.02	1	+10
8	301234	五洲医疗	‡	医疗器械	28.83	8	+2597	20.01	14.57	15	+1774	32.33	13.23	9	+1540	32.03	12.05	6	+5
9	000159	国际实业	*	石油行业	28.07	9	+1480	-0.74	10.31	65	+1229	1.21	-2.62	1928	+2699	-1.76	-6.58	4081	+11
10	300138	晨光生物		农牧饲渔	27.67	10	+4044	0.06	9.60	87	+2550	0.63	6.76	86	+421	0.76	2.86	228	+6
11	688156	路德环境	‡	环保行业	27.09	11	+51	0.16	18.35	7	+75	-1.42	11.36	18	+59	0.47	3.86	141	+7
12	002096	易普力		化学制品	26.22	12	+2372	-0.78	13.02	30	+773	-1.29	4.58	218	+2357	-2.47	-0.75	1132	+19
13	601339	百隆东方		纺织服装	25.86	13	+193	0.18	17.26	11	+92	-1.06	5.63	141	+3631	-2.27	-10.80	4856	+2
14	600622	光大嘉宝	‡	房地产开发	25.10	14	+34	9.94	21.08	6	+3724	8.26	4.86	195	+5009	2.61	-1.89	1708	+33
15	002039	黔源电力	*	电力行业	24.69	15	+1371	-0.72	13.16	25	+36	-0.86	10.59	27	+31	-0.86	2.83	231	+6

图 2.43　增仓排名页面

序	代码	名称	*●	最新	涨幅%	主力净流入↓	集合竞价	实时超大单统计 流入	流出	净额	净占比%	实时大单统计 流入	流出	净额	净占比%	实时中单统计 流入	流出	净额
1	300418	昆仑万维	‡	37.17	3.86	3.76亿	8109	8.55亿	-6.67亿	1.88亿	3.97	15.0亿	-13.1亿	1.88亿	3.97	13.5亿	-14.5亿	-9825万
2	301372	N科净源	‡	96.00	113.33	3.76亿	3969	1.17亿	-2107万	9599万	7.67	3.03亿	-2304万	2.80亿	22.36	4.65亿	-6.10亿	-1.45亿
3	603259	药明康德	‡	78.60	-0.38	3.59亿	4835	2.81亿	-2.75亿	601万	0.30	8.00亿	-4.47亿	3.53亿	17.53	4.84亿	-6.60亿	-1.76亿
4	002527	新时达	‡	12.08	10.02	2.56亿	438	3.66亿	-1.18亿	2.48亿	23.55	2.41亿	-2.33亿	791万	0.75	2.35亿	-3.41亿	-1.06亿
5	601728	中国电信	‡	5.85	0.00	2.07亿	1905	5.26亿	-4.19亿	1.07亿	4.90	5.97亿	-4.98亿	9976万	4.57	5.54亿	-6.25亿	-7040万
6	002173	创新医疗	‡	9.35	10.00	1.99亿	700	2.18亿	-4849万	1.70亿	25.65	1.69亿	-1.39亿	2996万	4.53	1.51亿	-2.37亿	-8533万
7	000333	美的集团	‡	55.18	-2.08	1.67亿	1838	1.97亿	-9972万	9746万	6.87	3.72亿	-3.02亿	6976万	4.91	4.48亿	-5.92亿	-1.44亿
8	301277	新天地	‡	26.98	20.02	1.60亿	305	2.85亿	-5548万	2.30亿	30.69	1.54亿	-2.23亿	-6948万	-9.27	1.84亿	-2.81亿	-9683万
9	600050	中国联通	‡	5.26	-1.13	1.52亿	3516	8.33亿	-7.21亿	1.11亿	3.48	8.82亿	-8.41亿	4079万	1.28	7.76亿	-8.76亿	-9967万
10	002279	久其软件	*	7.05	6.02	1.19亿	1197	2.14亿	-7186万	1.42亿	13.82	1.86亿	-2.09亿	-2276万	-2.22	2.86亿	-3.65亿	-7873万
11	301429	森泰股份	‡	32.27	20.01	1.19亿	999	1.92亿	-4735万	1.44亿	24.47	1.27亿	-1.53亿	-2554万	-4.33	1.48亿	-2.15亿	-6694万
12	601127	赛力斯		39.35	-0.83	1.17亿	2874	1.92亿	-1.33亿	5855万	3.32	4.50亿	-3.92亿	5815万	3.30	5.89亿	-5.87亿	126万
13	000573	粤宏远A		4.26	10.08	1.08亿	232	1.82亿	-4106万	1.41亿	55.15	3713万	-7031万	-3318万	-12.94	1860万	-7645万	-5785万
14	002451	摩恩电气	*	7.36	10.01	1.01亿	894	1.26亿	-1624万	1.10亿	53.53	3675万	-4496万	-821万	-4.01	2192万	-6957万	-4765万
15	600622	光大嘉宝	‡	3.54	9.94	9543万	274	1.28亿	-4663万	8184万	21.52	9698万	-8339万	1359万	3.57	8473万	-1.22亿	-3756万

图 2.44　资金流向页面

投资者也可以查看行业板块、概念板块、地区板块、风格板块等板块的资金流向,如图 2.45 所示。

序	代码	名称	最新	涨幅%	主力净流入↓	集合竞价	实时超大单统计 流入	流出	净额	净占比%	实时大单统计 流入	流出	净额	净占比%	实时 流入	流
1	BK0727	医疗服务	1214.59	0.16	4.28亿	22385	10.1亿	-8.34亿	1.78亿	1.61	28.0亿	-25.5亿	2.50亿	2.26	36.8亿	-38.0
2	BK1042	医药商业	1117.00	2.28	3.52亿	12682	6.89亿	-3.54亿	3.35亿	6.04	11.0亿	-10.8亿	1633万	0.29	18.6亿	-18.0
3	BK0451	房地产开发	13831.52	0.30	2.96亿	59375	29.9亿	-25.3亿	4.56亿	1.86	55.0亿	-56.6亿	-1.61亿	-0.65	77.4亿	-76.5
4	BK0736	通信服务	940.23	-1.87	1.16亿	12647	17.4亿	-16.8亿	6284万	0.64	24.6亿	-24.1亿	5337万	0.54	27.6亿	-29.3
5	BK0465	化学制药	27963.78	0.74	1.15亿	39710	17.2亿	-15.4亿	1.86亿	0.85	46.9亿	-47.6亿	-7111万	-0.33	74.9亿	-75.5
6	BK1041	医疗器械	844.05	0.27	7217万	20099	7.26亿	-6.23亿	1.03亿	0.86	22.2亿	-22.5亿	-3075万	-0.26	44.7亿	-42.
7	BK0476	装修建材	13934.68	-1.29	4011万	9540	3.78亿	-2.71亿	1.07亿	1.99	8.87亿	-9.54亿	-6733万	-1.25	16.6亿	-17.
8	BK0733	包装材料	919.26	-1.21	-358万	4580	1.06亿	-8313万	2335万	1.17	3.69亿	-3.96亿	-2694万	-1.35	6.99亿	-6.6
9	BK0421	铁路公路	6501.27	-1.34	-2943万	2099	6974万	-7819万	-845万	-0.69	2.04亿	-2.25亿	-2098万	-1.71	3.17亿	-3.1
10	BK0440	家用轻工	34146.98	-1.42	-3208万	3920	2455万	-2785万	-330万	-0.24	2.12亿	-2.41亿	-2878万	-2.09	4.57亿	-4.6
11	BK0734	珠宝首饰	419.20	-1.49	-3794万	1144	2665万	-3799万	-1133万	-1.76	8912万	-1.16亿	-2660万	-4.13	1.86亿	-1.8
12	BK0730	农药兽药	1046.35	-1.47	-3956万	4717	7842万	-1.05亿	-2649万	-1.22	3.97亿	-4.10亿	-1307万	-0.60	7.24亿	-7.0
13	BK0539	综合行业	8517.92	-1.17	-5088万	2182	5046万	-7485万	-2439万	-2.02	2.30亿	-2.56亿	-2648万	-2.19	4.04亿	-4.0
14	BK0725	装修装饰	444.14	-1.51	-7287万	5589	4984万	-7562万	-2578万	-1.22	3.20亿	-3.67亿	-4709万	-2.23	7.00亿	-7.2
15	BK1043	专业服务	1004.25	-1.03	-7316万	4884	5758万	-7507万	-1749万	-0.77	3.92亿	-4.48亿	-5568万	-2.46	8.25亿	-8.6
16	BK0420	航空机场	4856.45	-1.42	-8272万	6266	5.41亿	-5.26亿	1535万	0.35	9.81亿	-10.8亿	-9807万	-2.24	13.1亿	-14.
17	BK1017	采掘行业	1047.08	-2.75	-9819万	6622	1.39亿	-1.60亿	-2121万	-0.99	3.63亿	-4.40亿	-7697万	-3.60	6.39亿	-6.3
18	BK1018	橡胶制品	1045.78	-1.68	-9929万	2520	8232万	-1.12亿	-3017万	-1.48	3.37亿	-4.07亿	-6912万	-3.40	6.70亿	-6.6
19	BK0485	旅游酒店	15625.33	-0.39	-1.08亿	12901	4.68亿	-4.92亿	-2337万	-0.33	14.1亿	-15.0亿	-8510万	-1.19	25.4亿	-25.
20	BK1035	美容护理	836.45	-1.15	-1.17亿	5442	9583万	-1.36亿	-3980万	-1.53	4.81亿	-5.57亿	-7679万	-2.94	10.5亿	-9.8
21	BK1016	汽车服务	987.35	-1.74	-1.22亿	1363	4637万	-1.06亿	-5939万	-6.60	1.66亿	-2.29亿	-6289万	-6.99	3.01亿	-2.4
22	BK0437	煤炭行业	9400.83	-2.32	-1.23亿	8452	4.79亿	-4.94亿	-1499万	-0.29	10.7亿	-11.7亿	-1.08亿	-2.07	16.4亿	-16.5

全部板块　行业板块　概念板块　地区板块　风格板块　半导体▲　概念分类▲　地区分类▲　风格分类▲

图 2.45　行业板块资金流向

（三）盈利预测

东方财富软件的盈利预测功能是基于最近6个月研究机构发布的研究报告的预测收益平均值做出的盈利估算。

在主菜单栏中选择【分析】⇨【盈利预测】菜单命令，进入盈利预测列表页面，如图2.46所示。投资者可以查看列表中所有股票的研报。

行情列表 增仓排名 资金流向 DDE决策 盈利预测 财务数据 阶段统计 多股同列 点我下载APP，随时随地看行情！ 过滤： 创业板 科创板 京A ST及退市股

机构研究报告盈利预测一览 （每日动态更新） 免责声明 股票代码 搜索

序	代码	名称		相关		最新	涨幅%	研报数↓	机构投资评级家次(近六个月)					2022实际	2023预测		2024预测		2025预
				研报	行情				买入	增持	中性	减持	卖出	收益	收益	市盈率	收益	市盈率	收益
1	600519	贵州茅台		研报	行情	1834.00	-2.19	55	47	8	–	–	–	49.926	59.216	30.971	69.129	26.462	80.323
2	603605	珀莱雅		研报	行情	108.77	-1.24	51	38	13	–	–	–	2.059	3.179	40.282	4.004	31.946	5.005
3	300957	贝泰妮		研报	行情	97.39	-2.62	51	38	13	–	–	–	2.482	3.145	30.973	3.998	24.363	5.006
4	300896	爱美客	⁑	研报	行情	443.00	-1.73	50	37	13	–	–	–	5.840	8.925	49.640	12.566	35.255	16.867
5	300750	宁德时代	⁑	研报	行情	241.50	-2.03	47	38	9	–	–	–	6.990	11.866	23.092	15.801	17.398	20.006
6	600600	青岛啤酒	*	研报	行情	95.55	-1.35	45	35	9	1	–	–	2.720	3.261	29.313	3.837	24.911	4.395
7	601888	中国中免		研报	行情	120.50	-1.73	44	29	14	1	–	–	2.431	4.474	26.994	6.121	19.718	7.709
8	603345	安井食品	⁑	研报	行情	147.30	-0.61	43	35	8	–	–	–	3.754	5.017	29.359	6.344	23.224	7.874
9	688363	华熙生物		研报	行情	95.91	-1.01	42	29	13	–	–	–	2.016	2.608	37.279	3.343	29.130	4.150
10	600809	山西汾酒		研报	行情	226.30	-2.44	41	32	9	–	–	–	6.636	8.557	26.448	10.753	21.043	13.297
11	002594	比亚迪	⁑	研报	行情	259.25	-1.31	41	32	9	–	–	–	5.710	9.363	27.690	13.107	19.786	17.085
12	300413	芒果超媒		研报	行情	32.91	-1.70	40	32	8	–	–	–	0.976	1.259	26.131	1.501	21.927	1.721
13	001215	千味央厨		研报	行情	66.94	-1.52	40	28	12	–	–	–	1.176	1.699	39.371	2.267	29.525	2.908
14	688111	金山办公		研报	行情	408.16	-1.42	39	32	7	–	–	–	2.420	3.397	120.273	4.621	88.424	6.150
15	603833	欧派家居		研报	行情	97.01	-2.58	39	32	7	–	–	–	4.413	5.144	18.859	6.010	16.142	6.971
16	000858	五 粮 液		研报	行情	172.36	-2.24	39	34	5	–	–	–	6.876	8.001	21.544	9.224	18.684	10.514
17	603517	绝味食品		研报	行情	36.38	-2.07	38	30	8	–	–	–	0.368	1.260	28.909	1.792	20.331	2.202
18	603444	吉比特		研报	行情	444.57	0.11	38	31	7	–	–	–	20.278	22.871	19.489	26.687	16.715	30.360
19	603369	今世缘		研报	行情	58.71	-2.12	38	30	8	–	–	–	1.995	2.507	23.416	3.133	18.736	3.873
20	600887	伊利股份		研报	行情	27.50	-1.33	38	31	7	–	–	–	1.481	1.719	15.933	2.005	13.676	2.308
21	002624	完美世界		研报	行情	14.39	-1.98	38	30	8	–	–	–	0.710	0.800	17.969	0.965	14.886	1.101

图2.46 盈利预测列表页面

（四）财务数据

东方财富软件的财务数据分析列表中将沪深京市场所有股票的财务报表数据进行了梳理罗列，为投资者提供了直观的财务数据页面。投资者可以按照财务数据中的参数对股票进行排序筛选。

在主菜单栏中选择【分析】⇨【财务数据】菜单命令，进入相应页面，可以选中某个指标进行排序。例如单击【营业总收入】，系统将按照营业总收入进行降序排列，如图2.47所示。

行情列表 增仓排名 资金流向 DDE决策 盈利预测 财务数据 阶段统计 多股同列 过滤： 创业板 科创板 京A

序	代码	名称	*●	最新报告期(含快报)	总股本	流通A股	人均持股数(最新公告)	每股收益	每股净资产	加权净资产收益率	营业总收入↓	营业总收入同比	营业利润	投资收益
1	601857	中国石油	⁑	2025/03/31	1830亿	1619亿	34.6万	0.256	8.55	3.00	7531亿	-7.34	677亿	35.7亿
2	600028	中国石化	⁑	2025/03/31	1213亿	948亿	25.6万	0.109	6.88	1.60	7354亿	-6.91	185亿	16.5亿
3	601668	中国建筑	⁑	2025/03/31	413.2亿	413亿	10.9万	0.363	11.33	3.18	5553亿	1.10	228亿	8.46亿
4	600941	中国移动	⁑	2025/03/31	215.8亿	9.03亿	16.7万	1.419	64.41	2.20	2638亿	0.02	390亿	42.6亿
5	601186	中国铁建	⁑	2025/03/31	135.8亿	115亿	5.73万	0.379	19.79	1.72	2568亿	-6.61	73.8亿	-1.36亿
6	601390	中国中铁	⁑	2025/03/31	247.4亿	205亿	5.27万	0.244	12.55	1.96	2493亿	-6.16	78.5亿	3.61亿
7	601318	中国平安	⁑	2025/03/31	182.1亿	108亿	2.28万	1.484	51.60	2.90	2328亿	-5.20	356亿	296亿
8	601398	工商银行	⁑	2025/03/31	3564亿	2696亿	50.4万	0.236	10.41	2.27	2128亿	-3.22	995亿	133亿
9	601939	建设银行	⁑	2025/03/31	2500亿	95.9亿	81.1万	0.333	12.91	2.61	1901亿	-5.40	935亿	42.7亿
10	601288	农业银行	⁑	2025/03/31	3500亿	3192亿	70.7万	0.206	7.54	2.71	1867亿	0.35	780亿	71.7亿
11	002594	比亚迪	⁑	2025/03/31	30.39亿	11.6亿	1.17万	3.012	71.85	4.37	1704亿	36.35	110亿	6.97亿
12	601988	中国银行	⁑	2025/03/31	2944亿	2108亿	50.6万	0.185	8.19	2.27	1649亿	2.56	734亿	139亿
13	601138	工业富联	⁑	2025/03/31	198.6亿	199亿	4.87万	0.263	7.91	3.48	1604亿	35.16	59.1亿	2.60亿
14	601319	中国人保	⁑	2025/03/31	442.2亿	355亿	29.3万	0.291	6.32	4.70	1566亿	12.83	206亿	122亿
15	601800	中国交建	*	2025/03/31	162.8亿	117亿	10.4万	0.336	17.73	1.82	1546亿	-12.58	81.7亿	-6571万
16	600153	建发股份	⁑	2025/03/31	29.47亿	29.0亿	4.50万	0.198	19.04	0.80	1438亿	9.47	4.65亿	2.44亿
17	601669	中国电建	⁑	2025/03/31	172.3亿	131亿	3.96万	0.153	8.18	1.81	1427亿	1.61	42.7亿	7689万
18	600104	上汽集团	⁑	2025/03/31	115.8亿	116亿	5.43万	0.261	25.23	1.04	1409亿	-1.55	48.6亿	22.0亿
19	601728	中国电信	⁑	2025/03/31	915.1亿	776亿	38.2万	0.097	5.04	1.94	1345亿	0.01	121亿	6.50亿
20	600704	物产中大	⁑	2025/03/31	51.93亿	51.5亿	5.57万	0.189	7.94	2.34	1331亿	0.16	18.0亿	11.8亿

图2.47 财务数据列表页面

(五)数据浏览

在主菜单栏中选择【分析】⇨【数据浏览】菜单命令,进入数据浏览页面(图2.48)。投资者在页面左侧的待选指标列表中选出自己需要的指标,双击该指标即可将其添加至右侧列表选项中。也可以在待选范围列表中修改查找股票的范围。将所有指标均选择完毕后,单击【提取数据】按钮,即可筛选出所要查找的股票及对应的指标数据。投资者也可以单击【导出到EXCEL】命令,将数据导出。

图2.48 数据浏览页面

(六)选股器

东方财富软件的选股器主要用以快速查找匹配条件的股票,只要单击其中的某一项目,就将弹出该项目下的各种条件分类供投资者选择,单击即可筛选出符合条件的股票。

在主菜单栏中选择【分析】⇨【选股器】菜单命令,进入选股器页面,投资者可以自定义选股条件进行选股。例如,设置每股收益0.5元以上、人气排名连涨3天及以上和KDJ金叉三个条件,筛选出怡和嘉业和东鹏饮料两只股票,如图2.49所示。

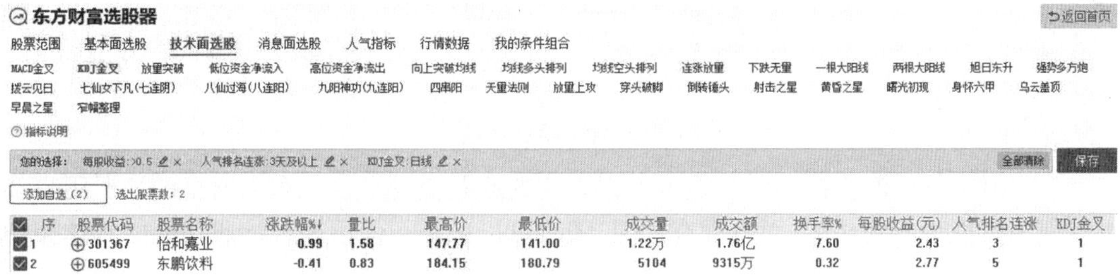

图2.49 选股器页面

二、功能菜单

单击【功能】菜单选项,将弹出功能菜单(图2.50),包括盯盘窗口、自选导入、设置自选股、工具栏设置、预警、画图工具、条件选股、数据下载、数据复原等。

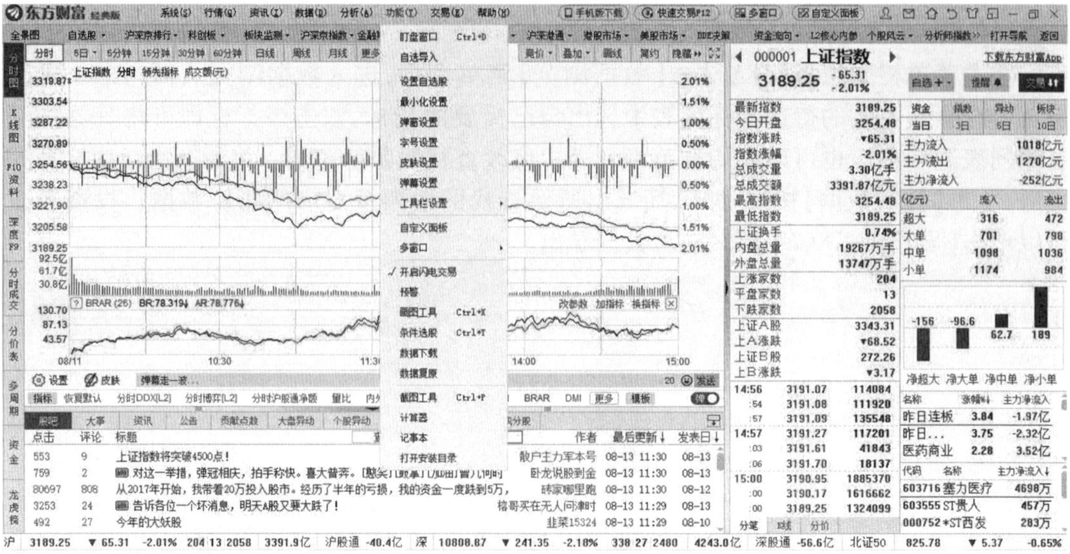

图 2.50 功能菜单

三、交易菜单

东方财富软件主页面的【交易】菜单下包含已添加券商、委托券商设置区、东方财富证券交易专区、东方财富期货交易区、模拟炒股等模块，如图 2.51 所示。

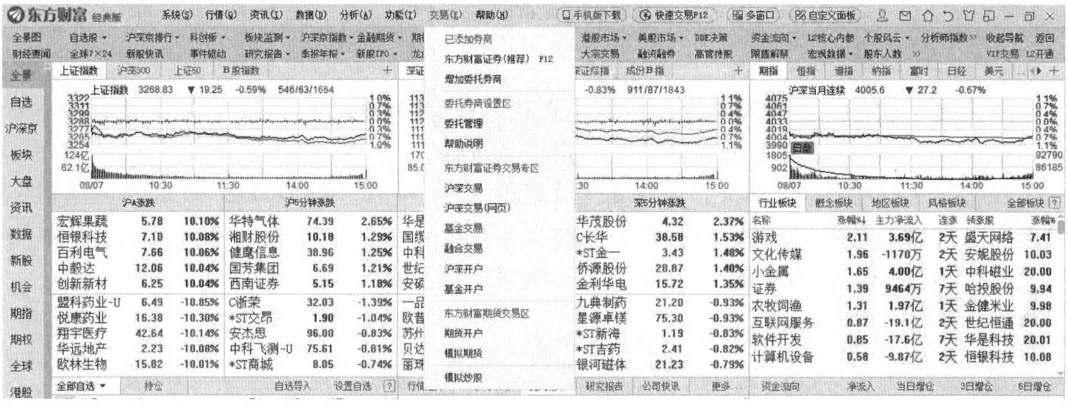

图 2.51 交易菜单

东方财富软件的模拟炒股功能可模拟真实的股票交易平台。东方财富的注册用户都可以使用模拟炒股的功能，而且没有期限，随时可以参加。使用模拟炒股功能的具体操作步骤如下：

(1)在东方财富软件主页面中选择【交易】⇨【模拟炒股】菜单命令，在打开的页面下方【模拟交易】对话框中填写账户名称和初始金额，然后单击【确定】按钮即可(图 2.52)，模拟账户设置完毕之后，即可进行委托买卖股票。

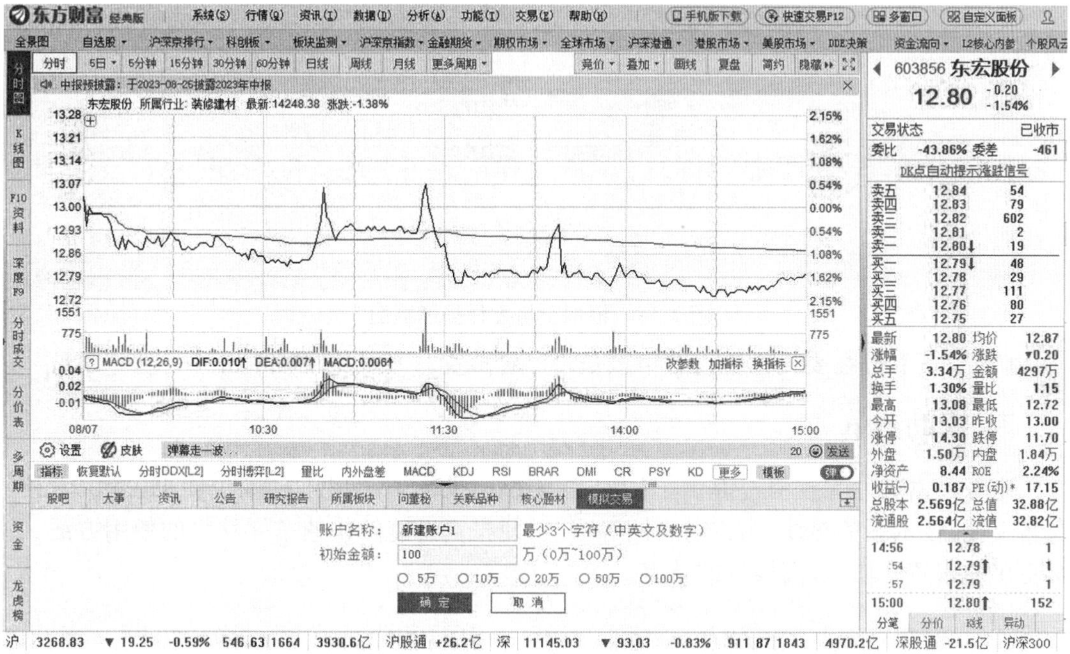

图 2.52　模拟交易账户创建页面

（2）打开模拟交易系统窗口，如图 2.53 所示，在【委托买入】对话框中输入证券代码、买入价格及买入数量，单击【买入】按钮，将自动弹出模拟交易委托确认页面（图 2.54），点击【确定】按钮，弹出模拟交易委托提示页面（图 2.55），告知投资者委托已经成功提交，并给出相应的合同编号，点击【确定】按钮即可。

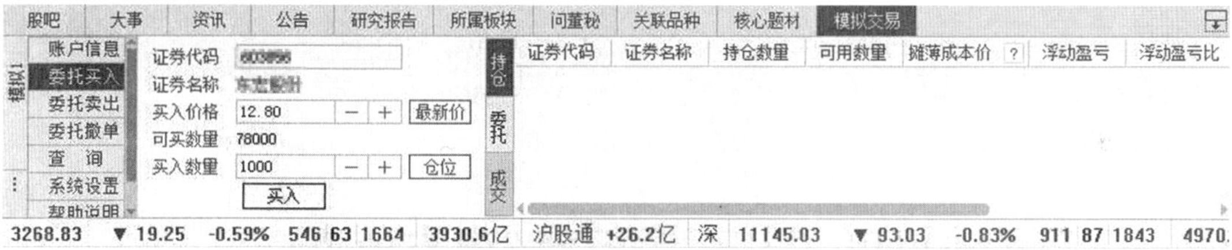

图 2.53　模拟交易页面

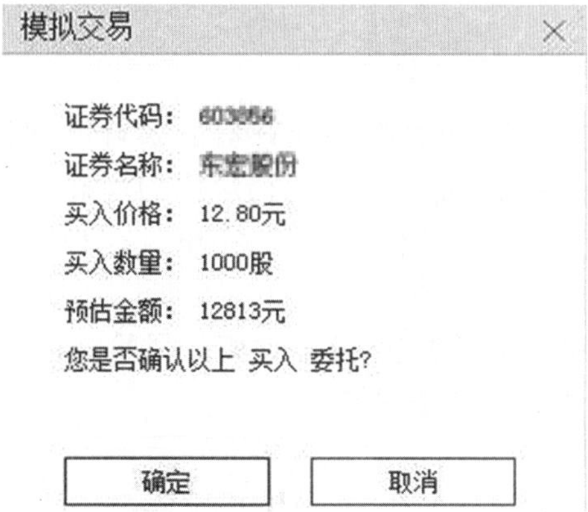

图 2.54　模拟交易委托确认页面

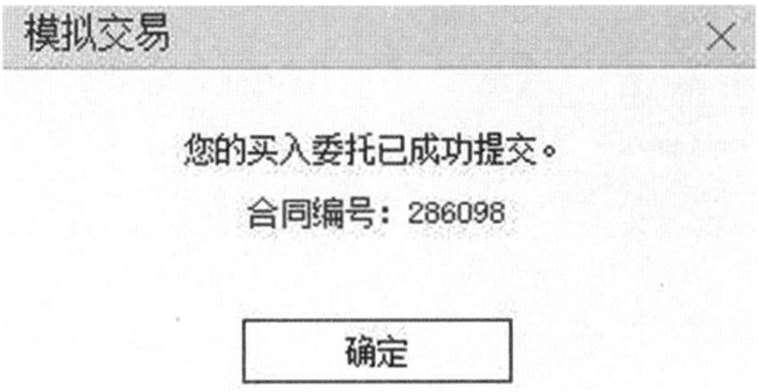

图 2.55 模拟交易委托提示页面

(3)投资者可在委托栏中查看申报是否已经成交。

四、帮助菜单

东方财富软件为投资者提供了【帮助】菜单(图 2.56),提供帮助说明书、股民学校、留言反馈、技术服务热线、东方财富网等服务,使投资者能够快速掌握软件的使用方法,了解更多的投资知识,提高投资的效率。

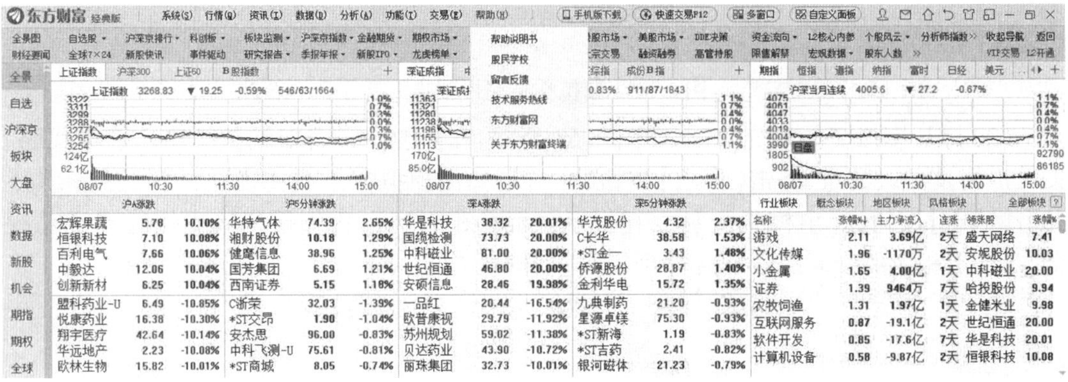

图 2.56 帮助菜单

实训项目二 股票行情解读与模拟交易

一、实训目的

(1)熟练运用东方财富软件,快速准确地查看股票行情,使用分析工具,提升学生对金融软件的实际操作能力,增强对金融市场运行规律的理解。

(2)通过模拟交易,使学生掌握股票交易的完整流程和交易规则,积累交易经验,提高投资决策能力。

(3)帮助学生树立正确的投资理念,培养他们的风险防范意识和风险应对能力,使其在未来的投资活动中能够更加理性地投资。

二、实训要求

(1)提前学习股票市场基础知识,为实训做好准备。

(2)在计算机上安装东方财富经典版软件,熟悉软件的页面布局、功能模块和操作流程。

(3)确保网络连接正常,能够实时获取股票行情数据和进行模拟交易操作。

(4)认真完成每一个实训环节的任务,如实记录实训过程中的数据和操作情况,按时完成实训报告。

三、实训内容及步骤

(1)在计算机上安装东方财富经典版软件并登录,熟悉软件的主页面布局。查看沪深京股票市场的实时行情数据,包括个股的最新价、涨跌幅、成交量、成交额、换手率等信息;查看分时图和不同周期的K线图,了解各图表的构成及使用。

(2)观察股票市场行情,结合软件的资讯功能和相关数据模块,选择若干只不同行业、不同走势的股票。收集所选股票的公司基本信息,包括公司的财务报表、行业地位、竞争优势、主营业务发展情况、重大事项公告等。对收集到的信息进行整理和分析,判断公司的投资价值和发展前景。将关注的股票添加到自选股列表,对自选股进行分类管理和个性化设置,方便快速查看和跟踪重点关注的股票。

(3)在东方财富经典版软件的模拟交易平台上开设模拟交易账户,熟悉模拟交易的规则和流程。根据行情分析结果,制定模拟交易策略,在模拟交易平台上进行股票买卖操作。在交易过程中,实时监控股票行情的变化,根据市场动态及时调整交易策略,做好风险防控。

(4)记录每一笔交易的时间、股票名称、股票代码等信息,填写表2.1。

表2.1　交易记录表

交易时间	股票名称	股票代码	交易类型	成交价格	成交数量	成交金额	交易费用

(5)对模拟交易过程中的数据进行整理,计算投资收益率、最大回撤率等关键指标,评估模拟交易的业绩表现。

四、实训结果

对实训过程进行总结,分析成功经验和不足之处,撰写实训报告。报告内容应包括实训概述、软件操作、行情分析过程、交易策略制定、模拟交易、业绩评估、总结与反思等。

第三章　证券投资基本分析

证券投资基本分析主要由三个部分构成，即宏观经济分析、行业和板块分析及公司分析。按照宏观经济、行业、公司层面的顺序进行的分析，称为自上而下的分析方法。证券投资基本分析大多采用这种分析方法，在宏观经济发展相对较好的情况下选择发展前景好的行业，再从该行业中选择优质的龙头公司进行投资。当然，在实践中也有从分析公司开始的，接着分析这个公司所属的行业，最后分析宏观经济形势，这是自下而上的分析方法。

第一节　宏观经济分析

宏观经济分析是对一个国家的宏观经济运行或者主要的宏观经济变量及指标进行综合分析，并以此来分析预测证券市场的运行状况和未来趋势。国民经济的发展状况决定了证券市场的发展趋势与兴衰。因此，分析宏观经济对证券市场的影响意义重大。

一、宏观经济指标分析

（一）国内生产总值

国内生产总值（GDP）是指按市场价格计算一个国家所有常住单位在一定时期内生产活动的最终成果。GDP 是一国在一定期间经济成就的综合反映，从长期来看，一个国家证券市场的波动与其经济发展趋势是比较一致的。

（1）持续、稳定、高速的 GDP 增长。

在这种情况下，社会总需求与总供给协调增长，经济结构逐步合理，趋于平衡。伴随着总体经济增长，上市公司利润上升，股息和红利不断增长，投资风险越来越小，从而公司的股票和债券得到全面升值。GDP 持续增长，国民收入和个人收入不断提高，会有更多的资金流入证券市场，促使证券价格上涨。

（2）高通货膨胀下的 GDP 增长。

这是经济形势恶化的征兆，带来的可能结果是滞涨。此时，企业经营将面临困境，居民实际收入将下降。在失衡的经济增长下，证券市场往往出现下跌走势。

（3）宏观调控下的 GDP 减速增长。

当 GDP 呈失衡的高速增长时，政府可能采取宏观调控措施以维持经济的稳定增长。如果调控目标得以顺利实现，经济矛盾逐步缓解，证券市场将呈现平稳渐升的态势。

（4）转折性的 GDP 变动。

GDP 由负增长转为正增长，或由低速增长转向高速增长，说明经济运行向良性方向发展，证券市场走势也将向好。而当 GDP 由高速增长转向低速增长，甚至转为负增长时，证券市场往往会下跌。

另外，证券市场反映的是预期的GDP变动，当GDP的实际变动被公布时，证券市场往往只反映实际变动与预期变动的差别。因而在证券投资中进行GDP变动分析时必须着眼于未来。

打开东方财富软件，点击主菜单栏中的【数据】⇨【宏观数据】，可以查看相关的经济数据。软件中给出的中国的GDP数据如图3.1所示。

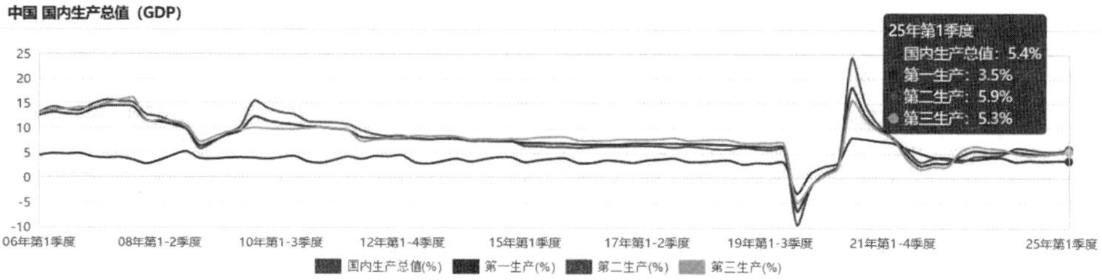

季度	国内生产总值		第一产业		第二产业		第三产业	
	绝对值(亿元)	同比增长	绝对值(亿元)	同比增长	绝对值(亿元)	同比增长	绝对值(亿元)	同比增长
2025年第1季度	318758.00	5.40%	11713.00	3.50%	111903.00	5.90%	195142.00	5.30%
2024年第1-4季度	1349083.50	5.00%	91413.90	3.50%	492087.10	5.30%	765582.50	5.00%
2024年第1-3季度	975357.40	4.80%	57363.60	3.40%	356492.00	5.40%	561501.80	4.70%
2024年第1-2季度	633599.40	5.00%	30468.80	3.50%	233253.00	5.80%	369877.50	4.60%
2024年第1季度	304761.80	5.30%	11458.80	3.30%	108277.40	6.00%	185025.60	5.00%
2023年第1-4季度	1294271.70	5.20%	89169.10	4.10%	475936.10	4.70%	729166.50	5.80%
2023年第1-3季度	937047.00	5.20%	55955.60	4.00%	344190.10	4.40%	536901.20	6.00%
2023年第1-2季度	608606.30	5.50%	30195.90	3.70%	224508.40	4.30%	353902.00	6.40%
2023年第1季度	292368.80	4.50%	11500.40	3.70%	104579.50	3.30%	176288.80	5.40%
2022年第1-4季度	1234029.40	3.00%	88207.00	4.10%	467629.60	3.80%	678192.70	2.30%

图3.1　中国GDP数据

（二）居民消费价格指数

居民消费价格指数（CPI）是根据与居民生活有关的商品及服务价格统计出来的物价变动指标。CPI是对一个固定的消费品篮子价格的衡量，主要反映消费者支付商品和服务的价格变化情况。图3.2所示为东方财富软件给出的中国CPI数据。

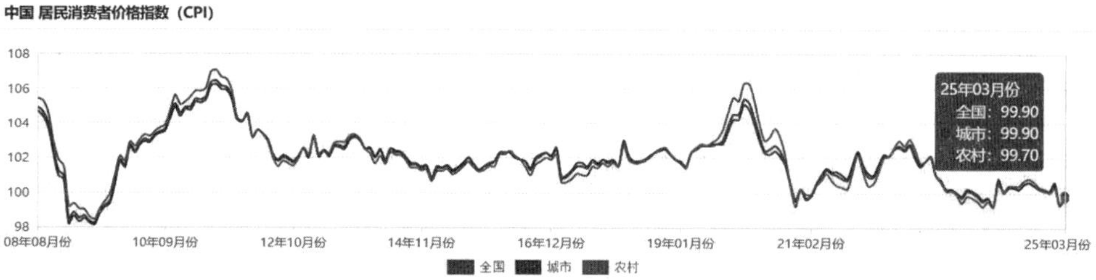

月份	全国				城市				农村			
	当月	同比增长	环比增长	累计	当月	同比增长	环比增长	累计	当月	同比增长	环比增长	累计
2025年03月份	99.9	-0.1%	-0.4%	99.9	99.9	-0.1%	-0.4%	99.9	99.7	-0.3%	-0.3%	99.8
2025年02月份	99.3	-0.7%	-0.2%	99.9	99.3	-0.7%	-0.2%	99.9	99.3	-0.7%	-0.1%	99.8
2025年01月份	100.5	0.5%	0.7%	100.5	100.6	0.6%	0.8%	100.6	100.3	0.3%	0.5%	100.3
2024年12月份	100.1	0.1%	0.0%	100.2	100.1	0.1%	0.0%	100.2	100.0	0.0%	-0.1%	100.3
2024年11月份	100.2	0.2%	-0.6%	100.3	100.1	0.1%	-0.6%	100.2	100.2	0.2%	-0.6%	100.3
2024年10月份	100.3	0.3%	-0.3%	100.3	100.2	0.2%	-0.3%	100.2	100.3	0.3%	-0.3%	100.3
2024年09月份	100.4	0.4%	0.0%	100.3	100.4	0.4%	-0.1%	100.2	100.6	0.6%	0.1%	100.3
2024年08月份	100.6	0.6%	0.4%	100.2	100.6	0.6%	0.3%	100.2	100.8	0.8%	0.4%	100.3
2024年07月份	100.5	0.5%	0.5%	100.2	100.5	0.5%	0.6%	100.2	100.7	0.7%	0.4%	100.2

图3.2　中国CPI数据

CPI 通常作为观察通货膨胀水平的重要指标。通货膨胀是指一般物价水平持续、普遍、明显地上涨。通货膨胀对股票价格走势的影响较为复杂，既有刺激股票价格上涨的作用，也有抑制股票价格的作用。

温和的、适度的通货膨胀对股价的影响一般是正面的，可以促进有支付能力的有效需求增加，从而刺激生产的发展和证券投资的活跃。

严重的通货膨胀会阻碍经济的发展，导致货币加速贬值，人们将资金用于囤积商品来保值。这时投资者对经济发展的前景不乐观，对政府提高利率以抑制通货膨胀的预期增强，会选择退出证券市场，导致股价下跌。

通货紧缩使物价和收入持续下降，将降低消费者和投资者的积极性，造成经济衰退和经济萧条。

（三）货币供应量

货币供应量是指一国在某一时点上为社会经济运转服务的货币存量，它由包括中央银行在内的金融机构供应的存款货币和现金货币构成。

当货币供应量增加时，投资者手中可用于投资的资金增多，这些新增资金会增加对股票的需求。另外，货币供给增加通常会伴随着市场利率下降，公司的融资成本降低，有利于公司扩大生产规模、进行技术研发等活动，从而提高公司的盈利能力和竞争力，公司盈利预期的提高会吸引投资者增加对股票的投资，这些都将推动股价上涨。反之，当货币供应量减少时，市场资金会变得紧张，导致股票市场的资金供给减少，从而使股价面临下跌压力。

中央银行通过调整货币政策控制货币供应量，以维护市场的稳定和健康发展。投资者应该密切关注货币供应量的变化，及时调整投资策略，应对市场风险。图 3.3 所示为东方财富软件给出的中国货币供应量变化情况。

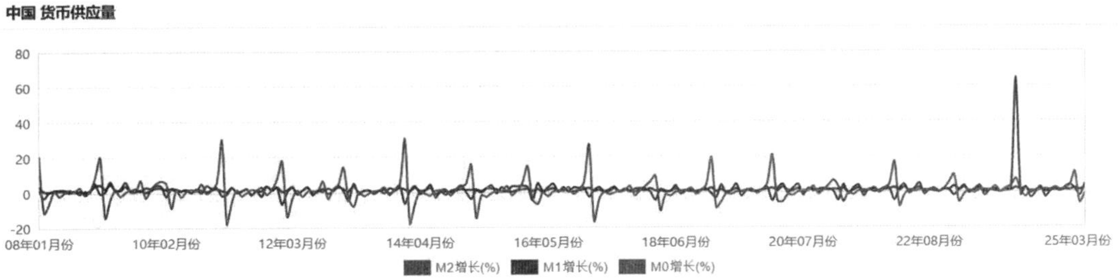

月份	货币和准货币（M2）			货币（M1）			流通中的现金（M0）		
	数量（亿元）	同比增长	环比增长	数量（亿元）	同比增长	环比增长	数量（亿元）	同比增长	环比增长
2025年03月份	3260554.57	7.00%	1.73%	1134863.10	1.60%	3.70%	130691.86	11.50%	-1.56%
2025年02月份	3205173.24	7.00%	0.63%	1094370.01	0.10%	-2.68%	132756.61	9.70%	-6.68%
2025年01月份	3185247.18	7.00%	1.59%	1124457.45	0.40%	1.02%	142254.48	17.20%	10.97%
2024年12月份	3135322.30	7.30%	0.50%	1113069.00	1.20%	3.41%	128194.16	13.00%	3.23%
2024年11月份	3119587.27	7.10%	0.73%	1076379.00	-0.70%	2.04%	124180.26	12.70%	1.42%
2024年10月份	3097092.01	7.50%	0.07%	1054884.00	-2.30%	-0.05%	122447.04	12.80%	0.51%
2024年09月份	3094798.24	6.80%	1.45%	1055410.00	-3.30%	0.55%	121830.00	11.50%	1.97%
2024年08月份	3050461.27	6.30%	0.57%	1049684.00	-3.00%	-0.20%	119472.57	12.20%	0.53%
2024年07月份	3033060.78	6.30%	-0.56%	1051800.00	-2.60%	-3.43%	118840.46	12.00%	0.94%
2024年06月份	3050161.54	6.20%	1.05%	1089170.00	-1.70%	2.33%	117736.77	11.70%	0.58%

图 3.3　中国货币供应量变化情况

(四)利率

证券市场对利率水平的变动最为敏感。一般来说,利率下降时,证券的价格会上涨;利率上升时,证券的价格会下跌。

图 3.4 所示为东方财富软件给出的上海银行间同业拆借利率(SHIBOR)的变化情况。SHIBOR 是反映中国银行间市场资金价格的重要基准利率,由 18 家信用等级较高的银行自主报价形成,目前涵盖了隔夜、1 周、2 周、1 个月、3 个月、6 个月、9 个月及 1 年等多个期限品种,能够满足不同金融机构和市场参与者对于不同期限资金价格的参考需求。

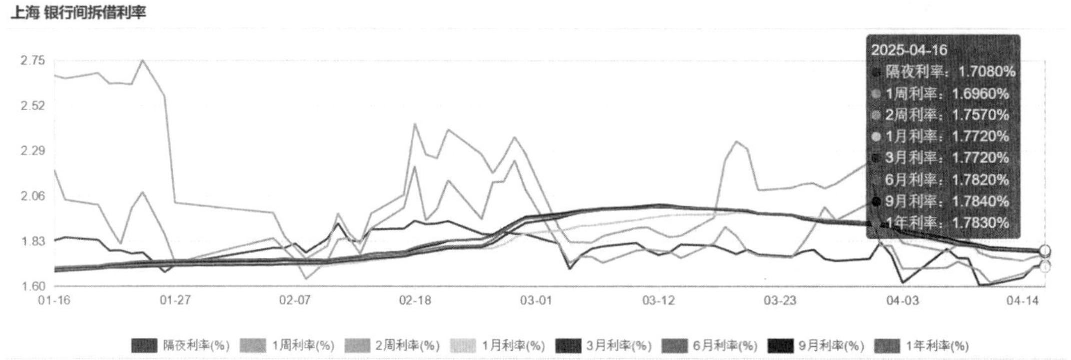

图 3.4 上海银行间 SHIBOR 变化情况

SHIBOR 反映了银行间市场资金的供求状况,银行间市场的资金需求和供给状况直接影响 SHIBOR 的水平。SHIBOR 的变动还受到中国人民银行(简称央行)的利率政策调整、宏观经济数据的发布(如 GDP、CPI)等多种因素的影响。此外,全球金融市场的情况,如美国联邦储备系统(简称美联储)的货币政策,也可能通过影响资本流动间接影响 SHIBOR。

SHIBOR 为金融市场上众多金融产品提供了定价基准,如债券、理财产品、金融衍生品等。以 SHIBOR 为基础进行定价,可以使金融产品的价格更加市场化、透明化。SHIBOR 的变化能够及时反映货币市场的资金松紧状况和利率走势,为金融机构、监管部门和市场参与者提供了重要的市场信息,有助于各方及时调整经营策略和政策措施。

图 3.5 所示是东方财富软件给出的中国贷款市场报价利率(LPR)的数据。LPR 由具有代表性的报价行根据最优质客户贷款利率自主报价形成,每月 20 日(遇节假日顺延)由全国银行间同业拆借中心计算并公布,计算方式为剔除最高和最低报价后取算术平均值,并四舍五入至 0.05% 的整数倍。目前 LPR 主要分为 1 年期(短期融资参考)和 5 年期以上(中长期贷款定价)两类品种。LPR 是银行对企业和个人贷款利率的定价基础。

LPR 市场化程度较高,能够充分反映信贷市场资金供求情况。使用 LPR 进行贷款定价可以促进形成市场化的贷款利率,提高市场利率向信贷利率的传导效率,推动金融机构根据市场供求和自身资金成本等因素合理定价,更好地服务实体经济,也为货币政策的传导提供了更有效的途径。

LPR 的变动直接影响企业和个人的贷款成本,进而影响消费和投资。LPR 的变动是市场资金成本、经济预期和政策导向的综合反映,投资者应关注其变动趋势。

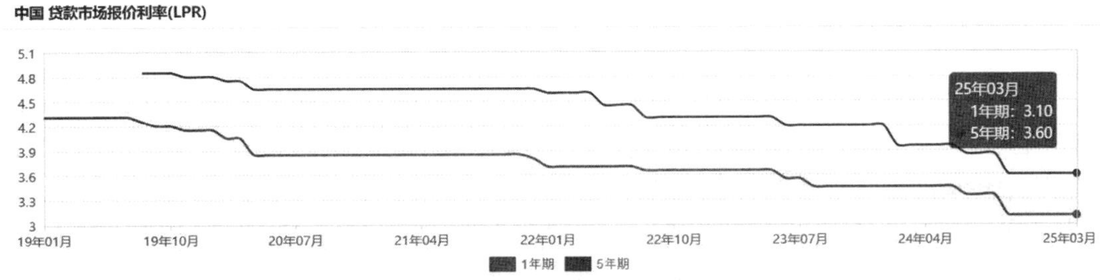

更新日期	1年期			5年期			次日指数涨跌	
	调整前	调整后	调整幅度	调整前	调整后	调整幅度	上证	深证
2025-03-20	3.10%	3.10%	-	3.60%	3.60%	-	-1.29%	-1.76%
2025-02-20	3.10%	3.10%	-	3.60%	3.60%	-	0.85%	1.82%
2025-01-20	3.10%	3.10%	-	3.60%	3.60%	-	-0.05%	0.48%
2024-12-20	3.10%	3.10%	-	3.60%	3.60%	-	-	-
2024-11-20	3.10%	3.10%	-	3.60%	3.60%	-	0.07%	-0.07%
2024-10-21	3.35%	3.10%	-0.25%	3.85%	3.60%	-0.25%	0.54%	0.85%
2024-09-20	3.35%	3.35%	-	3.85%	3.85%	-	-	-
2024-08-20	3.35%	3.35%	-	3.85%	3.85%	-	-0.35%	-0.28%
2024-07-22	3.45%	3.35%	-0.10%	3.95%	3.85%	-0.10%	-1.65%	-2.97%

图 3.5 中国贷款市场 LPR

(五)汇率

汇率的表示方法有直接标价法和间接标价法两种,在介绍一国货币是升值或者贬值的时候,一定要区分是哪种标价法下的汇率。

点击东方财富软件主菜单栏中的【行情】⇨【外汇】,可以查看外汇信息。图 3.6 所示为人民币汇率中间价和离岸人民币兑外币的市场行情。

离岸人民币兑外币

序	代码	名称	最新	涨幅%	涨跌	买入价	卖出价	反向汇率	振幅%
1	AUDCNH	澳元兑离岸人民币	4.6454	-0.11	-0.0051	4.6450	4.6458	0.2153	0.2
2	CADCNH	加元兑离岸人民币	5.2636	-0.07	-0.0035	5.2633	5.2639	0.1900	0.1

人民币汇率中间价

序	代码	名称	最新	涨幅%	涨跌	买入价	卖出价	反向汇率
1	USDCNYC	美元人民币中间价	7.2085	-0.07	-0.0048	—	—	0.1387
2	EURCNYC	欧元人民币中间价	8.2470	0.83	0.0681	—	—	0.1213
3	JPYCNYC	100日元人民币中间价	5.1173	0.73	0.0372	—	—	0.1954
4	HKDCNYC	港币人民币中间价	0.9289	-0.12	-0.0011	—	—	1.0765
5	GBPCNYC	英镑人民币中间价	9.5763	-0.23	-0.0222	—	—	0.1044
6	AUDCNYC	澳元人民币中间价	4.6188	0.54	0.0248	—	—	0.2165
7	NZDCNYC	纽元人民币中间价	4.3120	0.71	0.0302	—	—	0.2319
8	SGDCNYC	新加坡元人民币中间价	5.5229	0.44	0.0240	—	—	0.1811

图 3.6 汇率报价

从宏观的角度看,一国的本币贬值,国际资本外流,资金从证券市场流出,证券市场下跌;本币升值,会吸引国际资本流入,证券市场的流动性加强,证券市场趋于上涨。

在分析汇率对证券价格的影响时,要全面分析汇率变动的综合效应。如本币贬值,从宏观角度看证券市场是下跌的,但是出口型企业却是受益的,其股价会上涨。

二、经济周期分析

经济周期是指经济活动沿着经济发展的总体趋势有规律地扩张和收缩,通常包括繁荣、衰退、萧条和复苏四个阶段。

股票市场通常在经济繁荣期表现良好,尤其是成长型股票和周期性股票,如科技股、工业股等。随着经济进入衰退期,股票市场开始出现调整,防御性板块如消费必需品、公用事业等相对抗跌。在经济萧条期,股票市场整体表现低迷,股价持续下跌,市场交易清淡。随着经济复苏期的到来,股票市场往往率先反应,一些具有成长潜力的股票和前期超跌的股票往往会率先上涨,带动股市整体回暖。

一般来说,证券市场反映的是对未来经济形势的预期,通常证券市场走势要比经济周期提前。

三、宏观经济政策分析

(一)货币政策

中央银行主要通过三大货币政策工具来实现对宏观经济的调控,即存款准备金率、再贴现率和公开市场操作。货币政策最终目标主要包括经济增长、物价稳定、充分就业、国际收支平衡等。在不同的阶段,货币政策目标的重点不一样。

当国家为了防止经济衰退、刺激经济发展而实行扩张性货币政策时,央行就会通过降低法定存款准备金率、降低再贴现率或者在公开市场上买入国债的方式来增加货币供应量,扩大社会的有效需求,从而推动生产投资与消费的增长,刺激经济的增长。在比较宽松的货币环境下,市场的货币供应充足,企业借款成本较低,利润较高,投资者对于未来的良好预期等,这些都会促使证券市场价格上涨。

当经济持续高涨、通货膨胀压力较大时,国家往往采用紧缩的货币政策,央行可通过提高法定存款准备金率,提高再贴现率或在公开市场上出售国债等措施来减少货币供应量,紧缩信用。偏紧的货币环境下证券市场的资金减少,企业运营成本上升,利润被压低,证券市场价格也随之下跌。

(二)财政政策

财政政策是通过财政收入和财政支出的变动来影响宏观经济活动水平的经济政策。财政政策的主要手段有三个:一是改变政府购买水平;二是改变政府转移支付水平;三是改变税率。一般来说,实行扩张性财政政策,增加财政支出,减少财政收入,可增加总需求,使公司业绩上升,经营风险下降,居民收入增加,从而使证券市场价格上涨;反之,实行紧缩性财政政策,减少财政支出,增加财政收入,可减少社会总需求,过热的经济受到调控,公司业绩下滑,居民收入减少,证券市场价格将会逐步回落。

此外,政治因素、能源因素、人口因素、新技术革命因素等,也是投资者在进行宏观分析时必须注意的。

第二节　行业和板块分析

行业分析是通过研究行业过去的发展历程、行业当前的发展现状，对行业未来的发展趋势有一个大致的判断，从而选择有发展前景的行业进行投资。

一、行业分类

行业是指从事国民经济中同性质的生产或其他经济社会活动的经营单位和个体等构成的组织结构体系。

常见的行业分类方法有多种，比如根据生产要素的密集程度，可分为劳动密集型行业、资本密集型行业和技术密集型行业；按照经济活动的性质，可分为第一产业（如农业、林业、渔业等）、第二产业（如工业、建筑业等）和第三产业（如服务业、金融业、交通运输业等）。此外，还有一些更细致的分类标准，这些分类标准将行业进一步细分，以便更准确地反映经济活动的特点和规律。投资者可以通过东方财富软件查看行业及板块分类情况。

打开东方财富软件，在主菜单栏中选择【行情】⇨【沪深板块】⇨【行业板块】⇨【行业板块分类】，投资者可以看到半导体、计算机设备、房地产开发等所有的行业类别，如图3.7所示。

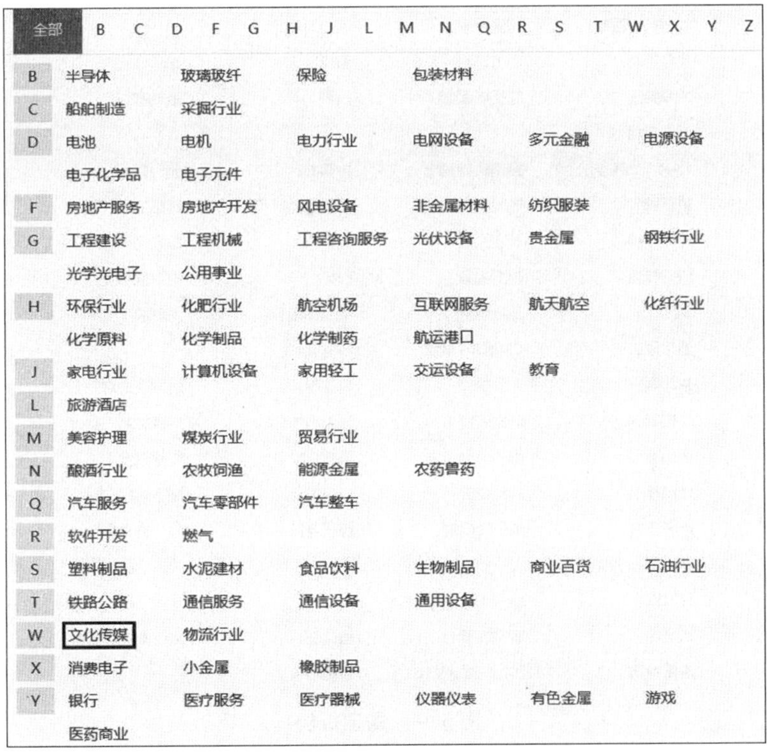

图3.7　行业板块分类

例如点击【文化传媒】,可以查看文化传媒板块所有的股票,如图 3.8 所示,下方是文化传媒板块的资讯和公告、研究报告等,投资者可以快速方便地点击查看。

序	代码	名称	最新	涨幅%↓	涨跌	总量	现量	买入价	卖出价	涨速%	换手%	金额	市盈率	所属行业	最高	最低	开盘	昨收	振幅%	量比
0	BK0486	文化传媒	9354.64	-0.74	-69.69	2363万	0	—	—	-0.02	2.18	213.46亿	31.38	—	9530.68	9251.30	9396.65	9424.33	2.96	0.85
1	002343	慈文传媒	7.08	9.94	0.64	69.9万	2459	7.08	—	0.00	14.72	4.79亿	110.80④	文化传媒	7.08	6.28	6.42	6.44	12.42	3.72
2	301025	读客文化	11.09	7.46	0.77	47.7万	3353	11.08	11.09	-0.18	18.32	5.36亿	220.99③	文化传媒	12.20	10.52	10.76	10.32	16.28	1.93
3	301551	无线传媒	49.20	7.38	3.38	6.25万	722	49.19	49.20	0.00	16.49	3.04亿	78.09③	文化传媒	51.80	45.52	45.52	45.82	13.71	3.90
4	603999	读者传媒	6.34	4.45	0.27	67.8万	6117	6.33	6.34	0.00	11.78	4.38亿	58.66④	文化传媒	6.68	6.10	6.19	6.07	9.56	2.08
5	601921	浙版传媒	8.19	3.54	0.28	42.0万	5934	8.18	8.19	0.12	1.89	3.40亿	31.49③	文化传媒	8.34	7.85	7.91	7.91	6.19	2.60
6	301052	果麦文化	38.05	2.81	1.04	14.8万	1335	38.04	38.05	-0.21	18.47	5.61亿	132.98③	文化传媒	39.60	36.36	36.59	37.01	8.75	0.88
7	600936	广西广电	3.69	2.50	0.09	22.2万	2612	3.68	3.69	0.00	1.33	8084万	-7.59③	文化传媒	3.69	3.57	3.58	3.60	3.33	0.87
8	601900	南方传媒	16.03	1.97	0.31	9.92万	831	16.02	16.03	0.00	1.11	1.60亿	20.35③	文化传媒	16.49	15.55	15.55	15.72	5.98	1.20
9	834021	流金科技	6.85	1.63	0.11	27.9万	3289	6.85	6.86	0.00	11.09	1.95亿	-93.94④	文化传媒	7.25	6.70	6.92	6.74	8.16	1.04
10	300364	中文在线	20.76	1.57	0.32	39.9万	2589	20.75	20.76	0.00	6.04	8.34亿	-60.30③	文化传媒	21.50	20.50	20.65	20.44	4.89	1.63
11	300058	蓝色光标	8.27	1.35	0.11	159万	2.31万	8.26	8.27	-0.12	6.47	13.11亿	127.27③	文化传媒	8.47	8.06	8.12	8.16	5.02	1.26
12	300788	中信出版	29.56	1.34	0.39	4.82万	476	29.55	29.56	0.03	2.54	1.43亿	47.36④	文化传媒	30.44	29.03	29.26	29.17	4.83	1.48
13	600551	时代出版	8.09	1.13	0.09	8.58万	911	8.08	8.09	0.00	1.26	6903万	13.73④	文化传媒	8.14	7.92	8.01	8.00	2.75	1.19
14	601811	新华文轩	15.63	1.10	0.17	8.07万	801	15.63	15.64	0.00	1.02	1.26亿	12.48④	文化传媒	15.87	15.33	15.47	15.46	3.49	0.98
15	600757	长江传媒	9.23	0.98	0.09	12.9万	860	9.23	9.24	0.11	1.06	1.19亿	11.85④	文化传媒	9.38	9.08	9.09	9.14	3.28	0.53
16	603000	人民网	20.10	0.95	0.19	15.7万	1009	20.10	20.11	0.00	1.42	3.16亿	296.80③	文化传媒	20.50	19.85	19.93	19.91	3.26	1.32
17	603230	内蒙新华	12.03	0.92	0.11	4.82万	424	12.02	12.03	0.00	1.36	5771万	12.58④	文化传媒	12.09	11.78	11.98	11.92	2.60	0.70

全部板块 行业板块 概念板块 地区板块 风格板块 文化传媒 概念分类 地区分类 风格分类

大事 资讯 公告 研究报告

资讯

04-16 [文化传媒·资讯] 20亿票房"熊出没"难救业绩，华强方特去年扣非后净利降21%
04-16 [文化传媒·资讯] 传媒板块走高，读者传媒涨停，读客文化涨超10%
04-16 [文化传媒·资讯] 传媒娱乐板块拉升 读者传媒涨停
04-16 [文化传媒·资讯] 139只创业板股最新筹码趋向集中
04-16 [文化传媒·资讯] 出版板块拉升 读者传媒涨停
04-16 [文化传媒·资讯] 传媒股震荡走高 读者传媒涨停
04-16 [文化传媒·资讯] 融资客控盘比例超一成个股（附名单）

公告、研究报告

04-17 [欢瑞世纪·公告] 欢瑞世纪:2025年一季度报告
04-17 [龙版传媒·公告] 龙版传媒:关于第三届董事会、监事会延期换届的公告
04-17 [时代出版·公告] 时代出版:时代出版关于召开2024年度业绩说明会的公告
04-16 [浙文互联·研报] 营销业务稳中向好提质增量，算力业务迎增长
04-16 [山东出版·研报] 2024年报点评：利润受递延所得税资产一次性影响，整体经营稳健
04-16 [光线传媒·公告] 光线传媒:关于控股股东部分股份质押及解除质押的公告
04-16 [果麦文化·公告] 果麦文化:关于变更持续督导保荐代表人的公告

图 3.8 文化传媒板块

点击【概念板块分类】,可以查看存储芯片、传感器、边缘计算、低碳冶金等所有的概念板块,如图 3.9 所示。

A	AIGC概念	AIPC	AI手机	AI芯片	AI眼镜	AI语料
	AI智能体	AI制药（医疗）	阿里概念	阿兹海默		
B	BC电池	北斗导航	病毒防治	百度概念	半导体概念	被动元件
	并购重组概念	滨海新区	北交所概念	白酒	玻璃基板	冰雪经济
	边缘计算	贬值受益				
C	C2M概念	CAR-T细胞疗法	超超临界发电	存储芯片	超导概念	充电桩
	参股保险	草甘膦	参股期货	参股券商	传感器	参股银行
	超级电容	超级品牌	长江三角	超级真菌	车联网(车路云)	储能
	彩票概念	CPO概念	超清视频	CRO	财税数字化	抽水蓄能
	长寿药	创投	宠物经济	磁悬浮概念	次新股	创新药
	成渝特区	重组蛋白	ChatGPT概念	Chiplet概念		
D	痘病毒防治	东北振兴	大飞机	氮化镓	短剧互动游戏	独角兽
	独家药品	单抗概念	低空经济	动力电池回收	多模态AI	刀片电池
	DRG/DIP	地热能	第三代半导体	第四代半导体	电商概念	大数据
	东数西算	代糖概念	地摊经济	低碳冶金	地下管网	抖音概念(字节概念)
	抖音小店	电子车牌	电子后视镜	电子竞技	电子身份证	电子烟
	电子纸概念	DeepSeek概念				
E	EDA概念	EDR概念	ERP概念	ETC		
F	F5G概念	钒电池	发电机概念	氟化工	复合集流体	风能
	富士康	房屋检测	飞行汽车(eVTOL)	辅助生殖		

图 3.9 概念板块

点击【地区板块分类】,可以查看所有的地区板块,如图 3.10 所示。

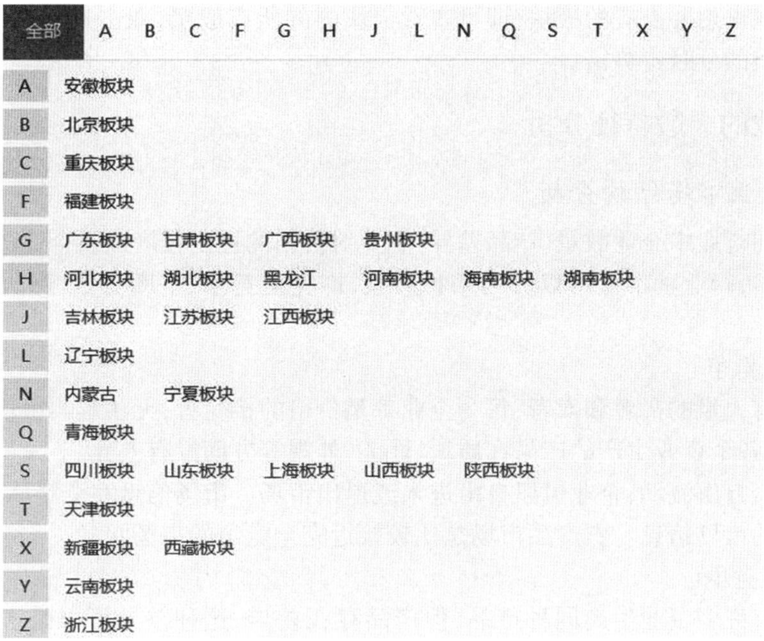

图 3.10　地区板块

点击【风格板块分类】,可以查看所有的风格板块,如图 3.11 所示。

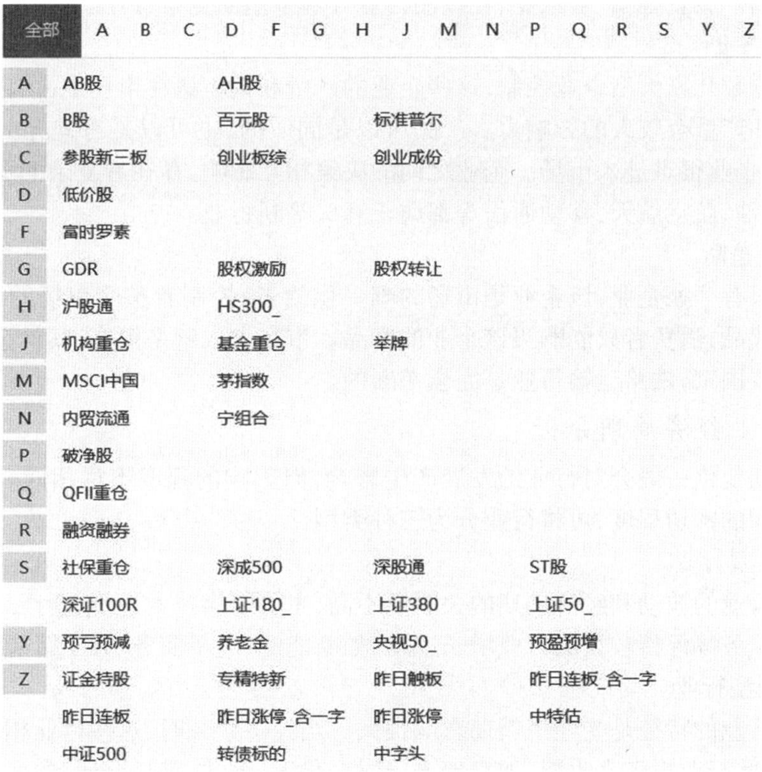

图 3.11　风格板块

投资者点击想要查看的板块，即可查看板块内的所有股票，双击选中的股票，系统将进入选中股票的分时走势窗口。

二、行业的一般特征分析

(一)行业市场结构分析

依据不同行业中企业数量、产品差异、企业对价格的控制程度以及企业进入行业的难易程度等因素，行业基本上可以分为四种类型，即完全竞争、垄断竞争、寡头垄断和完全垄断。

(1)完全竞争。

市场上有大量的买者和卖者，每个企业都是价格的接受者，无法影响市场价格。产品是同质的，即各个企业生产的产品在质量、性能、外观等方面没有差异。

资源完全自由流动，企业可以自由进入或退出市场。市场信息完全对称，买卖双方都掌握着充分的市场信息。农产品市场是比较接近完全竞争的市场。

(2)垄断竞争。

市场上有许多企业生产同种产品，但产品存在差异，这种差异可以是产品本身的质量、性能、外观等方面的不同，也可以是包装、品牌、售后服务等方面的区别。企业对价格有一定的控制能力，但控制程度有限。市场进入和退出壁垒较低，企业可以相对容易地进入或退出市场。服装鞋帽、餐饮业、化妆品行业等属于垄断竞争行业。

(3)寡头垄断。

市场由少数几家大型企业控制，这些企业的产量和销售量在市场中占有很大的份额，对市场价格和产量有较大的影响力。产品可以是同质的，也可以是有差异的。市场进入壁垒较高，新企业很难进入市场。企业之间的决策相互影响，存在着复杂的竞争和合作关系。钢铁、石油、航空航天、移动通信等都属于寡头垄断行业。

(4)完全垄断。

市场上只有一家企业，该企业是市场的唯一供给者，控制着整个市场的产量和价格。产品没有替代品，消费者只能购买该企业的产品。市场进入壁垒极高，其他企业无法进入市场。在一些国家，铁路运输行业是完全垄断的。

(二)行业经济周期分析

经济周期变化一般会对行业的发展产生影响，但影响的程度不尽相同。根据行业波动与经济周期的密切程度，可将行业分为三种类型。

(1)增长型行业。

增长型行业的波动和经济周期的关联度不高，主要依靠技术进步、新产品的推出以及更加优质的服务等保持较快的行业增长速度，如新能源、电子商务、人工智能等。

(2)周期型行业。

周期型行业的特征是受经济周期影响很大。当经济繁荣时，这些行业相应扩张；当经济衰退时，这些行业也随之收缩，如房地产、建材、化工、钢铁、有色金属、券商等。

(3)防守型行业。

防守型行业受经济周期的影响小,可保持相对稳定的增长。这些行业的产品需求相对稳定,需求弹性比较小,行业的波动和经济周期的关联度比较低,食品、医药、公用事业等属于这一类行业。

(三)行业生命周期分析

每个行业都要经历一个由成长到衰退的发展演变过程。一般来说,行业的生命周期可分为初创期、成长期、成熟期和衰退期四个阶段。投资者可以通过市场增长率、需求增长率、产品品种、技术变革、竞争者数量、进入壁垒等指标来识别行业的发展阶段。

如果知道了行业所处的阶段,不同的投资者就会有不同的应对策略,如初创期的行业适合风险资本或者产业资本进行投资,成长期的行业适合趋势型投资者,成熟期的行业适合稳健型投资者,衰退期的行业适合并购资本投资。

(四)行业规模

行业规模包括行业的区域特性、规模大小以及规模增速等。行业的区域特性是指这个行业面向的对象是区域市场、国内市场还是全球市场。在进行投资选择时,首先要选择规模足够大的行业,其次看行业未来的增速水平。

三、影响行业变动的因素

影响行业发展的因素很多,如行业在社会经济中的地位、行业特性、行业规模结构、行业组织结构等,这些主要是从行业自身内在因素来分析的。但是行业的发展很大程度上会受到外在因素的直接冲击,比如技术的进步、政府的影响和干预、社会习惯的改变、产业组织与创新、经济全球化等因素。

四、板块指数

板块指数是反映特定行业或主题上市公司股价综合表现的指标,通常由代表性成分股按特定规则编制而成,能够反映整个板块在股票市场上的走势。

投资者可以通过板块指数了解某个板块在一段时间内的整体涨跌情况,判断板块的发展趋势。如果某一板块指数持续上涨,说明该板块在市场上表现较为强势,反之则表明该板块可能处于低迷状态。例如,近年来新能源行业板块指数不断攀升,反映出新能源行业在资本市场受到的关注度和发展态势良好。

板块指数能够帮助投资者了解各个板块的发展状况,是市场分析和投资决策的重要工具。以船舶制造板块为例,它包含了与船舶制造相关的上市公司,如中国船舶重工股份有限公司(简称中国重工)、中国船舶工业股份有限公司(简称中国船舶)等大型企业,这些企业在船舶制造领域具有较强的实力和市场份额,是船舶制造行业的龙头企业。它们的业务涵盖了从船舶设计、建造到船舶配套设备生产等多个环节,代表了我国船舶制造行业的整体发展水平。

打开东方财富软件,输入船舶制造板块的指数代码 BK0729,可查看船舶制造板块的行情数据,包括板块的实时价格、涨跌幅度、成交量、成交额等信息以及该板块的历史走势图表，帮助投资者直观地了解该板块在不同时期的表现，进而分析其发展趋势，如图 3.12 所示。

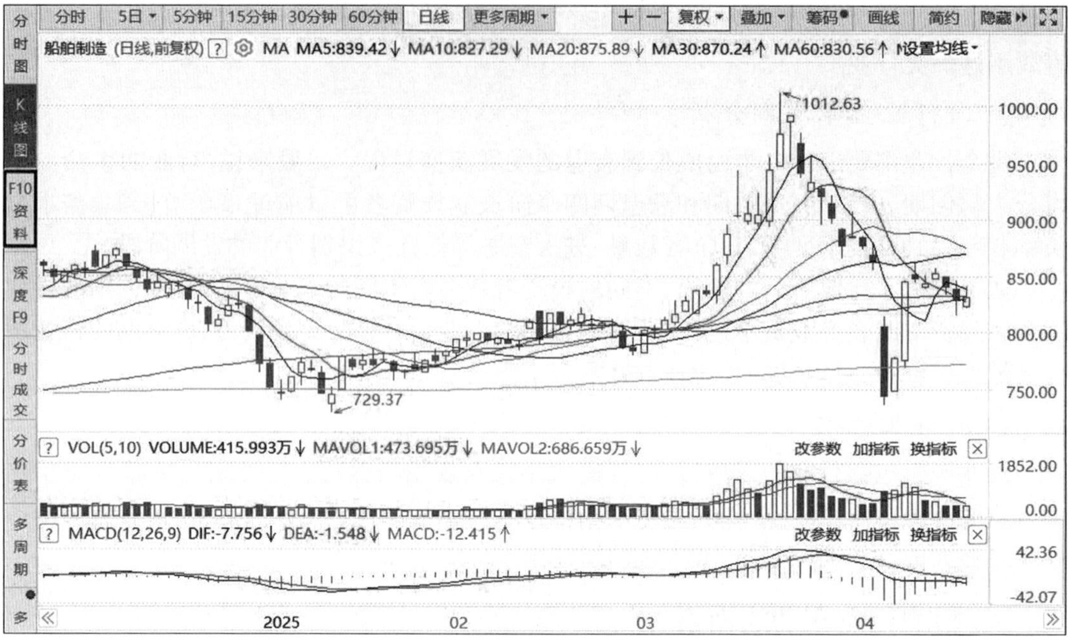

图 3.12　船舶制造指数 K 线图

点击【F10 资料】，可以查看船舶制造板块的详细信息，包括板块必读、涨跌分布、板块估值、成分股、资讯公告、研究报告等，如图 3.13 所示。

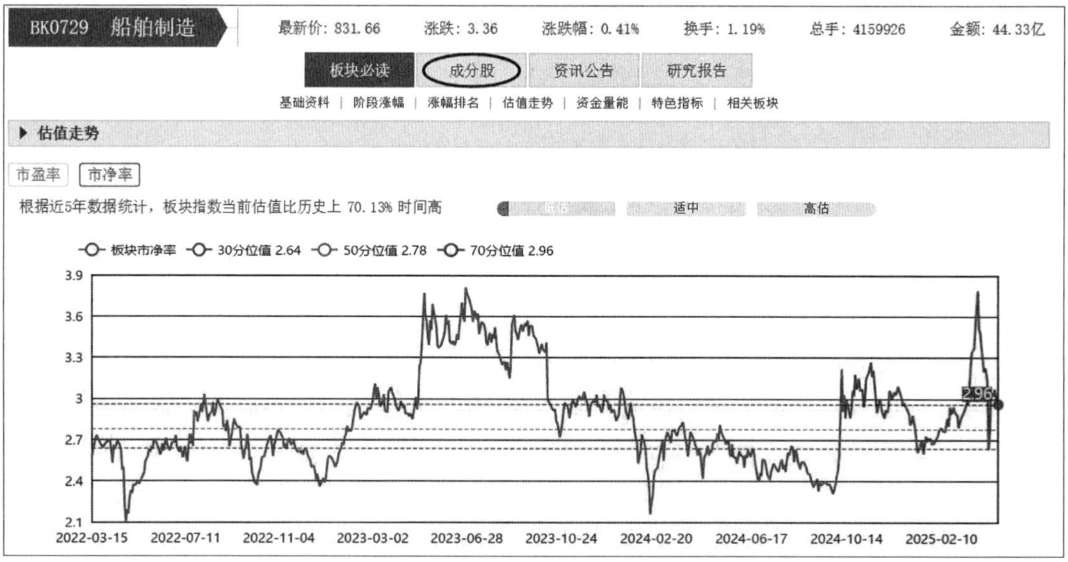

图 3.13　船舶制造板块估值走势

点击图 3.13 中的【成分股】，可以查看船舶制造板块的所有股票以及股票的涨跌幅、个股与板块指数涨跌幅之间的相关性等，如图 3.14 所示。

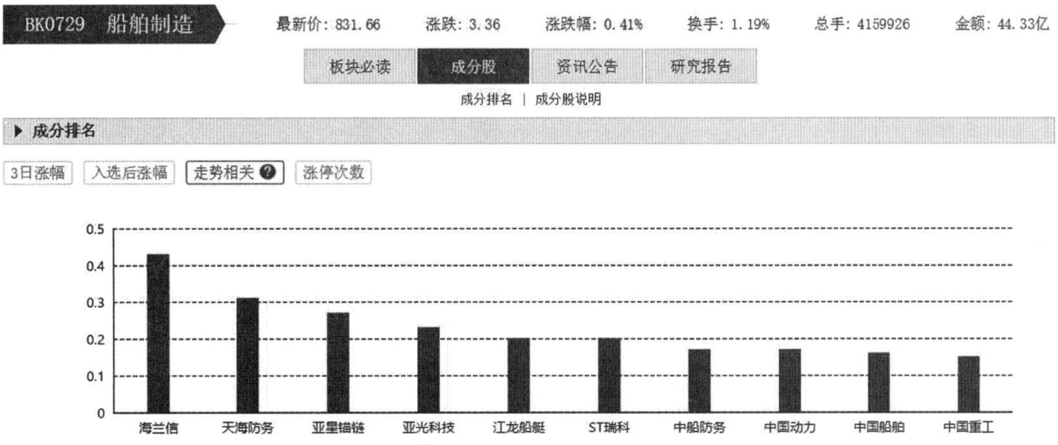

排名	证券简称	最新价	最新涨幅	3日涨幅	入选后涨幅	走势相关性↓	涨停次数
1	海兰信	13.27	-1.26%	-7.40%	-7.01%	0.43	65
2	天海防务	5.58	0.18%	-5.10%	102.17%	0.31	50
3	亚星锚链	8.61	0.94%	-2.93%	61.28%	0.27	63
4	亚光科技	5.51	-0.18%	-4.67%	-18.09%	0.23	44
5	江龙船艇	11.39	0.89%	-3.47%	53.19%	0.20	48
6	ST瑞科	7.97	0.89%	0.13%	-15.37%	0.20	29
7	中船防务	23.89	-0.38%	-2.25%	68.45%	0.17	104
8	中国动力	20.49	0.54%	-0.53%	29.37%	0.17	59

图 3.14　个股与板块指数的相关性

处于不同发展阶段的行业板块,其指数表现也会有所不同。在行业的初创期,由于企业面临较大的风险,行业指数可能波动较大;进入成长期,随着行业内企业的快速发展和市场份额的不断扩大,行业指数通常会呈现上升态势;而到了成熟期,行业发展速度放缓,行业指数的增长也逐渐趋于平稳;当行业进入衰退期,行业指数则可能面临下跌压力。

板块指数广泛应用于投资决策、市场分析和风险管理等领域。投资者可以通过关注不同行业板块的指数变化,把握行业的发展趋势,选择合适的投资时机。

第三节　公司分析

公司分析在投资决策中扮演着至关重要的角色。它主要关注公司的财务状况、经营表现、行业地位及管理层能力等多个方面,旨在全面评估公司的价值和未来发展潜力。

一、财务分析

财务分析是基于财务报告等资料,采用多种分析方法和指标,对公司的财务状况和经营成果进行分析和评价的过程。通过分析收入、利润、资产、负债及现金流等财务数据,可以识别公司的盈利能力、偿债能力、成长能力和运营效率等,为投资者、债权人、管理层等利益相关方提供决策依据。

在同花顺软件某只股票的行情页面按快捷键【F10】⇨【财务分析】⇨【财务报告】,可以查看上市公司的年报、中报以及季报,如图 3.15 所示。

图 3.15　财务报告查看说明

(一)上市公司财务报表分析

财务报表分析是以财务报表数据为依据,运用一定的分析方法和技术,对公司的经营和财务状况进行分析,评价公司以往的经营业绩,衡量公司现在的财务状况,预测公司未来的趋势。财务报表分析得出的结论,不仅能说明公司目前的财务状况、经营成果和现金流量状态,更重要的是能为报表使用者展示公司未来的发展前景,为其做出决策提供依据。

上市公司财务报表分析可以从资产负债表、利润表和现金流量表入手。

(1)资产负债表。

资产负债表是反映公司在某一特定日期(如月末、季末、年末)全部资产、负债和所有者权益情况的会计报表。它根据"资产=负债+所有者权益"这一平衡公式,依照一定的分类标准和次序,将某一特定日期的资产、负债、所有者权益的具体项目予以适当的排列编制而成。资产负债表表明公司在某一特定日期所拥有或控制的经济资源、所承担的现有义务和所有者对净资产的要求权,是一张揭示公司在一定时点财务状况的静态报表。表 3.1 是宁德时代新能源科技股份有限公司(简称宁德时代)2024 年的资产负债表。

表 3.1　资产负债表

编制单位:宁德时代新能源科技股份有限公司　　2024 年 12 月 31 日　　单位:千元

资产	期末余额	负债和所有者权益	期末余额
流动资产:		流动负债:	
货币资金	303 511 993	短期借款	19 696 282
交易性金融资产	14 282 253	衍生金融负债	2 116 017
应收票据	130 403	应付票据	67 356 323
应收账款	64 135 510	应付账款	130 977 408
应收款项融资	53 309 701	合同负债	27 834 446
预付款项	5 969 685	应付职工薪酬	18 653 079
其他应收款	2 206 947	应交税费	9 436 442

续表 3.1

资产	期末余额	负债和所有者权益	期末余额
其中:应收股利	65 217	其他应付款	16 161 923
存货	59 835 533	其中:应付股利	5 400 161
合同资产	400 626	一年内到期的非流动负债	22 881 417
一年内到期的非流动资产	72 972	其他流动负债	2 058 196
其他流动资产	6 286 465	流动负债合计	317 171 534
流动资产合计	510 142 089	非流动负债:	
		长期借款	81 238 456
		应付债券	11 922 623
		租赁负债	662 814
		长期应付款	1 606 480
		预计负债	71 926 943
		递延收益	22 041 069
非流动资产:		递延所得税负债	1 231 236
长期应收款	151 342	其他非流动负债	5 400 795
长期股权投资	54 791 525	非流动负债合计	196 030 416
其他权益工具投资	11 900 901	负债合计	513 201 949
其他非流动金融资产	3 135 658	所有者权益:	
固定资产	112 589 053	股本	4 403 466
在建工程	29 754 703	资本公积	116 756 136
使用权资产	889 995	减:库存股	2 712 804
无形资产	14 419 804	其他综合收益	-348 637
商誉	894 757	专项储备	35 551
长期待摊费用	4 593 980	盈余公积	2 194 779
递延所得税资产	24 118 834	未分配利润	126 601 541
其他非流动资产	19 275 483	少数股东权益	26 526 141
非流动资产合计	276 516 035	所有者权益合计	273 456 174
资产总计	786 658 123	负债和所有者权益总计	786 658 123

对资产或负债中数额较大、占比较大的财务科目应该重点分析,同时一定要注意和往年相比变动较大的财务科目,分析其变动较大的原因,可以从财务附注中寻找并发现其中的原因。需要注意的是,不同行业的公司资产负债表中的财务科目分析重点可能并不一

样，例如制造业应该重点关注固定资产（如设备、厂房）的占比，因为这些是生产活动的主要资产。同时，由于存货管理复杂，需要特别关注存货周转状况，以评估库存管理效率和流动性。而科技行业由于通常采用轻资产运营模式，无形资产（如专利、软件）的占比往往较高。无形资产反映了公司的技术实力和创新能力，应该重点关注。

（2）利润表。

利润表也称损益表或收益表，是公司财务报表的重要组成部分，用于反映公司在一定会计期间的经营成果。它详细展示了公司在特定时期内的收入、成本、费用及最终的利润或亏损情况。表3.2是宁德时代2023年度和2024年度的利润表。

表3.2　利润表

编制单位：宁德时代新能源科技股份有限公司　　　　单位：千元

项目	2024 年度	2023 年度
一、营业总收入	362 012 554	400 917 045
其中：营业收入	362 012 554	400 917 045
二、营业总成本	303 303 900	350 610 618
其中：营业成本	273 518 959	323 982 130
税金及附加	2 057 466	1 695 508
销售费用	3 562 797	3 042 744
管理费用	9 689 839	8 461 824
研发费用	18 606 756	18 356 108
财务费用	-4 131 918	-4 927 697
其中：利息费用	3 879 076	3 446 516
利息收入	9 502 997	8 321 802
加：其他收益	9 967 630	6 267 388
投资收益（损失以“-”号填列）	3 987 823	3 189 201
其中：对联营企业和合营企业的投资收益	3 743 040	3 745 762
以摊余成本计量的金融资产终止确认收益	-396 983	-636 725
公允价值变动收益（损失以“-”号填列）	664 223	46 270
信用减值损失（损失以“-”号填列）	-872 526	-254 041
资产减值损失（损失以“-”号填列）	-8 423 325	-5 853 927
资产处置收益（损失以“-”号填列）	19 319	16 984
三、营业利润（亏损以“-”号填列）	64 051 799	53 718 302
加：营业外收入	135 422	503 675
减：营业外支出	1 005 182	307 924
四、利润总额（亏损总额以“-”号填列）	63 182 039	53 914 053
减：所得税费用	9 175 245	7 153 019
五、净利润（净亏损以“-”号填列）	54 006 794	46 761 034

通过分析利润表,可以评估公司的盈利能力。同时,利润表分析需穿透数字表象,结合收入结构、成本控制、利润质量三个维度综合判断。

不同行业的公司在盈利模式、成本控制等方面存在差异。因此,在进行利润表分析时,应结合行业特点进行具体分析。此外,会计政策变更可能对利润表数据产生重大影响。在进行利润表分析时,应关注企业是否采用了新的会计政策或调整了会计估计。再者,非经常性损益是与企业主营业务无直接关联的收入和支出,如投资收益、处置资产收益、政府补助等。这些项目通常具有偶然性和不可持续性,因此在进行利润表分析时,应将其从经常性损益中分离出来,以便更准确地评估企业的核心盈利能力。

(3)现金流量表。

现金流量表是企业财务报表的重要组成部分,它提供了关于公司现金及现金等价物的流入和流出情况的信息。现金流量表主要包括三大内容,即经营活动现金流、投资活动现金流及筹资活动现金流,表3.3是宁德时代2023年度和2024年度的现金流量表。

表3.3　现金流量表

编制单位:宁德时代新能源科技股份有限公司　　单位:千元

项目	2024年度	2023年度
一、经营活动产生的现金流量:		
销售商品、提供劳务收到的现金	417 525 378	417 943 223
收到的税费返还	10 506 188	12 739 610
收到其他与经营活动有关的现金	16 847 851	15 724 664
经营活动现金流入小计	444 879 417	446 407 497
购买商品、接受劳务支付的现金	285 455 632	310 521 178
支付给职工以及为职工支付的现金	25 499 653	21 140 597
支付的各项税费	28 529 188	17 117 192
支付其他与经营活动有关的现金	8 404 599	4 802 406
经营活动现金流出小计	347 889 072	353 581 373
经营活动产生的现金流量净额	96 990 345	92 826 124
二、投资活动产生的现金流量:		
收回投资收到的现金	2 028 899	7 651 158
取得投资收益收到的现金	1 838 083	1 711 393
处置固定资产、无形资产和其他长期资产收回的现金净额	75 110	12 853
处置子公司及其他营业单位收到的现金净额		3 307
收到其他与投资活动有关的现金	963 920	1 239 799
投资活动现金流入小计	4 906 012	10 618 510
购建固定资产、无形资产和其他长期资产支付的现金	31 179 943	33 624 897
投资支付的现金	22 169 451	5 649 689
取得子公司及其他营业单位支付的现金净额	244 022	321 445

续表 3.3

项目	2024 年度	2023 年度
支付其他与投资活动有关的现金	187 907	210 243
投资活动现金流出小计	53 781 323	39 806 275
投资活动产生的现金流量净额	-48 875 311	-29 187 764
三、筹资活动产生的现金流量:		
吸收投资收到的现金	2 560 428	3 323 996
其中:子公司吸收少数股东投资收到的现金	1 959 694	2 926 448
取得借款收到的现金	30 540 129	46 595 746
收到其他与筹资活动有关的现金	292 179	366 758
筹资活动现金流入小计	33 392 735	50 286 501
偿还债务支付的现金	19 972 240	23 795 322
分配股利、利润或偿付利息支付的现金	25 807 432	9 481 093
其中:子公司支付给少数股东的股利、利润	496 051	469 828
支付其他与筹资活动有关的现金	2 137 299	2 293 723
筹资活动现金流出小计	47 916 971	35 570 138
筹资活动产生的现金流量净额	-14 524 236	14 716 363
四、汇率变动对现金及现金等价物的影响	-1 596 552	2 181 447
五、现金及现金等价物净增加额	31 994 247	80 536 170
加:期初现金及现金等价物余额	238 165 487	157 629 317
六、期末现金及现金等价物余额	270 159 734	238 165 487

现金流量表有助于评估公司的偿债能力,因为现金流量直接关系到公司偿还债务的能力。而经营活动现金流量反映了公司通过日常经营所得现金的能力,是三大现金流中最重要的现金流。健康的经营活动现金流量表明公司能够从其核心业务中产生现金,这是公司财务健康的重要指标。同时,通过比较经营活动现金流量与净利润,可以评估利润的质量,即利润是否能够转化为现金。经营性净现金流大于净利润通常被视为公司财务状况良好的标志,表明公司具有较强的现金生成能力和稳健的财务状况。

(二)财务指标分析

(1)盈利能力分析。

盈利能力就是公司创造利润的能力。在盈利能力分析中,常用的指标包括:

①销售毛利率。

$$销售毛利率=\frac{毛利}{销售收入}\times 100\%$$

毛利是企业的营业收入与营业成本的差额。毛利率越高,通常意味着企业具有越强的盈利能力、成本控制能力和市场竞争力。但不同行业间的毛利率相差较大。

②销售净利率。

$$销售净利率=\frac{净利润}{销售收入}\times 100\%$$

销售净利率反映公司每 1 元销售收入最终能转化为多少净利润。销售净利率的提升通常意味着公司的盈利能力的增强。各行各业的净利率有时相差很大,可比性很小。在同一行业中,净利率高的企业盈利能力强。

③总资产收益率。

$$总资产收益率=\frac{净利润}{资产总额}\times 100\%$$

总资产收益率用于衡量公司利用全部资产获取利润的能力,能够反映资产综合运用效率。

④净资产收益率。

$$净资产收益率=\frac{净利润}{净资产}\times 100\%$$

净资产收益率又称股东权益回报率,用来衡量每单位净资产创造多少单位的净利润,反映公司利用自有资本获取收益的能力。

在同花顺软件某只股票的行情页面按快捷键【F10】⇨【财务分析】⇨【财务指标】,可以查看选中股票的盈利能力指标,以惠州市德赛西威汽车电子股份有限公司(简称德赛西威)为例,如图 3.16 所示。

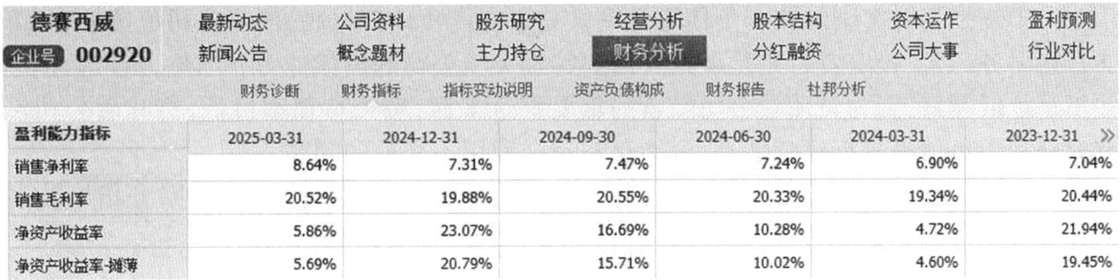

盈利能力指标	2025-03-31	2024-12-31	2024-09-30	2024-06-30	2024-03-31	2023-12-31
销售净利率	8.64%	7.31%	7.47%	7.24%	6.90%	7.04%
销售毛利率	20.52%	19.88%	20.55%	20.33%	19.34%	20.44%
净资产收益率	5.86%	23.07%	16.69%	10.28%	4.72%	21.94%
净资产收益率-摊薄	5.69%	20.79%	15.71%	10.02%	4.60%	19.45%

图 3.16　德赛西威盈利能力指标

在同花顺软件某只股票的行情页面按快捷键【F10】⇨【行业对比】⇨【销售毛利率】,可以查看选中股票的销售毛利率在行业内的排名情况,如图 3.17 所示。

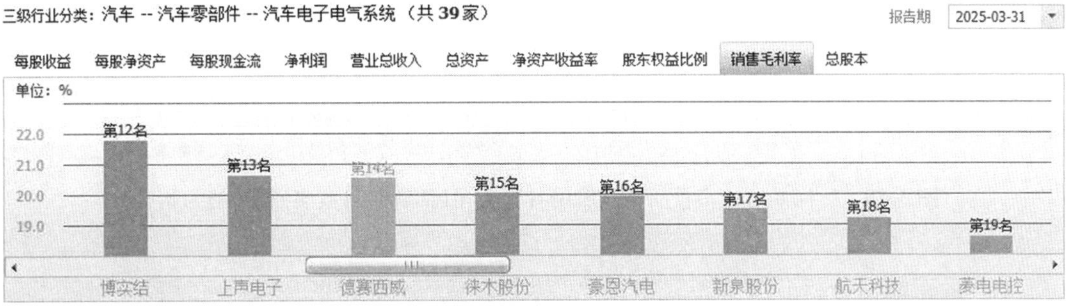

图 3.17　德赛西威销售毛利率行业内排名

(2)偿债能力分析。

偿债能力分析主要关注公司偿还债务的能力,常用的指标包括:

①流动比率。

$$流动比率=\frac{流动资产}{流动负债}$$

流动比率是评估企业短期偿债能力的关键指标,一般来说,流动比率越高,说明公司的短期偿债能力越强。但不同行业因资产结构及运营模式不同,流动比率存在显著差异。例如制造业因生产周期长、存货占用资金多,需较高流动资产支持运营,流动比率通常需维持在 1.5 ~2.5,而公用事业的流动比率则较低。

②速动比率。

$$速动比率=\frac{速动资产}{流动负债}$$

速动比率也是衡量企业短期偿债能力的一个重要指标。与流动比率相比,速动比率剔除了那些变现能力较差的资产,更能体现企业快速偿付短期债务的能力。

③资产负债率。

$$资产负债率=\frac{负债总额}{资产总额}\times100\%$$

资产负债率反映公司总资产中有多大比例是通过负债筹集的,用于衡量公司的长期偿债能力。对于不同行业和公司,资产负债率的健康水平会有所不同,但一般认为,40% ~60% 是相对健康的资产负债率范围。如果资产负债率过高,说明公司负债较多,可能存在财务风险,投资者特别是债权人需要特别关注公司的偿债能力。当然,资产负债率并不是越低越好,因为负债是公司经营的重要资金来源,资产负债率过低,意味着公司没有充分利用负债来进行经营活动,可能存在资金利用不充分的问题。

在同花顺软件某只股票的行情页面按快捷键【F10】⇨【财务分析】⇨【财务指标】,可以查看选中股票的相应指标,以判断公司的偿债能力,如图 3.18 所示。

偿债能力指标	2024-12-31	2024-09-30	2024-06-30	2024-03-31	2023-12-31	2023-09-30
流动比率	1.69	1.75	1.90	2.11	2.07	1.96
速动比率	1.27	1.37	1.46	1.62	1.52	1.49
保守速动比率	1.27	1.37	1.46	1.62	1.52	1.49
产权比率	0.75	0.77	0.65	0.56	0.59	0.62
资产负债率	42.89%	43.36%	39.50%	36.03%	37.03%	38.11%

图 3.18 上海妙可蓝多食品科技股份有限公司(简称妙可蓝多)偿债能力指标

(3)运营能力分析。

运营能力分析通过分析公司的资产利用情况和周转速度,揭示公司在配置各种经济资源过程中的效率状况,常用的指标包括:

①存货周转率。

$$存货周转率=\frac{营业成本}{平均存货}$$

营业成本是指公司在一定时期内销售产品或提供服务所发生的直接成本，而平均存货则是期初存货与期末存货的平均值。

存货周转率是衡量公司存货管理效率的重要指标，是公司运营效率的直接反映。存货周转率高通常意味着企业的销售能力和库存管理较为高效。相反，存货周转率低可能反映出存货积压、市场需求不足或库存管理不善等问题。但各行业的存货周转率不能相提并论，应注重比较公司与同行业平均值的差距。

②应收账款周转率。

$$应收账款周转率=\frac{营业收入}{平均应收账款}$$

应收账款周转率是衡量公司应收账款管理效率的重要指标，它反映了公司在一定时期内应收账款的回收速度。

③总资产周转率。

$$总资产周转率=\frac{营业收入}{平均资产总额}$$

总资产周转率是衡量公司资产运营效率的重要指标，它反映了企业全部资产从投入到产出的周转速度。总资产周转率越高，表明公司资产使用效率越高，越能够实现资产的增值。

在同花顺软件某只股票的行情页面按快捷键【F10】⇨【财务分析】⇨【财务指标】，可以查看选中股票的运营能力指标，如图 3.19 所示。

运营能力指标	2024-12-31	2024-09-30	2024-06-30	2024-03-31	2023-12-31	2023-09-30
营业周期(天)	201.39	203.02	200.16	207.60	176.92	177.41
存货周转率(次)	4.39	3.34	2.22	1.06	4.91	3.75
存货周转天数(天)	82.05	80.90	81.03	84.59	73.30	71.96
应收账款周转天数(天)	119.34	122.12	119.13	123.02	103.61	105.45

图 3.19 创维数字股份有限公司（简称创维数字）运营能力指标

（4）成长能力分析。

成长能力分析主要关注公司的未来发展潜力，常用的指标包括：

①营业收入增长率。

$$营业收入增长率=\frac{本期营业收入-上期营业收入}{上期营业收入}\times 100\%$$

营业收入增长率是衡量企业经营状况和发展潜力的重要指标，反映了企业在一定时期内营业收入的增长速度。如果营业收入增长率较高，说明公司的产品或服务在市场中有较大的需求，公司在销售方面也取得了较好的成绩。这通常是一个积极的信号，表明公司业绩有望持续增长。

营业收入增长率是预测企业未来发展的重要参考依据之一。通过分析历史数据，可以识别出企业的增长趋势和周期性变化。同时，结合宏观经济环境、行业发展趋势以及企业自身的战略规划，可以更准确地预测未来的营业收入变化，从而为投资决策提供有力支持。

②净利润增长率。

$$净利润增长率=\frac{本期净利润-上期净利润}{上期净利润}\times 100\%$$

净利润增长率是衡量公司成长性的重要指标，它反映了公司在一定时期内净利润增长的速度。净利润增长率受多种因素影响，主要包括主营业务收入、成本控制、税收政策和市场环境等。连续几个会计期间的净利润增长率保持在较高水平，说明公司的盈利能力较强，并且能够有效管理成本和费用。反之，如果净利润增长率持续下滑，则可能需要深入分析原因，如成本控制不当、市场需求变化等。

在同花顺软件某只股票的行情页面按快捷键【F10】⇨【财务分析】⇨【财务指标】，可以查看选中股票的成长能力指标，以判断公司的未来发展潜力，如图 3.20 所示。

成长能力指标	2024-12-31	2024-09-30	2024-06-30	2024-03-31	2023-12-31	2023-09-30
净利润(元)	**5.23亿**	**4.04亿**	**2.94亿**	**1.30亿**	**6.09亿**	**4.64亿**
净利润同比增长率	-14.19%	-12.89%	-8.66%	-3.67%	17.06%	18.94%
扣非净利润(元)	4.71亿	3.62亿	2.58亿	1.07亿	5.37亿	4.00亿
扣非净利润同比增长率	-12.24%	-9.55%	-3.72%	-4.39%	13.87%	16.27%
营业总收入(元)	33.52亿	24.93亿	16.79亿	7.56亿	33.23亿	25.07亿
营业总收入同比增长率	0.85%	-0.57%	-0.97%	-3.41%	4.59%	5.95%

图 3.20　宁波海天精工股份有限公司(简称海天精工)成长能力指标

通过对以上几个方面的财务分析，投资者可以全面了解公司的财务状况和经营绩效，为投资决策提供有力支持。在同花顺软件某只股票的行情页面按快捷键【F10】⇨【财务诊断】，可以从上述几个方面对个股的财务状况进行整体判断，如图 3.21 所示。

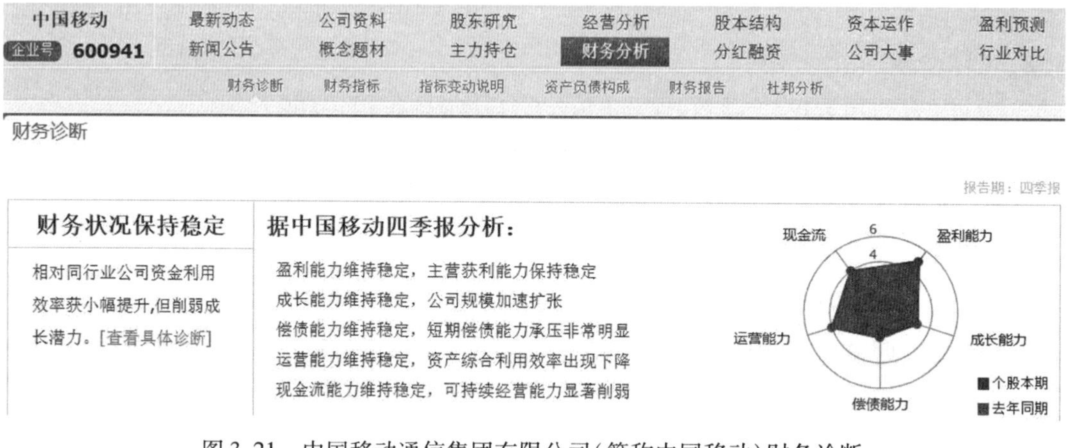

图 3.21　中国移动通信集团有限公司(简称中国移动)财务诊断

需要注意的是，财务分析并非孤立的过程，还需要结合公司的行业地位、市场竞争状况、管理层能力等因素进行综合分析。

二、业务运营分析

业务运营方面，需要关注公司的产品和服务、市场份额等。这有助于投资者判断公司的成长潜力和未来的发展方向。

（一）产品和服务分析

投资者需要关注公司主要产品及服务的质量和市场认可度。了解产品在市场中的定位和目标消费者群体，有助于评估产品的市场潜力和竞争力。优质的产品和服务能够赢得消费者的信任，为公司带来稳定的收入和利润。一个能够持续推出创新产品并满足消费者需求的公司，通常更具有市场竞争力。

在同花顺软件某只股票的行情页面按快捷键【F10】⇨【经营分析】，可以查看公司的主营业务、产品类型、经营范围、运营业务数据、营业收入和营业成本及其构成比例等信息。以厦门法拉电子股份有限公司（简称法拉电子）为例（图 3.22），其主营业务为薄膜电容器的研发、生产和销售，产品主要有全系列薄膜电容器、变压器、金属化膜。2024 年，薄膜电容实现营业收入 45.10 亿元，收入比例 94.51%；电子变压器实现营业收入 1.39 亿元，收入比例 2.91%；其他业务营业收入 1.23 亿元，收入比例 2.59%。

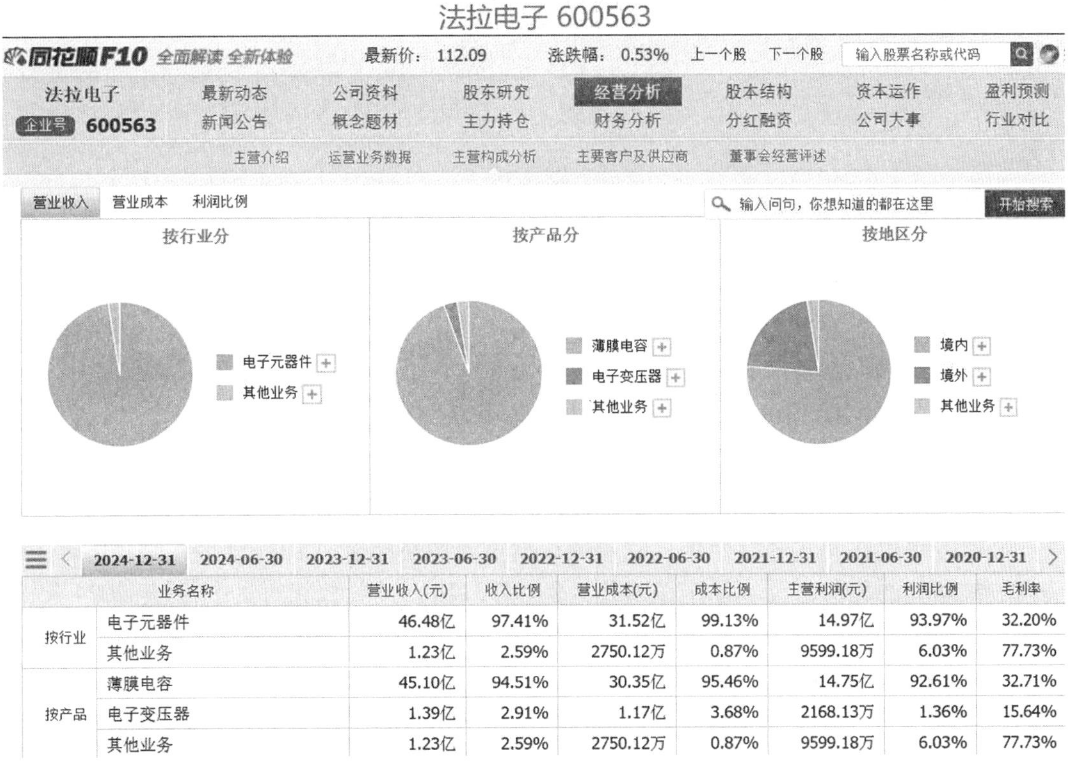

	业务名称	营业收入(元)	收入比例	营业成本(元)	成本比例	主营利润(元)	利润比例	毛利率
按行业	电子元器件	46.48亿	97.41%	31.52亿	99.13%	14.97亿	93.97%	32.20%
	其他业务	1.23亿	2.59%	2750.12万	0.87%	9599.18万	6.03%	77.73%
按产品	薄膜电容	45.10亿	94.51%	30.35亿	95.46%	14.75亿	92.61%	32.71%
	电子变压器	1.39亿	2.91%	1.17亿	3.68%	2168.13万	1.36%	15.64%
	其他业务	1.23亿	2.59%	2750.12万	0.87%	9599.18万	6.03%	77.73%

图 3.22　法拉电子业务运营图

(二)市场份额分析

市场份额是衡量公司在特定市场中所占比例的关键指标。一般进行市场份额分析时,重点分析主营产品的市场份额情况。拥有较高市场份额的公司通常具有更强的成本控制能力和议价能力,能够更好地应对市场竞争和风险。投资者可以通过比较一定时期内公司在行业中的市场份额变化,来评估其竞争力和市场地位。

在同花顺软件某只股票的行情页面按快捷键【F10】⇨【行业对比】,可以查看相关信息,对上市公司的市场份额和行业地位进行判断。例如北方华创科技集团股份有限公司(简称北方华创)营业总收入远超后面几家公司,说明在半导体设备行业,该公司占据龙头地位,在行业内具有较强的市场影响力和控制力(图 3.23)。

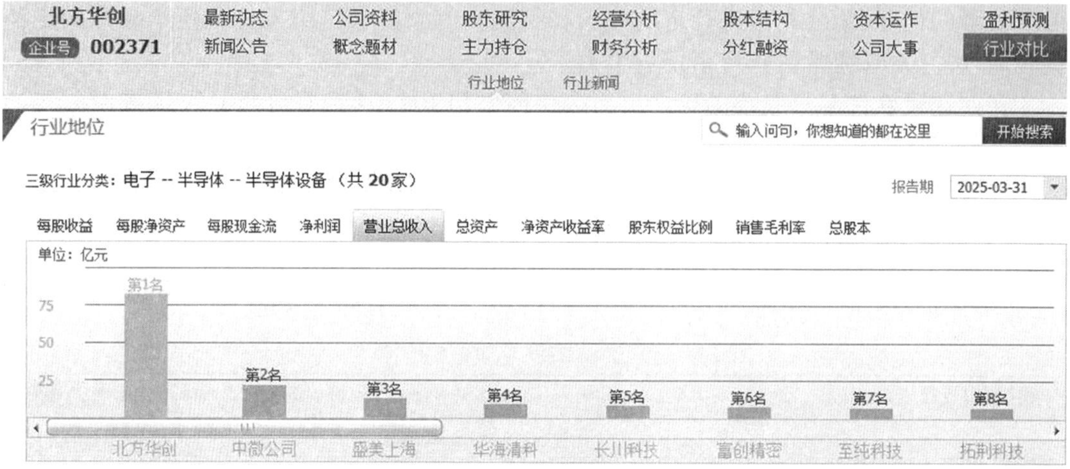

图 3.23　北方华创营业总收入行业排名

三、公司治理分析

公司治理分析是评估企业内部结构、决策过程和控制机制的有效性,以确保公司长期稳定和可持续发展的过程。良好的公司治理结构对于保护股东权益、提高企业透明度、促进公平竞争和增强市场信心至关重要。

(一)股权结构分析

股权结构是公司治理的基础,它决定了公司控制权的分配和股东之间的利益关系。股权结构分析主要从大股东持股比例、股权分散程度和机构投资者持股情况等方面着手。

投资者可以在同花顺软件某只股票的行情页面按快捷键【F10】⇨【股东研究】来分析公司股权结构的相关情况。以宁德时代为例(图 3.24),其股权相对集中,截至 2024 年 12 月 31 日,前十大流通股东累计持有 22.42 亿股,累计占流通股比例 57.45%,显示了公司控股股东的影响力。股东类型包括个人股东、企业股东和机构投资者,其中企业股东和机构投资者占比较大。宁德时代的股权结构在报告期内保持稳定,没有出现重大变动,显示了公司股东基础的稳定性。宁德时代曾在 2023 年进行了股份回购,旨在维护公司股价稳定,增强投资者信心。通过回购股份和实施股权激励计划,优化了股权结构,提高了股权的流动性,有利于公司治理和长期发展。

同花顺F10 全面解读 全新体验　最新价：256.92　涨跌幅：-0.99%　上一个股　下一个股　输入股票名称或代码

宁德时代　企业号 300750

最新动态　公司资料　股东研究　经营分析　股本结构　资本运作　盈利预测

新闻公告　概念题材　主力持仓　财务分析　分红融资　公司大事　行业对比

股东人数　十大流通股东　十大股东　控股层级关系

指标\日期	2025-02-28	2024-12-31	2024-09-30	2024-06-30	2024-03-31	2024-02-29
股东总人数(户)	20.88万	21.21万	22.90万	23.73万	25.03万	26.02万
较上期变化	-1.52%	-7.41%	-3.49%	-5.17%	-3.83%	-0.30%
行业平均(户)	-	7.50万	6.07万	6.25万	6.16万	-
人均流通股(股)	1.87万	1.84万	1.70万	1.64万	1.56万	1.50万
人均流通变化	+1.55%	+8.04%	+3.80%	+5.45%	+3.98%	+0.30%
人均持股金额(元)	493.92万	489.52万	429.06万	295.44万	295.95万	244.74万

十大流通股东

2024-12-31　2024-09-30　2024-06-30　2024-03-31　2023-12-31　变化趋势

前十大流通股东累计持有：22.42亿股，累计占流通股比：57.45%，较上期增加1713.78万股

机构或基金名称	持有数量(股)	持股变化(股)	占流通股比例	质押占其直接持股比	变动比例	股份类型	持股详情
厦门瑞庭投资有限公司	10.25亿	不变	26.26%	无质押	不变	流通A股	点击查看
香港中央结算有限公司	5.42亿	↑3765.38万	13.88%	无质押	↑7.47%	流通A股	点击查看
宁波联合创新新能源投资管理合伙企业(有限合伙)	2.84亿	不变	7.28%	无质押	不变	流通A股	点击查看
黄世霖	1.17亿	不变	2.99%	无质押	不变	流通A股	点击查看

图 3.24　宁德时代股权结构

(二)管理层团队分析

公司管理层团队分析主要关注公司管理层团队的素质、经验和决策能力。这一分析旨在评估管理层是否能够有效地领导公司、制定和执行战略,以及是否能够维护股东的利益。管理层团队的专业背景、主要工作经历以及目前在公司的主要职责是分析的重点,这些信息有助于投资者了解管理层的能力和经验。

四、公司估值

对上市公司进行估值,是评估股票内在价值的重要步骤。估值主要是基于公司的财务状况、经营成果、行业地位、市场前景等因素,通过一系列指标和方法估算股票的合理价值。常用的估值方法包括以下几种。

(一)市盈率法

市盈率法通过比较股票价格与每股收益的比率来评估股票价值。市盈率较低可能意味着股票被低估,但该方法未考虑公司的增长潜力和未来的盈利预期。不同行业的市盈率水平存在显著差异,成长型行业如科技、互联网等的市盈率普遍较高,而传统行业如制造业、零售业等的市盈率相对较低。因此,在使用市盈率法时,应选择同行业或相似行业的公司进行比较,以确保估值的合理性。但对于尚未实现盈利或盈利波动较大的公司,市盈率法可能并不适用。

（二）市净率法

市净率法侧重于比较股票价格与每股净资产的关系，适用于那些资产价值相对稳定、资产密集型的行业，如银行、房地产等。对于轻资产、无形资产占比较大的公司，市净率可能无法准确反映其真实价值。

（三）市销率法

市销率法通过比较公司市值与其销售收入来衡量股票的估值合理性。市销率越低，一般说明该公司股票的投资价值越大。市销率特别适合于尚未实现盈利的公司，例如许多初创企业可能尚未盈利，但其销售收入的增长潜力被广泛看好。在这种情况下，市销率可以作为一种衡量其市场价值的有效工具。

（四）市现率法

市现率法通过比较公司的市值与其经营活动产生的现金流量来衡量股票的估值合理性。市现率能够更准确地反映公司的真实运营情况和长期财务健康状况，适用于评估现金流稳定的公司。一般来说，较低的市现率意味着股票可能被低估，反之则可能被高估。

（五）市盈增长率法

市盈增长率（简称 PEG）是市盈率与每股收益增长率的比值，用于评估股票的估值是否合理，尤其适合在考虑公司未来增长潜力时使用。PEG 法提供了一个更为全面和动态的视角来分析公司的价值。PEG 值越低，表明股票的估值相对其增长速度越低，可能被市场低估；反之，PEG 值越高，表明股票可能被高估。PEG 法最适合那些具有稳定增长预测的公司，尤其是成长型公司，而对于成熟公司或周期性公司的使用效果可能不佳。此外，不同行业的增长率差异很大，使用 PEG 法时应考虑行业背景。经济周期的变化也可能影响公司的增长预期，从而影响 PEG 值的有效性。

（六）现金流量法

现金流量法基于公司的现金流量情况，使用现金流折现模型来计算股票的内在价值。它将未来的现金流按照一定的折现率折现为现值。这种方法对于稳定盈利、现金流可预测的公司较为适用，但对未来预测的准确性要求高，折现率选择具有主观性。

在实际应用中，往往不会单独使用一种方法，而是综合多种方法来相互验证和补充，以得出更准确、合理的公司估值。同时，行业特点、公司发展阶段、市场环境等因素都会对估值结果产生影响。

实训项目三　宏观经济运行对股票市场的影响分析

一、实训目的

（1）熟练掌握收集宏观经济数据和股票市场数据的方法，提升数据获取与整理能力。

（2）能够运用数据分析工具对宏观经济指标变动与股市波动进行定量分析，培养量化分析思维与实际操作技能。

(3)积累宏观经济分析与金融投资实践经验。

二、实训要求

(1)熟悉GDP、CPI等指标的含义、计算方法与经济意义,了解经济周期各阶段特征及宏观经济政策工具。

(2)客观、全面地获取数据,运用数据分析工具时,操作流程要规范,分析结果要合理、准确。

(3)认真记录实训过程中的数据、分析步骤与结果。

(4)秉持严谨、科学的态度,确保实训成果真实可靠,切实提升宏观经济分析能力。

三、实训内容及步骤

1.数据收集

(1)宏观经济数据收集。

从国家统计局官网收集近5~10年的季度GDP数据,记录各季度GDP数值、同比增长率、环比增长率等;获取同期月度CPI数据。从央行官网收集货币供应量数据,重点记录M0、M1、M2的月度余额及同比增速;同时整理同期央行公布的基准利率调整情况。

(2)股票市场数据收集。

利用同花顺或东方财富软件收集对应时间段内的沪深300指数日收盘价、开盘价、最高价、最低价及成交量数据。若有兴趣,可额外选取几只不同行业的代表性个股,收集其股价及成交量数据。

2.宏观经济指标分析

(1)GDP分析。

选择Excel、SPSS或Python等软件中的一种,绘制GDP季度数据折线图及同比、环比增长率柱状图。观察GDP增长趋势,分析经济增长的阶段性特征,判断经济处于扩张期还是收缩期,评估经济增长的稳定性。

(2)CPI分析。

绘制CPI月度数据折线图,计算CPI同比、环比涨幅。通过观察CPI走势,判断通货膨胀或通货紧缩情况。

(3)货币供应量分析。

制作M0、M1、M2月度余额及同比增速折线图,对比三者变化趋势,分析货币供应量的松紧程度。研究货币供应量增速与GDP、CPI增速的关系,探讨货币因素对经济增长和物价水平的影响。

(4)利率分析。

梳理利率调整时间节点与幅度,结合经济形势分析利率政策的导向。

3.经济周期分析

根据GDP增长率、CPI涨幅、货币供应量增速等指标,参考经济周期理论,判断当前经济所处的周期阶段并验证周期判断的合理性。

4. 宏观经济政策分析

(1)货币政策分析。

整理央行在实训时间段内的货币政策操作,如公开市场操作、存款准备金率调整等。分析这些政策对货币供应量、利率水平及金融市场流动性的影响。结合宏观经济形势,评估货币政策的有效性与合理性。分析当前货币政策对证券市场的影响。

(2)财政政策分析。

收集财政支出规模、财政收入结构、税收政策调整等信息。分析财政政策在促进经济增长、调节收入分配、支持特定产业发展等方面的作用,分析当前财政政策对证券市场的影响。

5. 宏观经济指标与股市波动定量分析

(1)数据预处理。

将收集到的宏观经济数据与股票市场数据进行整合,确保时间序列一致。

(2)相关性分析。

运用一款数据分析工具,计算 GDP、CPI、货币供应量、利率等宏观经济指标与沪深 300 指数(或个股股价)的相关系数。绘制散点图,直观展示宏观经济指标与股市波动的相关性。分析相关性显著的指标,探讨其影响股市的内在逻辑。

(3)回归分析。

选择相关性较高的宏观经济指标作为自变量,股票市场指数或个股股价作为因变量,构建回归模型。通过回归分析,确定宏观经济指标对股市波动的影响系数,评估模型的拟合优度与显著性。根据回归结果,预测在不同宏观经济指标变动情况下股市的可能走势。

四、实训结果

撰写一份完整的实训报告,报告内容应涵盖数据收集、分析过程以及结论和个人体会等方面。报告中的图表要求清晰准确,结论要基于充分的数据分析与理论依据。

实训项目四　行业研究报告的撰写

一、实训目的

(1)熟练掌握撰写行业研究报告的完整流程与方法,深入理解行业研究报告各部分的内涵与重要性。

(2)学会运用东方财富软件等工具,高效获取行业相关数据、资讯以及企业信息,提升数据收集与筛选能力。

(3)全面培养学生对行业环境、市场、竞争等方面的分析能力,能够运用专业知识和分析模型对行业进行深入剖析,为投资决策提供依据。

(4)培养学生撰写规范且有一定深度的行业研究报告的能力,为未来从事行业研究、投资分析等相关工作奠定坚实基础。

(5)有效锻炼学生的沟通能力、分工协作能力,提升学生的综合素质。

二、实训要求

（1）学习行业研究相关理论知识，包括行业分析方法如波特五力模型、行业生命周期理论等，构建知识体系框架。

（2）严格按照操作规范获取数据，确保数据的准确性与可靠性。在分析过程中，要运用科学合理的分析方法，结合理论知识，严禁主观臆断，做到有理有据。

（3）认真记录实训过程中的数据来源、分析思路、关键发现等内容，撰写行业研究报告，体现对行业的深入理解。

（4）积极探索不同的分析角度和方法，不断优化研究报告质量，切实提升行业研究与报告撰写能力。

（5）团队协作时，成员需明确分工，积极沟通交流，共同推进实训任务。

三、实训内容及步骤

1. 行业选择

（1）基于个人兴趣、行业热点以及未来发展潜力，从东方财富软件的行业板块中选定一个具体行业进行研究。

（2）利用东方财富软件的“板块监测”功能，进入所选行业板块页面，获取行业基础信息。同时，查看行业内上市公司数量、市值规模等信息，初步了解行业在资本市场的表现。

2. 数据收集

（1）在东方财富软件的资讯板块，搜索与行业相关的宏观政策新闻，了解国家和地方政府在产业政策、财政政策、货币政策等方面对行业的支持或限制。同时，收集宏观经济数据，如 GDP 增长率、通货膨胀率、利率等，分析宏观经济环境对行业的影响。

（2）通过东方财富软件的个股资料，查看行业内上市公司的上下游业务关联，梳理行业产业链结构。了解上游供应商、中游制造商、下游销售与服务等环节的企业分布与业务情况。

（3）查找行业的历史销售额、产量、市场份额等数据，分析市场规模在过去几年的增长趋势。同时，关注行业研究机构发布的市场预测报告，为未来市场规模预测提供参考。

（4）收集消费者需求偏好、购买能力等市场需求相关信息；分析行业内企业的产能、产能利用率等市场供给信息，了解市场的供需平衡状况。

（5）在行业板块页面，选取几家具有代表性的重点公司。进入个股行情页面，收集公司的基本信息、财务数据、产品与服务信息、技术研发成果等，为后续企业分析做准备。

3. 行业分析

（1）行业环境分析。

①宏观环境分析。

运用 PEST 模型对收集到的宏观环境数据进行系统分析。政治方面，研究政策法规对行业准入、发展方向的影响；经济方面，分析宏观经济形势对行业市场需求和企业成本的作用；社会方面，探讨消费者观念、人口结构变化等对行业的影响；技术方面，关注行业相关的技术创新趋势以及对产品升级和生产效率的提升作用。

②产业链分析。

绘制行业产业链图谱，分析产业链各环节的价值分布、竞争格局以及上下游企业之间的相互关系，评估行业在产业链中的议价能力等。

(2)行业市场分析。

①市场规模与增长分析。

根据收集到的市场规模数据，绘制市场规模增长曲线，计算年均增长率等指标。分析市场增长的驱动因素(如政策推动、技术进步、消费升级等)和制约因素(如基础设施不完善、成本较高等)，预测未来3～5年的市场规模变化趋势。

②市场需求与供给分析。

深入分析市场需求的特点和变化趋势，包括消费者对产品性能、价格、外观、智能化程度等方面的需求。通过对比市场供给与需求数据，判断市场的供需缺口，分析供需状况对行业价格、企业利润的影响。

(3)行业竞争分析。

①竞争格局分析。

计算行业内重点企业的市场份额，绘制市场份额分布图，判断行业的竞争格局类型(完全竞争、垄断竞争、寡头垄断、完全垄断)。分析行业内企业的竞争态势，包括价格竞争、产品差异化竞争、技术竞争等方面。运用波特五力模型，分析现有竞争者的竞争强度、潜在进入者的威胁、替代品的威胁、供应商和购买者的议价能力，评估行业的整体竞争环境。

②竞争策略分析。

研究行业内重点企业的竞争策略，如产品定位、品牌建设、渠道拓展、技术研发投入等方面的策略。对比不同企业竞争策略的实施效果，分析企业如何通过竞争策略提升自身竞争力，占据市场优势地位。

(4)行业重点企业分析。

针对选定的重点企业，运用财务分析方法，对企业的财务报表进行深入分析。计算偿债能力指标、盈利能力指标、运营能力指标，评估企业的财务健康状况。分析企业的核心竞争力，如技术创新能力、品牌影响力、销售渠道等，探讨企业在行业竞争中的优势与劣势。

4.行业发展趋势与预测

(1)发展趋势分析。

综合行业环境、市场分析和竞争分析结果，结合行业最新动态和技术发展方向，总结行业未来的发展趋势。

(2)未来预测。

对行业未来的市场规模、竞争格局、技术突破等方面进行预测。可以采用时间序列分析、回归分析等定量方法，结合行业趋势判断等定性方法，给出合理的预测结果，并说明预测的依据和假设条件。

5. 投资建议与风险提示

（1）投资建议。

根据行业分析、发展趋势预测以及企业研究结果，为投资者提供投资建议。明确是否建议投资该行业，以及在行业内选择投资标的的方向。同时，结合投资组合理论，建议合理的投资比例。

（2）风险提示。

识别行业投资可能面临的风险因素，如市场风险、技术风险、政策风险、竞争风险等。分析各风险因素对投资收益的影响程度，为投资者提供风险防范措施和应对建议。

四、实训结果

撰写一份具有较高质量的行业研究报告，对所选行业进行全面、系统的剖析。报告内容包括引言、行业概述、行业环境分析、行业市场分析、行业竞争分析、行业重点企业分析、行业发展趋势与预测、投资建议与风险提示等部分。报告中的数据要求来源可靠，分析过程科学合理，结论具有说服力，能够为行业研究和投资决策提供有力支持。

实训项目五　上市公司投资分析报告的撰写

一、实训目的

（1）熟悉上市公司投资分析报告的基本框架和内容结构，掌握上市公司投资分析与报告撰写的核心技能。

（2）学会运用同花顺等行情软件高效获取上市公司相关数据、行业资讯以及市场行情信息，提升数据收集与筛选能力。

（3）全面培养学生对上市公司所处行业、公司财务状况、业务运营、公司治理等多方面的分析能力，能够灵活运用所学知识对不同上市公司进行深入研究。

（4）培养学生撰写规范且有一定深度的上市公司投资分析报告的能力，为未来从事投资分析、资产管理等相关工作奠定坚实基础。

二、实训要求

（1）学生以小组为单位进行实训，自行推选组长负责组织协调小组工作。

（2）认真学习上市公司投资分析相关理论知识，包括财务分析指标体系、公司业务分析要点、公司估值方法等，构建知识体系框架。

（3）严格按照规范获取数据，确保数据的准确性与可靠性，并进行相关的数据分析和处理。

（4）投资分析报告应结构完整、逻辑清晰、内容翔实、数据准确，字数不少于 5 000 字。报告需运用所学的投资理论和分析方法，结合行情软件等提供的信息进行分析，避免简单罗列数据和资料。

（5）团队协作时，成员需分工明确，积极沟通交流，共同推进实训任务。

(6)严格按照实训进度完成各个阶段的任务,确保按时提交投资分析报告。

三、实训内容及步骤

1. 分组与选题

(1)学生自由组队,每组3~5人,并推选组长。

(2)各小组基于行业热点以及投资潜力等,从沪深京股票市场中选取一家上市公司作为分析对象,所选公司应具有一定的代表性和研究价值。

2. 数据收集与整理

各小组运用同花顺软件和其他相关渠道(如财经网站、证券交易所官网等)收集所选上市公司的相关资料,包括公司概况、行业信息、财务报表、公告文件等。同时,关注公司的新闻动态和市场评价,为后续分析提供丰富的素材。

对收集到的资料进行分类整理,剔除重复、无效的信息,建立资料数据库。将资料按照公司概况、行业分析、财务分析、业务分析等模块进行分类存储,方便后续撰写报告时查阅。

3. 报告撰写

(1)公司概况分析。

各小组根据收集到的资料,撰写公司概况,介绍公司的基本信息、发展历程、行业地位等。重点分析公司的核心竞争力和独特优势,为后续分析奠定基础。

(2)行业分析。

运用同花顺软件提供的行业数据和研究报告,对所选上市公司所处的行业进行深入分析。包括行业的发展现状、趋势、竞争格局、政策环境等,评估行业对公司的影响和机遇。

(3)财务分析。

通过同花顺软件获取公司的财务报表数据,运用财务分析方法对公司的偿债能力、盈利能力、营运能力、成长能力等进行分析。计算关键财务指标,绘制财务图表,对比同行业其他公司,评估公司的财务健康状况和经营绩效。

(4)业务分析。

深入了解公司的业务模式、产品或服务特点、市场份额、客户群体等,分析公司的业务竞争力和发展潜力。关注公司的研发投入和创新能力,以及业务拓展和战略布局对公司未来发展的影响。

(5)公司治理分析。

研究公司的治理结构,包括股东会、董事会、监事会的运作情况,以及管理层的背景和能力。评估公司的内部控制制度和信息披露质量,分析公司治理对公司决策和经营的影响。

(6)重大事项分析。

关注公司近期发生的重大事项,如重大投资项目、股权激励计划、并购重组、诉讼纠纷等。分析这些事项对公司的财务状况、经营业绩和市场竞争力的影响,评估公司的应对能力和风险水平。

(7)公司估值。

运用合适的估值方法(如市盈率法、市净率法、现金流折现法等)对公司进行估值,结合市场行情和行业平均水平,判断公司股票的投资价值。在估值过程中,要充分考虑公司的基本面因素和市场风险因素,确保估值结果的合理性和可靠性。

(8)投资建议与风险提示。

综合以上各部分的分析结果,提出针对该上市公司的投资建议,包括买入、持有或卖出等,并说明理由。同时,识别投资该公司股票可能面临的风险因素,如市场风险(宏观经济波动、股市整体下跌)、行业风险(行业竞争加剧、技术变革风险)、公司风险(经营管理风险、财务风险、重大事项风险)等。分析各风险因素对投资收益的影响程度,为投资者提供风险防范措施和应对建议。

4. 报告审核与修改

各小组完成投资分析报告初稿后,组织小组成员进行内部审核。检查报告的内容完整性、逻辑连贯性、数据准确性等方面的问题,对报告进行进一步的修改和完善,确保报告达到实训要求的质量标准。

5. 报告答辩与总结

各小组选派代表进行报告答辩,汇报小组的实训成果。汇报内容包括选题背景、分析方法、主要结论和投资建议等。

四、实训结果

各小组提交一份完整的上市公司投资分析报告,对所选上市公司进行全面、系统的剖析。

第四章　证券投资技术分析

技术分析是一种用于预测股票价格趋势的方法，主要依据股票价格和交易量的历史数据来分析未来的价格走势。技术分析基于三大假设：市场行为涵盖一切信息、价格沿趋势移动、历史会重演。技术分析主要关注市场行为本身的变化，而市场行为包含了四个基本要素——价格、成交量、时间、空间。

常见的技术分析方法有 K 线分析、均线分析、趋势分析、形态分析和技术指标分析等。在实际应用中，投资者往往会结合多种分析方法进行综合研判，以提高分析的准确性和可靠性。

第一节　K 线 分 析

K 线又称为蜡烛线或阴阳线，由实体和影线组成，包含开盘价、收盘价、最高价和最低价四个要素。开盘价与收盘价构成了 K 线的中间实体部分，而最高价与最低价分别组成 K 线的上影线和下影线。

单根 K 线可以分为阳线和阴线，如图 4.1 所示，收盘价高于开盘价的 K 线称为阳线，收盘价低于开盘价的 K 线称为阴线。

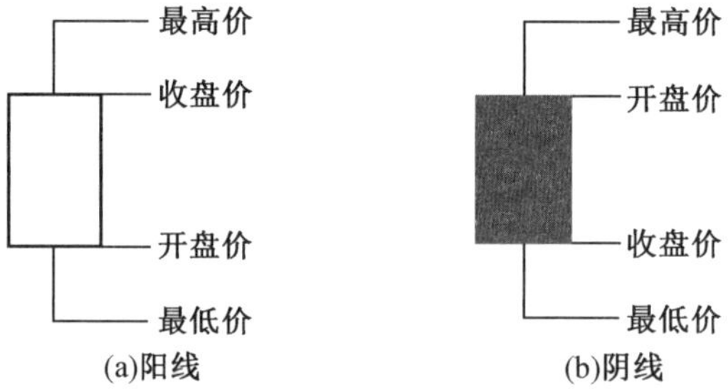

图 4.1　K 线

在 K 线分析中，主要通过 K 线和 K 线组合的形态分析多空双方力量转变情况，把握价格后期走势。

K 线图是由 K 线组成的图，能够清晰地反映股票的价格走势。根据时间周期的不同，K 线图可以分为日 K 线图、周 K 线图、月 K 线图、季 K 线图、年 K 线图、分钟（包含 1 分钟、5 分钟、15 分钟、30 分钟、60 分钟等）K 线图（图 4.2）。最常用的是日 K 线图，它能够直观反映每个交易日的价格波动以及股票价格走势。

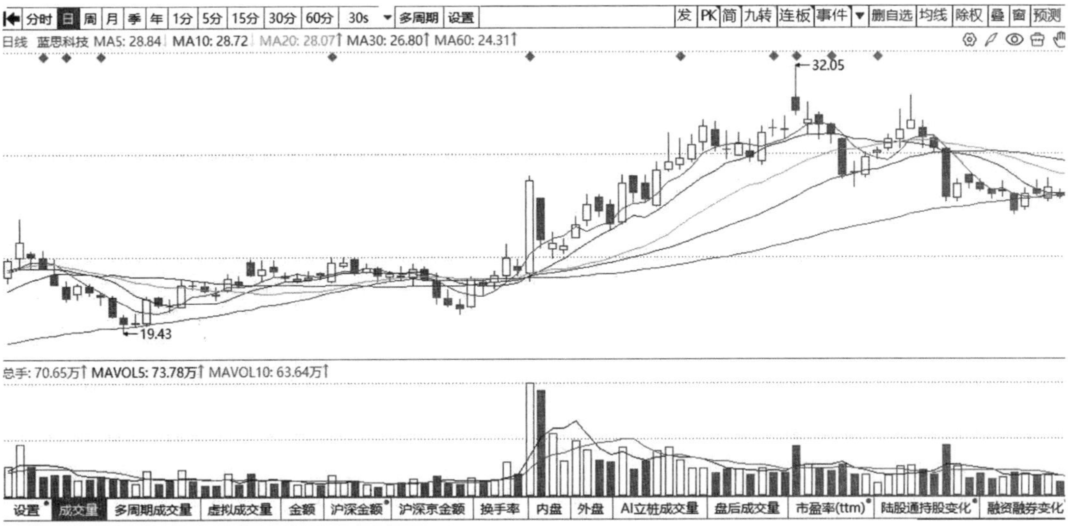

图 4.2 K线图

一、单根 K 线分析

(一)大阳线、大阴线

大阳线是指收盘价远高于开盘价,且 K 线实体较长的一种形态。大阳线的长度比周边的 K 线长,上下影线较短,通常表示买盘强劲,买方力量在当天的交易中占据主导地位,预示着股价可能会继续上涨。在股价上涨初期,大阳线可能预示着新的上升趋势;在下跌趋势中,大阳线可能预示着趋势的反转。

大阴线是指收盘价远低于开盘价,且 K 线实体较长的一种形态。大阴线的长度比周边的 K 线长,上下影线较短,大阴线的出现经常意味着市场中的空方力量增强,股价可能会继续下跌。在股价上涨末期,大阴线可能预示着趋势的反转;在下跌趋势中,大阴线可能加剧下跌趋势。

大阳线、大阴线如图 4.3 所示。

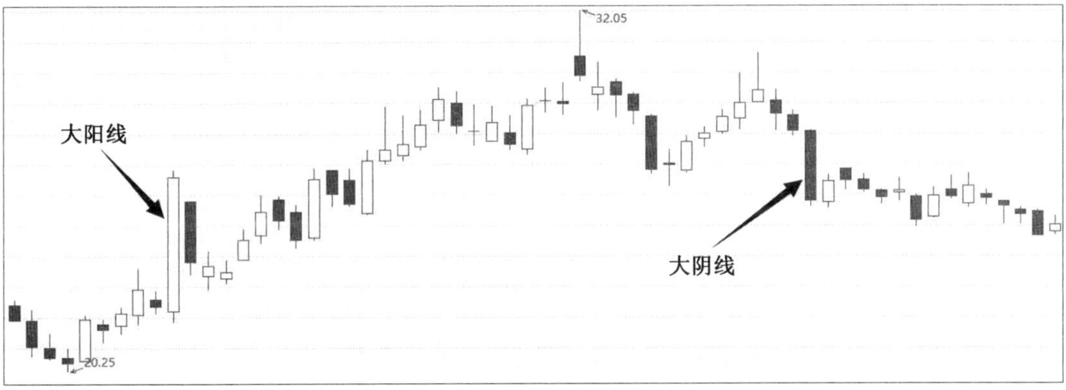

图 4.3 大阳线和大阴线

(二)小阳线、小阴线

小阳线是指实体相对较小的阳线,表示收盘价高于开盘价,但涨幅不大,市场情绪温和。小阳线的长度比周边的 K 线短,上下影线一般也较短。

小阴线是指实体相对较小的阴线,表示收盘价低于开盘价,但跌幅不大。小阴线的长度比周边的 K 线短,上下影线一般也较短。

小阳线、小阴线如图 4.4 所示。

图 4.4　小阳线和小阴线

(三)中阳线、中阴线

中阳线是指收盘价高于开盘价,且 K 线实体长度适中的形态。中阳线的长度比小阳线长,但比大阳线短。中阳线的出现一般表示多方力量占优势,仍有上涨的潜力。

中阴线是指收盘价低于开盘价,且 K 线实体长度适中的形态。中阴线的长度比小阴线长,但比大阴线短。中阴线的出现意味着市场中空方力量占优势,仍有下跌的可能。

中阳线、中阴线如图 4.5 所示。

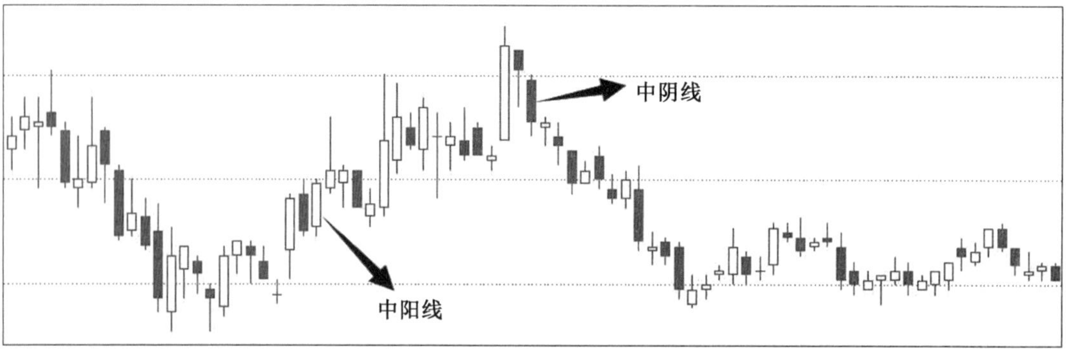

图 4.5　中阳线和中阴线

(四)长上影 K 线、长下影 K 线

长上影 K 线是指 K 线实体上方的影线显著长于实体部分,通常表示在当天的交易中,价格一度大幅上涨,但随后遭遇卖压,价格回落。在上涨趋势中,长上影 K 线可能预示着趋势的反转或调整。在整理或下跌行情中,长上影 K 线进一步确认了看空信号,股价可能继续下行。

长下影 K 线是指 K 线实体下方的影线显著长于实体部分,通常表示在当天的交易中,价格一度大幅下跌,但随后买盘介入,价格反弹。长下影 K 线通常被视为短期底部信号,表明股价可能获得支撑,有上涨潜力。

长上影K线、长下影K线如图4.6所示。

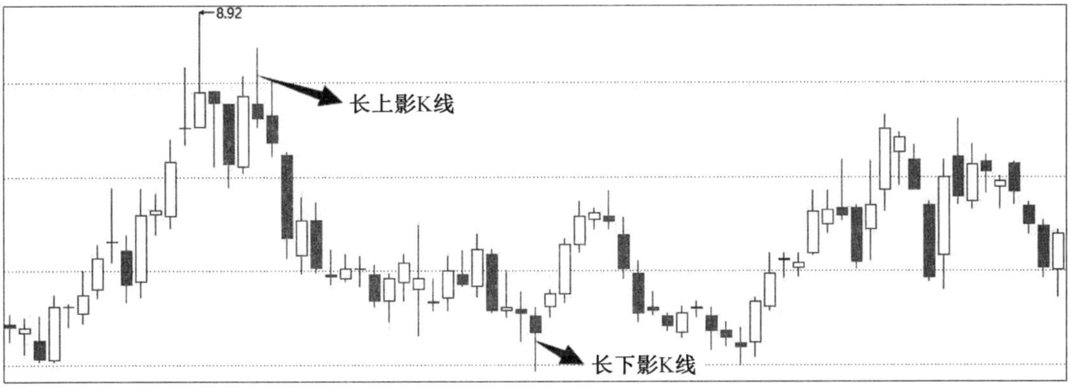

图4.6　长上影K线和长下影K线

(五)T字形K线、倒T形K线

T字形K线是指开盘价、收盘价和最高价相同,下影线较长。倒T形K线是指开盘价、收盘价和最低价相同,上影线较长。T字形K线升势明显,倒T形K线跌势明显。

T字形K线、倒T形K线如图4.7所示。

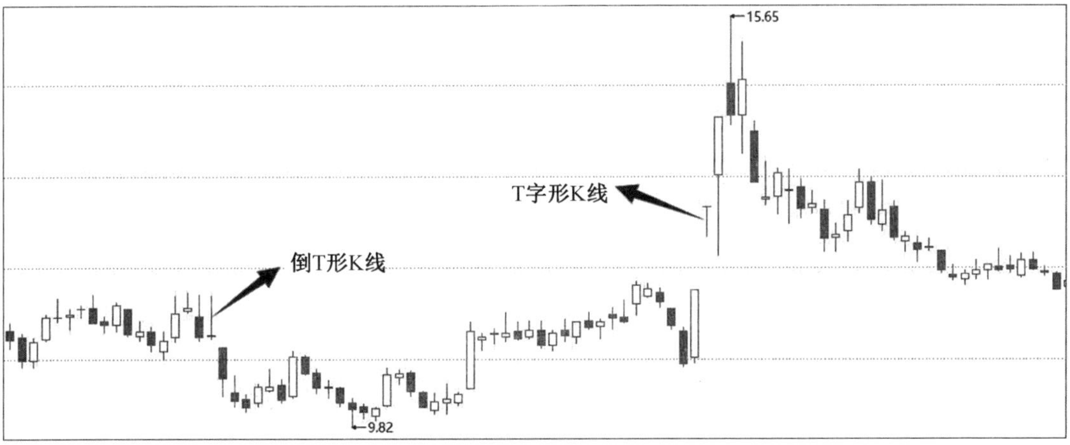

图4.7　T字形K线和倒T形K线

(六)十字星K线、一字形K线

十字星K线的特点是开盘价和收盘价几乎相等,因此它的实体部分非常小,看起来像一条横线,而上下影线则相对较长。十字星形态反映了市场上的买卖双方力量暂时达到了平衡,多空双方争夺激烈,但最终收盘时价格回到了开盘价附近。在上涨趋势中出现的十字星K线,可能预示着上涨动力的减弱,市场可能转向或进入盘整。在下跌趋势中出现的十字星K线,可能意味着下跌动力的减弱,市场可能反弹或进入盘整。

一字形K线通常指的是开盘价、收盘价、最高价和最低价都相同或者非常接近的一种K线形态,这种形态的K线看起来就像一条横线。一字形K线通常出现在股票涨停或跌停的情况下,即股票价格在交易日内没有或者几乎没有波动,一直维持在涨跌停板的价格上。一字形 K 线通常预示着市场对该股票的强烈情绪,可能是重大利好或利空消息的影响,或者是市场对某事件的强烈反应。

十字星 K 线、一字形 K 线如图 4.8 所示。

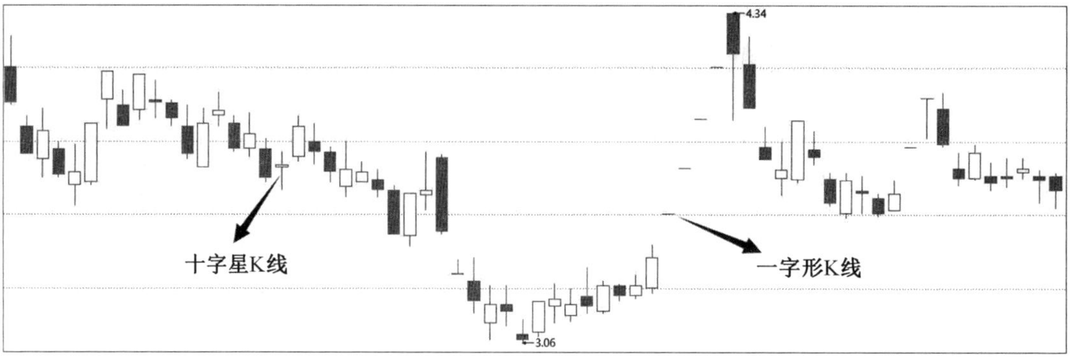

图 4.8　十字星 K 线和一字形 K 线

单根 K 线分析主要侧重于单根 K 线的形态、实体大小、影线长度等特征,从单个交易日的价格走势中挖掘信息。实际应用中,建议结合多周期 K 线组合、技术指标及基本面分析等,以提高分析的准确性和可靠性。

二、K 线组合分析

K 线组合分析通过对连续几根 K 线的组合形态进行解读,更清晰地识别市场趋势方向及强度。K 线组合分析可以提供比单根 K 线分析更多的信息。

(一)吞没线

吞没线又称鲸吞线,是指第一天的 K 线实体被第二天的 K 线实体完全包含或吞没,且两根 K 线一阴一阳的 K 线组合。

吞没线是一种强势反转的 K 线组合,分为看涨吞没线和看跌吞没线。看涨吞没线出现在下跌趋势中,第一天的 K 线实体为阴,第二天的 K 线实体为阳且完全吞没第一天的 K 线实体,为强烈看涨信号,如图 4.9 所示。看跌吞没线则出现在上涨趋势中,第一天的 K 线实体为阳,第二天的 K 线实体为阴且完全吞没第一天的 K 线实体,为强烈看跌信号。

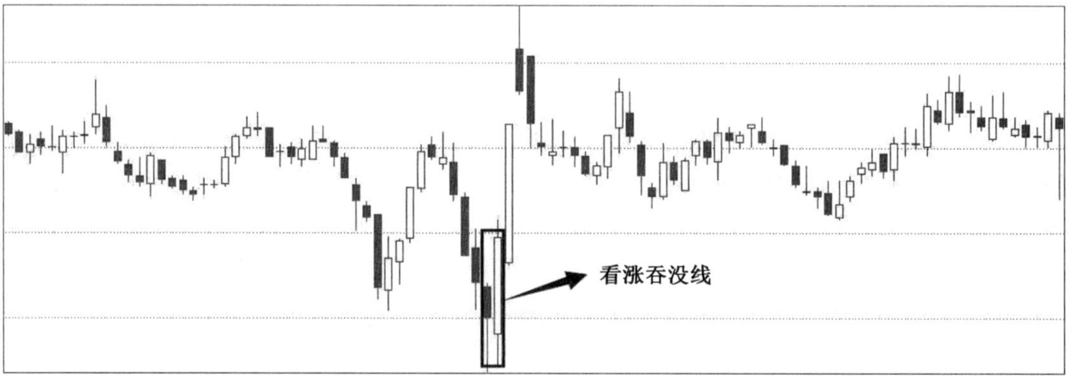

图 4.9　看涨吞没线

（二）孕育线

孕育线通常由一阴一阳两根 K 线组成。第一根 K 线实体较长，第二根 K 线实体较短，且第二根 K 线完全被第一根 K 线的实体所包含。

孕育线分为看涨孕育线和看跌孕育线。看涨孕育线出现在下跌趋势末端，第一根为长阴线，第二根小实体 K 线完全位于前阴线实体内部，第二根 K 线为阳线。看涨孕育线表明市场下跌力量已趋衰竭，空头力量逐渐减弱，多头力量有崛起的迹象，股价可能会止跌回升。看跌孕育线出现在上涨趋势顶部，第一根为长阳线，第二根小实体 K 线完全位于前阳线实体内部，第二根 K 线为阴线。看跌孕育线意味着多头力量已经开始减弱，空头力量正在积聚，市场有可能即将迎来下跌行情，是股价见顶的信号之一。

此外，还有一种特殊的孕育线，称为十字孕育线。十字孕育线第一根 K 线为大阳线或大阴线，第二根 K 线为十字星。十字孕育线中，第一根 K 线与前期走势一致，第二根十字星 K 线可阴可阳。当十字孕育线出现在市场顶部或底部时，代表着强烈的反转信号。孕育线如图 4.10 所示。

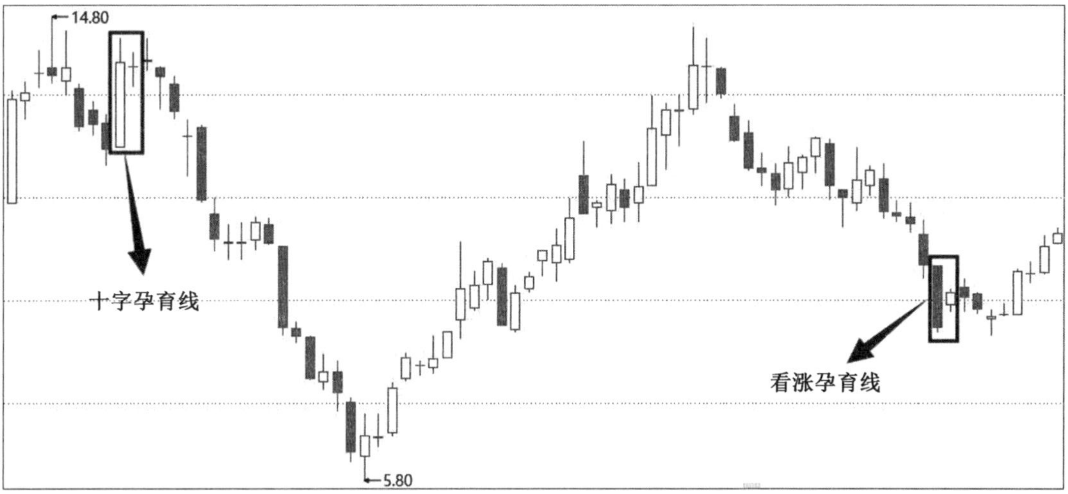

图 4.10　孕育线

（三）曙光初现

曙光初现通常被视为市场底部反转的信号。它由两根 K 线组成，第一根是长阴线，第二根是长阳线。长阳线的最低点远低于长阴线的最低点，但收盘价在长阴线实体的中间位置以上。第二根阳线的实体部分越长，反转信号越强。曙光初现如图 4.11 所示。

（四）倾盆大雨

倾盆大雨通常出现在上涨趋势末期，由两根 K 线组成。第一根 K 线为大阳线或中阳线，第二根 K 线为低开的大阴线或中阴线，收盘价低于前一根阳线的开盘价，表明空方力量突然增强，市场情绪发生转变。倾盆大雨是一种强烈的见顶反转信号，如果这种 K 线组合伴有大成交量，形势会更加糟糕。倾盆大雨如图 4.12 所示。

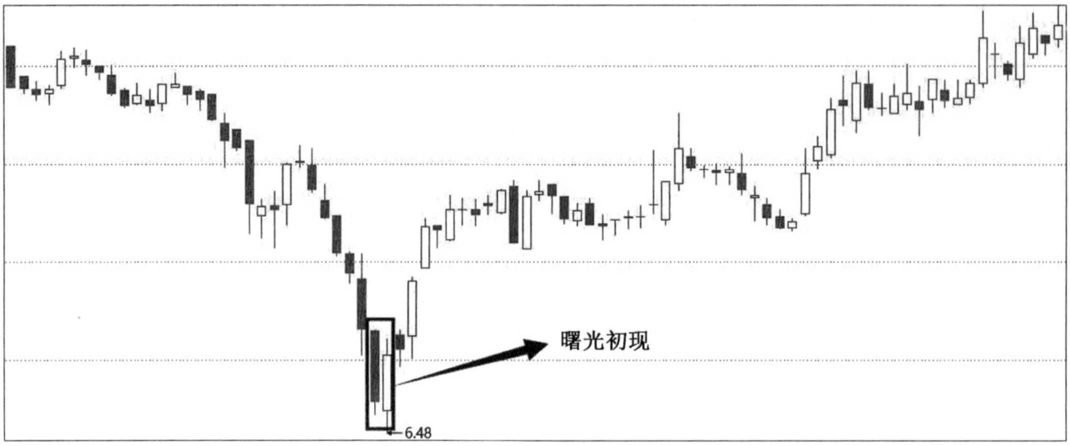

图 4.11　曙光初现

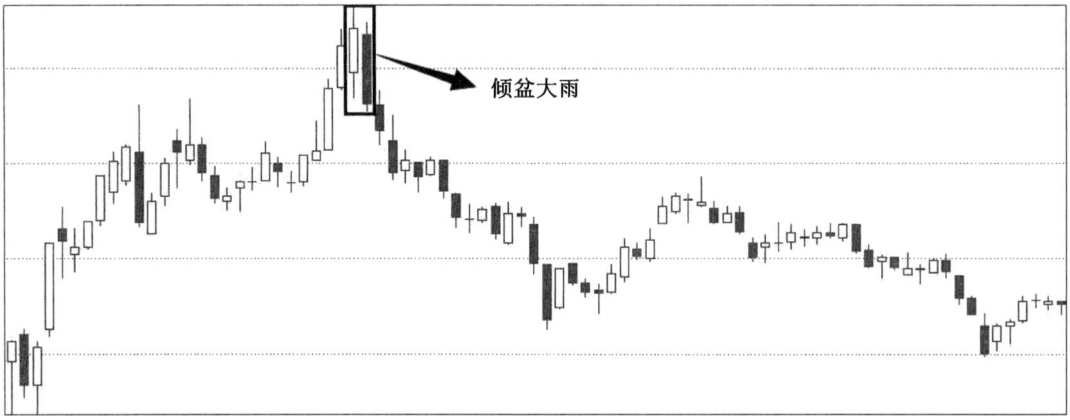

图 4.12　倾盆大雨

(五)启明星

启明星由三根连续的 K 线组成。第一根 K 线为长阴线,表示空方力量占据主导地位。第二根 K 线为实体较小的阴线或阳线,且其开盘价低于前一天的收盘价。第三根 K 线为长阳线,实体部分深入或完全覆盖第一根阴线的实体,显示多方力量开始占据优势。启明星通常出现在下跌趋势中,是技术分析中的一种底部反转信号。启明星如图 4.13 所示。

(六)黄昏星

黄昏星通常出现在股价上涨趋势中,由三根连续的 K 线组成。首先是一根较长的阳线;接下来是一根实体较小的阴线或阳线,且其开盘价高于前一天的收盘价;最后是一根较长的阴线,其收盘价低于前一天的实体部分。黄昏星是一种重要的顶部反转信号,如图 4.14 所示。

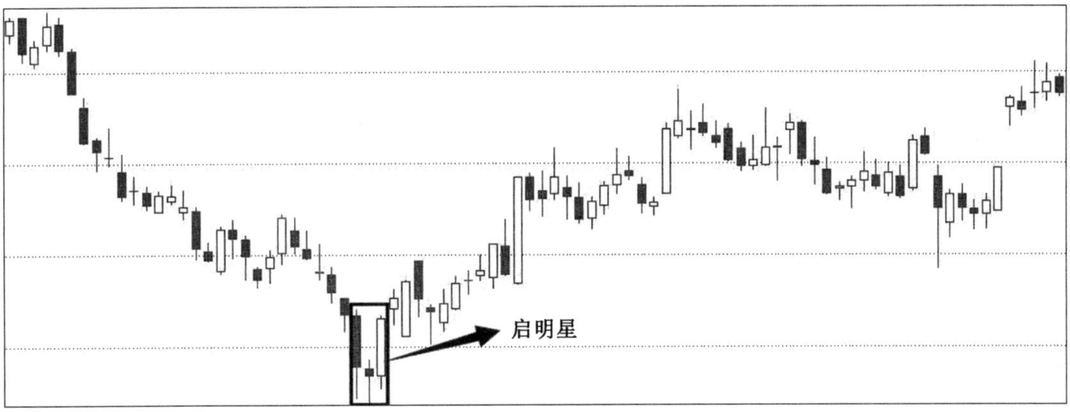

图 4.13　启明星

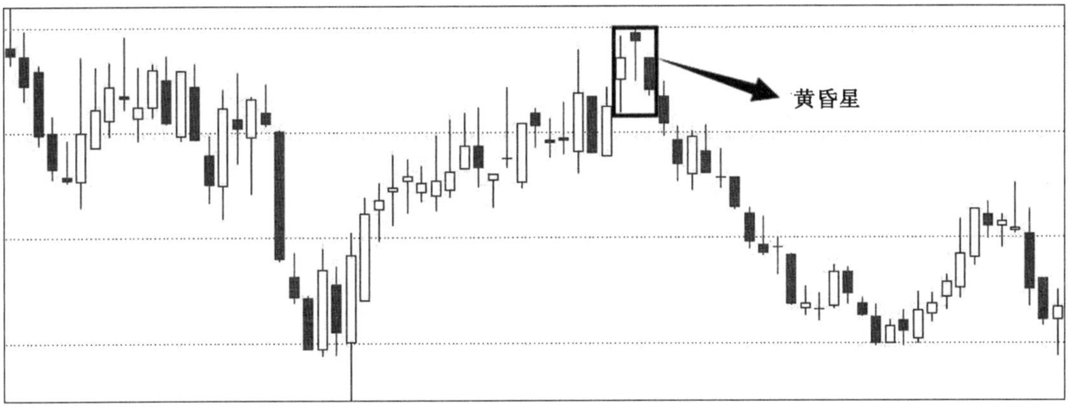

图 4.14　黄昏星

(七)红三兵

红三兵由三根连续的阳线组成,三根阳线的实体依次上升,且每天的收盘价都高于前一天的收盘价。红三兵通常出现在股价底部或横盘震荡阶段,通常被视为股价上涨的信号。红三兵如图 4.15 所示。

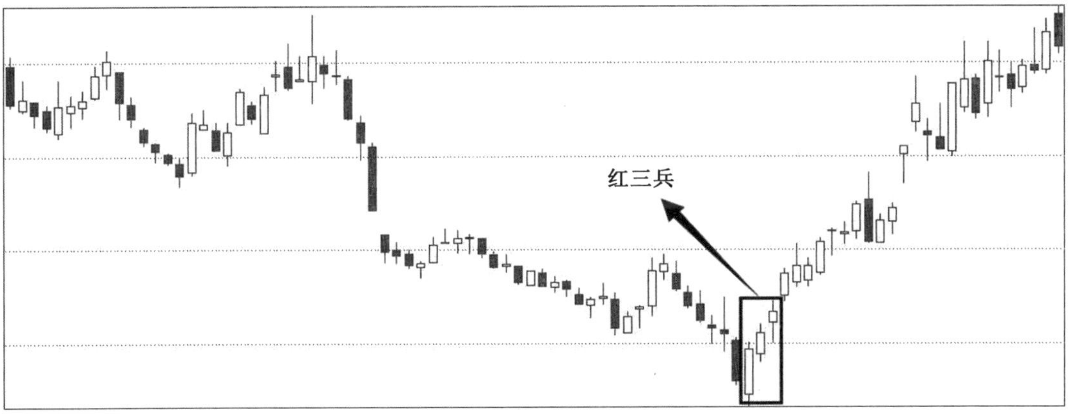

图 4.15　红三兵

(八)黑三兵

黑三兵是一种常见的K线组合形态，由三根连续的小阴线组成，且三根阴线的实体依次下降，每天的收盘价都低于前一天的收盘价。黑三兵通常被视为市场下跌的信号，如图4.16所示。

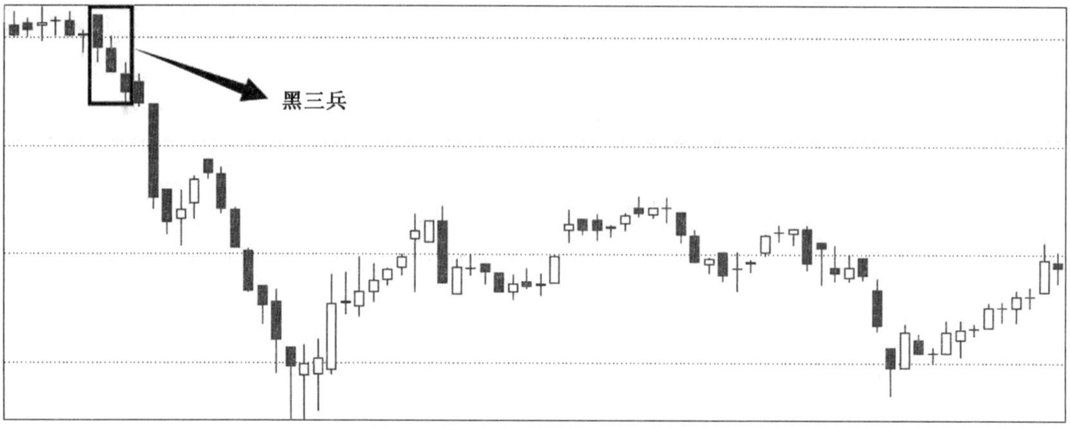

图4.16　黑三兵

第二节　均线分析

一、均线

均线是移动平均线的简称，它通过计算一段时间内价格的平均值，来平滑价格波动，帮助投资者识别市场的趋势方向和潜在的支撑与阻力位，以及提供买卖信号等，是技术分析中一种重要的工具，适用于股票、期货、外汇等不同市场。

按照计算周期的不同，均线可以分为短期均线、中期均线和长期均线。常见的短期均线有5日均线、10日均线；中期均线如20日均线、30日均线；长期均线有60日均线、120日均线等。不同周期的均线反映了不同时间段内市场的平均价格走势，周期越短，均线对价格变化的反应越灵敏，但也容易受到短期波动的影响；周期越长，均线越平滑，能更好地反映价格的长期趋势，但对短期价格变化的反应相对滞后。

二、均线形态分析

(一)均线多头排列

均线多头排列是指在一个特定的时间段内，短期均线位于中期均线之上，而中期均线又位于长期均线之上的一种排列状态，并且所有均线都呈现出向上的走势。例如，在常见的均线系统中，5日均线在10日均线上方，10日均线在20日均线上方，20日均线在30日均线上方，以此类推，各条均线按周期从短到长自上而下排列，呈向上发散状，形成一种整齐的上升态势。

均线多头排列表明市场处于强势上涨阶段，多方力量占据主导地位。投资者在观察到均线出现多头排列时，可以考虑顺势做多。例如，当股票价格的均线系统呈现多头排列时，投资者可以寻找合适的买入时机，如价格回调到短期均线附近受到支撑时买入，以期望在市场的上涨趋势中获得收益。

在均线多头排列形成的过程中，成交量的配合也非常重要。如果成交量能够同步放大，表明有更多的资金参与交易，上涨趋势更可靠；如果成交量未能有效放大，那么上涨趋势可能要受到质疑。

打开同花顺软件，在【问财】页面输入“均线多头排列”，可以直接筛选出符合该均线形态的股票，如图 4.17 所示。

图 4.17　同花顺软件搜索均线多头排列

如图 4.18 所示，该股在经过一段时间的横盘震荡后，出现了较为明显且持续的均线多头排列走势。

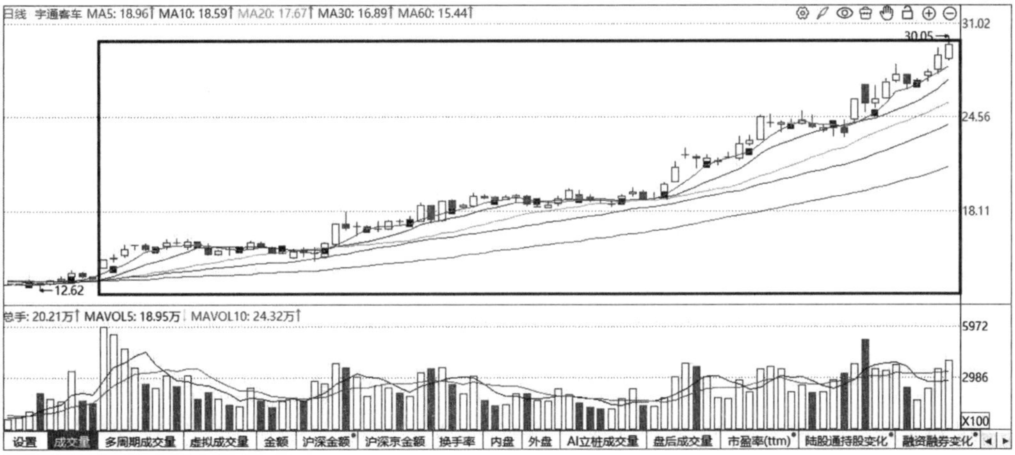

图 4.18　均线多头排列

(二)均线空头排列

均线空头排列是指短期均线在长期均线下方,并且各条均线呈向下发散的状态。当5日均线在10日均线下方,10日均线在20日均线下方,以此类推,就形成了均线空头排列。均线空头排列表明市场处于弱势下跌阶段,整体呈现出空头力量占据主导的态势,投资者应保持谨慎。

在同花顺软件的【问财】页面输入“均线空头排列”,可以筛选出呈现该均线形态的股票,如图4.19所示。

序号		股票代码	股票简称	现价(元)	涨跌幅(%)	卖出信号 2025.04.08
21		600189	泉阳泉	6.31	1.94	【行情收盘价下穿5日】;【周线roc卖出信号】;..
22		600197	伊力特	14.56	3.63	【行情收盘价下穿5日】;【周线roc卖出信号】;..
23		600199	金种子酒	10.26	1.28	【行情收盘价下穿5日】;【月线mtm死叉】
24		600200	江苏吴中	4.58	-4.78	【行情收盘价下穿5日】;【周线mtm死叉】
25		600216	浙江医药	12.18	0.83	【行情收盘价下穿5日】;【月线boll跌破中轨】..
26		600217	中再资环	4.57	1.33	【行情收盘价下穿5日】;【周线roc卖出信号】;..
27		600219	南山铝业	3.31	-0.60	【行情收盘价下穿5日】;【周线行情收盘价下...
28		600221	海航控股	1.34	3.08	【行情收盘价下穿5日】;【月线roc卖出信号】;..
29		600230	沧州大化	9.36	1.41	【周线roc卖出信号】;【周线mtm死叉】;【月...
30		600233	圆通速递	12.64	2.43	【行情收盘价下穿5日】;【周线mtm死叉】;【...

图4.19 同花顺软件搜索均线空头排列

如图4.20所示,该股出现了均线空头排列走势。均线空头排列是一个较为强烈的卖出信号。当发现股价形成均线空头排列时,意味着股价短期内上涨的概率较小,下跌的风险较大,此时投资者应及早离场。

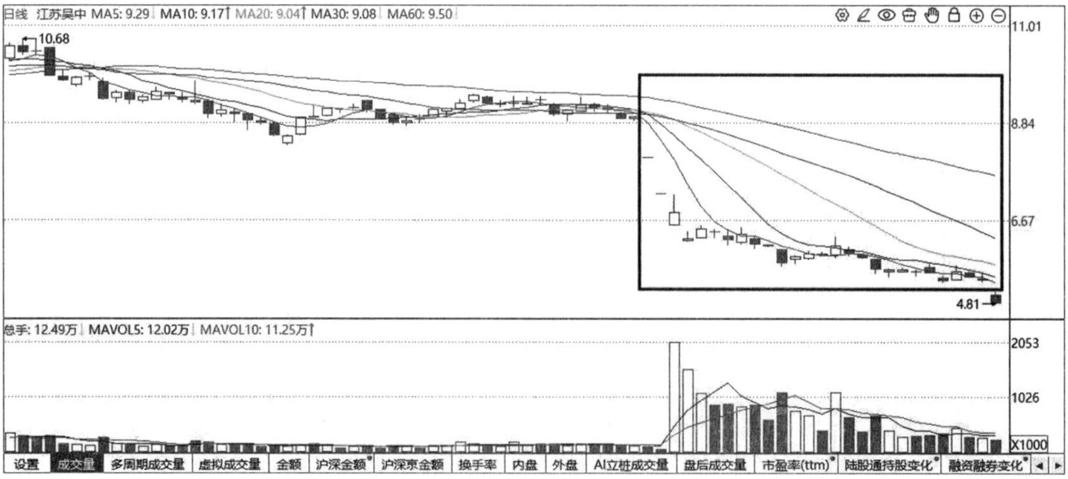

图4.20 均线空头排列

(三)均线黄金交叉

均线黄金交叉是指短期均线从下向上穿过长期均线,形成交叉的形态,且较长周期的均线呈现上升态势。对于投资者来说,黄金交叉是一个较为强烈的买入信号。若在黄金交叉出现的同时,成交量也明显放大,说明市场的多头力量得到了成交量的支持,上涨信号更为可靠。

可以通过同花顺软件的【问财】页面选出符合“均线黄金交叉”形态的股票,例如输入“5 日均线上穿 10 日均线,10 日均线呈上升态势,均线黄金交叉”,可以得到如图 4.21 所示的搜索结果。

图 4.21　同花顺软件搜索均线黄金交叉

如图 4.22 所示,该股出现了均线黄金交叉,股价短期内有较大的上涨潜力,投资者可以考虑适当买入股票,以获取股价上涨带来的收益。

图 4.22　均线黄金交叉

(四)均线死亡交叉

均线死亡交叉通常出现在下跌初期,短期均线下穿长期均线,且长期均线呈下跌态势。对于采用技术分析的投资者来说,均线死亡交叉是一个较为强烈的卖出信号。当观察到股票价格出现均线死亡交叉时,通常意味着短期内价格下跌的可能性较大,投资者可以考虑及时卖出手中的股票,以避免可能出现的损失。

通过同花顺软件的【问财】页面也可以搜索符合均线死亡交叉的个股。如图 4.23 所示,该股出现了死亡交叉形态,两根均线交叉的角度越大,代表着下跌的信号越强烈。

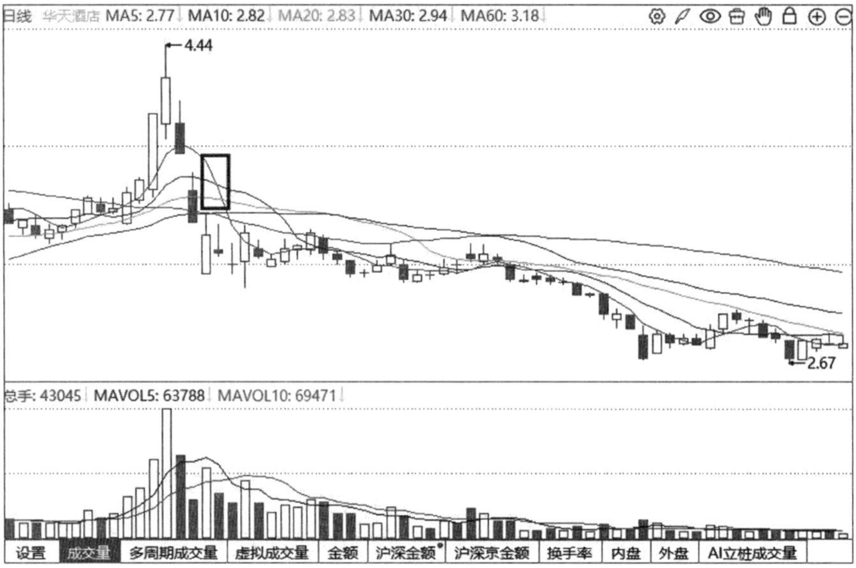

图 4.23 均线死亡交叉

三、均线的买卖法则

格兰威尔的移动平均线买卖法则通过股票价格与移动平均线之间的关系来判断股票买入和卖出的时机。该法则主要分为买入法则和卖出法则,各有四个买点和卖点。

(一)买入法则

(1)当股价从均线下方突破均线,并且均线呈上升趋势时,是买入信号。这表明股价开始走强,且得到了均线的支撑,市场多头力量逐渐占据上风。

(2)股价在均线上方运行,回调时未跌破均线,且均线继续上升,此时是买入时机。说明股价在上涨过程中的回调是正常的,均线对股价有较强的支撑作用,多头趋势仍在延续。

(3)股价虽跌破均线,但均线仍呈上升趋势,不久股价又回到均线上方,是买入信号。这显示出均线的支撑力度较强,股价暂时的下跌可能是受到短期利空因素影响,而整体上涨趋势并未改变。

(4)股价在均线下方,且均线向下,当股价连续下跌并远离均线时,很可能会超跌反弹,向移动平均线靠近,是买入时机。

(二)卖出法则

(1)股价从均线上方跌破均线,且均线开始向下,是卖出信号。这意味着股价开始走弱,市场空头力量逐渐增强,均线对股价形成压制。

(2)股价在均线下方运行,反弹时未突破均线,且均线继续下降,此时应卖出股票。说明股价在下跌过程中的反弹力度较弱,无法突破均线的压制,空头趋势依旧。

(3)股价虽突破均线,但均线仍呈下降趋势,不久股价又回到均线下方,是卖出信号。表明股价的上涨只是短期的,无法改变整体的下跌趋势,均线的压制作用依然存在。

(4)股价在均线上方,且均线向上。股价突然大涨,离均线越来越远,极有可能出现回调,是一个较为明显的卖出信号。

通过格兰威尔的移动平均线买卖法则,投资者可以利用均线来识别市场趋势,把握买卖时机,但同时也需要认识到技术分析的局限性,结合其他分析方法,做出更为全面的投资决策。

第三节 趋势分析

一、趋势和趋势线

趋势是指市场价格在一定时间内的总体变动方向。在技术分析中,趋势通常被分为三种类型:上升趋势、下降趋势和横盘整理。上升趋势表现为一系列依次上升的高点和低点,意味着市场处于多头主导,价格总体向上发展;下降趋势则是一系列依次下降的高点和低点,表明空头占据优势,价格不断走低;横盘整理中,价格在一定区间内上下波动,没有明显的上升或下降方向,市场多空力量相对平衡。

趋势线是通过连接一系列价格点而绘制出的反映股价走势的直线,用于直观地显示价格趋势的方向和强度。根据股价波动时间的长短,趋势线可以分为长期趋势线、中期趋势线和短期趋势线。根据趋势方向的不同,趋势线可以分为上升趋势线、下降趋势线和横盘趋势线。

(一)上升趋势线

上升趋势线是指在一个上升趋势中,将两个或多个依次上升的低点连接而成的直线。这些低点通常是在价格上升过程中的回调点。

绘制上升趋势线时,通常需要至少两个明显的低点,最好是三个或更多,以增加趋势线的有效性。如果趋势线在绘制后,价格能够在其后的走势中多次回调到该趋势线附近并获得支撑上涨,那么这条趋势线的有效性就较高。趋势线的斜率也反映了趋势的强度,较陡的斜率可能意味着更强的趋势,但也可能更容易被打破。

上升趋势线可以帮助确认一个上升趋势的存在,如图 4.24 所示。另外,上升趋势线也可以作为价格的支撑线。在上升趋势中,价格往往会在趋势线附近获得支撑而继续上涨。通过上升趋势线,可以对价格的未来走势进行一定的预测。一般来说,价格在上升趋势中会沿着趋势线的方向运行,因此可以根据趋势线的斜率和历史价格走势,大致估算出未来价格可能达到的目标价位。

图 4.24　上升趋势线

当价格跌破上升趋势线,并且在后续的几个交易日内无法重新回到趋势线上方时,这可能是上升趋势即将结束的信号,被视为有效突破。有效突破可能预示着市场趋势将发生反转,如图 4.25 所示。

图 4.25　上升趋势线被有效突破

(二)下降趋势线

下降趋势线是在下降趋势中,将两个或两个以上的高点连接起来形成的向下倾斜的直线。下降趋势线不仅反映了价格的下降趋势,而且可能成为未来价格走势的压力线。

如图 4.26 所示,绘制下降趋势线时,首先要确认一个下降趋势,即价格图表上呈现出一系列不断降低的高点和低点。然后,选取两个具有代表性的高点,用直线将它们连接起来。下降趋势线应被价格多次触碰但难以突破。如果在下降趋势线形成后,价格多次反弹至该趋势线附近并受到压制下跌,说明趋势线具有较强的阻力作用,其有效性较高。与上升趋势线类似,下降趋势线也可以用于预测价格的未来走势。

当价格向上突破下降趋势线,并且在后续的几个交易日内能够站稳在趋势线上方时,这可能意味着下降趋势的结束，市场趋势将发生反转。

图 4.26　下降趋势线

（三）横盘趋势线

横盘趋势线是在股价持续横盘整理过程中，将每次的低点或高点相连而形成的两条直线。它表明市场在该时间段内买卖力量相对均衡，价格没有明显的上涨或下跌趋势。

绘制横盘趋势线，首先要观察价格图表，确定一个横盘整理区间，即价格在一定范围内上下波动，没有明显的上升或下降趋势。然后分别找出该区间内的多个相对高点和相对低点。将这些相对高点用一条直线连接起来，形成上轨趋势线；将相对低点用另一条直线连接起来，形成下轨趋势线。这两条趋势线应该是平行的。

在横盘整理中，当价格接近上轨时，投资者可以考虑卖出或做空，因为价格可能会受到阻力而回调；当价格接近下轨时，可以考虑买入或做多，因为价格有较大可能会受到支撑而反弹。趋势线被触及的次数越多，其支撑和压力作用越强。

此外，当价格有效突破横盘趋势线的上轨或下轨时，则可能预示着新的趋势即将开始，是较为重要的交易信号。突破上轨通常被视为上涨趋势的开始，是买入信号；突破下轨则可能意味着下跌趋势的开启，是卖出信号。判断横盘趋势线的突破是否有效，需要综合考虑多个因素。一般来说，价格突破趋势线后，收盘价能够在突破方向上持续保持一定的时间（如连续几个交易日），且伴随着成交量的明显放大，这样的突破更有可能是有效的。

二、支撑线和压力线

（一）支撑线

支撑线是指在股价下跌过程中，对股价起支撑作用，使其难以继续下跌的价格区域。当股价跌到某个价位附近时，股价停止下跌，甚至出现反弹。这个起着阻止股价继续下跌或暂时阻止股价继续下跌的价格就是支撑线所在的位置。

支撑线对价格起到支撑作用，是价格下跌过程中的重要防线。只要价格在支撑线之上运行，就表明市场的多头力量仍在一定程度上占据优势，或者至少能够与空头力量形成抗衡，阻止价格持续下跌。投资者可以根据支撑线的位置来判断价格可能的止跌区域，进而制定相应的投资策略。

（二）压力线

压力线是指在股价上涨过程中，对股价起压力作用，使其难以继续上涨的价格区域。当股价上涨到某个价位附近时，股价会停止上涨，甚至回落。这个起着阻止或暂时阻止股价继续上涨的价位就是压力线所在的位置。

压力线对价格起到压制作用，是价格上涨过程中的重要阻碍。只要价格在压力线之下运行，就说明市场的空头力量相对较强，或者多头力量还不足以突破压力线，价格上涨面临较大的阻力。投资者可以根据压力线的位置来判断价格上涨的潜在障碍。

支撑线和压力线的地位不是一成不变的，而是可以相互转化的。当价格有效突破压力线后，原来的压力线就会转化为支撑线，对价格的回调起支撑作用。反之，当价格有效跌破支撑线后，原来的支撑线就会转化为压力线，对价格的反弹形成压制。

（三）撑压线的绘制

同花顺软件给出了两个自动绘制撑压线的功能——智能撑压分析和智能黄金分割。下面以太阳纸业（股票代码：002078）为例，进行功能演示。

打开同花顺软件客户端，进入太阳纸业的日 K 线图页面，点击上方工具栏中的【画线】按钮，调出画线工具栏，点击左侧第一个【智能撑压分析】按钮，即可在 K 线图上画出支撑线和压力线，如图 4.27 所示。

图 4.27　支撑线和压力线的绘制

将鼠标光标移动到【压力位】或【支撑位】的文字处，系统会弹出关于压力位和支撑位的具体价格以及相关的投顾分析，如图 4.28 所示。

黄金分割法是股票价格分析中一种常用的技术分析手段。投资者可以通过画黄金分割线的方式，来预测上升趋势中调整的支撑位，或下降趋势中反弹的压力位。

使用同花顺软件的智能画线功能，可以快速画出黄金分割线。下面还是以太阳纸业（股票代码：002078）为例进行功能演示。

进入太阳纸业的日 K 线图页面，点击上方工具栏中的【画线】按钮，调出画线工具栏，点击左侧第二个【智能黄金分割】按钮，即可在K线图上完成黄金分割线的绘制，如图4.29所示。

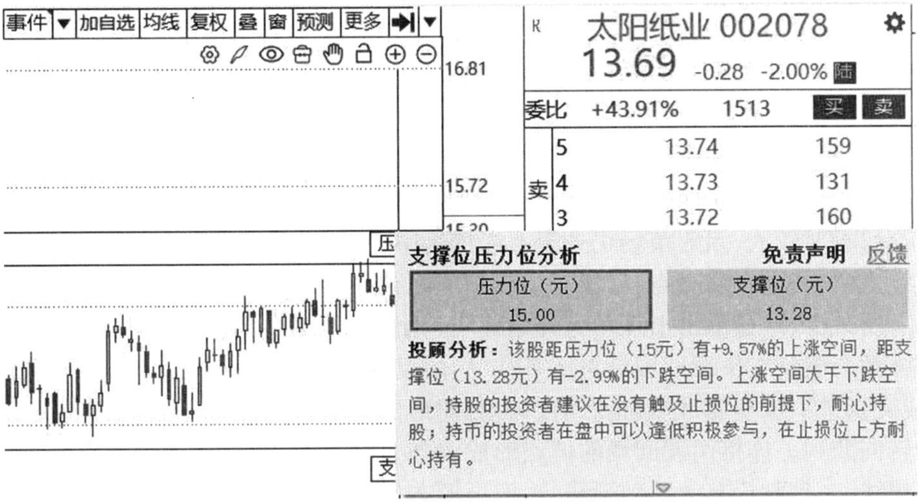

图4.28　支撑位和压力位分析

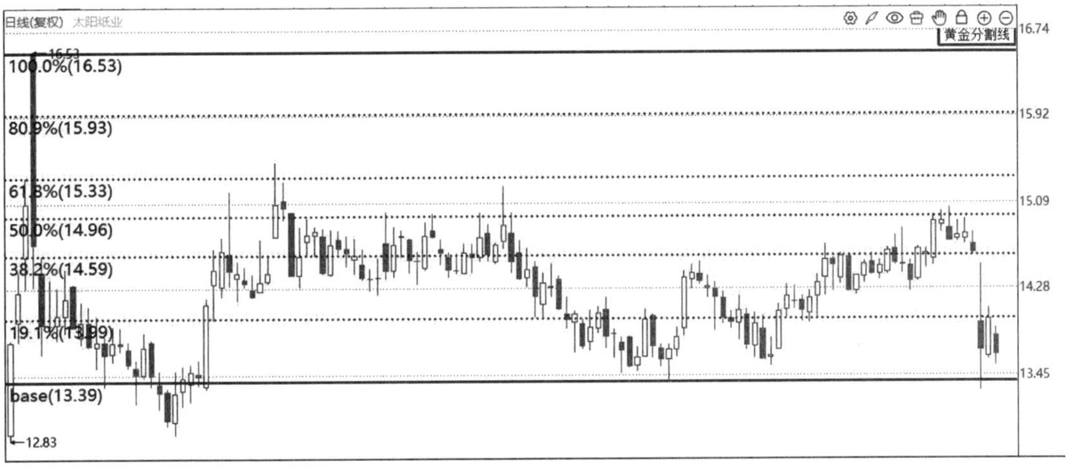

图4.29　黄金分割线的绘制

同花顺软件利用黄金分割法，以近期走势中重要的高点和低点之间的涨跌幅作为计算基数，根据涨跌幅找到0.191、0.382、0.5、0.618、0.809这5个"黄金分割点"。股价在反转后的走势将可能在这些"黄金分割点"上遇到暂时的压力或支撑。投资者可以通过该功能快速识别支撑位和压力位，调整投资决策。

第四节　形态分析

股票价格运行的形态可以分为反转形态和整理形态。反转形态是用于判断股价趋势即将发生逆转的一种形态，它表明市场原本的上涨或下跌趋势即将结束，转而向相反的方向发展。整理形态是指股价在一段时间内波动较小，多空双方力量相对均衡，股价暂时处于盘整阶段，之后可能会继续原有的趋势。

一、反转形态分析

（一）头肩顶和头肩底

头肩顶形态通常出现在上升趋势的末端，由三个明显的高点组成，中间的高点最高，两侧的高点较低，形成一个类似“头肩”的形状。

在上涨趋势中，股价经过一段上涨后出现回调，形成第一个相对高点，这就是左肩。此时成交量相对较大，因为市场仍处于上涨情绪中，投资者积极参与交易。股价在左肩回调后继续上涨，突破左肩高点，形成一个更高的峰值，这就是头部。头部的成交量通常会比左肩有所减少，这显示出上涨动力开始减弱，尽管股价仍在创新高，但多方力量已经不如之前强劲。股价在头部形成后再次下跌，然后反弹形成第三个高点，但这个高点低于头部，且成交量进一步萎缩，这就是右肩。右肩的形成表明多方力量已经明显不足，市场情绪开始转向悲观。连接两波回调的低点形成一条直线，即为颈线。颈线是头肩顶形态的关键支撑线，一旦股价有效跌破颈线，头肩顶形态就得以确认。

头肩顶形态的出现，预示着股价上涨趋势即将结束，下跌趋势即将来临。当股价跌破颈线时，是头肩顶形态的重要卖出信号。投资者应及时卖出股票，以避免股价大幅下跌带来的损失。头肩顶形态如图 4.30 所示。

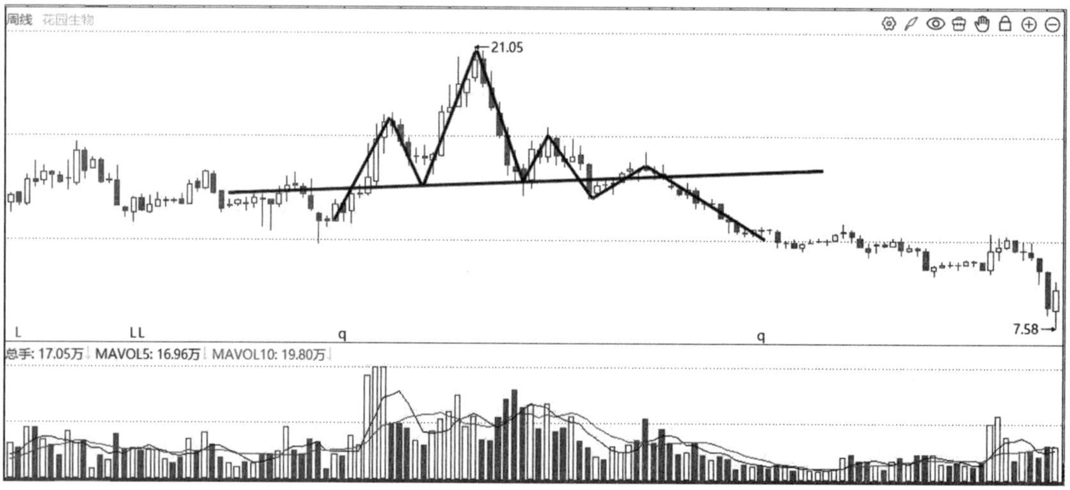

图 4.30　头肩顶

头肩底由左肩、底（头部）、右肩及颈线构成，通常出现在市场下跌的尾声，是止跌反转的关键信号。

股价在下跌趋势中急速下跌后止跌反弹，形成第一个波谷即左肩。然后，股价再次下跌，并跌破左肩的最低点，创出新低。随后股价伴随着成交量的增加再次反弹，形成第二个波谷，也就是头部。形成头部的反弹趋势在第一次反弹高点处受阻，股价第三次下跌，但跌到与第一个波谷相近的位置后就不再下跌，成交量明显萎缩。之后成交量放大，股价迎来了第三次反弹，形成第三个波谷即右肩。

连接第一次反弹高点和第二次反弹高点，形成一根阻碍股价上涨的压力线，即为颈线。颈线是头肩底形态的关键阻力线，当股价在成交量放大的情况下有效突破颈线时，头肩底形态得到确认。

头肩底形态是一种底部反转形态，它表明股价在经过长期下跌后，空方力量逐渐衰竭，多方力量开始积聚并占据主导地位。头肩底形态的出现，预示着股价即将结束下跌趋势，开启上涨行情。头肩底形态如图 4.31 所示。

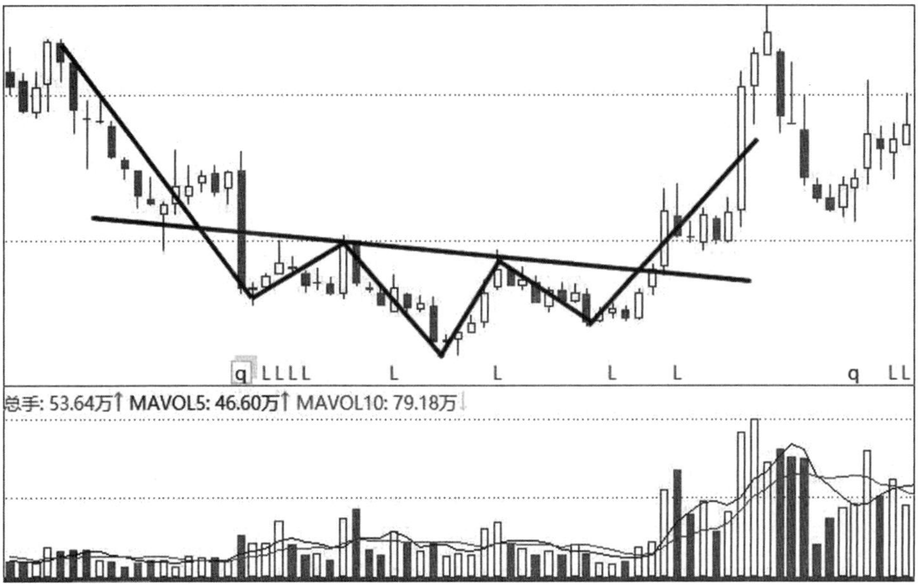

图 4.31　头肩底

（二）双重顶和双重底

双重顶形态由两个大致相等的高点组成，中间有一个低点，整体形态看起来像字母 M，所以又称 M 头。在上升趋势中，股价上涨到一定高度后出现回调，形成第一个高点。之后股价再次上涨，达到与第一个高点相近的位置后又开始下跌，形成第二个高点。这两个高点的价格水平大致相同。在形成第一个高点时，成交量通常较大，表明市场交易活跃，多方力量占据主导。但在形成第二个高点时，成交量往往会有所减少，显示多方力量有所减弱，上涨动力不足。这种形态通常出现在上升趋势的末端，预示着股价可能即将反转下跌。

在两个高点之间的低点位置画水平线，形成了双重顶的颈线。颈线是双重顶形态的关键支撑线。当股价跌破颈线时，是双重顶形态的重要卖出信号。投资者应及时卖出股票，以避免股价大幅下跌带来的损失。双重顶形态如图 4.32 所示。

双重底形态由两个大致相等的低点组成，中间有一个高点，整体形态看起来像字母 W，所以又称 W 底。在下跌趋势中，股价下跌到一定程度后出现反弹，形成第一个低点。随后股价再次下跌，跌至与第一个低点相近的位置后开始回升，形成第二个低点。两个低点的价格水平大致相同。在形成双重底的过程中，第二个低点的成交量通常小于第一个低点，这表明下跌动力减弱。这种形态通常出现在下降趋势的末端，预示着股价可能即将反转上涨。

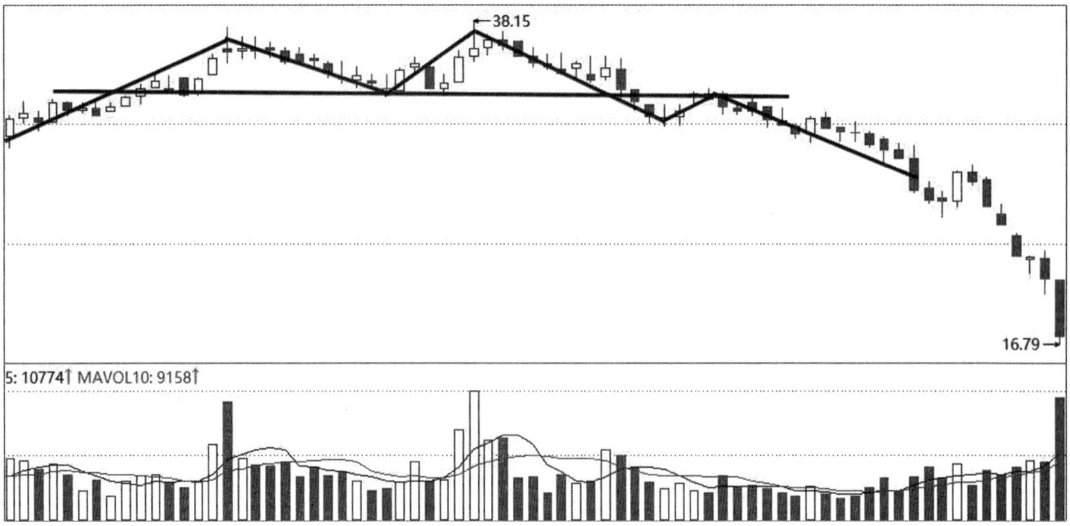

图 4.32　双重顶

在两个低点之间的高点位置画水平线,形成了双重底的颈线。颈线是双重底形态的关键阻力线。在突破颈线时,成交量应显著放大,以确认形态的有效性。

当股价突破颈线时,是双重底形态的重要买入信号。投资者可以在股价突破颈线后及时买入股票,以把握股价上涨带来的收益。为了确认突破的有效性,有时会等待股价突破颈线后回抽确认,当股价回抽至颈线附近获得支撑再次上涨时,是更为可靠的买入时机。双重底形态如图 4.33 所示。

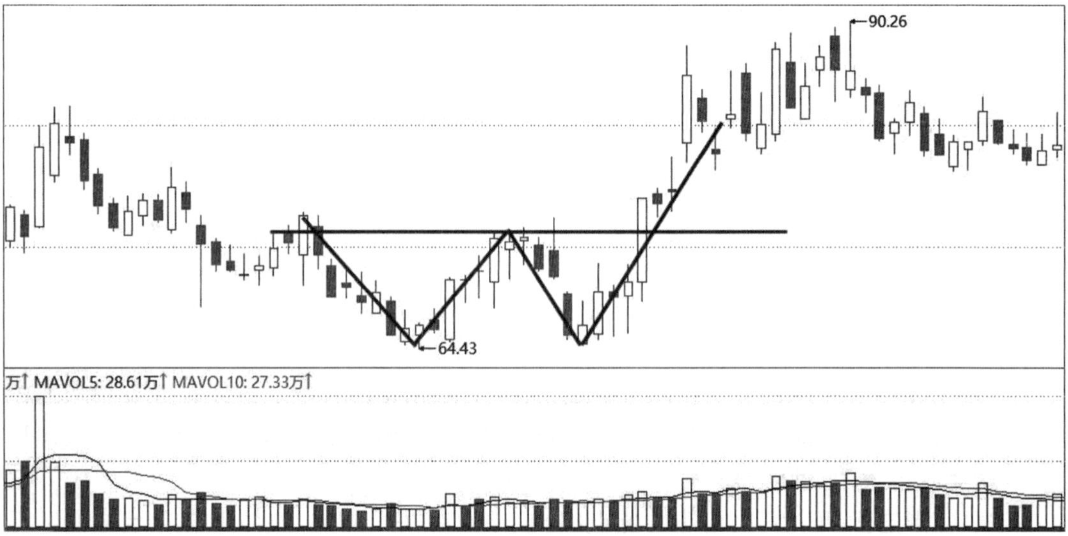

图 4.33　双重底

(三)三重顶和三重底

三重顶形态由三个大致相等的高点组成,中间有两个低点。在上升趋势中,股价三次上涨至大致相同的价位后遇阻回落,形成三个相对独立的高点。在形成第一个高点时,成交量通常较大，随着股价第二次、第三次冲击高点，成交量往往逐渐减少，显示出上涨动力的逐渐衰竭。这种形态通常出现在上升趋势的末端，预示着股价可能即将反转下跌。

连接两个低点，形成一条水平或略带倾斜的直线，即为颈线。颈线是三重顶形态的关键支撑线。当股价有效跌破颈线时，是三重顶形态形成的重要卖出信号，投资者应及时卖出股票以规避风险。三重顶形态如图 4.34 所示。

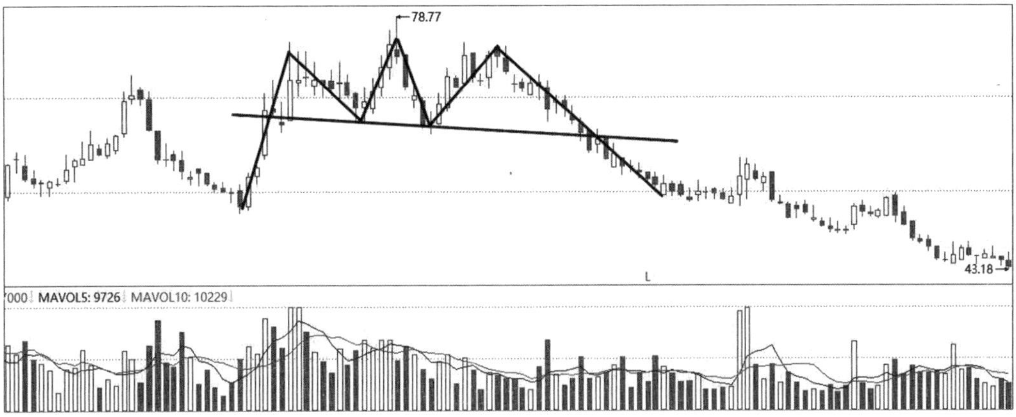

图 4.34　三重顶

三重底形态由三个大致相等的低点组成，中间有两个高点。在下跌趋势中，股价三次下跌至相近的价位后获得支撑反弹，形成三个低点。在第一个低点形成时，成交量可能会有所放大，在第二个、第三个低点形成时，成交量通常相对萎缩，表明市场抛售压力逐渐减轻。

连接两个高点，形成的直线即为颈线。颈线是三重底形态的关键阻力线。股价从第三个低点上涨，伴随着成交量的放大并突破颈线时，三重底形态确立。三重底形态是一种较为可靠的底部反转形态，它显示出股价在下跌过程中，在某一特定价位附近得到了多次有力支撑，预示着股价即将结束下跌趋势，开启上涨行情。当股价有效突破颈线时，是三重底形态的重要买入信号。三重底形态如图 4.35 所示。

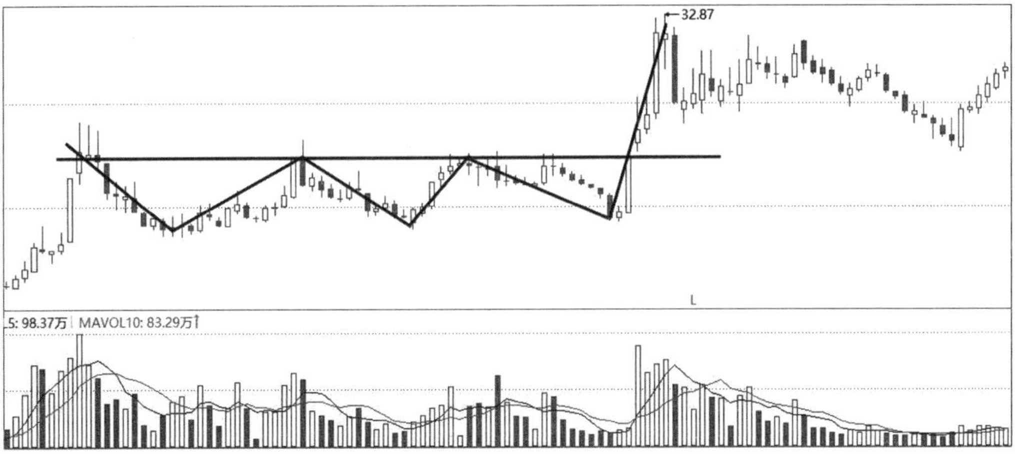

图 4.35　三重底

除了以上几种比较经典的反转形态外，比较常见的反转形态还有圆弧形、V 形和倒 V 形等。

二、整理形态分析

（一）三角形

上升三角形一般是指在价格上涨趋势中出现的形态，由上边线和下边线构成。上边线由一系列的高点形成，这些高点大致在同一水平线上，形成一条水平的阻力线。下边线由一系列的低点形成，这些低点逐渐抬高，形成一条向上倾斜的支撑线。上升三角形是一种多方力量逐渐占据优势的形态。尽管上方存在一定的卖压，但多方力量不断增强，每次回调都能在更高的位置获得支撑，预示着股价最终有望突破上方阻力，延续上升趋势。

在该形态形成过程中，成交量一般呈现出逐渐萎缩的趋势，这是因为随着股价波动区间逐渐收窄，投资者的交易热情有所下降。但当股价最终突破上边线时，成交量通常会明显放大。在上升三角形形成过程中，投资者可在股价接近下边线支撑时适量买入，但要注意控制仓位。当股价有效突破上边线阻力时，是较为可靠的买入信号。上升三角形如图 4.36 所示。

下降三角形一般是指在价格下跌趋势中出现的形态，也是由上边线和下边线构成。上边线由一系列的高点形成，这些高点逐渐降低，形成一条向下倾斜的阻力线。下边线由一系列的低点形成，这些低点大致在同一水平线上，形成一条水平的支撑线，如图 4.37 所示。这种形态通常预示着下降趋势的延续，即价格在整理后可能会继续下跌。当股价向下有效跌破下边线支撑时，是明确的卖出信号，投资者应及时卖出手中的股票以规避风险。

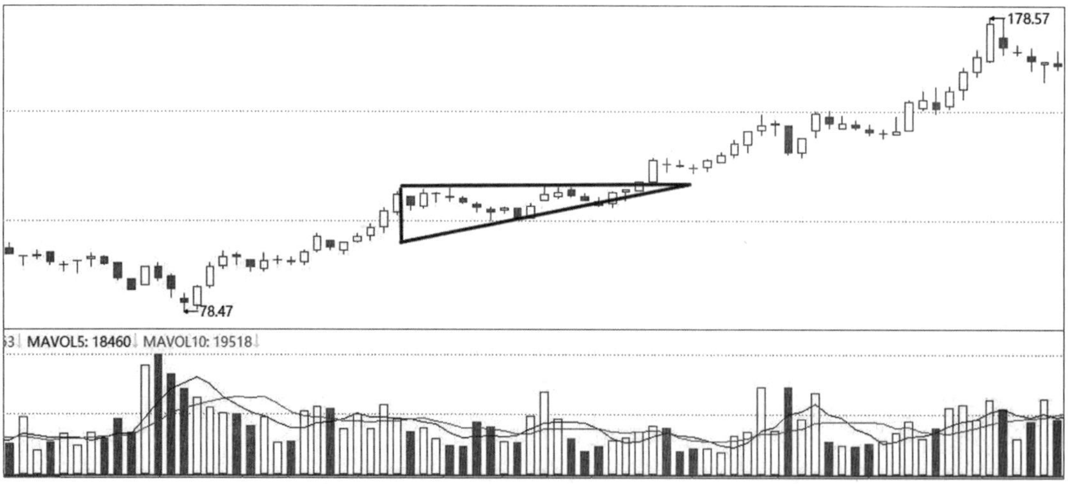

图 4.36　上升三角形

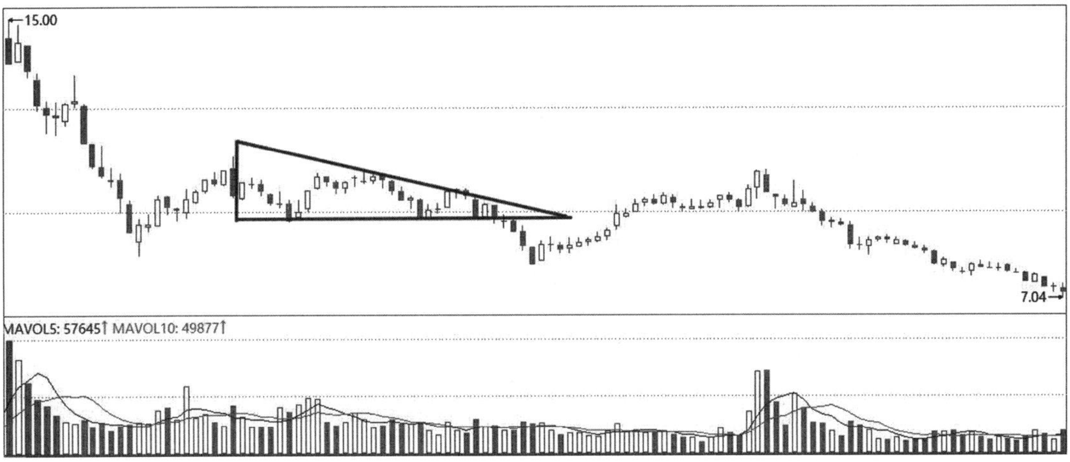

图 4.37　下降三角形

(二)矩形

矩形由两条平行的水平线构成,上边线为压力线,下边线为支撑线,股价在这两条线之间上下波动,形成一个类似矩形的价格区间。在该形态形成过程中,成交量一般会逐渐萎缩,表明市场交易活跃度降低,多空双方处于相对平衡状态。

当价格在一个矩形范围内波动一段时间后,通常会继续原有的趋势。例如,如果价格在上涨趋势中形成矩形,那么突破通常会向上,继续原有的上涨趋势。相反,如果原来是下跌趋势,那么经过一段时间的矩形整理后,往往会突破矩形的下边界,继续下跌。

当股价在成交量同步放大的配合下,向上突破上边压力线时,视为买入信号;而当股价向下跌破下边支撑线时,视为卖出信号。一般来说,股价突破后的最小涨跌幅为矩形的高度。

在矩形形态形成过程中,投资者可以在股价接近支撑线时买入,接近压力线时卖出或做空,赚取区间差价,但要注意设置好止损位。矩形形态如图 4.38 所示。

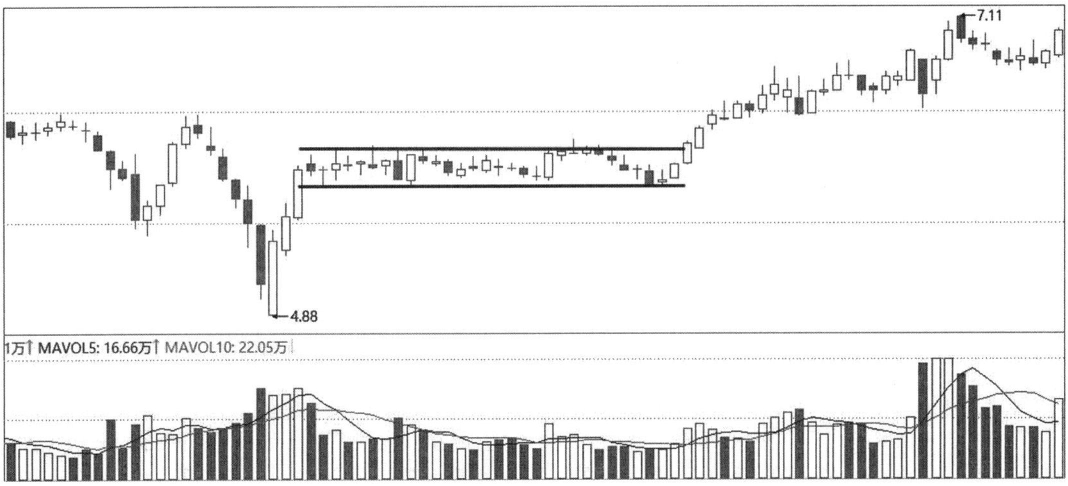

图 4.38　矩形

（三）旗形

旗形是在股价急速上升或下降的中途出现的一种整理形态。在上升趋势中出现的旗形整理形态一般向下倾斜，称为上升旗形，如图 4.39 所示；在下降趋势中出现的旗形一般向上倾斜，称为下降旗形，如图 4.40 所示。在旗形整理形态形成之前和被突破之后，成交量通常都很大，但在旗面整理过程中，成交量呈现出逐渐递减的现象。

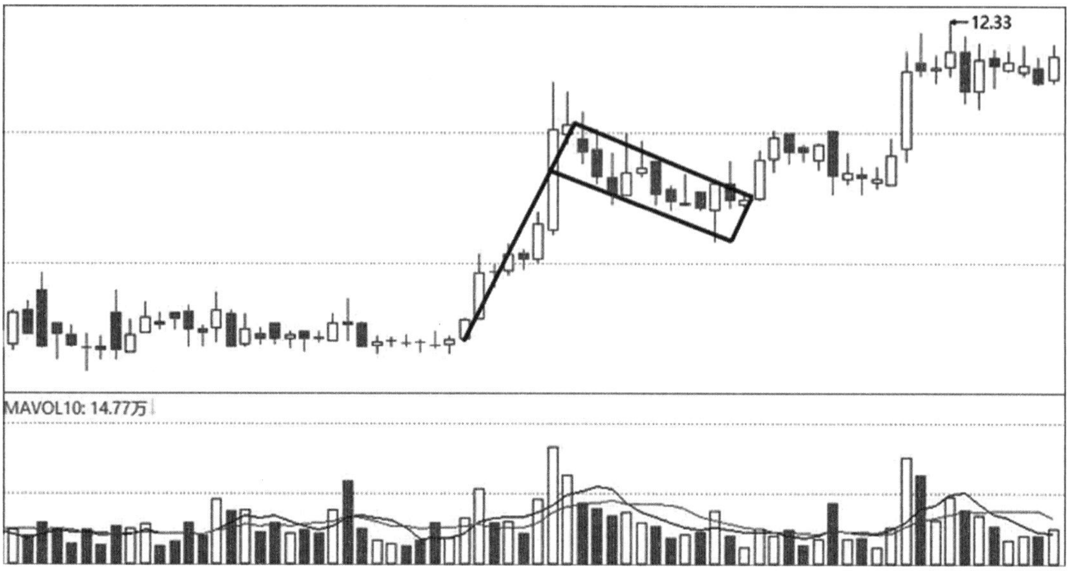

图 4.39　上升旗形

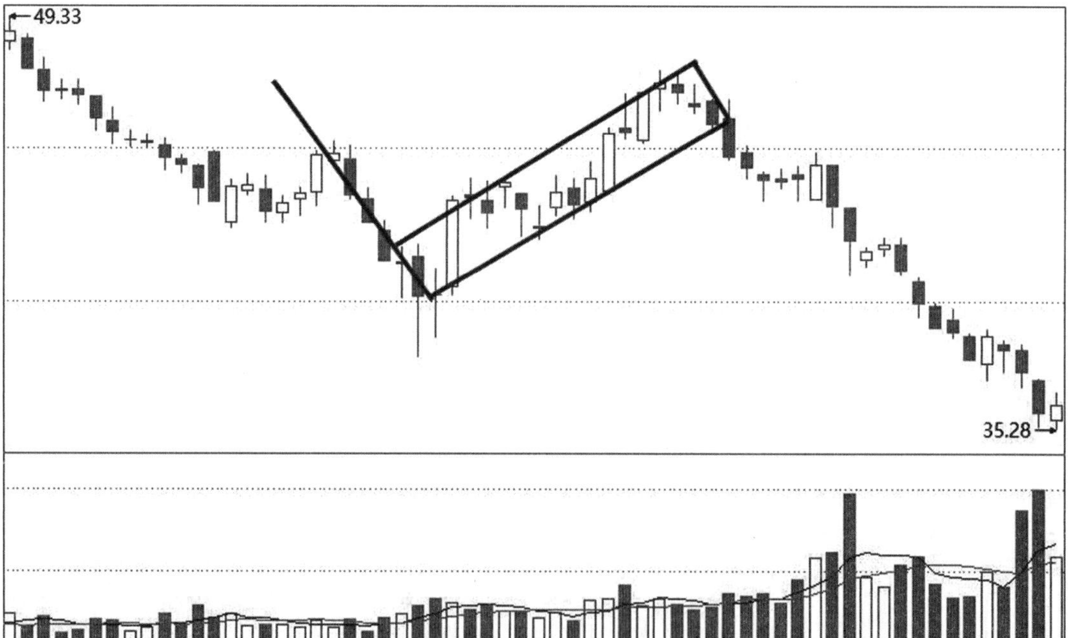

图 4.40　下降旗形

旗形的上下两条边界线起着压力和支撑的作用。当股价伴随成交量同步放大,向上突破上边压力线时,视为买入信号;而当股价跌破下边支撑线时,视为卖出信号。一般来说,旗形被突破后,价格至少要升降一个旗杆的高度。

需要说明的是,任何技术分析方法都存在一定的局限性,不能完全依赖形态分析来进行投资决策,还需要考虑基本面等其他因素。

第五节 技术指标分析

技术指标是依据一定的数学方法,对证券市场的价格和成交量等历史数据进行处理和分析,从而得出的能够反映市场运行特征和趋势的各种数值、曲线或图形。技术指标种类繁多,每种指标都有其特定的应用场景和解读方法。投资者可以根据自己的投资目标和风险承受能力,选择合适的技术指标进行分析。

打开同花顺软件,点击菜单栏中的【工具】⇨【公式管理】,可以看到系统自带的诸多的经典技术指标,如图 4.41 所示。

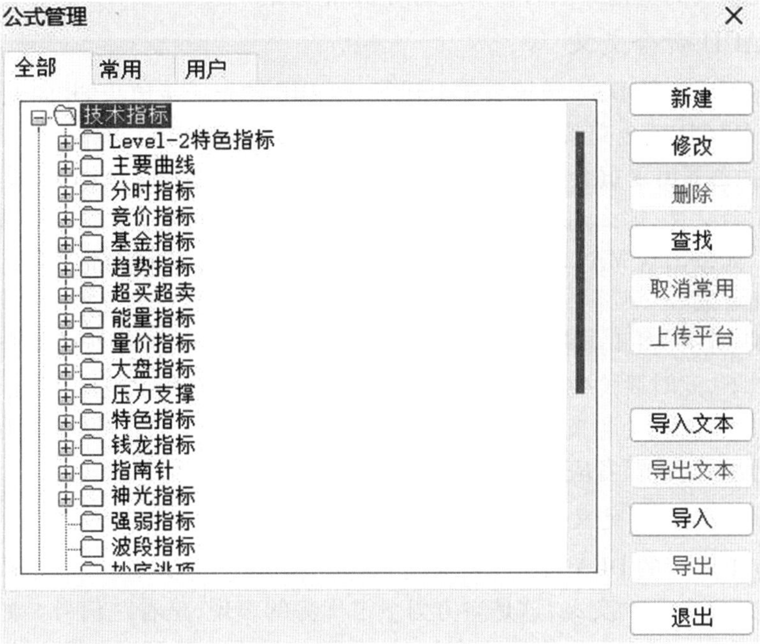

图 4.41 同花顺软件的技术指标页面

一、MACD 指标

MACD 即指数平滑异同移动平均线,是一种常用的技术分析指标,被广泛应用于金融市场。MACD 由 DIF 线(也称 DIFF 线)、DEA 线、MACD 柱线和 0 轴组成,即“三线一轴”,如图 4.42 所示。

DIF 是离差值,即快速移动平均线和慢速移动平均线数值间的差。DEA 线是 DIF 的 9 日指数平滑移动平均线。MACD 柱线由 DIF 与 DEA 的差值形成。当 DIF 线位于 DEA

线上方时,差值为正,MACD 柱线位于 0 轴上方,显示为红色;当 DIF 线位于 DEA 线下方时,差值为负,MACD 柱线位于 0 轴下方,显示为绿色。MACD 柱线越长,说明 DIF 线与 DEA 线之间的距离越远。

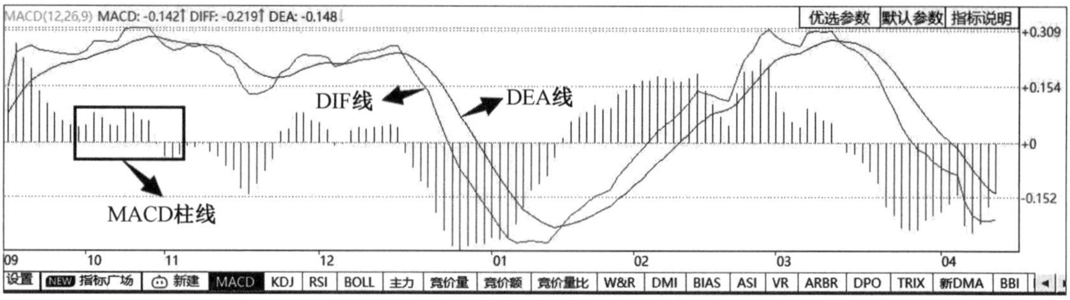

图 4.42 MACD 指标

当 DIF 线在 DEA 线之上,出现红柱且红柱越来越长时,代表升势;当 DIF 线在 DEA 线之下,出现绿柱且绿柱越来越长时,代表跌势。在实际应用中,主要通过 MACD 指标的交叉、背离、柱状线的变化等来对股价进行分析和判断。

(一)MACD 黄金交叉

当持续向下运行的 DEA 线掉头往上运行,而 DIF 线先一步掉头,并向上穿过 DEA 线时,就形成了 MACD 黄金交叉,这是多方力量占优势的表现,是看涨信号。如果 DIF 线、DEA 线在 0 轴之下出现黄金交叉,通常表示上涨行情的开始。如果 DIF 线、DEA 线在 0 轴之上出现黄金交叉,那么通常只能视为一次短暂反弹,此时是否买入还需要借助其他指标综合判断。如果出现 MACD 黄金交叉时伴随着成交量的放大,说明多方力量强大,其看涨信号更加可靠。

如图 4.43 所示,在 *A* 点和 *B* 点均出现了 DIF 线自下上穿 DEA 线的黄金交叉,其中 *A* 点位于 0 轴以下,此时股价也出现了止跌回升的势头,代表了强烈的看涨信号,投资者可以积极买入,后市该股会迎来一轮上涨行情。而 *B* 点则位于 0 轴以上,很有可能只是一次股价的短暂反弹,投资者应该谨慎操作。

(二)MACD 死亡交叉

当持续向上运行的 DEA 线掉头向下运行,而 DIF 线先一步掉头,并向下穿过 DEA 线时,就形成了 MACD 死亡交叉,这是空方力量占优势的表现,是看跌信号。如果 MACD 死亡交叉出现在 0 轴上方,且股价处于高位时,看跌信号更为强烈。如果 MACD 死亡交叉出现在 0 轴下方,表明此时空方力量仍然占据优势,但有可能已经到了下跌趋势的末期。

如图 4.44 所示,在 *A* 点和 *B* 点都出现了 MACD 死亡交叉形态。其中 *A* 点位于 0 轴以上,股价下跌趋势明显,投资者应该尽快离场。而 *B* 点位于 0 轴下方,且前面不久出现了黄金交叉,此时出现死亡交叉,预示着股价还会维持下跌趋势,但同时也说明股价可能离底部已经不远了,此时投资者应该耐心观望,等待底部反弹时机的到来。

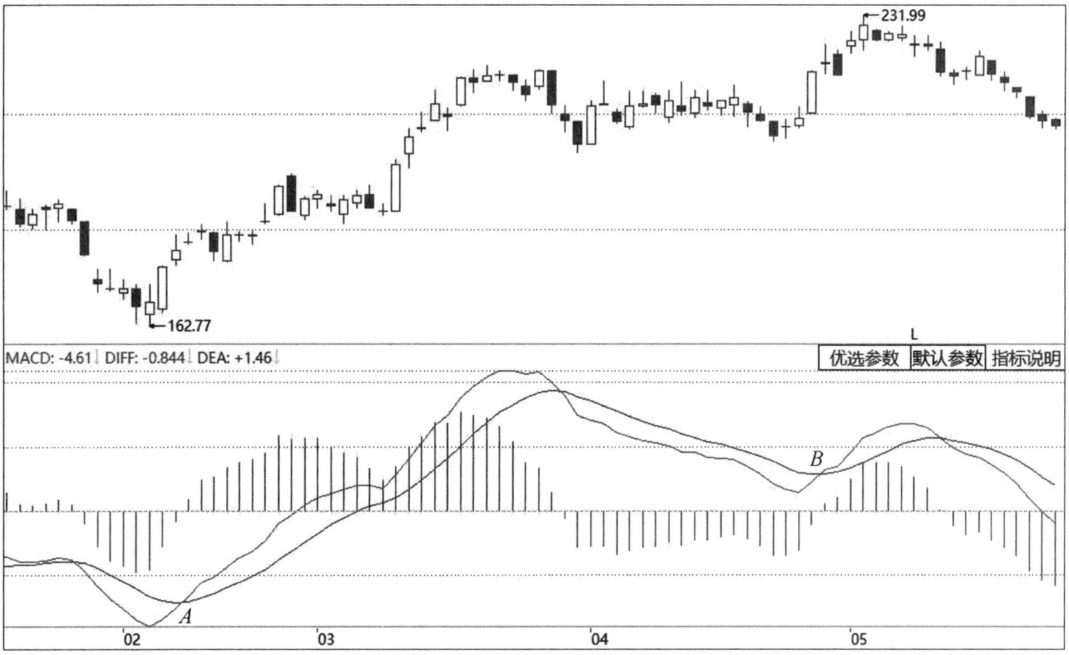

图 4.43　MACD 黄金交叉

图 4.44　MACD 死亡交叉

（三）MACD 顶背离

MACD 顶背离是指在股价持续上涨并创出新高的过程中，MACD 指标的 DIF 线和 DEA 线却没有同步创出新高，反而出现逐步下降的情况，或者 MACD 柱线的高度逐渐降低,红柱不断缩短。这种股价走势与 MACD 指标走势的背离现象,往往预示着股价上涨趋势即将结束,市场行情可能发生反转,由上涨转为下跌,如图 4.45 所示。

图 4.45　MACD 顶背离

(四)MACD 底背离

MACD 底背离是指当股价持续下跌并创出新低时,MACD 指标中的 DIF 线和 DEA 线却没有同步创出新低,反而呈现逐步上升的态势。这种股价与 MACD 指标走势相反的情况,通常被视为市场底部即将出现的信号,预示着股价可能即将结束下跌趋势,开启上涨行情。如果此时出现 DIF 线两次上穿 DEA 线形成黄金交叉,则股价迎来大幅上涨的可靠性更强,如图 4.46 所示。

在使用 MACD 指标时,结合成交量分析可以提高信号的准确性。例如,当 MACD 指标发出买入信号时,如果成交量也同步放大,则股价上涨的动力较强,信号的可靠性也相应增加;反之,如果 MACD 指标发出买入信号,但成交量却持续萎缩,则股价上涨的持续性存疑,此时对买入信号要持谨慎态度。

另外,MACD 属于趋势类指标,在趋势市场中表现良好,但在横向整理或区间震荡格局时,其买卖信号可能失去有效性,导致交易误判。

二、KDJ 指标

KDJ 指标又叫随机指标,主要用于判断股票、期货等金融市场的超买或超卖状态,以及价格趋势的变化。KDJ 指标以股价的一个周期内的最高价、最低价和收盘价为基础数据进行计算,得到 K 值、D 值和 J 值,并由此形成 KDJ 指标的三条线:K 线、D 线和 J 线。在 KDJ 指标的三条曲线中,波动最频繁的是 J 线,其次是 K 线,波动最不频繁的是 D 线,如图 4.47 所示。

图 4.46 MACD 底背离

KDJ 指标中,K 值和 D 值的取值范围都是 0 ~ 100,而 J 值的取值范围可以超过 100 或低于 0。一般认为,当 KDJ 指标中的 K 值和 D 值超过 80 时,市场处于超买状态,价格可能会出现回调;当 K 值和 D 值低于 20 时,市场处于超卖状态,价格可能会反弹。使用 KDJ 指标时,交易者通常会关注 K 线和 D 线的交叉点,以及它们与超买或超卖区域的关系,来判断买入或卖出的时机。

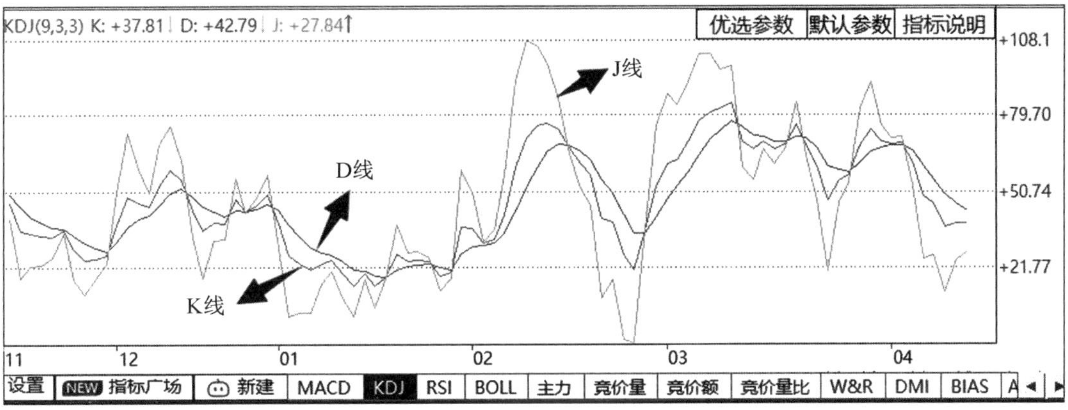

图 4.47 KDJ 指标

KDJ 指标能够比较迅速、快捷、直观地研判行情,被广泛用于股市的中短期趋势分析。在较长周期的 K 线图上,KDJ 预测股价中长期走势也有一定的意义,如周线图中的 KDJ 指标对中线操作有较好的指导作用。

（一）KDJ 黄金交叉

当 KDJ 指标中的 K 线和 J 线几乎同时从下向上穿过 D 线时，就形成了 KDJ 黄金交叉，如图 4.48 所示。这一交叉表明市场短期内的多方力量开始占据上风，价格上涨的可能性较大。KDJ 黄金交叉出现在较低位置时，信号的可靠性相对较高。例如，在 K 值、D 值、J 值处于 20 以下的超卖区域形成黄金交叉，往往意味着价格即将迎来较大幅度的反弹，此时的买入信号较为强烈。在出现黄金交叉的同时，如果成交量能够同步放大，说明市场对价格上涨的认可度较高，多方力量得到了成交量的有效支持，这进一步增强了黄金交叉的可靠性。

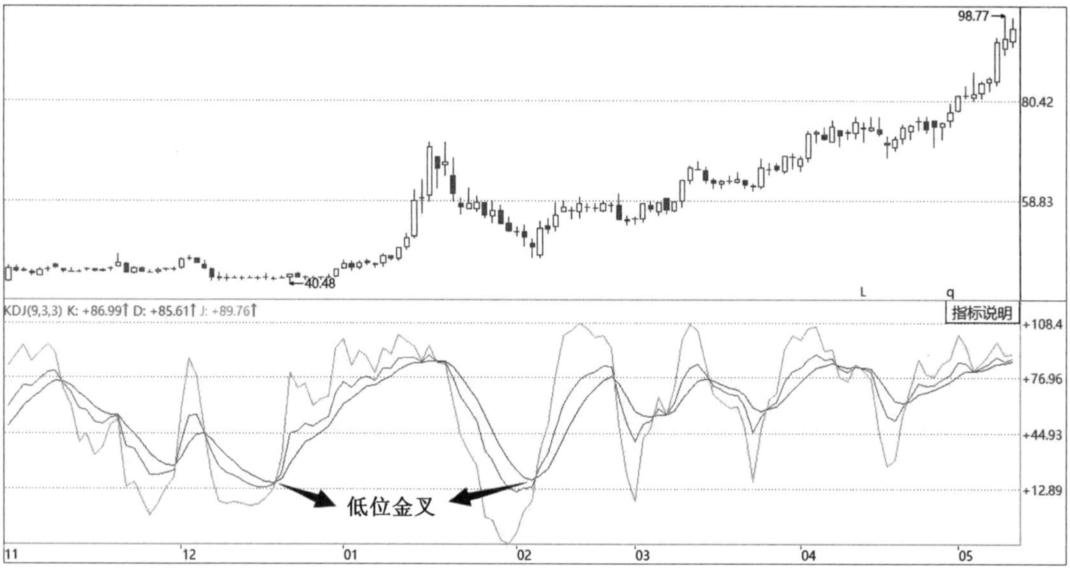

图 4.48 KDJ 黄金交叉

（二）KDJ 死亡交叉

当 KDJ 指标中的 K 线和 J 线几乎同时向下突破 D 线时，就形成了 KDJ 死亡交叉，如图 4.49 所示。这一形态表明市场短期内空方力量开始占据优势，价格下跌的可能性较大。KDJ 死亡交叉出现在较高位置时，信号的可靠性也相对较高。例如，当 K 值、D 值、J 值在 80 以上的超买区域形成死亡交叉时，往往意味价格即将迎来较大幅度的调整，此时的卖出信号较为强烈。

（三）KDJ 顶背离

KDJ 顶背离是指股价在上涨过程中，不断创出新高，但 KDJ 指标中的 K 值、D 值和 J 值却没有同步创出新高，反而出现逐波走低的情况，与股价的上升趋势形成背离形态，如图 4.50 所示。

KDJ 顶背离意味着市场的上涨动力正在逐渐减弱，是市场趋势可能发生反转的预警信号。在确认顶背离时，还应结合成交量的变化。一般来说，在顶背离形成过程中，如果成交量没有持续放大，甚至出现逐渐萎缩的情况，这进一步说明市场的上涨缺乏量能支持，多头力量已经后继乏力，顶背离信号更加可靠。

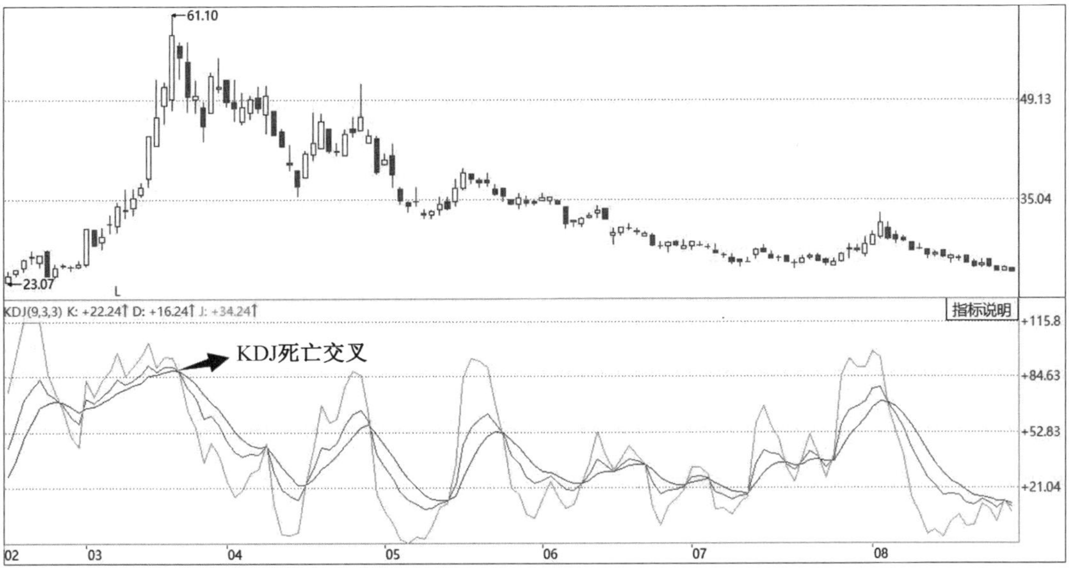

图 4.49　KDJ 死亡交叉

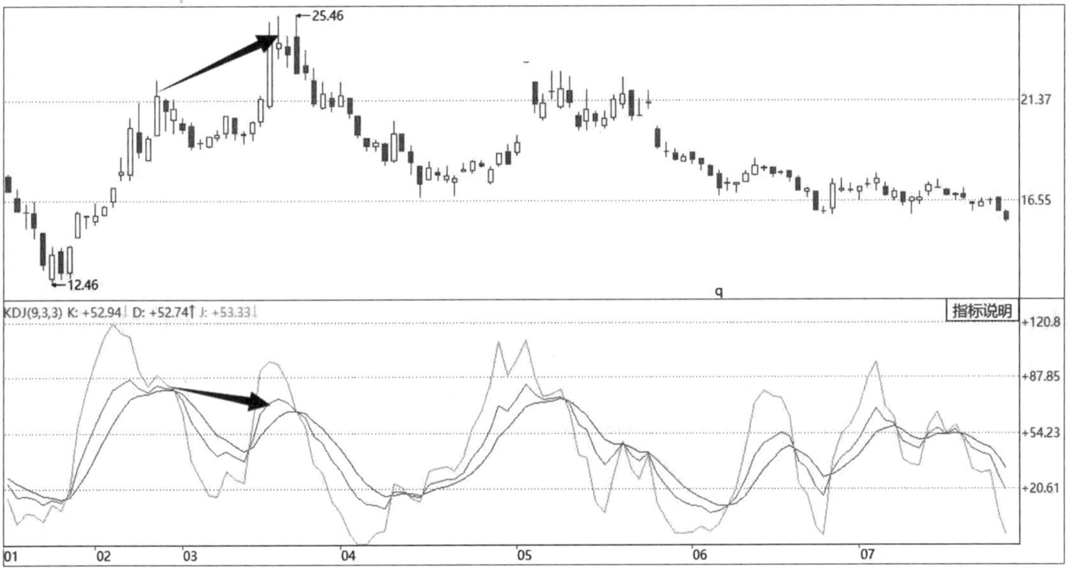

图 4.50　KDJ 顶背离

(四)KDJ 底背离

KDJ 底背离是指股价在下跌过程中不断创出新低,而 KDJ 指标中的 K 值、D 值和 J 值却没有同步创出新低,反而呈现逐步抬高的态势,是较为强烈的看涨信号。

如图 4.51 所示,该股出现了明显的底背离形态,股价在继续下跌,但 K 值、D 值、J 值却逐步抬高,并且多次出现 KDJ 黄金交叉。这说明市场的下跌动能正在减弱,空头力量逐渐衰竭,而多头力量开始积聚,预示着股价可能即将迎来一波上涨行情。

图 4.51　KDJ 底背离

三、RSI 指标

RSI 指标即相对强弱指标，是一种常用的技术分析工具，用于评估市场趋势的强度，识别超买和超卖状况，其计算主要基于一定时期内股价的上涨幅度和下跌幅度。常见的计算周期有 6 日、12 日、24 日等。

RSI 值在 0～100 之间波动。如果 RSI 值超过 50，说明市场处于强势，视为多头行情；RSI 值低于 50，则说明市场处于弱市，视为空头行情。RSI 指标的使用主要依据 RSI 的取值、RSI 曲线的形状以及不同周期 RSI 曲线的交叉情况等。

（1）RSI 值低于 20 时，市场进入超卖状态，股价可能止跌回升。

（2）RSI 值超过 80 时，市场进入超买状态，股价可能在短期内反转下跌。

（3）当短期 RSI 值在低位向上穿越长期 RSI 值时，形成 RSI 低位金叉，是看涨买入信号。

（4）当短期 RSI 值在高位向下穿越长期 RSI 值时，形成 RSI 高位死叉，是看跌卖出信号。

（5）RSI 值在 80 以上形成 M 头或头肩顶形态时，视为向下反转信号。

（6）RSI 值在 20 以下形成 W 底或头肩底形态时，视为向上反转信号。

（7）如果股价连创新低的同时 RSI 指标没有创新低，就形成 RSI 指标底背离，表明市场可能随时向上反弹。

（8）如果股价连创新高的同时 RSI 指标不能创新高，就形成 RSI 指标顶背离，表明市场可能会出现回调。

如图 4.52 所示，该股 RSI6（即 6 日 RSI 值）在 *A* 点达到了 92，股价也迎来了高点，表示市场处于超买状态，短期有回调风险，是一个潜在的卖出信号。经过一轮下跌趋势后，

RSI6 低于 20,市场进入超卖状态,随后在 *B* 点出现了短期 RSI 值上穿长期 RSI 值的黄金交叉,这是看涨的买入信号,表明短期内市场多头力量增强,价格上涨的可能性较大。

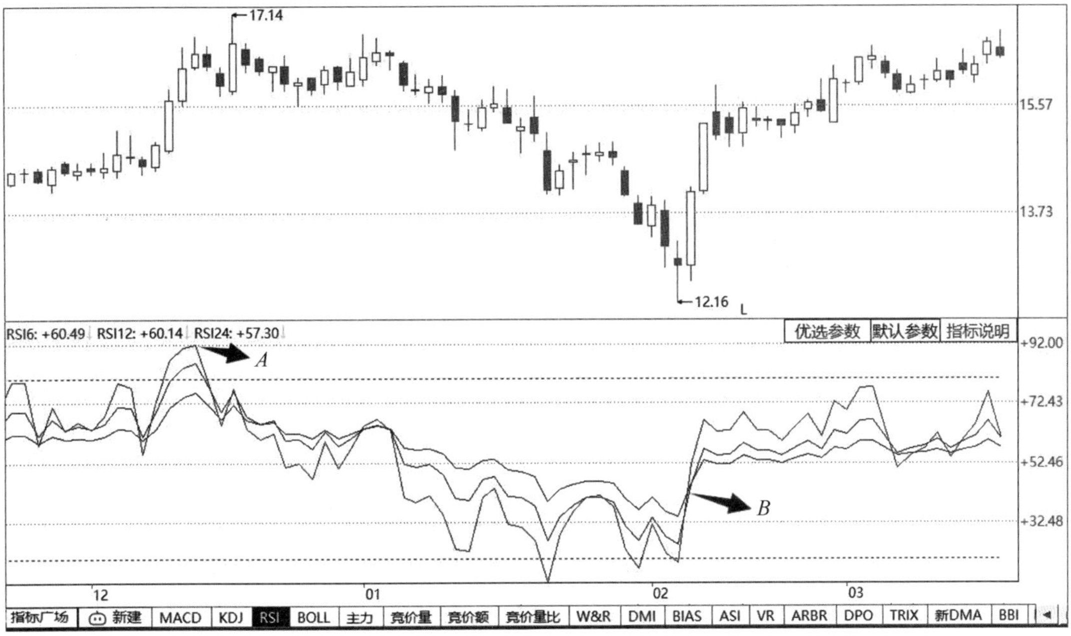

图 4.52　RSI 曲线应用案例

四、BOLL 指标

BOLL 指标即布林线指标,是一种常用的技术分析工具,由三条线组成,分别是上轨线、中轨线和下轨线。中轨线是价格的移动平均线,上轨和下轨则是基于价格的标准差计算得出的。BOLL 指标的三条线可以为股价的走势提供一个通道范围,股价通常会在这个通道内上下波动,如图 4.53 所示。

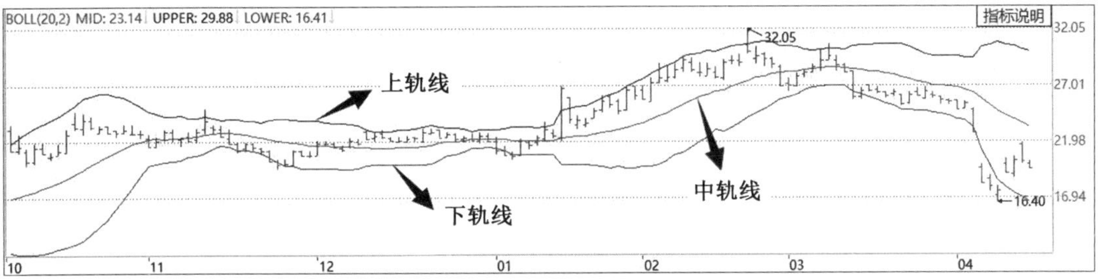

图 4.53　BOLL 指标

当股价在中轨线之上运行时,表明股价处于强势状态,市场以多方力量为主导,短期内股价有望继续上涨。当股价在中轨线之下运行时,说明股价处于弱势状态,空方力量占据上风,股价可能继续下跌。

当股价触及上轨线时,往往会受到上轨线的压力,可能出现回调。当股价触及下轨线时,通常会获得下轨线的支撑,可能会有反弹。当股价运行在上轨线和中轨线之间时,中轨线为股价的支撑位;当股价运行在中轨线和下轨线之间时,中轨线为股价的压力位。当股价下穿中轨线时,为减仓信号;当股价上穿中轨线时,为加仓信号。

当 BOLL 指标的上轨线和下轨线逐渐收缩,轨道变窄时,表明股价的波动幅度逐渐减小,市场处于横盘整理阶段,多空力量相对平衡。此时投资者应耐心等待股价的突破方向。一般来说,窄幅震荡时间越长,后续突破的力度可能越大。当轨道逐渐扩张,上轨线向上移动,下轨线向下移动,轨道变宽时,说明股价的波动幅度加大。

如图 4.54 所示,该股在震荡行情中,在图示位置,股价跳空高开突破了 BOLL 指标的上轨线,说明市场已经进入了极度强势的上涨行情,不过这种强势行情可能难以持续。第二日股价就跌破了 BOLL 指标的上轨线,再次回到 BOLL 区间内,说明极度强势的上涨行情已经结束,此时股价已经有了见顶下跌的迹象。当股价下穿中轨线时,说明下跌仍将继续。

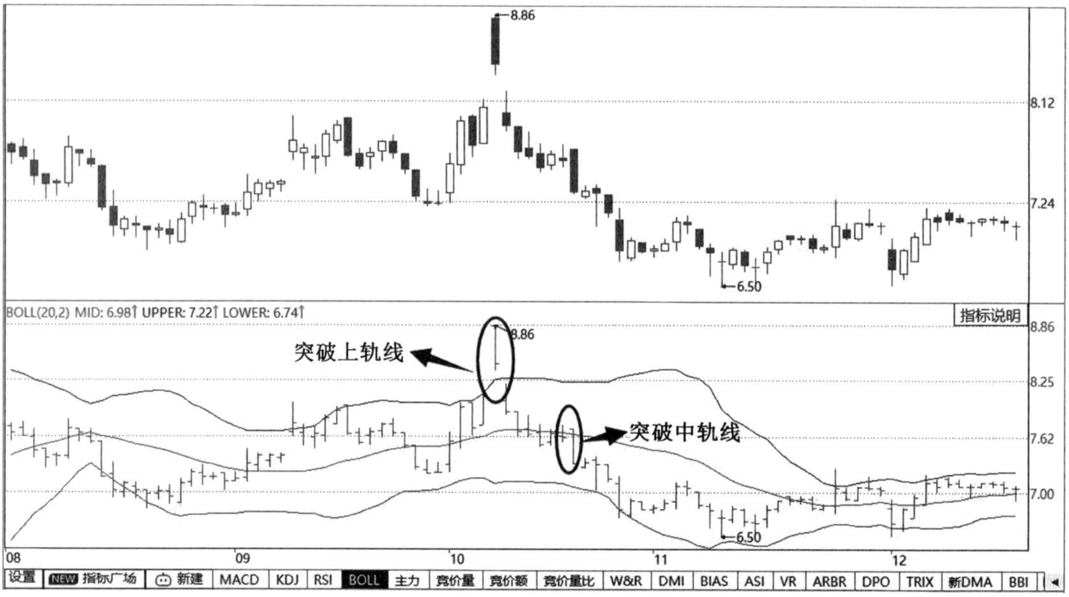

图 4.54 BOLL 指标应用案例

五、BIAS 指标

BIAS 指标即乖离率指标,是一种技术分析工具,用于衡量股价与移动平均线之间的偏离程度,乖离率的计算公式如下:

$$乖离率 = (当日收盘价 - N\ 日移动平均价) / N\ 日移动平均价 \times 100\%$$

其中,N 代表选择的计算周期,常见的有 6 日、12 日、24 日等。

当股价在移动平均线之上时,乖离率为正值,正的乖离率大,通常表示股价短期内上涨过快,与移动平均线的偏离程度过大,股价有较大可能面临回调。当股价在移动平均线之下时,乖离率为负值,其绝对值越大,说明股价相对移动平均线下跌的幅度越大,股价可能有反弹的需求。

乖离率数值的大小可以直接用来研究股价的超买超卖现象。具体的超买超卖水平并无统一的标准,需要根据市场情况和投资者对行情强弱的判断来确定。一般而言,6 日乖离率超过+5%，12 日乖离率超过+7%，24 日乖离率超过+11%，属于超买，股价下跌的可能性较大；而 6 日乖离率低于-5%，12 日乖离率低于-7%，24 日乖离率低于-11%，属于超卖，股价上涨的可能性较大。

如图 4.55 所示，可以看到该股在所示位置的当日，6 日乖离率为-14.66%，12 日乖离率为-19.15%，24 日乖离率为-25.26%，说明此时存在超卖现象，股价短期内下跌过快，与移动平均线的偏离程度超出正常范围，股价即将迎来反弹，后市上涨的概率较大。

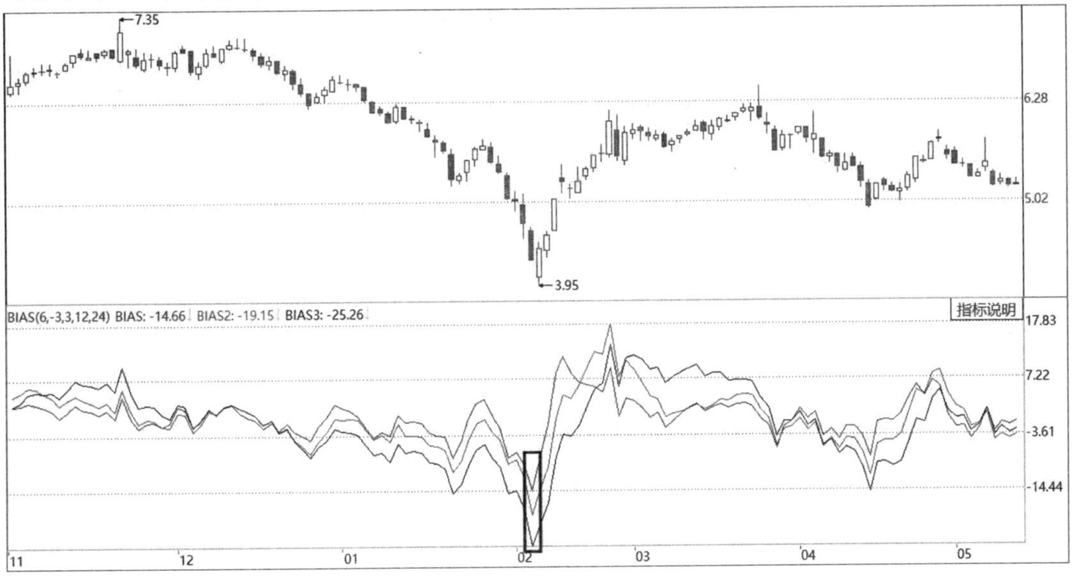

图 4.55　BIAS 指标应用案例

六、OBV 指标

OBV 指标即能量潮指标，主要用于衡量市场买卖力量的强弱。OBV 指标的基本原理是基于量价关系，认为成交量是推动股价变动的重要因素，通过成交量的变化来预测股价的未来走势。在应用 OBV 指标时需要注意的是，OBV 指标作为成交量的指标，不能单独使用，必须与价格曲线同时使用才能发挥作用。

一般来说，股价上升，OBV 指标也随之上升，表明市场对该股票的需求增加，多方力量较强，推动股价上涨；若股价下跌，OBV 指标也随之下跌，说明空方力量占优，当前下跌趋势得到确认。

当股价不断创新高，但 OBV 指标却没有同步创新高，反而出现下降趋势，这是顶背离现象，预示着股价上涨动力不足，可能即将见顶回落。当股价不断创新低，而 OBV 指标却没有同步创新低，甚至出现上升迹象，这是底背离，往往是股价即将见底反弹的信号。

如图 4.56 所示，该股股价持续下跌，OBV 指标也在不断下降，但随着股价创新低，OBV 指标却在低位开始企稳并逐步上升，出现了底背离。这说明虽然股价还在下跌，但下方的承接力量在增强，股价可能即将迎来反转。

OBV 指标主要是从成交量的角度来分析股价走势，具有一定的局限性，需要结合其他技术分析指标如均线系统、MACD、KDJ 等一起使用，以提高分析的准确性和可靠性。

图 4.56　OBV 指标应用案例

实训项目六　K 线、均线与趋势分析的应用

一、实训目的

(1)深入理解单根 K 线、K 线组合、均线及趋势线的基本原理。

(2)掌握使用同花顺软件进行 K 线、均线的观察及趋势线的绘制。

(3)能够运用 K 线分析、均线分析和趋势分析方法进行股票走势的研判,做出合理的投资决策,增强风险防范意识。

二、实训要求

(1)充分学习 K 线分析、均线分析和趋势分析的理论知识,熟悉各类 K 线形态、均线排列和趋势线的特征及其应用。

(2)运用同花顺软件准确绘制趋势线。

(3)在模拟交易中,依据所学的分析方法制定投资策略,不得盲目交易。

(4)撰写详细的实训报告,总结实训过程中的经验和教训。

三、实训内容及步骤

1. K 线分析

(1)打开同花顺软件,随机选取多只股票,观察其单根 K 线的形态,如阳线、阴线、十字星等。分析不同单根 K 线在不同位置所代表的市场含义,记录分析结果。

(2)重点研究常见的 K 线组合,在同花顺软件中查找出现这些 K 线组合的股票,分析组合出现前后股价的走势变化,总结 K 线组合对股价趋势的指示作用。

2. 均线分析

(1)在同花顺软件中观察不同周期的均线多头排列和空头排列的形态特征，分析在这两种排列下股价的运行趋势。记录出现均线多头排列和空头排列的股票，对比其后续股价表现。

(2)密切关注均线黄金交叉和均线死亡交叉的出现。分析均线交叉前后股价的波动情况，总结均线交叉对买卖时机的提示作用。

3. 趋势分析

(1)学习在同花顺软件中绘制上升趋势线和下降趋势线。选取股票的多个阶段性低点连接成上升趋势线，选取多个阶段性高点连接成下降趋势线。观察股价与趋势线的关系，分析股价触及趋势线时的表现，如支撑、阻力作用等。

(2)在同花顺软件中确定股票的压力线和支撑线位置，分析股价在压力线和支撑线附近的成交量变化。

4. 模拟交易

综合运用K线分析、均线分析和趋势分析方法，从众多股票中筛选出具有投资潜力的股票，根据分析结果制定投资策略，确定买入和卖出时机，并在同花顺软件上进行模拟交易。记录买入股票的代码、名称、买入价格、买入数量及买入理由。在模拟交易期间，持续关注股票的走势，适时调整投资策略，进行卖出操作，记录卖出股票的相关信息及卖出理由。

5. 复盘分析

每天对投资组合进行复盘，分析交易决策的合理性，总结经验教训。

四、实训结果

撰写实训报告，报告应准确反映实训过程和分析结果，体现对K线分析、均线分析和趋势分析方法的掌握和应用能力。

实训项目七　形态分析与形态选股

一、实训目的

(1)深入理解头肩顶、头肩底等多种形态分析理论。

(2)熟练掌握运用同花顺软件进行形态选股的操作流程，能够根据不同的形态特征筛选出符合条件的股票。

(3)能够运用形态分析进行模拟交易，提高投资分析和决策能力，增强金融风险防范意识。

二、实训要求

(1)学习形态分析的相关理论知识，熟悉各种形态的特点和判断标准。

(2)严格遵守实训纪律和模拟交易规则，规范操作行情软件，准确记录选股和交易过程。

（3）对选股和交易结果进行总结，撰写实训报告，对实训成果进行全面且深入的分析。

（4）以团队形式完成实训任务，团队成员之间要紧密协作、相互支持、及时沟通，按时保质完成目标。

三、实训内容及步骤

（1）系统学习形态分析的理论知识，整理各种形态的特征、形成条件和市场意义，制作成学习笔记或思维导图，以便在实训中随时查阅。

（2）运用同花顺软件的“形态选股”功能，分别针对头肩顶、头肩底、双重顶、双重底等形态，设置相应的选股条件，执行选股操作，记录选股结果，包括选出的股票代码、名称、形态特征和选股时间等信息。对选出的股票进行分析，观察其近期的走势、成交量、基本面等情况，判断该形态的可靠性和股票的投资价值。

（3）根据形态选股结果，结合自己对市场的分析和判断，挑选股票构建投资组合，记录买入股票的代码、名称、买入价格、买入数量和买入时间等信息，并说明买入的理由。在模拟交易期间，密切关注所选股票的走势和市场行情，根据形态的变化和市场情况，适时进行卖出操作。记录卖出股票的代码、名称、卖出价格、卖出数量和卖出时间等信息，并说明卖出的理由。

（4）每天对自己的投资组合进行复盘，分析当天的交易情况，通过绘制股票走势图、计算收益率等方式，展示投资组合的表现，总结经验教训。

四、实训结果

撰写一份实训报告，涵盖实训目的达成情况、形态选股过程与结果分析、模拟投资收益、形态分析在投资决策中的应用体会及对各类形态有效性的评估等内容。

实训项目八　技术指标的分析与应用

一、实训目的

（1）深入理解 MACD、KDJ、RSI、BOLL、BIAS 和 OBV 等常见技术指标的原理与应用，学会运用这些指标对股票市场行情进行分析。

（2）熟练运用同花顺软件基于技术指标进行选股，提升通过技术指标分析方法制定投资策略的能力。

（3）帮助学生树立正确的投资理念，增强金融风险防范意识。

二、实训要求

（1）掌握技术指标的基本理论知识，包括各指标的含义、计算公式和信号判断规则等。

(2)对各技术指标的应用有更深入的理解和认识,能够根据技术分析结果制定简单的投资策略。

(3)能够熟练操作同花顺软件,准确设置技术指标条件进行选股。

(4)认真记录实训过程和结果,完成实训报告,对实训结果进行深入分析和总结。

三、实训内容及步骤

(1)系统学习 MACD、KDJ、RSI、BOLL、BIAS 和 OBV 等常用指标的原理、计算公式、信号判断方法。结合实际案例,分析各指标在不同市场行情下的应用效果和局限性。

(2)运用同花顺等行情软件,观察不同股票在不同时间段内各技术指标的数值变化、曲线形态。

(3)对选定股票进行多指标综合分析。例如通过 BOLL 指标判断股价运行区间与趋势,结合 RSI 指标判断股票超买超卖状态,再参考 OBV 指标观察成交量变化对股价的推动作用,综合判断股价走势。

(4)在同花顺软件中设置单一技术指标选股条件,执行选股操作,记录选股结果;设置多指标组合的选股条件,执行选股操作,记录选股结果。对多指标组合选股结果进行分析,与单一指标选股结果进行对比,评估多指标组合选股的效果和优势。

(5)根据前面的选股结果和自己的分析判断,选择部分股票进行模拟投资,记录买入的股票代码、买入价格和买入数量。在接下来的一段时间内,观察所选股票的走势,根据技术指标的变化和市场行情,适时进行卖出操作,记录卖出价格和卖出数量,计算投资收益。

四、实训结果

撰写一份实训报告,报告内容包括实训目的达成情况、选股过程与结果分析、模拟投资收益情况、对各技术指标的应用体会和总结等。

第五章　债 券 投 资

第一节　债 券 概 述

一、债券的概念与种类

债券是发行人依照法定程序发行,并约定在一定期限还本付息的有价证券。债券作为一种债权债务凭证,包含发行主体、票面价值、票面利率、偿还期限和债券价格等基本要素。

债券从不同的角度、按照不同的标准可以分为不同类型。

(一)按发行主体分类

根据发行主体的不同可以将债券分为政府债券、金融债券和公司债券三大类。

政府债券是政府为筹集资金而向投资者出具并承诺在一定时期支付利息和偿还本金的债务凭证。我国政府债券包括国债和地方政府债。其中,国债是财政部代表中央政府发行的债券。地方政府债包括由中央财政代理发行和地方政府自主发行的由地方政府负责偿还的债券。中央政府发行国债主要用于弥补财政赤字、筹集建设资金等;地方政府发行债券主要是为了满足地方基础设施建设和公共服务项目的资金需求等。一般情况下,购买政府债券所获得的利息收入可享受免税待遇,这在一定程度上提高了投资者的实际收益。

金融债券是由银行和非银行金融机构经特别批准而发行的债券,具有安全性好、利率水平较高、流动性强等特点。金融债券包括政策性金融债、商业银行债券、特种金融债券、非银行金融机构债券、证券公司债、证券公司短期融资券等。金融机构发行债券的目的主要是筹集资金,用于扩大业务规模、补充流动性、优化负债结构等。

公司债券是公司依照法定程序发行、约定在一定期限还本付息的有价证券。债券持有人有权按期收回本息,但无权参与或干涉公司的经营管理。在公司破产时,债权人优先于股权持有者获得公司资产的清偿。在公司有足够资金清偿时,面值和拖欠的利息是债权人能获得的最多支付。投资者在购买公司债券时,需要对发行公司的信用状况、经营能力、财务状况等进行充分的分析和评估,以判断其投资价值和违约风险。

(二)按期限长短分类

根据偿还期限的长短,债券可分为短期债券、中期债券、长期债券和无限期债券。

一般来说,短期债券指的是期限不超过 1 年的债券。中期债券指的是期限在 1 年以上、不超过 10 年的债券。长期债券指的是期限在 10 年以上的债券。无限期债券也称永久债券，指的是不规定到期期限，债权人也不能要求清偿但可按期取得利息的一种债券。

（三）按利率是否固定分类

根据利率是否固定可以将债券分为固定利率债券和浮动利率债券。

固定利率债券是在债券存续期内，票面利率保持固定不变的债券。无论市场利率如何波动，债券发行人都按照固定的利率向债券持有人支付利息。因此，只要发行人不出现违约等情况，投资者的收益是稳定的。固定利率债券的价格与市场利率呈反向变动关系。当市场利率上升时，已发行的固定利率债券的相对吸引力下降，所以固定利率债券的价格会下跌；反之，当市场利率下降时，固定利率债券的价格会上涨。

浮动利率债券是票面利率根据市场利率的变动情况进行定期调整的债券。通常以某个基准利率为基础，加上一定的利差来确定债券的实际利率。即浮动利率可以表示为

$$浮动利率 = 基准利率 + 利差$$

基准利率通常选用市场上信誉良好、金融实力强大、违约可能性低的债券发行人提供的利率。在中国银行间债券市场，许多浮动利率债券以上海银行间同业拆借利率（SHIBOR）为基准利率，尤其是一些金融机构发行的债券以及部分企业债券。

利差在债券的偿还期内一般是固定的百分点，但浮动利率债券的利息会根据基准利率的变化而波动。国际惯例将利差用基点表示，1 个基点等于 0.01%。

浮动利率债券的利息在每个支付期都会根据基准利率的变化而重新设置。在每期期末支付的利息额是在本支付期期初基准利率的基础上设定的，也就是说，在每个利息支付日利息由上一支付日的基准利率和利差共同决定。

此外，根据券面形态，债券可以分为实物债券、凭证式债券和记账式债券；根据计息方式的差异，债券可以分为附息债券、贴现债券和累进利率债券等；根据债券的发行区域，债券可以分为国内债券和国际债券。

二、债券投资的风险

债券投资也面临一系列风险。这些风险主要包括信用风险、利率风险、通货膨胀风险、流动性风险、再投资风险和提前赎回风险。

（一）信用风险

债券的信用风险又叫违约风险，是指债券发行人未按照契约的规定支付债券的本金和利息，给债券投资者带来损失的可能性。发行人财务状况越差，债券信用风险越大，意味着不会按计划支付利息和本金的可能性越大。投资者在关注收益率的同时还要关注债券的信用风险。

为评估信用风险，许多投资者会参考独立信用评级机构发布的信用评级，债券评级是反映债券信用风险的重要指标。国际上知名的独立信用评级机构有三家：穆迪评级、标准普尔评级服务公司和惠誉国际信用评级有限公司。国内债券评级机构主要有大公国际资信评估有限公司、中诚信国际信用评级有限公司、联合资信评估股份有限公司、上海新世纪资信评估投资服务有限公司和中债资信评估有限责任公司等。

（二）利率风险

利率风险是指利率变动引起债券价格波动的风险。债券的价格与利率呈反向变动关系。利率上升时，债券价格下降；而当利率下降时，债券价格上升。这种风险对固定利率债券和零息债券来说特别重要。

（三）通货膨胀风险

所有种类的债券都会面临通货膨胀风险。固定利率债券受通货膨胀风险影响较大。当通货膨胀率上升时，债券的利息和本金以固定金额支付，随着时间推移，这些固定金额所能购买的商品和服务会逐渐减少，导致投资者的实际收益下降。

浮动利率债券对通货膨胀风险有一定的抵御能力。其利率会根据市场利率或特定基准利率定期调整，当通货膨胀导致市场利率上升时，浮动利率债券的利率也会随之上升，从而在一定程度上维持投资者的实际收益，但其本金可能遭受的购买力下降而带来的损失无法避免，因此浮动利率债券也面临一定的通货膨胀风险。

（四）流动性风险

债券的流动性是指债券投资者将手中的债券变现的能力。如果变现的速度很快，并且没有遭受变现可能带来的损失，那么这种债券的流动性就比较高；反之，如果变现速度很慢，或者为了迅速变现必须承担额外的损失，那么这种债券的流动性就比较低。交易不活跃的债券通常有较大的流动性风险。

（五）再投资风险

再投资风险指在市场利率下行的环境中，附息债券收回的利息或者提前于到期日收回的本金只能以低于原债券到期收益率的利率水平再投资而产生的风险。

（六）提前赎回风险

提前赎回风险是指债券发行者在债券到期日前赎回有提前赎回条款的债券所带来的风险。可赎回债券允许债券发行人在到期日前赎回，所以此类债券面临提前赎回风险。

三、中国债券市场

目前，我国债券市场形成了银行间债券市场、交易所债券市场和银行柜台债券市场三个基本子市场为主的市场体系。银行间债券市场是中国债券市场的主体，交易规模大，参与者包括商业银行、证券公司、保险公司、基金公司等各类金融机构，其交易机制以询价交易为主。其交易品种丰富，涵盖了国债、政策性金融债、企业债、短期融资券、中期票据等多种债券，还包括债券回购、远期交易等衍生品交易。交易所债券市场属于场内市场，采用集中竞价交易方式，具有较高的透明度和规范性。投资者可通过证券账户进行交易，交易品种有国债、公司债、可转债等。银行柜台债券市场主要面向个人投资者和中小机构，是债券市场的补充部分。投资者可在银行柜台进行债券的买卖交易，操作简便，适合对债券投资了解有限、资金量较小的投资者，交易品种主要是国债和少量的地方政府债、政策性金融债等。

中国人民银行发布的金融市场运行情况显示：2024 年我国债券市场规模稳定增长，

国债收益率整体震荡下行，债券市场高水平对外开放稳步推进，投资者结构保持多元化。数据显示，2024 年我国债券市场共发行各类债券 79.3 万亿元，同比增长 11.7%。其中，银行间债券市场发行债券 70.4 万亿元，交易所债券市场发行债券 8.9 万亿元。2024 年，国债发行 12.4 万亿元，地方政府债发行 9.8 万亿元，金融债券发行 10.4 万亿元，公司信用类债券发行 14.5 万亿元，信贷资产支持证券发行 2 703.8 亿元，同业存单发行 31.5 万亿元。

四、个人投资者投资债券的渠道和方法

债券市场的参与者主要是机构投资者，特别是银行间债券市场，个人投资者是不能参与投资的。个人投资者能够参与的债券市场为交易所债券市场和银行柜台债券市场。

以交易所债券市场为例，打开同花顺软件，单击菜单栏中的【行情】⇨【债券】，进入债券行情页面（图 5.1），可以查看债券的名称、代码和交易情况，包括国债、地方政府债、企业债、可转债等不同类型。单击某个债券，在页面的右侧会呈现该债券的分时走势图和 K 线图。

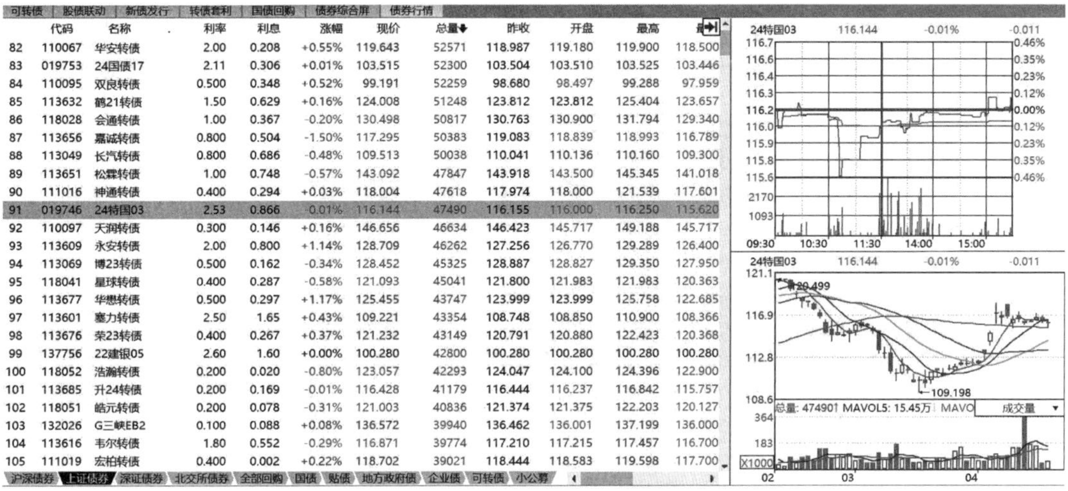

图 5.1　同花顺软件债券行情页面

在债券行情列表中选中某只债券，如 25 国债 07，直接双击即可查看该债券的行情走势图。按键盘快捷键 F10，可以查看 25 国债 07 的资本资料。

25 国债 07 全称为 2025 年记账式附息（七期）国债，是 2025 年 3 月 24 日发行的 7 年期、票面利率为 1.79% 的记账式附息国债，面值 100 元，发行价格也为 100 元，利息按年支付，利息支付日为每年的 3 月 25 日（节假日顺延），2032 年 3 月 25 日偿还本金并支付最后一次利息。该债券目前可以在上海证券交易所和深圳证券交易所进行交易，代码分别是 019772 和 102297；也可以在银行间债券市场等场外市场交易流通，代码是 250007。

点击【债券综合屏】，进入债券综合屏页面（图 5.2），可以同时呈现可转债、国债、地方债、国债回购、贴债和企业债，为投资者提供全面、及时的债券信息，便于投资者对比分析不同类型债券的特点、收益与风险，从而优化投资决策。页面右侧是最新的债券要闻，能让投资者及时了解有关债券方面的市场动态和政策变化等重要信息。

可转债 | 股债联动 | 新债发行 | 转债套利 | 国债回购 | 债券综合屏 | 债券行情

可转债

	代码	名称	涨幅	现价	正股简称
1	123186	志特转债	+4.49%	153.700	志特新材
2	110060	天路转债	+3.81%	173.089	西藏天路
3	113687	振华转债	+3.71%	164.414	振华股份
4	118016	京源转债	+2.69%	191.796	京源环保
5	127037	银轮转债	+2.45%	240.412	银轮股份

国债

	代码	名称	涨幅	现价	总量
1	019766	25国债01	+0.00%	99.811	717.7万
2	019742	24特国01	+0.06%	113.326	233.6万
3	019761	24国债24	-0.03%	99.369	212.1万
4	019758	24国债21	+0.01%	99.955	207.9万
5	019757	24国债20	-0.04%	101.202	144.8万

地方债

	代码	名称	利率	利息	涨幅
1	147510	18山西14	4.01	0.429	+1.51%
2	564192	贵州2510	2.14	0.018	+0.00%
3	564191	贵州2509	2.14	0.018	+0.00%
4	564190	贵州2508	1.79	0.015	+0.00%
5	564189	大连2515	2.13	0.018	+0.00%

国债回购

	代码	名称	涨幅	现价	总量
1	204001	GC001	+10.22%	1.725	18.52亿
2	131810	R-001	+10.42%	1.695	2.25亿
3	204007	GC007	+2.03%	1.755	1.25亿
4	204014	GC014	+1.70%	1.795	2124万
5	204003	GC003	+8.97%	1.700	2084万

贴债

	代码	名称	利率	利息	涨幅	现价
1	108606	国开2001	3.46	0.872	+0.00%	103.1000
2	108905	农发2103	3.21	1.55	+0.00%	101.2935
3	108904	农发2102	3.04	1.47	+0.00%	101.1400
4	108618	国开2301	2.59	0.390	+0.00%	99.9066
5	108617	国开2202	2.54	0.870	+0.00%	101.0000
6	108616	国开2201	2.51	0.880	+0.00%	101.2000

企业债

	代码	名称	利率	利息	涨幅	现价
1	524208	25河钢Y2	2.48	0.054	+0.00%	100.0000
2	114858	20泸工01	4.90	2.01	-0.05%	101.4868
3	524211	25福投03	1.90	0.052	+0.03%	100.0265
4	524217	25水投K3	1.95	0.027	-0.00%	99.9990
5	524057	24东莞C1	2.26	0.836	-0.01%	99.9826

债券要闻

[资讯]	机构行为】债基久期延续上行...	21:39
[资讯]	专家建言福建文旅：用好既有...	21:32
[资讯]	中公教育“不过包退”变“以...	20:54
[资讯]	【信达固收】信用债收益率小...	20:12
[资讯]	南欧国债收益率17日全线跳水	19:39
[资讯]	上海国投公司成功发行50亿元...	19:18
[资讯]	首家日本大型寿险公布年度投...	19:07
[资讯]	外资机构增持中国债券逾270...	17:13
[资讯]	票据周评：票据利率震荡下行	17:02
[资讯]	603608，申请“摘帽”	16:15
[资讯]	超千家境外机构进入中国债券...	16:01
[资讯]	已获约26%的债权人支持，融...	15:02
[资讯]	海口2025年一季度汽车“置...	14:37
[资讯]	境外机构增持中国债券趋势明...	14:14
[资讯]	超长期特别国债“上新”	14:06
[资讯]	破局、共生、新生！融创开辟...	13:52
[资讯]	中资离岸债风控周报：一级...	13:32
[资讯]	兰考兴兰农投拟发行2亿元公...	13:32
[资讯]	许昌投资集团拟发行15亿元公...	13:03
[资讯]	今年首家！这家银行宣布：不...	12:09
[资讯]	今年首家！这家银行宣布：不...	11:55
[资讯]	【中国银河宏观】债券发力，...	11:31
[资讯]	人民币迎国际化机遇！湘财证...	10:47
[资讯]	昨晚”，一家百年老字号接到...	10:45

图 5.2　债券综合屏页面

如图 5.3 所示，点击【新债发行】，可以查看最新的已上市债券和未上市债券，帮助投资者及时掌握新债上市动态。投资者可据此评估债券的收益与风险特征，结合自身投资目标和风险偏好，决定是否参与申购或投资已上市新债。

可转债 | 股债联动 | 新债发行 | 转债套利 | 国债回购 | 债券综合屏 | 债券行情

已上市债券

	代码	名称	利率%	上市日期	涨幅	现价	成交量	昨收	今开
2	123254	亿纬转债	0.200	20250411	+0.13%	113.950	15.75万	113.800	113.800
3	113693	志邦转债	0.300	20250408	-1.28%	124.340	16.17万	125.952	125.168
4	118052	浩瀚转债	0.200	20250407	-0.80%	123.057	42293	124.047	124.100
5	118053	正帆转债	0.200	20250403	+0.01%	129.386	38817	129.379	129.219
6	123253	永贵转债	0.200	20250328	+0.50%	120.150	46391	119.552	119.200
7	113070	渝水转债	0.200	20250213	+0.31%	121.655	14808	121.284	121.284
8	123252	银邦转债	0.200	20250124	+0.07%	118.082	26936	118.001	117.700
9	110098	南药转债	0.200	20250120	-0.16%	122.017	24197	122.214	122.008
10	123251	华医转债	0.200	20250109	-0.11%	115.440	15404	115.563	115.565
11	118051	皓元转债	0.200	20241219	-0.31%	121.003	40836	121.374	121.375
12	127107	领益转债	0.200	20241206	+0.00%	121.366	31727	121.365	121.359

未上市债券

	代码	债券简称	申购日期	申购代码	原股东配售码	发行总量(亿元)	中签公布日
1	118055	伟测转债	20250409	718372	726372	11.75	20250411
2	113694	清源转债	20250408	754628	753628	5.00	20250410
3	118054	安集转债	20250407	718019	726019	8.31	20250409
4	123255	鼎龙转债	20250402	370054	380054	9.10	20250407

图 5.3　新债发行页面

点击【国债回购】，进入国债回购页面，如图 5.4 所示。上海证券交易所国债逆回购名称以“GC”开头，如 GC001、GC014 等；深圳证券交易所国债逆回购名称以“R-”开头，如 R-001、R-007 等，各品种的期限有 1 天、2 天、3 天、4 天、7 天、14 天、28 天、91 天、182 天等多种选择。例如，GC007 是上海证券交易所的 7 天期国债逆回购品种，代码为 204007，R-014 是深圳证券交易所的 14 天期国债逆回购品种，代码为 131 802。

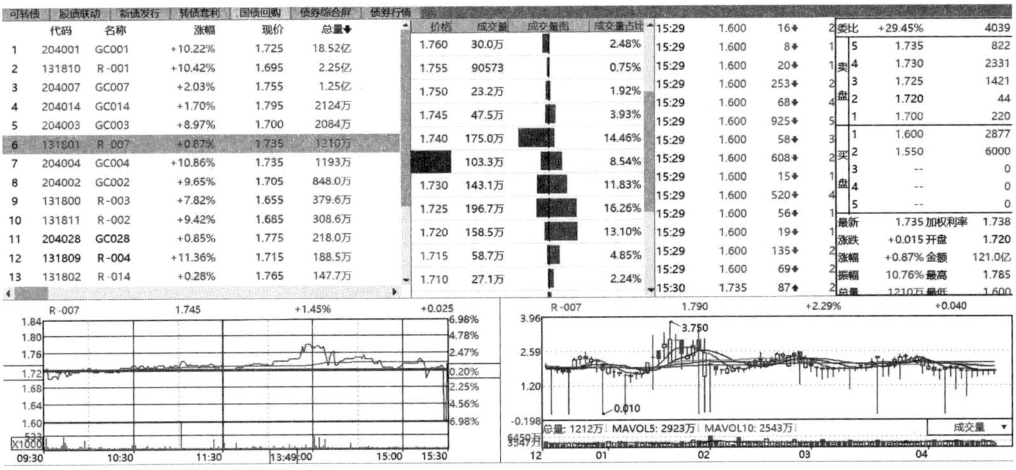

图 5.4　国债回购页面

国债逆回购的计息天数为资金实际占用天数，即资金首次交收日到资金到期交收日之间的天数（算头不算尾）。例如，周一做 7 日逆回购，则下周一资金可用，实际计息 7 天。在委托成交后，根据委托成交时的品种期限，到期自动回款，无须反向交易。

国债逆回购因为有国债作为抵押，收益相对稳定，安全性较高。其收益率受市场资金面松紧程度等因素的影响。在市场资金较为紧张的时候，比如季末、年末等时段，收益率往往会出现明显上升，能为投资者带来较为可观的收益。

债券价格一般变动不大，收益稳定，特别是在其他投资工具风险较大时，债券作为一种替代性投资工具，有一定的投资价值。个人投资者不仅可以通过证券账户进行场内债券的买卖交易，也可以在银行债券柜台市场进行交易，如果开通了网上银行，可以通过网上银行方便地进行操作。

五、场内债券仿真模拟交易

打开同花顺软件，点击主菜单栏的【交易】⇨【委托交易】，打开委托下单页面（图 5.5），登录后即可进行场内债券的模拟交易。输入债券代码、委托买卖价格和委托买卖数量等信息后，即可委托下单。如图 5.6 所示。

图 5.5　同花顺软件模拟交易登录页面

图 5.6　同花顺软件模拟交易页面

点击左侧的【国债逆回购】,打开国债逆回购页面(图 5.7),可以进行国债逆回购的仿真交易,选择需要操作的逆回购品种,输入出借金额,选择价格,点击出借即可。

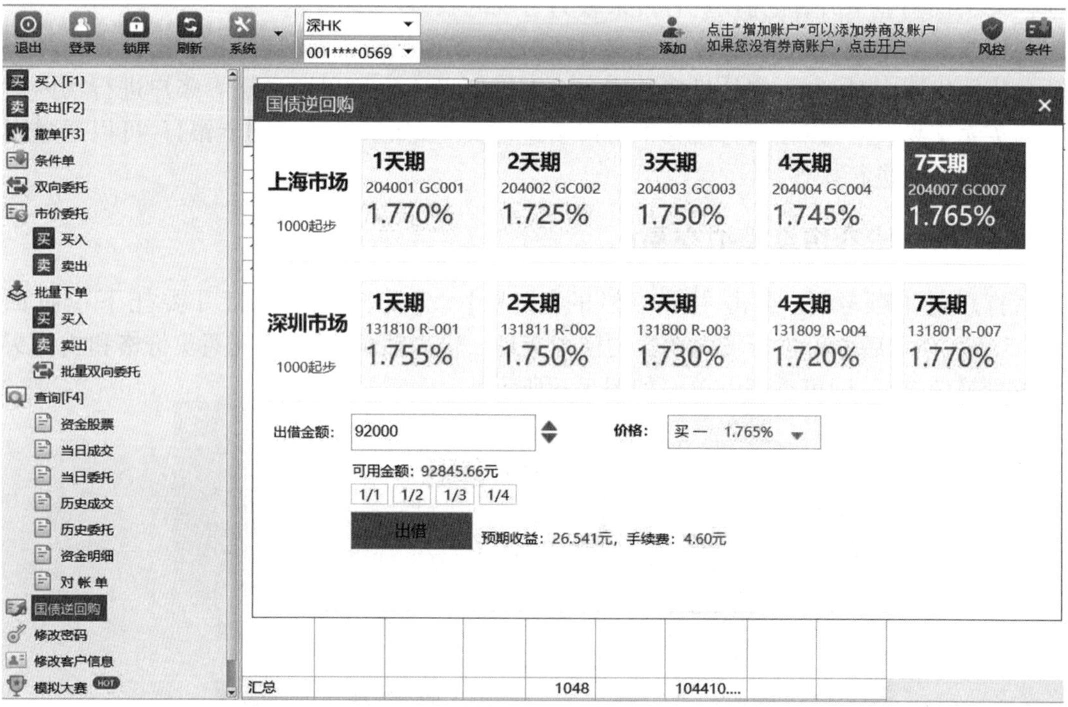

图 5.7　国债逆回购页面

第二节 可转换债券

一、可转换债券的定义与构成要素

可转换债券简称可转债，是指公司依照法定程序发行，在一定期限内依据约定的条件可以转换成本公司股票的公司债券。可转换债券是一种兼具“股性”和“债性”的混合型金融工具，属于《中华人民共和国证券法》规定的具有股权性质的证券。

可转换债券有若干构成要素，包括转换价格、转换比例、转换期限、赎回条款、回售条款和转换价格修正条款等。

（一）转换价格

转换价格是指可转换债券转换为每股股票所支付的价格。

（二）转换比例

转换比例是指一定面额可转换债券可转换成普通股的股数，用公式表示为

$$转换比例=\frac{可转换债券面值}{转换价格}$$

如果可转换债券面额为 100 元，规定其转换价格为 5 元，则转换比例为 20，即面值 100 元债券可按 5 元/股的价格转换为 20 股股票。

（三）转换期限

可转换债券的有效期限与一般债券相同，指债券从发行之日起至偿清本息之日止的时间。

转换期限则是指可转换债券转换为普通股股份的起始日至结束日的期间，在该期限内，允许可转换债券的持有人按转换比例或转换价格转换成发行人的股票。

（四）赎回条款

赎回是指发行人在发行一段时间后，可以提前赎回未到期的发行在外的可转换债券。当公司股票价格在一段时间内连续高于转换价格达到一定幅度时，公司可按照事先约定的赎回价格买回发行在外尚未转股的可转换债券。赎回条款是可转换债券在发行时规定的赎回行为发生的具体市场条件。

（五）回售条款

回售是指公司股票在一段时间内连续低于转换价格达到某一幅度时，可转换债券持有人按事先约定的价格将所持可转换债券卖给发行人的行为。回售条款是可转换债券在发行时规定的回售行为发生的具体市场条件。

（六）转换价格修正条款

转换价格修正是指发行公司在发行可转换债券后，由公司的送股、配股、增发股票、分立、合并、拆细及其他原因导致发行人的股份发生变动，引起公司股票名义价格下降时，对转换价格所做的必要调整。转换价格修正条款通常是指在可转换债券发行时，募集说明

书中约定的关于转股价格调整的相关条款。

二、可转换债券的发行与转换

根据中国证券监督管理委员会(简称中国证监会)2023年2月17日颁布的《上市公司证券发行注册管理办法》,可转换债券应当具有期限、面值、利率、评级、债券持有人权利、转股价格及调整原则、赎回及回售、转股价格向下修正等要素。向不特定对象发行可转换债券的转股价格应当不低于募集说明书公告日前二十个交易日上市公司股票交易均价和前一个交易日均价。向特定对象发行可转换债券的转股价格应当不低于认购邀请书发出前二十个交易日上市公司股票交易均价和前一个交易日的均价,且不得向下修正。向不特定对象发行的可转换债券利率由上市公司与主承销商依法协商确定。向特定对象发行的可转换债券应当采用竞价方式确定利率和发行对象。

上市公司发行可转换债券,应当符合下列规定:①具备健全且运行良好的组织机构;②最近三年平均可分配利润足以支付公司债券一年的利息;③具有合理的资产负债结构和正常的现金流量;④交易所主板上市公司向不特定对象发行可转换债券的,应当最近三个会计年度盈利,且最近三个会计年度加权平均净资产收益率平均不低于6%,净利润以扣除非经常性损益前后孰低者为计算依据。

可转换债券自发行结束之日起六个月后方可转换为公司股票,转股期限由公司根据可转债的存续期限及公司财务状况确定。债券持有人对转股或者不转股有选择权,并于转股的次日成为上市公司股东。

三、可转换债券的价值与价格

(一)可转换债券的纯债价值、转股价值和市场价格

可转换债券是附有选择权的企业债券。可转换债券拥有两个价值底线:纯债价值和转股价值。

(1)纯债价值。

可转换债券的纯债价值就是不考虑转股的可能性,仅仅把它看成一张持有到期还本付息的普通债券时,具有的价值。将可转换债券的未来利息和本金,以同评级同期限的企业债券收益率贴现到当前,就可以计算出可转换债券的纯债价值。

可转换债券的纯债价值取决于四个方面:可转换债券的利息、可转换债券的剩余时间、可转换债券的评级、同评级同期限的企业债券收益率。可转换债券的利率、评级、剩余时间可以通过同花顺软件F10键在相应的可转换债券资料中查看。同评级同期限的企业债券收益率可通过中国债券信息网查到。

可转换债券的价格通常不会跌破它的纯债价值,因此可以根据可转换债券的价格和纯债价值的差值,判断一只可转换债券的下跌空间。

(2)转股价值。

转股价值是指可转换债券在转换成股票时所具有的价值。其计算公式为

$$\text{转股价值}=\frac{\text{可转换债券面值}}{\text{转股价格}}\times\text{正股价格}$$

例如,某可转换债券的面值为100元,转股价格为20元,其正股价格为22元。那么,它的转股价值 =(100÷20)×22 = 110元。

转换价值由公司的普通股票的价格来决定。随着股票价格的涨落,转换价值也相应涨落。

如果可转换债券以低于转换价值的价格进行交易,那么投资者就会购买可转换债券,并且将可转换债券转换成股票,然后将换得的股票进行出售,获得二者之间的差价。无风险套利的结果使得可转换债券的价格恢复到转换价值之上。

(3)市场价格。

可转换债券在市场上的交易价格是可转换债券的市场价格。市场价格受供求关系的影响,但一般不会低于纯债价值和转股价值。

(二)可转换债券的转股溢价率和纯债溢价率

(1)转股溢价率。

转股溢价率是指可转换债券价格相对于其转股价值的溢价水平,用公式表示为

$$转股溢价率=\frac{可转换债券的市场价格-转股价值}{转股价值}\times 100\%$$

投资者在持有可转换债券的时候,可以通过计算转股溢价率来判断此时是转股划算还是继续持有可转换债券划算。如果转股溢价率为正值,投资者可以选择继续持有可转换债券;如果转股溢价率为负值,转股后有溢价的空间,转股会更加划算。

(2)纯债溢价率。

纯债溢价率是指可转换债券现价相对于其纯债价值的溢价百分比。计算纯债溢价率的公式为

$$纯债溢价率=\frac{可转换债券的市场价格-纯债价值}{纯债价值}\times 100\%$$

一般来说,纯债溢价率越低,表示债性越强,可能的向下空间越小,对投资者来说也越安全;纯债溢价率越高,表示债性越弱,可转换债券距离安全保底线就越远,其下跌的空间就越大。因此,纯债溢价率是投资者在选择可转换债券时的一个重要参考指标。

登录同花顺软件,单击菜单栏中的【行情】⇨【债券】⇨【可转债】,进入可转换债券行情页面(图5.8),可以查看可转换债券的名称、代码、涨幅、现价、正股简称、正股价格、正股涨幅、转股价格、转股价值、转股溢价、纯债溢价、纯债价值、到期日、转股起始日、强赎触发价、回售触发价等。

点击【股债联动】,进入股债联动页面(图5.9),可以实时查看正股和可转换债券的走势情况,包括分时图和K线图等,便于直观地分析两者之间的联动关系。当某个板块的正股表现活跃时,其对应的可转换债券也可能会受到关注。

点击【转债套利】,进入转债套利页面(图5.10),投资者不仅能够及时发现套利机会,还可以看到详细的转股套利步骤和理论套利空间,从而做出合理决策,如结合正股表现和转债条款判断是否参与套利。

图 5.8　同花顺软件可转换债券行情页面

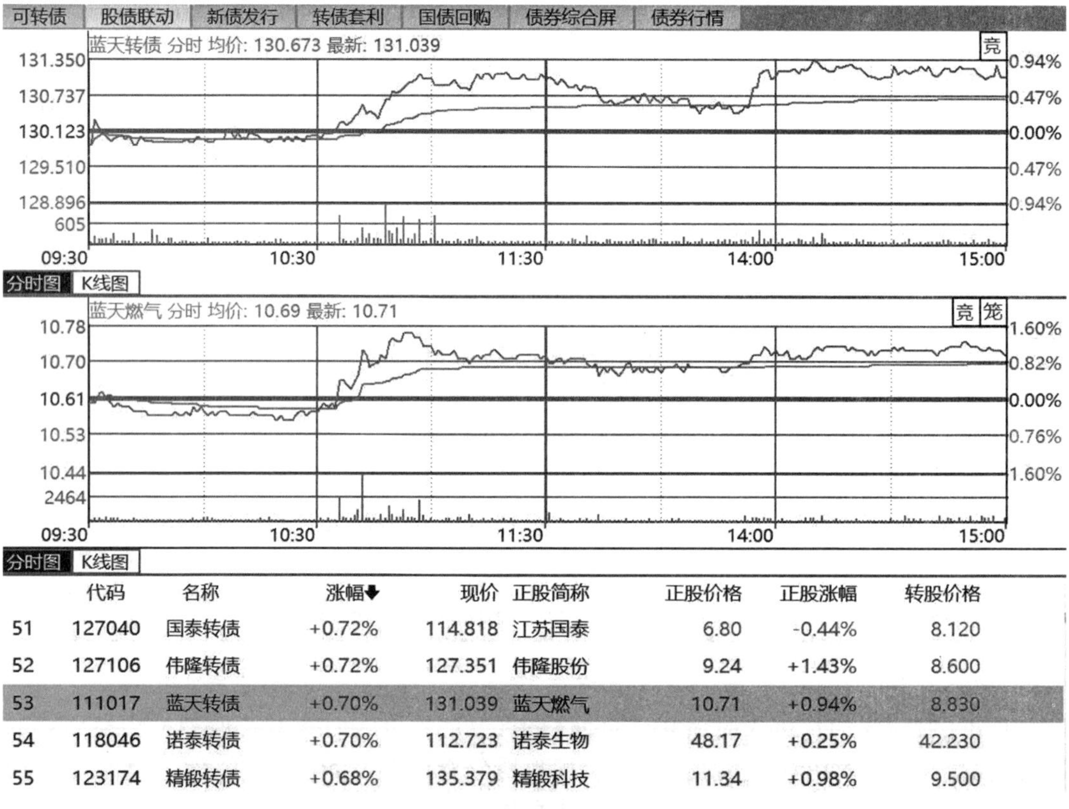

图 5.9　股债联动页面

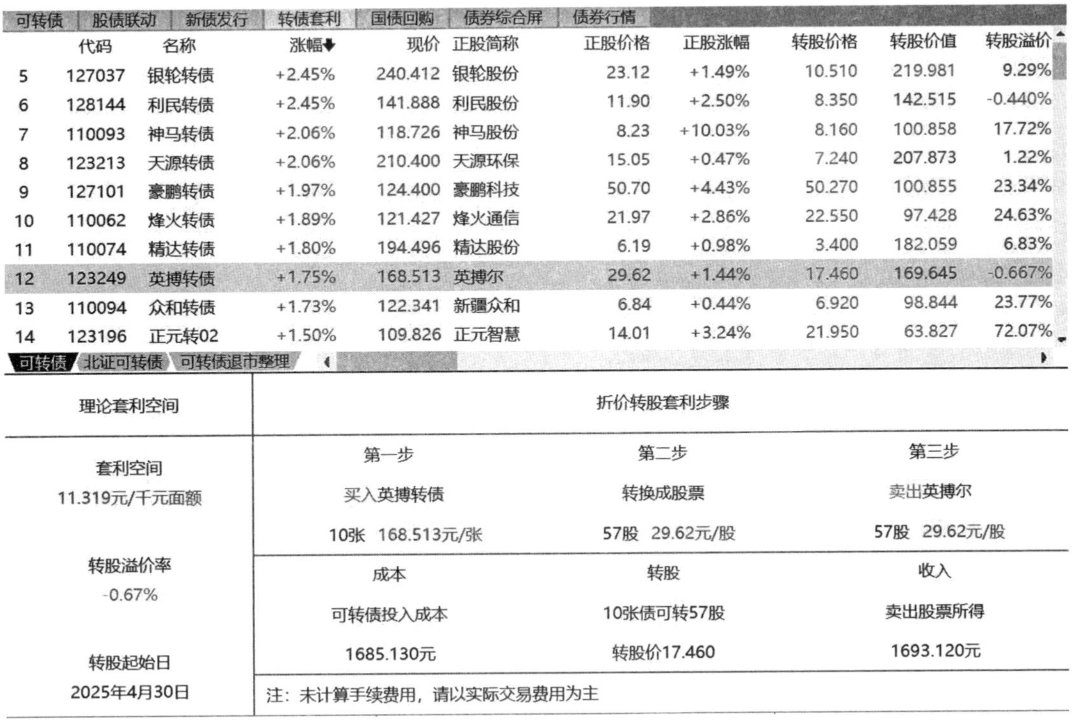

	代码	名称	涨幅↓	现价	正股简称	正股价格	正股涨幅	转股价格	转股价值	转股溢价
5	127037	银轮转债	+2.45%	240.412	银轮股份	23.12	+1.49%	10.510	219.981	9.29%
6	128144	利民转债	+2.45%	141.888	利民股份	11.90	+2.50%	8.350	142.515	-0.440%
7	110093	神马转债	+2.06%	118.726	神马股份	8.23	+10.03%	8.160	100.858	17.72%
8	123213	天源转债	+2.06%	210.400	天源环保	15.05	+0.47%	7.240	207.873	1.22%
9	127101	豪鹏转债	+1.97%	124.400	豪鹏科技	50.70	+4.43%	50.270	100.855	23.34%
10	110062	烽火转债	+1.89%	121.427	烽火通信	21.97	+2.86%	22.550	97.428	24.63%
11	110074	精达转债	+1.80%	194.496	精达股份	6.19	+0.98%	3.400	182.059	6.83%
12	123249	英搏转债	+1.75%	168.513	英搏尔	29.62	+1.44%	17.460	169.645	-0.667%
13	110094	众和转债	+1.73%	122.341	新疆众和	6.84	+0.44%	6.920	98.844	23.77%
14	123196	正元转02	+1.50%	109.826	正元智慧	14.01	+3.24%	21.950	63.827	72.07%

理论套利空间	折价转股套利步骤		
套利空间 11.319元/千元面额	第一步 买入英搏转债 10张　168.513元/张	第二步 转换成股票 57股　29.62元/股	第三步 卖出英搏尔 57股　29.62元/股
转股溢价率 -0.67%	成本 可转债投入成本 1685.130元	转股 10张债可转57股 转股价17.460	收入 卖出股票所得 1693.120元
转股起始日 2025年4月30日	注：未计算手续费用，请以实际交易费用为主		

图 5.10　转债套利页面

案例 5.1　惠州亿纬锂能股份有限公司 2025 年可转换公司债券

一、中文简称：亿纬转债。

二、证券代码：123254。

三、证券类型：可转换为公司 A 股股票的可转换公司债券。该可转换公司债券及未来转换的公司 A 股股票将在深圳证券交易所上市。

四、债券发行量：500 000.00 万元(50 000 000 张)。

五、票面金额和发行价格：每张面值 100 元人民币，按面值平价发行。

六、票面利率：第一年 0.20%、第二年 0.40%、第三年 0.60%、第四年 1.50%、第五年 1.80%、第六年 2.00%。

七、债券期限：自发行之日起六年，即 2025 年 3 月 24 日至 2031 年 3 月 23 日。

八、转股期限：自可转债发行结束之日(2025 年 3 月 28 日)满六个月后的第一个交易日(2025 年 9 月 28 日)起至可转债到期日(2031 年 3 月 23 日)止(如遇法定节假日或休息日延至其后的第一个交易日；顺延期间付息款项不另计息)。可转换公司债券持有人对转股或者不转股有选择权，并于转股的次日成为公司股东。

九、可转换公司债券的付息方式：采用每年付息一次的付息方式，到期归还本金和最后一年利息。每年的付息日为本次发行的可转债发行首日起每满一年的当日。如该日为法定节假日或休息日,则顺延至下一个工作日,顺延期间不另付息。每相邻的两个付息日之间为一个计息年度。

付息债权登记日:每年的付息债权登记日为每年付息日的前一交易日,公司将在每年付息日之后的五个交易日内支付当年利息。在付息债权登记日前(包括付息债权登记日)申请转换成公司股票的可转换公司债券,公司不再向其持有人支付本计息年度及以后计息年度的利息。可转换公司债券持有人所获得利息收入的应付税项由可转换公司债券持有人承担。

十、上市量:500 000.00 万元(50 000 000 张)。

十一、上市地点:深圳证券交易所。

十二、上市时间:2025 年 4 月 11 日。

十三、可转换公司债券登记机构:中国证券登记结算有限责任公司深圳分公司。

十四、保荐人(主承销商):中信证券股份有限公司。

十五、担保情况:本次发行的可转换公司债券未提供担保。

十六、信用级别及资信评估机构:亿纬锂能主体信用级别为 AA+,本次可转换公司债券信用级别为 AA+。本次资信评估机构是联合资信评估股份有限公司。

十七、转股价格的确定及其调整

(一)初始转股价格的确定

本次发行的可转换债券的初始转股价格为 51.39 元/股,不低于募集说明书公告日前二十个交易日公司股票交易均价(若在该二十个交易日内发生过因除权、除息等引起股价调整的情形,则对调整前交易日的交易均价按经过相应除权、除息调整后的价格计算)和前一个交易日公司股票交易均价,且不得向上修正。

(二)转股价格的调整

在本次发行之后,当公司发生派送股票股利、转增股本、增发新股(不包括因本次发行的可转换债券转股而增加的股本)、配股以及派送现金股利等情况,将进行转股价格的调整。

十八、转股价格向下修正条款

(一)修正权限与修正幅度

在本次发行的可转换债券存续期间,当公司股票在任意连续三十个交易日中至少有十五个交易日的收盘价低于当期转股价格的 85% 时,公司董事会有权提出转股价格向下修正方案并提交公司股东大会表决。上述方案须经出席会议的股东所持表决权的三分之二以上通过方可实施。股东大会进行表决时,持有本次发行的可转换债券的股东应当回避。修正后的转股价格应不低于本次股东大会召开日前二十个交易日公司股票交易均价和前一个交易日公司股票交易均价之间的较高者。若在前述三十个交易日内发生过转股价格调整的情形,则在转股价格调整日前的交易日按调整前的转股价格和收盘价计算,在转股价格调整日及之后的交易日按调整后的转股价格和收盘价计算。

(二)修正程序

如公司决定向下修正转股价格,公司将在符合中国证监会规定条件的信息披露媒体上披露相关公告,公告修正幅度和股权登记日及暂停转股期间(如需)等。从转股价格修正日开始恢复转股申请并执行修正后的转股价格。若转股价格修正日为转股申请日或之后，且在转换股份登记日之前，该类转股申请应按修正后的转股价格执行。

十九、赎回条款

（一）到期赎回条款

在本次发行的可转换债券期满后五个交易日内，公司将按债券面值的112%（含最后一期利息）的价格赎回全部未转股的可转换债券。

（二）有条件赎回条款

在本次发行的可转换债券转股期内，当下述两种情形的任意一种出现时，公司有权决定按照债券面值加当期应计利息的价格赎回全部或部分未转股的可转换债券：

1）在转股期内，如果公司股票在任意连续三十个交易日中至少十五个交易日的收盘价格不低于当期转股价格的130%（含130%）；

2）当本次发行的可转换债券未转股余额不足3 000万元时。

二十、回售条款

（一）有条件回售条款

在本次发行的可转换债券最后两个计息年度，如果公司股票在任意连续三十个交易日的收盘价格低于当期转股价的70%时，可转换债券持有人有权将其持有的可转换债券全部或部分按面值加上当期应计利息的价格回售给公司。

（二）附加回售条款

若公司本次发行的可转换债券募集资金投资项目的实施情况与公司在募集说明书中的承诺情况相比出现重大变化，根据中国证监会的相关规定被视作改变募集资金用途或被中国证监会认定为改变募集资金用途的，可转换债券持有人享有一次回售的权利。可转换债券持有人有权将其持有的可转换债券全部或部分按债券面值加上当期应计利息价格回售给公司。持有人在附加回售条件满足后，可以在公司公告后的附加回售申报期内进行回售，该次附加回售申报期内不实施回售的，不应再行使附加回售权。

资料来源：深圳证券交易所

实训项目九　债券市场信息收集和场内债券的仿真交易

一、实训目的

（1）掌握中国债券市场主要的债券种类、价格影响因素，深入理解不同种类债券的特点和风险收益特征。

（2）培养学生运用多种渠道收集债券市场信息的能力，尤其是学会从权威网站获取债券相关数据和资料，提升信息检索与筛选的专业技能。

（3）学会运用同花顺软件进行场内债券的仿真交易操作，熟悉债券交易的流程、交易规则、委托方式以及盈亏计算，能够根据市场行情的变化制定合理的交易策略。

（4）引导学生分析债券投资风险，学会运用合理方法对风险进行识别、评估和管理，增强学生在金融投资领域的风险防范意识。

二、实训要求

（1）以小组形式开展实训，每组3～5人。小组需明确各成员分工，包括信息收集专员、软件操作员、数据分析员、报告撰写员等，定期进行小组讨论和交流，确保各项任务有序推进。

（2）从各类渠道收集的债券信息必须真实、准确，对收集到的信息进行分类整理和解读。

（3）熟练掌握同花顺软件中与债券相关的功能，包括但不限于债券行情查询、仿真交易下单等操作。

（4）认真记录实训过程中的每一个操作步骤和关键数据，包括信息收集的来源，债券交易的时间、价格、数量等。

（5）实训结束后，各小组需提交一份实训报告。报告应结构清晰、内容完整。

三、实训内容及步骤

1. 债券信息收集

（1）收集国债的发行主体、票面利率、发行期限、发行规模等信息，关注国债的付息方式。对于地方政府债，了解不同地区政府发行债券的用途、信用评级以及与国债在收益和风险上的差异。

（2）查找金融债券的相关信息，收集金融债券的票面利率，了解金融债券的期限结构以及在市场中的流动性表现。

（3）收集公司债券的发行规模、期限、付息方式等信息，分析不同公司发行债券的特点，对比不同公司债券的收益率和风险情况。

（4）在表5.1中填写相应的债券名称、债券代码、债券类型、票面利率、付息方式和到期时间，要求债券类型尽可能多样化。

表5.1　债券统计表

债券名称	债券代码	债券类型	票面利率	付息方式	到期时间

2. 场内债券仿真交易

(1)根据前期收集的债券信息和对市场的分析,制定债券交易策略。可以根据不同债券的风险收益特征,将资金分配到不同类型的债券中,以降低整体投资风险。同时,合理控制投资组合中债券的期限结构,避免过度集中在短期或长期债券上。

(2)在同花顺软件的仿真交易平台中,按照制定的交易策略进行场内债券的买卖交易。在买入债券时,仔细核对债券代码、名称、委托价格和数量等信息,确保无误后提交委托单。

(3)在持有债券期间,定期关注债券的相关信息,观察市场行情的变化,关注债券价格的波动。根据新的信息和市场变化,及时调整交易策略。

(4)根据设定的盈利目标或止损点等进行卖出操作,选择合适的卖出时机。

(5)记录债券仿真交易的交易过程并填写简单的交易明细表(表5.2)。

表5.2　交易明细表

交易时间	债券名称	买入价	卖出价	成交数量	交易成本
盈亏			投资期收益率		

3. 国债逆回购

在仿真交易平台进行国债逆回购操作,记录交易品种、交易期限、年化收益率、实际收益等数据,对比不同期限国债逆回购的收益情况。

4. 分析与总结

分析仿真交易过程中的盈利和亏损情况,找出导致盈利或亏损的主要原因,并总结实训过程中的成功经验与不足之处。

四、实训结果

根据实训过程与结果,撰写实训报告。报告内容包括引言、债券市场信息收集成果、仿真交易过程、交易结果分析、收获与体会、存在的问题及改进措施等。

实训项目十 可转换债券的投资价值分析与套利设计

一、实训目的

(1)深入理解可转换债券的概念、特征及基本条款,熟练掌握可转换债券纯债价值、转股价值、转股溢价率、纯债溢价率等核心价值指标的含义与计算方法。

(2)学会运用金融数据终端、证券交易所官网等渠道,高效收集可转换债券的相关信息,包括发行条款、正股信息、交易数据等,提升金融信息检索与整合能力。

(3)能够准确计算可转换债券的各项价值指标,并结合市场情况进行价值分析与溢价率分析。

(4)掌握可转换债券套利的基本原理与方法,设计可行的套利方案,培养债券投资实践与策略制定能力。

(5)深入理解可转换债券套利过程中可能存在的风险,学会运用适当的方法进行风险评估与防范,提升风险应对能力。

二、实训要求

(1)实训前认真学习可转换债券的相关知识,包括可转换债券的基本概念、发行条款、价值构成、套利原理等。

(2)收集可转换债券的数据并进行相关的计算,如实记录计算过程与结果,确保数据的真实性与完整性。

(3)设计套利方案时,要充分考虑市场实际情况与风险因素,方案需具备可行性与合理性。

(4)以小组形式开展实训,明确分工,密切合作,定期开展小组讨论,共同解决实训中遇到的问题。

三、实训内容及步骤

1. 可转换债券信息收集

(1)在金融数据终端的债券板块中筛选可转换债券,记录可转换债券的基本信息,包括债券名称、发行日期、上市日期、发行规模、票面利率、期限、转股价格、转股期、赎回条款、回售条款等。

(2)收集可转换债券对应的正股信息,如正股名称、当前股价、所属行业、公司业绩、财务状况等。关注正股的近期公告、重大事件,分析其对可转换债券价值的影响。

(3)获取可转换债券的交易数据,包括当前价格、成交量、成交额、涨跌幅等,以及历史交易数据,用于后续的价值分析与套利研究。

(4)将收集到的可转换债券信息进行分类整理,填写简单的可转换债券统计表(表5.3)。

表 5.3 可转换债券统计表

债券名称	债券代码	市场价格	正股名称	正股价格	转股价格	转换期限

2. 价值指标计算与分析

(1)选择可转换债券并计算价值指标。

从收集的可转换债券中选择一只作为研究对象,运用所学公式计算其纯债价值、转股价值、转股溢价率、纯债溢价率。记录计算过程与结果,确保计算准确无误。

(2)价值分析。

对比可转换债券的市场价格与纯债价值、转股价值,判断可转换债券当前价格是否合理。

(3)溢价率分析。

分析转股溢价率和纯债溢价率的高低及其变化趋势。结合市场情况和正股走势,探讨溢价率变化的原因及其对投资决策的影响,并分析是否存在转股套利机会。

3. 套利方案设计

(1)选择一只具有套利潜力的可转换债券,根据其当前价格、转股价值、溢价率等情况,结合市场行情和正股走势,设计具体的套利方案,计算套利空间。

(2)考虑转股成本、交易费用等因素,计算扣除交易成本后的实际套利收益,判断套利是否具有可行性。

(3)对套利方案进行风险评估,分析可能面临的风险因素。

四、实训结果

总结实训过程中的成功经验与不足之处,根据实训过程与结果,撰写实训报告。报告内容包括引言、可转换债券信息收集、价值指标计算与分析、套利方案设计、风险评估与防范措施、收获与体会、问题及改进等。

第六章　证券投资基金

第一节　证券投资基金的概念与类型

一、证券投资基金的概念

证券投资基金是指通过发行基金份额，集中投资者的资金，由基金托管人托管，由基金管理人管理和运用资金，从事股票、债券等金融工具投资，并将投资收益按基金投资者的投资比例进行分配的一种利益共存、风险共担的集合证券投资方式。基金投资者、基金管理人和托管人是基金运作中的主要当事人。证券投资基金运作图如图6.1所示。

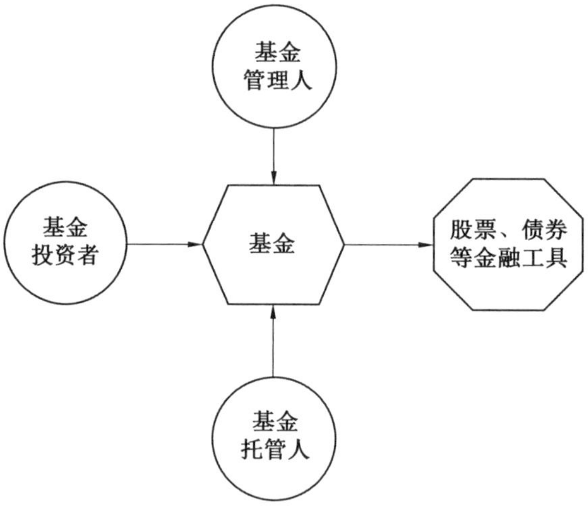

图6.1　证券投资基金运作图

（一）基金投资者

基金投资者即基金份额的持有者，是基金的出资人、基金资产的所有者和基金投资收益的受益人。

（二）基金管理人

基金管理人是基金资产的募集者和基金的管理者，其主要职责是按照基金合同的约定，负责基金资产的投资运作，在风险控制的基础上为基金投资者争取最大的投资收益。基金管理人是基金运作的核心，负责基金产品的设计，基金份额的发售、申购、赎回和登记，不同基金资产的投资，向基金份额持有人分配收益，召集基金份额持有人大会等。在我国，基金管理人由依法设立的基金管理公司担任。

（三）基金托管人

基金托管人是基金资产的保管机构。证券投资基金主要投资于证券市场，为保证基金资产的独立性和安全性，基金实行资产管理和保管分开的原则。基金托管人独立于基金管理人，为基金开设专门的账户，负责基金资产的保管、基金的资金清算、会计复核以及对基金投资运作行使监督。在我国，基金托管人只能由依法设立并取得基金托管资格的商业银行或其他金融机构担任。

二、证券投资基金的类型

证券投资基金按照不同标准可以分为不同类型。

（一）根据法律形式分类

根据法律形式可以将基金分为契约型基金、公司型基金等。

不同的国家或地区具有不同的法律环境，基金能够采用的法律形式也会有所不同。目前我国公募证券投资基金全部是契约型基金，而美国的绝大多数证券投资基金则是公司型基金。组织形式的不同赋予了基金不同的法律地位，基金投资者所受到的法律保护也因此有所不同。

（二）根据运作方式分类

根据运作方式可以将基金分为封闭式基金和开放式基金。

封闭式基金是指基金份额在基金合同期限内固定不变，基金份额可以在依法设立的证券交易所交易，但基金份额持有人不得申请赎回的一种基金运作方式。

开放式基金是指基金份额不固定，基金份额可以在基金合同约定的时间和场所进行申购或者赎回的一种基金运作方式。

（三）根据投资对象分类

根据投资对象可以将基金分为股票基金、债券基金、货币市场基金和混合基金等。

股票基金是指以股票为主要投资对象的基金。股票基金在各类基金中历史最为悠久，也是各国或地区广泛采用的一种基金类型。根据中国证监会对基金类别的分类标准，基金资产 80% 以上投资于股票的为股票基金。

债券基金主要以债券为投资对象。债券基金具有收益稳定、风险较低的特点，适合于稳健型投资者。根据中国证监会对基金类别的分类标准，基金资产 80% 以上投资于债券的为债券基金。

货币市场基金以货币市场工具为投资对象。根据中国证监会对基金类别的分类标准，仅投资于货币市场工具的为货币市场基金。

混合基金同时以股票、债券等为投资对象，以期通过在不同资产类别上的投资实现收益与风险之间的平衡。根据中国证监会对基金类别的分类标准，投资于股票、债券和货币市场工具，但股票投资和债券投资的比例不符合股票基金、债券基金规定的为混合基金。

另外，80% 以上的基金资产投资于其他基金份额的，为基金中的基金。

（四）根据投资目标分类

根据投资目标可以将基金分为增长型基金、收入型基金和平衡型基金。

增长型基金是指以追求资本增值为基本目标的基金，主要以具有良好增长潜力的股票为投资对象，较少考虑当期收入。增长型基金风险相对较高，由于主要投资于成长型股票，这些股票的价格波动较大，受宏观经济环境、行业发展趋势以及公司自身经营状况等因素影响明显。

收入型基金是指以追求稳定的经常性收入为基本目标的基金，通常会将大部分资金投资于债券、优先股以及一些具有稳定分红的普通股等收益稳定的证券。收入型基金更注重当期收益的稳定性，而不是资产的快速增值，风险相对较低，适合追求稳健收益的投资者。

平衡型基金则是既注重资本增值又注重当期收入，在投资组合中兼顾了股票和债券等不同资产类别的配置。通过调整股票和债券的比例，来平衡基金的风险和收益。平衡型基金适合那些风险承受能力适中，既希望获得一定的资产增值，又不希望承担过高风险的投资者。

不同的投资目标决定了基金的基本投向与基本的投资策略，以适应不同投资者的投资需要。

（五）根据投资理念分类

根据投资理念可以将基金分为主动型基金与被动型基金。

主动型基金是一类力图取得超越基准组合表现的基金。而被动型基金并不主动寻求取得超越市场的表现，而是试图复制指数的表现。被动型基金一般选取特定的指数作为跟踪的对象，通常又被称为指数型基金。

（六）根据募集方式分类

根据募集方式可以将基金分为公募基金和私募基金。

公募基金是指可以面向社会公众公开发售的一类基金。私募基金则是只能采取非公开方式，面向特定投资者募集发售的基金。

（七）按资本来源和运用地域分类

按资本来源和运用地域可以将基金分为国内基金、国际基金、离岸基金等。

国内基金是指基金资本来源于国内并投资于国内金融市场的证券投资基金。

国际基金是指基金资本来源于国内但投资于境外金融市场的证券投资基金。

离岸基金是指在他国发行基金单位并将募集的资金投资于该国或第三国证券市场的证券投资基金。离岸基金的主要作用是规避国内单一市场的风险，帮助客户进行全球化的资产配置。

另外，随着行业的发展，基金产品创新越来越丰富，出现了不少与传统基金不同的特殊类型基金。比如伞形基金、基金中的基金（FOF）、ETF、LOF、合格境内机构投资者（QDII）基金和分级基金等。

三、基金投资的方法

常用的基金投资方法包括一般投资法和基金定投两种。

（一）一般投资法

基金一般投资法是指一次投资，即投资者运用所投资金一次买入或者申购基金。一次性买入基金，需要投资者具有一定的择时能力，即选择在合适的时机买入基金。基金的三大主流渠道是银行、券商和基金公司。

（1）银行渠道。

银行代销的基金种类较为丰富，涵盖了股票型基金、债券型基金、货币市场基金、混合型基金等各种类型，能满足不同风险偏好投资者的需求。投资者开立银行账户并开通网银，就可办理基金业务。

（2）券商渠道。

支持场内基金的买卖，如交易灵活的 ETF、LOF 等，基金投资者如果开立了证券账户就可买卖基金。

（3）基金公司渠道。

基金公司主要销售该基金公司旗下的各类基金产品，不同基金公司的产品特色有所不同，有的侧重于股票型基金，有的则在债券型基金或货币市场基金方面具有优势。投资者可以通过基金管理公司自有平台直接认购，包括官方网站、APP 及微信小程序等，具有费率低、操作便捷等优势。

另外，某些基金网站只要注册后就可以登录投资各种基金。

（二）基金定投

基金定投是指投资者约定固定的时间和金额，对某种基金进行投资，以期实现长期稳健的收益增长。定投签约后，由销售机构于每期约定扣款日在投资者指定账户内自动完成扣款及基金申购申请。定投金额则可以根据投资者的自身需求和风险承受能力进行灵活调整。基金定投是用分批进场的方式，平滑成本、分散风险、避免择时难题，让投资者做小额、长期、有目的性的投资。

四、中国证券投资基金的规模和结构

截至 2025 年 3 月底，我国境内公募基金管理机构共 163 家，其中基金管理公司 148 家，取得公募资格的资产管理机构 15 家。以上机构管理的公募基金资产净值合计 32.22 万亿元。公募基金资产统计如表 6.1 所示。

表 6.1　公募基金资产统计　　　　2025-03-31

类别	基金数量/只	份额/亿份	净值/亿元
封闭式基金	1 339	34 759.85	37 878.59
开放式基金	11 260	258 999.27	284 287.69
其中：股票基金	2 794	33 959.90	44 661.40
其中：混合基金	5 144	30 513.09	35 823.28
其中：债券基金	2 636	55 604.76	64 177.47
其中：货币基金	371	133 292.84	133 268.24

续表6.1

类别	基金数量/只	份额/亿份	净值/亿元
其中:QDII 基金	315	5 628.68	6 357.30
合计	12 599	293 759.12	322 166.28

资料来源:中国证券投资基金业协会。

案例6.1　嘉实新兴产业股票型证券投资基金

嘉实新兴产业股票型证券投资基金,简称嘉实新兴产业股票,基金代码是000751,成立于2014年9月17日,基金管理人是嘉实基金,基金托管人是中国农业银行。

一、投资目标

该基金为股票型基金,在适度控制风险并保持良好流动性的前提下,分享新兴产业带来的投资机会,力求获得超额收益与长期资本增值。

二、投资范围

投资于依法发行或上市的股票、债券等金融工具及法律法规或中国证监会允许基金投资的其他金融工具。具体包括股票、指数期货、权证、债券(国债、金融债、企业债、次级债、可转换债券、央行票据、短期融资券、超短期融资券、中期票据、中小企业私募债等)、资产支持证券、债券回购、银行存款等固定收益类资产、现金,以及法律法规或中国证监会允许基金投资的其他金融工具(但须符合中国证监会的相关规定)。

基金的投资组合比例为:股票资产占基金资产的比例为80%~95%,投资于新兴产业相关的股票占非现金资产的比例不低于80%;在扣除指数期货合约需缴纳的交易保证金后,基金保留的现金或者到期日在一年以内的政府债券不低于基金资产净值的5%,其中现金不包括结算备付金、存出保证金、应收申购款等;指数期货、权证及其他金融工具的投资比例符合法律法规和监管机构的规定。

三、投资策略

(一)大类资产配置

该基金重点配置股票资产,同时从宏观面、政策面、基本面和资金面等四个维度进行综合分析。严格控制投资组合风险的前提下,确定或调整投资组合中股票、债券、货币市场工具和法律法规或中国证监会允许基金投资的其他品种的投资比例。

(二)股票投资策略

该基金相对淡化宏观指标,从中观层面分析各行业和上市公司的不同特征,识别经济发展过程中具有良好发展前景、竞争结构相对稳定的行业,从中挑选具备卓越商业模式和较强竞争力的优质企业。

该基金所指的新兴产业是指对经济社会全局和长远发展具有重大引领带动作用,知识技术密集、高附加值、低能耗、低污染、成长潜力大、综合效益好的产业。目前在我国得到业内广泛认可的新兴产业主要包括新能源、节能环保、新能源汽车、信息产业、生物医药、生物育种、国防军工、新材料、高端制造、现代服务业及海洋产业等。同时,新兴产业是动态调整、持续更新的。

基金将综合考虑行业潜在空间、行业竞争结构、行业增长的节奏、潜在的风险、标的的可达性等因素，进行股票资产在各细分子行业间的配置。

基金将采取“自下而上”的方式，依靠定量与定性相结合的方法进行个股精选。基金经理将结合定量指标以及定性指标的基本结论选择具有竞争优势且估值具有吸引力的股票，组建并动态调整该基金股票库。基金经理将按照该基金的投资决策程序，审慎精选，权衡风险收益特征后，根据市场波动情况构建股票组合并进行动态调整。定量的方法主要基于考核其量化指标，包括市净率、市盈率、动态市盈率、主营业务收入增长率、净利润增长率等，并强调绝对估值与相对估值的结合。定性指标主要包括考核指标战略定位、公司经营团队能力、治理结构完善程度、研发效率及研发转换率、核心技术或商业模式等多重指标。基金通过一系列的定性指标来判断公司的核心价值与成长能力，选择具有良好经营状况的上市公司股票。

（三）债券投资策略

该基金在债券投资方面，通过深入分析宏观经济数据、货币政策和利率变化趋势以及不同类属的收益率水平、流动性和信用风险等因素，以久期控制和结构分布策略为主，以收益率曲线策略、利差策略等为辅，构造能够提供稳定收益的债券和货币市场工具组合。

（四）中小企业私募债券投资策略

基金将通过对中小企业私募债券进行信用评级控制，通过对投资单只中小企业私募债券的比例限制，严格控制风险，对投资单只中小企业私募债券而引起组合整体的利率风险敞口和信用风险敞口变化进行风险评估，并充分考虑单只中小企业私募债券对基金资产流动性造成的影响，通过信用研究和流动性管理后，决定投资品种。基金管理人将根据审慎原则，制定严格的投资决策流程、风险控制制度和信用风险、流动性风险处置预案，以防范信用风险、流动性风险等各种风险。

（五）衍生品投资策略

基金的衍生品投资将严格遵守中国证监会及相关法律法规的约束，合理利用指数期货、权证等衍生工具，利用数量方法发掘可能的套利机会。投资原则为有利于基金资产增值，控制下跌风险，实现保值和锁定收益。

（六）风险管理策略

基金将借鉴国外风险管理的成功经验如 Barra 多因子模型、风险预算模型等，并结合公司现有的风险管理流程，在各个投资环节中识别、度量和控制投资风险，并通过调整投资组合的风险结构来优化基金的风险收益匹配。

四、分红政策

在符合有关基金分红条件的前提下，该基金每年收益分配次数最多为 12 次，每份基金份额每次收益分配比例不得低于收益分配基准日每份基金份额可供分配利润的 20%，若《基金合同》生效不满 3 个月可不进行收益分配。该基金收益分配方式分两种：现金分红与红利再投资，投资者可选择现金红利或将现金红利自动转为基金份额进行再投资。若投资者不选择，该基金默认的收益分配方式是现金分红。基金收益分配后基金份额净值不能低于面值。每一基金份额享有同等分配权。

五、业绩比较基准

中证新兴产业指数收益率×95%+中国债券总指数收益率×5%

六、风险收益特征

该基金为股票型证券投资基金，属于较高预期风险和预期收益的证券投资基金品种，其预期风险和预期收益高于混合型基金、债券型基金和货币市场基金。

截至目前，嘉实新兴产业股票型证券投资基金的净值走势、资产配置、股票持仓情况如图1至图3所示。

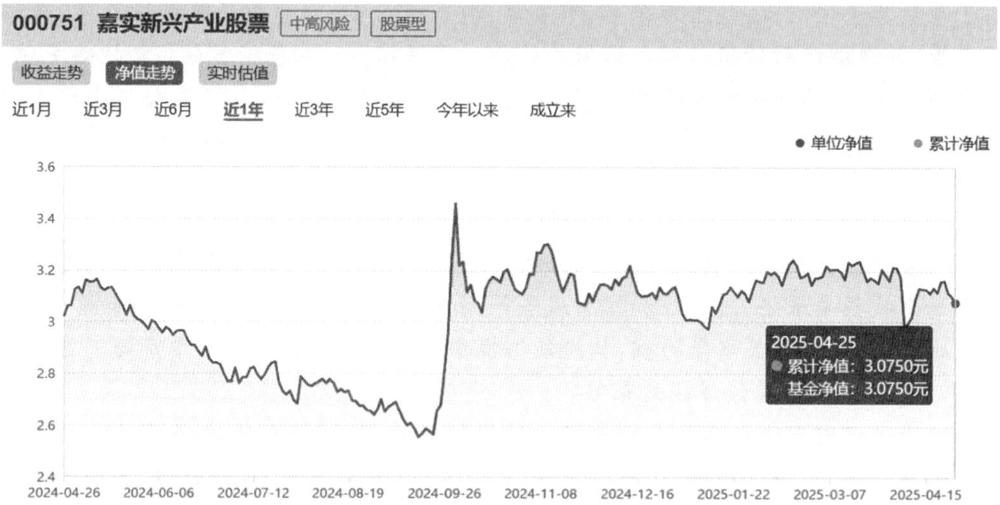

图1　嘉实新兴产业股票型证券投资基金净值走势

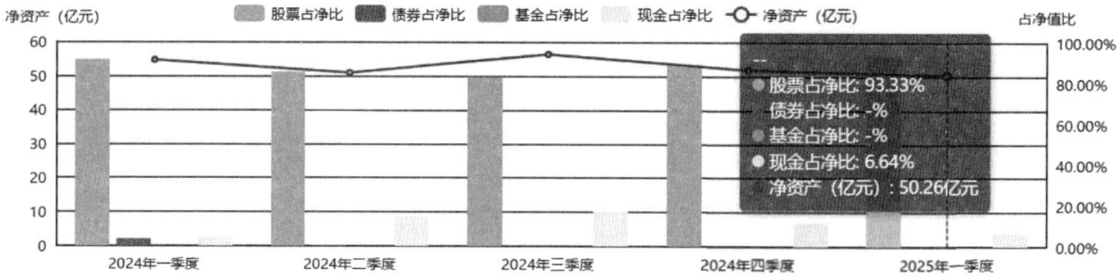

图2　嘉实新兴产业股票型证券投资基金资产配置

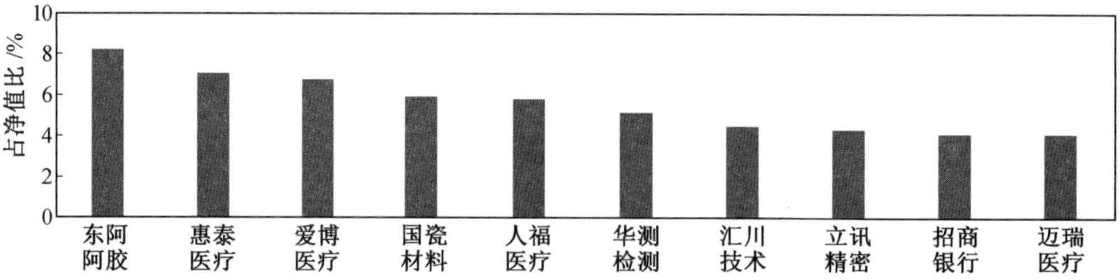

图3　嘉实新兴产业股票型证券投资基金股票持仓情况（持仓前10的股票）

资料来源：东方财富软件

第二节　证券投资基金的费用与业绩评价

一、证券投资基金的费用

在基金运作过程中涉及的费用可分为两大类：一类是基金销售过程中发生的费用，主要包括认购费、申购费、赎回费及交易佣金等。这些费用由投资者直接承担。另一类是基金在运作过程中发生的费用，通常称为证券投资基金的一般费用，主要包括基金管理费、基金托管费、持有人大会费用等。这些费用由基金资产承担。对于不收取申购费（认购费）、赎回费的货币市场基金，基金管理人可以依照相关规定从基金财产中持续计提一定比例的销售服务费，专门用于本基金的销售和对基金持有人的服务。

上述两大类费用的性质是截然不同的。第一类费用并不参与基金的会计核算，而第二类费用则需直接从基金资产中列支。

（一）基金的认购、申购、赎回与交易费用

认购费指投资者在基金发行募集期内购买基金单位时所交纳的手续费。

申购费指投资者在基金存续期间向基金管理人购买基金单位时所支付的手续费，开放式基金收取申购费。

赎回费是开放式基金的投资者赎回时从赎回款中扣除的费用。赎回费率通常是根据持有时间的长短而变化的，持有时间越长，赎回费率通常越低，有时甚至可能免费。

交易费用是指在场内交易基金时所支付的手续费，收费标准根据不同证券公司的政策而定。交易佣金上限为每笔交易金额的0.3%，下限为每笔人民币5元，证券商可以在这个范围内自行确定费用比率。

（二）证券投资基金的一般费用

（1）基金管理费。

基金管理费是指基金管理人管理基金资产而向基金收取的费用，用于支付基金管理公司的运营成本、投资研究费用以及基金经理的报酬等。基金管理人是基金资产的管理者和运用者，对基金资产的保值和增值起着决定性的作用。因此，基金管理费收取的比例比其他费用要高。一般来说，基金管理费率的大小与基金规模成反比，与风险成正比。基金规模越大，基金管理费率越低；基金风险程度越高，基金管理费率越高。不同类别以及不同国家或地区的基金，管理费率不完全相同。但从基金类型看，衍生工具基金的管理费率最高，其次是股票基金、债券基金，货币市场基金最低。

（2）基金托管费。

基金托管费是指基金托管人为基金提供托管服务而向基金收取的费用。由于基金的管理原则是投资与托管分离，托管机构负责基金资产保管、资金清算、会计核算等工作，同时还有监督基金管理人的职能，因此需要付给托管机构托管费。基金托管费收取的比例与基金规模、基金类型有一定关系。通常基金规模越大，基金托管费率越低。基金托管年费率国际上通常为0.2%左右。新兴市场国家和地区的托管费收取比例相对要高。

(3)基金销售服务费。

基金销售服务费是指从基金资产中扣除的用于支付销售机构佣金以及基金管理人的基金营销广告费、促销活动费、持有人服务费等方面的费用。目前只有货币市场基金和一些债券型基金收取基金销售服务费,费率一般为0.25%。收取销售服务费的基金通常不收取申购和赎回费。

(4)基金交易费。

基金交易费指基金在进行证券买卖交易时所发生的相关交易费用。目前,我国证券投资基金的交易费用主要包括印花税、交易佣金、过户费、经手费、证管费。交易佣金由证券公司按成交金额的一定比例向基金收取,印花税、过户费、经手费、证管费等则由登记公司或交易所按有关规定收取。参与银行间债券交易的,还需向中央国债登记结算有限责任公司或银行间市场清算所股份有限公司支付银行间账户服务费,向全国银行间同业拆借中心支付交易手续费等服务费用。

(5)基金运作费。

基金运作费是指为保证基金正常运作而发生的应由基金承担的费用,包括审计费、律师费、上市年费、分红手续费、持有人大会费、开户费、银行汇划手续费等。

2023年7月,中国证监会出台《公募基金行业费率改革工作方案》,全面优化公募基金费率模式,指导公募行业稳妥有序开展费率机制改革,支持公募基金管理人及其他行业机构合理调降基金费率,稳步降低公募基金行业综合费率水平。新注册的主动权益类基金产品的管理费率和托管费率不得超过1.2%和0.2%。

2025年5月7日,中国证监会发布《推动公募基金高质量发展行动方案》(证监发〔2025〕21号),对新设立的主动管理权益类基金大力推行基于业绩比较基准的浮动管理费收取模式,引导行业机构适时下调大规模指数基金、货币市场基金的管理费率与托管费率。

二、基金业绩评价

(一)基金业绩评价需考虑的因素

不同基金的投资目标、范围、比较基准等均有差别,因此基金的表现不能仅仅看其回报率。为了对基金业绩进行有效评价,以下因素必须加以考虑。

(1)投资目标与范围。

投资目标与范围不同的基金,其投资策略、业绩比较基准都可能不同。例如,货币基金主要投资于货币市场,风险较低,收益也较稳定;而指数基金则以指数成分股为投资对象,其收益率变化应该与相应的指数保持一致。显然,货币基金和指数基金作为两种不同投资方向的基金不具备可比性。因此,进行业绩比较时,必须考虑投资目标、投资范围的不同。

(2)基金风险水平。

根据风险报酬理论,承担的风险越大,报酬率也就越高。因此,市场上一些平均收益率高的基金,可能仅仅是因为它们承担了较高的风险,而与基金经理的能力无关。所以在对基金进行业绩评价时,要对其风险进行调整。

(3)基金规模。

与小规模基金相比,规模较大的基金可以更加有效地降低非系统性风险,平均成本也更低。

(4)时期选择。

同一基金在不同时间段内的表现可能有很大的差距。业绩计算开始与结束时间不同,基金回报率和业绩排名可能会有较大的差异。因此,业绩评价时需要计算多个时间段的业绩,如最近一个月、最近三个月、最近一年、最近五年等。

(二)基金评级

基金评级是指由基金评级机构收集有关信息,通过科学定性定量分析,依据一定的标准对基金进行评价。基金评价和研究机构发展出各种研究方法和工具,对基金的投资收益和风险以及基金管理人的管理能力开展评级。

不同机构的评级方法和标准有所差异,但通常都考虑了基金的净值增长、风险调整后收益、业绩比较基准等因素。一般来说,高评级的基金通常在收益和风险控制方面都有较好的表现,但不同类型基金的评级不能简单类比。基金评级可以作为初步筛选的工具,投资者可以根据评级快速找出表现较为优秀的基金,缩小选择范围。另外,基金评级是一种重要的市场评价机制。较高的评级有助于基金吸引更多的投资者,扩大资金规模,而较低的评级则可能导致资金流出。

基金评级公司需要具备专业的能力和资质,评级应当肩负社会责任,保持独立性、客观性、公正性。我国提供基金评价业务的公司主要有上海证券有限责任公司、招商证券股份有限公司、海通证券股份有限公司、北京济安金信科技有限公司、晨星公司等。

案例6.2　北京济安金信科技有限公司的基金评价业务

北京济安金信科技有限公司成立于2001年4月,是专业从事金融工程研究、设计开发高端金融应用软件并提供专业数据分析服务的金融科技企业。公司自2005年开始从事基金评价业务研究,从基金产品、基金公司到基金经理三个维度对基金进行评级,具有完全独立的基金评价理论体系,并自主研发了基金绩效评估与综合评价系统。2010年5月济安金信基金评价中心作为第三方基金评价机构获得中国证券业协会首批基金公开评级资格。

一、基金评级对象

基金评级对象为成立满一年的货币型基金以及成立满三年的纯债、一级债、二级债、股票型、混合型、封闭式、指数型、QDII基金和FOF。

二、济安评级的基本原则

(一)重视基金产品是否合规与守约。对于有违反法律法规、偏离基金合同约定,或由于其他原因难以评级的基金将不予评价。济安评级愿意承担社会责任,披露难以评级的基金及理由。

(二)坚持在严格分类的基础上进行类内评级。

(三)采取同类基金分层、归并、综合的等级评价体系。基金是各类资金间接参与资本市场的重要工具。各类基金有不同的定位和特点,济安评级分别从基金盈利能力、抗风险能力、业绩稳定性、选股能力、选基能力、择时能力、基准跟踪能力、超额收益能力和整体费用等九方面,对基金产品进行综合评价。

(四)依据基金类型,适度引导价值投资理念。

三、济安评级的步骤

首先,经过定性分析与风格漂移测算,对于基金和基金公司进行合规性检验;其次,进行以同类基金业绩、基金基准和基金投资标的为基础的定量评价;最后,依据评级维度与具体指标和权重配置进行类内星级评价。济安评级的最终准则是基金是否为投资者提供长期稳定的投资回报。

四、基金评级的指标体系

(一)基金分类及相关评价维度。

济安评级将基金分为货币型、纯债、一级债、二级债、股票型、混合型、封闭式、指数型、QDII 基金和 FOF 等十种类型。

上述十类基金的评价维度分别如下:货币型基金以活期存款为绝对基准,依次考察盈利能力和业绩稳定性,尤其是影价偏离度;纯债基金以定期存款为绝对基准,依次考察盈利能力和业绩稳定性;一级债基金的主要收益来自一级市场新股或转债认购,依次考察盈利能力和业绩稳定性;二级债基金可以参与二级市场股票及可转债投资,除考察盈利能力和业绩稳定性外,增设抗风险能力;股票型基金以大盘指数为相对基准,依次考察盈利能力、抗风险能力和选股择时能力,重在价值投资;混合型基金可以在股票和债券两大类资产之间灵活配置,除考察盈利能力、抗风险能力、选股能力外,重在考察择时配置能力;封闭式基金在封闭运作期内没有市场赎回压力,强调期限方面以着重引导价值投资,为此考察方式与混合型基金类似,主要从盈利能力、抗风险能力和选股择时能力方面进行评价;指数型基金以复制标的被动投资为主,故考察基准跟踪能力、超额收益能力和整体费用;QDII 基金以海外市场为目标,故依次考察盈利能力、抗风险能力和业绩稳定性;FOF 以基金为投资标的,可以在各类基金之间灵活配置,除考察盈利能力、抗风险能力外,重在考察选基能力与择时配置能力。

(二)基金评价因素、具体指标和星级比例如表 1、表 2 所示。

表 1　部分类型基金评价因素及具体指标

基金类型	考察因素	因素权重	指标名称	指标权重
货币型	盈利能力	0.67	阶段收益率	1.00
	业绩稳定性	0.33	收益率高于同类平均数的月数/总月数	0.25
			影价偏离度惩罚因子	0.75
纯债	盈利能力	0.67	阶段收益率	1.00
	业绩稳定性	0.33	收益率高于同类平均数的月数/总月数	1.00

续表 1

基金类型	考察因素	因素权重	指标名称	指标权重
股票型	盈利能力	0.74	阶段收益率	0.56
			詹森指数	0.44
	抗风险能力	0.13	亏损频率	0.60
			平均亏损	0.40
	选股择时能力	0.13	组合平均市盈率 *P/E*	0.34
			组合平均市净率 *P/B*	0.33
			组合平均净资产收益率	0.33
混合型	盈利能力	0.69	阶段收益率	0.56
			詹森指数	0.44
	抗风险能力	0.12	亏损频率	0.50
			平均亏损	0.50
	选股择时能力	0.19	C-L 择时能力系数	0.58
			组合平均市盈率 *P/E*	0.14
			组合平均市净率 *P/B*	0.14
			组合平均净资产收益率	0.14
指数型	基准跟踪能力	0.60	跟踪误差	1.00
	超额收益能力	0.30	阶段收益率	0.50
			信息比率	0.50
	整体费用	0.10	管理费和托管费（固定费用）	0.50
			交易费用（变动费用）	0.50
QDII 基金	盈利能力	0.56	阶段收益率	1.00
	业绩稳定性	0.22	收益率高于同类平均数的月数/总月数	0.33
			收益率高于同类市场基准的月数/总月数	0.67
	抗风险能力	0.22	亏损频率	0.50
			平均亏损	0.50

表 2　星级比例

基金星级	各级比例
★★★★★	10%
★★★★	22.5%
★★★	35%
★★	22.5%
★	10%

济安金信基金评级更新间隔为三个月，即每个季度进行正式评级。基金评级结果可以登录北京济安金信科技有限公司官网查看，也可以通过东方财富、天天基金网等进行查看，如图1所示。

基金简称	基金代码	济安评级	盈利能力	抗风险能力	择时能力	选股能力
东方红配置精选混合C	005975	*****	*****	***	***	****
平安瑞兴1年持有混合C	010057	*****	*****	*****	****	****
易方达远见成长混合A	010115	*****	*****	****	**	****
大成核心价值甄选混合C	010930	*****	****	*****	*****	*
安信平衡增利混合A	012250	*****	*****	****	*****	****
天弘通利混合A	000573	*****	*****	***	*****	*****
金元顺安元启灵活配置混合	004685	*****	*****	*****	***	*
南方金融主题灵活配置混合A	004702	*****	*****	**	**	***
中金瑞安混合发起C	005006	*****	*****	***	****	***
淳厚信泽A	007811	*****	****	***	*****	***
中加核心智造混合C	009243	*****	****	*****	****	***

图1 济安金信公募基金评级结果(评级日期:2024-12-31)

资料来源:北京济安金信科技有限公司

第三节 场内基金

一、ETF

ETF是交易型开放式指数基金的缩写，又称交易所交易基金，是一种跟踪标的指数变化且在证券交易所上市交易的基金。投资人买卖标的指数的ETF，可以获得与该指数基本相同的报酬率。

ETF是一种特殊的开放式基金，它既吸收了封闭式基金可以当日实时交易的优点，投资者可以像买卖封闭式基金或者股票一样，在二级市场买卖ETF份额，具有较高的流动性；同时，ETF也具备开放式基金可自由申购赎回的优点，投资者可以如买卖开放式基金一样，向基金管理公司申购或赎回ETF份额。

ETF通常由基金管理公司管理，基金资产为一篮子股票组合，组合中的股票种类与某一特定指数(如上证50指数)包含的成分股票相同，股票数量比例与该指数的成分股构成比例一致。例如，上证50指数包含中国银行、中国石化等50只股票，上证50指数ETF的投资组合也应该包含中国银行、中国石化等50只股票，且投资比例同指数样本中各只股票的权重对应一致。换句话说，指数不变，ETF的股票组合不变；指数调整，ETF投资组合要做相应调整。

打开东方财富软件,单击左侧功能菜单中的【基金】,可以查看上海证券交易所和深圳证券交易所正在交易的基金。点击下方的【ETF】,可以查看所有的 ETF,包括沪深指数 ETF、行业主题 ETF、外盘 ETF、债券 ETF、商品 ETF、货币 ETF、沪股通 ETF、深股通 ETF 等不同类型,如图 6.3 所示。

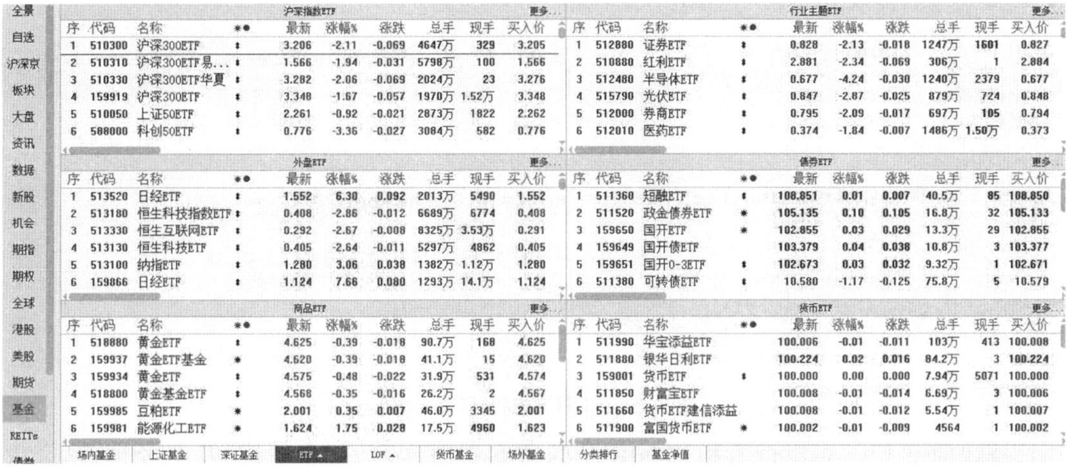

沪深指数ETF

序	代码	名称	最新	涨幅%	涨跌	总手	现手	买入价
1	510300	沪深300ETF	3.206	-2.11	-0.069	4647万	329	3.205
2	510310	沪深300ETF易...	1.566	-1.94	-0.031	5798万	100	1.566
3	510330	沪深300ETF华夏	3.282	-2.06	-0.069	2024万	23	3.276
4	159919	沪深300ETF	3.348	-1.67	-0.057	1970万	1.52万	3.348
5	510050	上证50ETF	2.261	-0.92	-0.021	2873万	1822	2.262
6	588000	科创50ETF	0.776	-3.36	-0.027	3084万	582	0.776

行业主题ETF

序	代码	名称	最新	涨幅%	涨跌	总手	现手	买入价
1	512880	证券ETF	0.828	-2.13	-0.018	1247万	1601	0.827
2	510880	红利ETF	2.881	-2.34	-0.069	306万	1	2.884
3	512480	半导体ETF	0.677	-4.24	-0.030	1240万	2379	0.677
4	515790	光伏ETF	0.847	-2.87	-0.025	879万	724	0.848
5	512000	券商ETF	0.795	-2.09	-0.017	697万	105	0.794
6	512010	医药ETF	0.374	-1.84	-0.007	1486万	1.50万	0.373

外盘ETF

序	代码	名称	最新	涨幅%	涨跌	总手	现手	买入价
1	513520	日经ETF	1.552	6.30	0.092	2013万	5490	1.552
2	513180	恒生科技指数ETF	0.408	-2.86	-0.012	6689万	6774	0.408
3	513330	恒生互联网ETF	0.292	-2.67	-0.008	8325万	3.53万	0.291
4	513130	恒生科技ETF	0.405	-2.64	-0.011	5297万	4862	0.405
5	513100	纳指ETF	1.280	3.06	0.038	1382万	1.12万	1.280
6	159866	日经ETF	1.124	7.66	0.080	1293万	14.1万	1.124

债券ETF

序	代码	名称	最新	涨幅%	涨跌	总手	现手	买入价
1	511360	短融ETF	108.851	0.01	0.007	40.5万	85	108.850
2	511520	政金债券ETF	105.135	0.10	0.105	16.8万	32	105.133
3	159650	国开ETF	102.855	0.03	0.029	13.3万	29	102.855
4	159649	国开债ETF	103.379	0.04	0.038	10.8万	3	103.377
5	159651	国开0-3ETF	102.673	0.03	0.032	9.32万	1	102.671
6	511380	可转债ETF	10.580	-1.17	-0.125	75.8万	5	10.579

商品ETF

序	代码	名称	最新	涨幅%	涨跌	总手	现手	买入价
1	518880	黄金ETF	4.625	-0.39	-0.018	90.7万	168	4.625
2	159937	黄金ETF基金	4.620	-0.39	-0.018	41.1万	15	4.620
3	159934	黄金ETF	4.575	-0.48	-0.022	31.9万	531	4.574
4	518800	黄金基金ETF	4.568	-0.35	-0.016	26.2万	2	4.567
5	159985	豆粕ETF	2.001	0.35	0.007	46.0万	3345	2.001
6	159981	能源化工ETF	1.624	1.75	0.028	17.5万	4960	1.623

货币ETF

序	代码	名称	最新	涨幅%	涨跌	总手	现手	买入价
1	511990	华宝添益ETF	100.006	-0.01	-0.011	103万	413	100.008
2	511880	银华日利ETF	100.224	0.02	0.016	84.2万	3	100.224
3	159001	货币ETF	100.000	0.00	0.000	7.94万	5071	100.000
4	511850	财富宝ETF	100.008	-0.01	-0.014	6.69万	3	100.006
5	511660	货币ETF建信添益	100.008	-0.01	-0.012	5.54万	1	100.007
6	511900	富国货币ETF	100.002	-0.01	-0.009	4564	1	100.002

图 6.3　东方财富软件 ETF 行情页面

在 ETF 行情列表中选中某只具体的基金,如科创 50ETF,双击查看该基金的行情,或者直接在键盘输入科创 50ETF 的代码 588000,即可查看该基金的分时走势图(图 6.4)和 K 线图(图 6.5)。

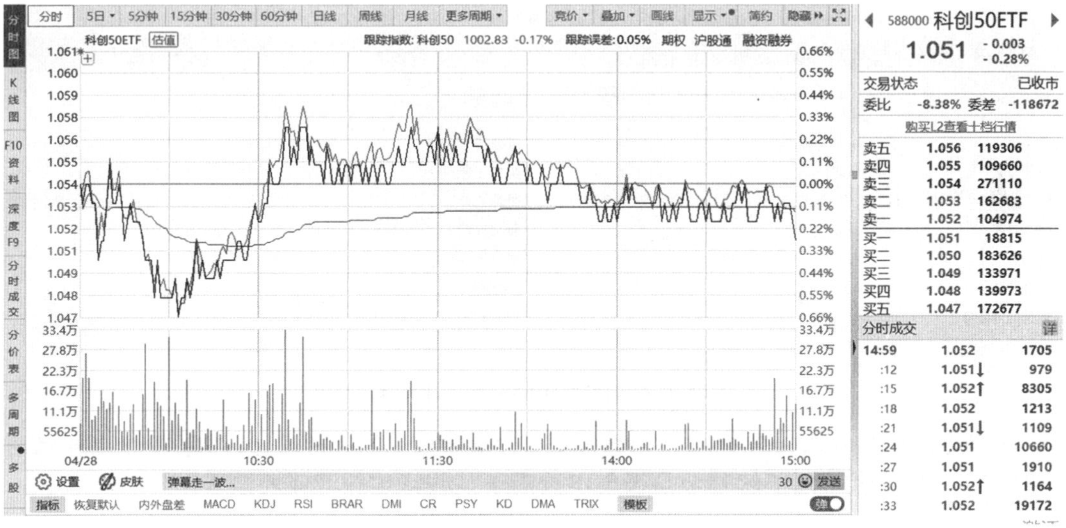

图 6.4　科创 50ETF 的分时走势图

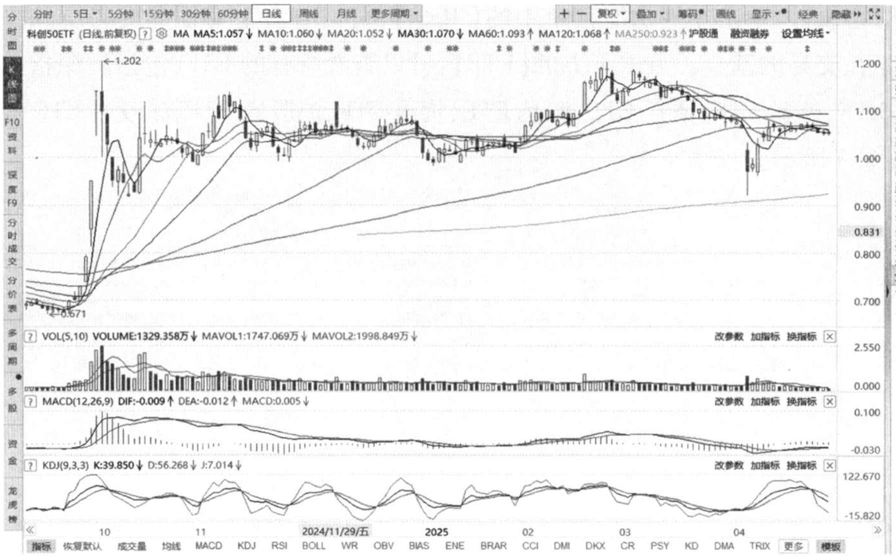

图 6.5　科创 50ETF 的 K 线图

按快捷键 F10,可以查看科创 50ETF 的资本资料,包括基金概况、基金经理、基金评级、历史净值、基金表现、投资组合、规模份额、基金公告、财务分析和销售信息等,如图6.6所示。

588000　科创50ETF　　交易状态：场内交易

基金概况	基金经理	基金评级	历史净值	基金表现
投资组合	规模份额	基金公告	财务分析	销售信息

基本概况 | 投资目标 | 投资理念 | 投资范围 | 投资策略 | 分红政策 | 业绩比较基准 | 风险收益特征

▸ 基本概况

基金全称	华夏上证科创板50成份交易型开放式指数证券投资基金	**基金简称**	科创50ETF
基金代码	588000(主代码)	**基金类型**	股票型基金
发行日期	2020年09月22日	**成立日期/规模**	2020年09月28日/51.336亿份
资产规模	773.85亿元/(截止至：2025年04月25日)	**份额规模**	734.2017亿份/(截止至：2025年04月25日)
基金管理人	华夏基金	**基金托管人**	招商银行
基金经理人	荣膺(休产假)、赵宗庭(代)	**成立来分红**	每份累计--元(一次)
管理费率	0.15%(每年)	**托管费率**	0.05%(每年)
销售服务费率	—(每年)	**跟踪标的**	科创50
业绩比较基准	上证科创板50成份指数收益率		

图 6.6　科创 50ETF 的基本资料

点击【投资组合】,可以查看股票持仓、持仓集中度、行业配置、资产配置等重要信息(图 6.7)。投资者可以了解基金是否集中投资于某些特定行业或股票等。

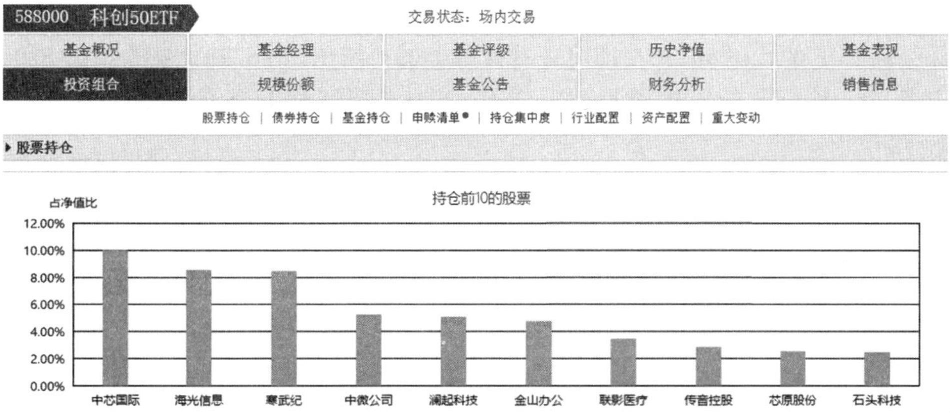

图 6.7 科创 50ETF 的投资组合

二、LOF

LOF 是上市开放式基金的缩写，是指在交易所上市交易的开放式证券投资基金。其投资者既可通过基金管理人或其委托的销售机构以基金净值进行基金的申购、赎回，也可通过交易所市场以交易系统撮合成交价进行基金的买入、卖出。

LOF 的主要特点如下：

(1) LOF 本质上仍是开放式基金，基金份额总额不固定，基金份额可以在基金合同约定的时间和场所申购、赎回。

(2) LOF 发售结合了银行等代销机构与证券交易所交易网络二者的销售优势。

(3) LOF 获准在交易所上市交易后，投资者既可以选择在银行等代销机构按当日收市的基金份额净值申购、赎回基金份额，也可以选择在交易所市场按撮合成交价买卖基金份额。

打开东方财富软件，单击左侧功能菜单中的【基金】进入基金列表，点击下方的【LOF】，可以查看所有的 LOF，包括股票 LOF、债券 LOF、商品 LOF、QDII-LOF 等不同类型，如图 6.8 所示。

图 6.8 东方财富软件 LOF 行情页面

在 LOF 行情列表中选中某只 LOF，如沪港深红利 LOF，直接双击或者利用键盘输入沪港深红利 LOF 的代码 501307，即可查看该基金的行情图（图 6.9）。按快捷键 F10，可以查看沪港深红利 LOF 的资本资料（图 6.10）。沪港深红利 LOF 的基金表现如图 6.11 所示。

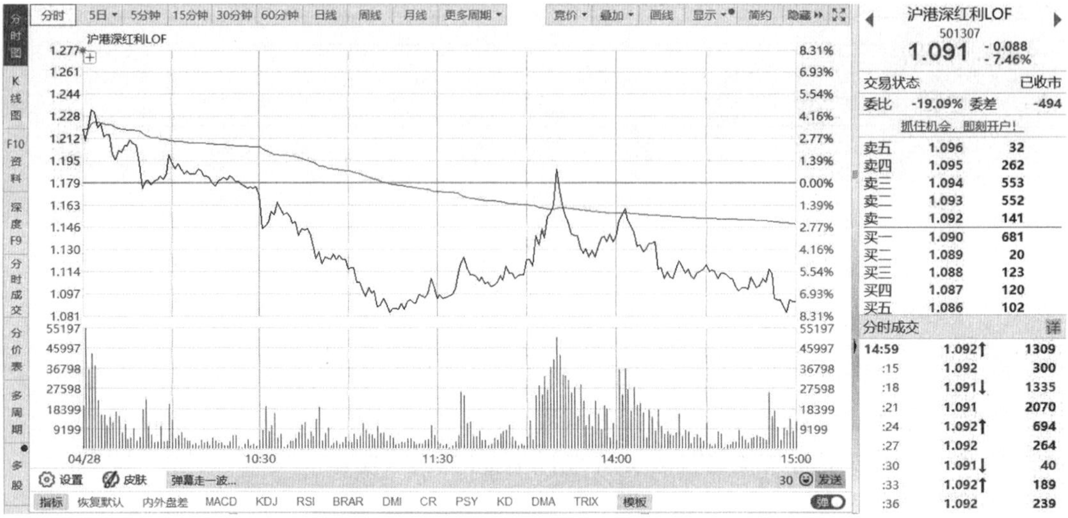

图 6.9　沪港深红利 LOF 的行情图

501307　沪港深红利LOF　　　交易状态：场内交易

基金概况	基金经理	基金评级	历史净值	基金表现
投资组合	规模份额	基金公告	财务分析	销售信息

基本概况 ｜ 投资目标 ｜ 投资理念 ｜ 投资范围 ｜ 投资策略 ｜ 分红政策 ｜ 业绩比较基准 ｜ 风险收益特征

▸ 基本概况

基金全称	银河中证沪港深高股息指数型证券投资基金(LOF)	基金简称	沪港深红利LOF
基金代码	501307(主代码)	基金类型	股票型基金
发行日期	2018年02月26日	成立日期/规模	2018年04月10日/1.649亿份
资产规模	0.16亿元/（截止至：2025年03月31日）	份额规模	0.1502亿份/（截止至：2025年03月31日）
基金管理人	银河基金	基金托管人	北京银行
基金经理人	黄栋、卢轶乔	成立来分红	每份累计--元（--次）
管理费率	0.50%（每年）	托管费率	0.18%（每年）
销售服务费率	0.00%（每年）	跟踪标的	SHS高股息人民币
业绩比较基准	中证沪港深高股息指数收益率*95% +银行活期存款利率(税后)*5%		

图 6.10　沪港深红利 LOF 的基本资料

501307　沪港深红利LOF　　交易状态：场内交易

基金概况	基金经理	基金评级	历史净值	基金表现
投资组合	规模份额	基金公告	财务分析	销售信息

阶段涨幅 ｜ 季/年度涨幅

▶阶段涨幅

	今年来	近1周	近1月	近3月	近6月	近1年	近2年	近3年	近5年	成立来
涨幅	0.42%	1.17%	-1.35%	3.90%	0.66%	12.03%	10.26%	14.40%	22.81%	7.04%
同类平均	-0.78%	1.12%	-4.30%	0.46%	-1.60%	13.97%	-1.24%	8.40%	18.09%	--
沪深300	-3.90%	-0.09%	-3.41%	-0.93%	-4.60%	5.51%	-6.14%	-3.56%	-1.75%	-1.85%
同类排名	1008/3439	1479/3783	488/3689	559/3531	979/3103	1199/2760	349/2149	587/1730	392/966	-- / --
排名变动	7↓	63↓	188↑	12↑	212↑	114↓	14↓	49↓	2↓	--
四分位排名	良好	良好	优秀	优秀	良好	良好	优秀	良好	良好	--

（截止至：2025-04-25）

图 6.11　沪港深红利 LOF 的基金表现

三、QDII 基金

QDII 基金是合格境内机构投资者基金的缩写，是指在一国境内设立，经该国有关部门批准从事境外证券市场的股票、债券等有价证券投资的基金。场内 QDII 基金的交易主要通过交易所进行，投资者可以通过交易账户在交易时间段内进行买卖操作。但二级市场的交易价格会受到市场供求关系的影响，可能与基金的净值存在一定的差距。目前，场内交易的 QDII 基金同时也是 ETF 或者 LOF。QDII 基金为国内投资者提供了一条参与国际投资的通道。

打开东方财富软件，在基金行情页面点击【ETF】⇨【外盘 ETF】或者点击【LOF】⇨【QDII-LOF】，就可以方便地查看场内交易的 QDII 基金。外盘 ETF（QDII 基金）行情列表如图 6.12 所示，QDII-LOF 行情列表如图 6.13 所示。

自选 沪深京 板块 大盘 资讯 数据 新股 机会 期指 期权 全球 港股 美股 期货 基金 REITs 债券 外汇 交易

序	代码	名称	最新	涨幅%	涨跌	总手	现手	买入价	卖出价	涨速%	换手%	金额↓	最高	最低	开盘	昨收	振幅%	量比	委比%
1	513180	恒生科技指数ETF	0.692	-0.14	-0.001	5282万	1.35万	0.692	0.693	0.00	13.66	36.45亿	0.693	0.686	0.693	0.693	1.01	0.69	-22.47
2	513120	港股创新药ETF	0.925	-2.01	-0.019	3513万	1.87万	0.925	0.926	-0.11	29.18	32.42亿	0.937	0.905	0.917	0.944	3.39	1.00	-34.23
3	513130	恒生科技ETF	0.684	0.00	0.000	4509万	1655	0.683	0.684	0.00	12.46	30.72亿	0.685	0.676	0.683	0.684	1.32	0.63	-26.94
4	513060	恒生医疗ETF	0.478	-1.65	-0.008	4121万	6073	0.478	0.479	-0.21	18.24	19.68亿	0.484	0.471	0.480	0.486	2.67	1.30	-11.11
5	513050	中概互联网ETF	1.345	0.15	0.002	1297万	1756	1.344	1.345	-0.07	5.03	17.37亿	1.350	1.331	1.350	1.343	1.41	0.66	-20.86
6	513330	恒生互联网ETF	0.461	0.00	0.000	3585万	13.3万	0.461	0.462	0.00	6.97	16.48亿	0.462	0.457	0.462	0.461	1.08	0.61	-15.43
7	159792	港股通互联网E...	0.814	0.37	0.003	2035万	11.9万	0.814	0.815	0.12	3.57	16.47亿	0.815	0.803	0.811	0.811	1.48	0.66	-2.55
8	513090	香港证券ETF	1.450	-0.62	-0.009	1134万	5246	1.449	1.450	0.07	23.14	16.39亿	1.462	1.435	1.461	1.459	1.85	0.63	4.62
9	159941	纳指ETF	1.094	0.37	0.004	1216万	14.0万	1.093	1.094	0.09	5.58	13.28亿	1.096	1.086	1.088	1.090	0.92	1.01	-2.18
10	159892	恒生医药ETF	0.613	-1.76	-0.011	2058万	5.08万	0.612	0.613	0.00	27.99	12.58亿	0.620	0.602	0.612	0.624	2.88	1.55	1.21
11	159740	恒生科技ETF	0.680	-0.15	-0.001	1695万	11.2万	0.680	0.681	0.00	16.40	11.49亿	0.682	0.674	0.680	0.681	1.17	0.73	-27.03
12	513010	恒生科技ETF易方达	0.708	0.00	0.000	1523万	2062	0.707	0.708	0.00	8.84	10.74亿	0.709	0.700	0.708	0.708	1.27	1.00	-6.67
13	159567	港股创新药ETF	1.241	-2.28	-0.029	832万	2.13万	1.241	1.242	-0.08	78.61	10.31亿	1.261	1.214	1.238	1.270	3.70	1.18	-24.04
14	159509	纳指科技ETF	1.399	0.36	0.005	686万	9.49万	1.399	1.400	-0.07	10.84	9.60亿	1.406	1.389	1.392	1.394	1.22	1.12	-32.57
15	520580	新兴亚洲ETF	0.984	1.76	0.017	923万	911	0.983	0.984	0.00	176.14	9.08亿	0.996	0.969	0.969	0.967	2.79	5.01	-25.51
16	159570	港股通创新药E...	1.248	-1.73	-0.022	667万	1.18万	1.247	1.248	0.16	27.43	8.30亿	1.265	1.223	1.230	1.270	3.31	0.95	-48.14
17	159636	港股通科技30ETF	1.238	-0.72	-0.009	640万	1.75万	1.238	1.239	0.00	3.77	7.90亿	1.244	1.225	1.241	1.247	1.52	0.95	-14.63
18	513980	港股科技50ETF	0.679	-0.88	-0.006	1103万	109	0.678	0.679	0.00	5.30	7.46亿	0.684	0.670	0.684	0.685	2.04	0.60	9.30
19	159920	恒生ETF	1.374	-0.07	-0.001	535万	2.45万	1.374	1.375	-0.07	4.62	7.33亿	1.377	1.361	1.375	1.375	1.16	0.96	-53.12
20	513100	纳指ETF	1.448	0.28	0.004	458万	900	1.447	1.448	0.07	4.82	6.61亿	1.450	1.437	1.440	1.444	0.90	0.85	-8.32
21	513300	纳斯达克ETF	1.808	0.22	0.004	364万	95	1.808	1.809	0.00	8.55	6.58亿	1.815	1.797	1.801	1.804	1.00	0.83	-69.25
22	159506	恒生医疗ETF	1.045	-1.51	-0.016	598万	1.01万	1.044	1.045	0.10	30.61	6.23亿	1.055	1.021	1.045	1.061	3.20	1.05	7.81
23	513260	恒生科技ETF基...	1.325	0.08	0.001	472万	438	1.325	1.326	0.00	14.86	6.23亿	1.326	1.310	1.323	1.324	1.21	0.81	-43.58
24	513200	港股通医药ETF	0.835	-1.30	-0.011	668万	119	0.835	0.836	0.12	15.78	5.55亿	0.841	0.819	0.829	0.846	2.60	1.55	-15.16
25	159605	中概互联ETF	1.013	0.30	0.003	527万	4.97万	1.012	1.013	0.10	10.16	5.31亿	1.015	1.002	1.015	1.010	1.29	0.60	-8.29
26	520500	恒生创新药ETF	1.312	-1.80	-0.024	401万	489	1.311	1.312	0.00	131.13	5.24亿	1.327	1.278	1.304	1.336	3.67	1.01	-24.62
27	513500	标普500ETF	1.901	0.32	0.006	233万	151	1.900	1.902	0.05	2.49	4.41亿	1.902	1.889	1.892	1.895	0.69	0.72	30.14

场内基金　上证基金　深证基金　外盘ETF▲　QDII-LOF▲　货币基金　场外基金　分类排行　基金净值

图 6.12　外盘 ETF（QDII 基金）行情列表

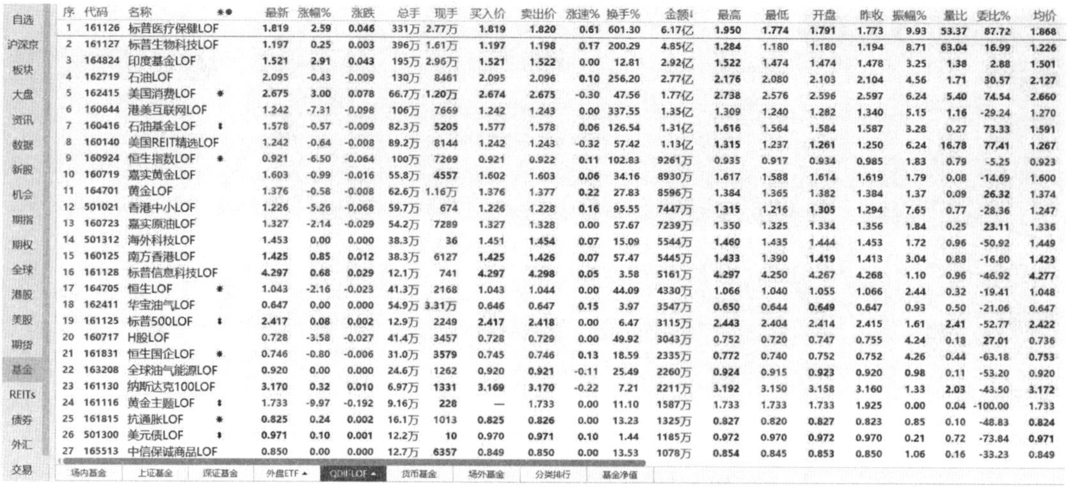

序	代码	名称	最新	涨幅%	涨跌	总手	现手	买入价	卖出价	涨速%	换手%	金额	最高	最低	开盘	昨收	振幅%	量比	委比%	均价
1	161126	标普医疗保健LOF	1.819	2.59	0.046	331万	2.77万	1.819	1.820	0.61	601.30	6.17亿	1.950	1.774	1.791	1.773	9.93	53.37	87.72	1.868
2	161127	标普生物科技LOF	1.197	0.25	0.003	396万	1.61万	1.197	1.198	0.17	200.29	4.85亿	1.284	1.180	1.180	1.194	8.71	63.04	16.99	1.226
3	164824	印度基金LOF	1.521	2.91	0.043	195万	2.96万	1.521	1.522	0.00	12.81	2.92亿	1.522	1.474	1.474	1.478	3.25	1.38	2.88	1.501
4	162719	石油LOF	2.095	-0.43	-0.009	130万	8461	2.095	2.096	0.10	256.20	2.77亿	2.176	2.080	2.103	2.104	4.56	1.71	30.57	2.127
5	162415	美国消费LOF	2.675	3.00	0.078	66.7万	1.20万	2.674	2.675	-0.30	47.56	1.77亿	2.738	2.576	2.596	2.597	6.24	5.40	74.54	2.660
6	160644	港美互联网LOF	1.242	-7.31	-0.098	106万	7669	1.242	1.243	0.00	337.55	1.35亿	1.309	1.240	1.282	1.340	5.15	1.16	-29.24	1.270
7	160416	石油基金LOF	1.578	-0.57	-0.009	82.3万	5205	1.577	1.578	0.06	126.54	1.31亿	1.616	1.564	1.584	1.587	3.28	0.27	73.33	1.591
8	160140	美国REIT精选LOF	1.242	-0.64	-0.008	89.2万	8144	1.242	1.243	-0.32	57.42	1.13亿	1.315	1.237	1.261	1.250	6.24	16.78	77.41	1.267
9	160924	恒生指数LOF	0.921	-6.50	-0.064	100万	7269	0.921	0.922	0.11	102.83	9261万	0.935	0.917	0.934	0.985	1.83	0.79	-5.25	0.923
10	160719	嘉实黄金LOF	1.603	-0.99	-0.016	55.8万	4557	1.602	1.603	0.06	34.16	8930万	1.617	1.588	1.614	1.619	1.79	0.08	-14.69	1.600
11	164701	黄金LOF	1.376	-0.58	-0.008	62.6万	1.16万	1.376	1.377	0.22	27.83	8596万	1.384	1.365	1.382	1.384	1.37	0.09	26.32	1.374
12	501021	香港中小LOF	1.226	-5.26	-0.068	59.7万	674	1.226	1.228	0.16	95.55	7447万	1.315	1.216	1.305	1.294	7.65	0.77	-28.36	1.247
13	160723	嘉实原油LOF	1.327	-2.14	-0.029	54.2万	7289	1.327	1.328	0.00	57.67	7239万	1.350	1.325	1.334	1.356	1.84	0.25	23.11	1.336
14	501312	海外科技LOF	1.453	0.00	0.000	38.3万	36	1.451	1.454	0.07	15.09	5544万	1.460	1.435	1.444	1.453	1.72	0.96	-50.92	1.449
15	160125	南方香港LOF	1.425	0.85	0.012	38.3万	6127	1.425	1.426	0.07	57.47	5445万	1.433	1.390	1.419	1.413	3.04	0.88	-16.80	1.423
16	161128	标普信息科技LOF	4.297	0.68	0.029	12.1万	741	4.297	4.298	0.05	3.58	5161万	4.297	4.250	4.267	4.268	1.10	0.96	-46.92	4.277
17	164705	恒生LOF	1.043	-2.16	-0.023	41.3万	2168	1.043	1.044	0.00	44.09	4330万	1.066	1.040	1.055	1.066	2.44	0.32	-19.41	1.048
18	162411	华宝油气LOF	0.647	0.00	0.000	54.9万	3.31万	0.646	0.647	0.15	3.97	3547万	0.650	0.644	0.649	0.647	0.93	0.50	-21.06	0.647
19	161125	标普500LOF	2.417	0.08	0.002	12.9万	2249	2.417	2.418	0.00	6.47	3115万	2.443	2.404	2.414	2.415	1.61	2.41	-52.77	2.422
20	160717	H股LOF	0.728	-3.58	-0.027	41.4万	3457	0.728	0.729	0.00	49.92	3043万	0.752	0.720	0.747	0.755	4.24	0.18	27.01	0.736
21	161831	恒生国企LOF	0.746	-0.80	-0.006	31.0万	3579	0.745	0.746	0.13	18.59	2335万	0.772	0.740	0.752	0.752	4.26	0.44	-63.18	0.753
22	163208	全球油气能源LOF	0.920	0.00	0.000	24.6万	1262	0.920	0.921	-0.11	25.49	2260万	0.924	0.915	0.923	0.920	0.98	0.11	-53.20	0.920
23	161130	纳斯达克100LOF	3.170	0.32	0.010	6.97万	1331	3.169	3.170	-0.22	7.21	2211万	3.192	3.150	3.158	3.160	1.33	2.03	-43.50	3.172
24	161116	黄金主题LOF	1.733	-9.97	-0.192	9.16万	228	—	1.733	0.00	11.10	1587万	1.733	1.733	1.733	1.925	0.00	0.04	-100.00	1.733
25	161815	抗通胀LOF	0.825	0.24	0.002	16.1万	1013	0.825	0.826	0.00	13.23	1325万	0.827	0.820	0.827	0.823	0.85	0.10	-48.83	0.824
26	501300	美元债LOF	0.971	0.10	0.001	12.2万	10	0.970	0.971	0.10	1.44	1185万	0.972	0.970	0.972	0.970	0.21	0.72	-73.84	0.971
27	165513	中信保诚商品LOF	0.850	0.00	0.000	12.7万	6357	0.849	0.850	0.00	13.53	1078万	0.854	0.845	0.853	0.850	1.06	0.16	-33.23	0.849

图 6.13　QDII-LOF 行情列表

以纳指科技 ETF 为例,双击纳指科技 ETF 或者利用键盘输入纳指科技 ETF 的代码 159509,即可打开该基金的分时图和 K 线图,也可以查看基金的基本资料(图 6.14)。纳指科技 ETF 采用完全复制法跟踪纳斯达克科技市值加权指数,即原则上按照成分股在指数中的基准权重构建指数化投资组合,并根据指数成分股及其权重的变化进行相应调整,具有与指数以及指数所代表的股票市场相似的风险收益特征,如图 6.15 所示。

基金全称	景顺长城纳斯达克科技市值加权交易型开放式指数证券投资基金(QDII)	基金简称	景顺长城纳斯达克科技ETF(QDII)
基金代码	159509(主代码)	基金类型	QDII
发行日期	2023年07月10日	成立日期/规模	2023年07月19日/4.536亿份
资产规模	83.06亿元/(截止至:2025年04月24日)	份额规模	63.2756亿份/(截止至:2025年04月25日)
基金管理人	景顺长城基金	基金托管人	招商银行
基金经理人	汪洋、张晓南	成立来分红	每份累计--元(一次)
管理费率	0.80%(每年)	托管费率	0.20%(每年)
销售服务费率	—(每年)	跟踪标的	纳斯达克科技市值加权
业绩比较基准	纳斯达克科技市值加权指数收益率(使用估值汇率调整)		

图 6.14　纳指科技 ETF(QDII 基金)基本资料

四、场内基金仿真模拟交易

东方财富软件提供了模拟基金交易的平台,可以方便地选择基金、下达交易指令、查看成交情况以及跟踪基金净值变化等。

打开东方财富软件,点击【交易】⇨【模拟炒股】,就可以进行场内基金的模拟交易了。和买卖股票一样,输入基金代码、买卖价格和买卖数量等信息后,即可委托下单。投资者可以在模拟环境中尝试各种基金投资策略,观察不同策略在模拟交易中的效果,有针对性地改进投资方法，提高投资水平。

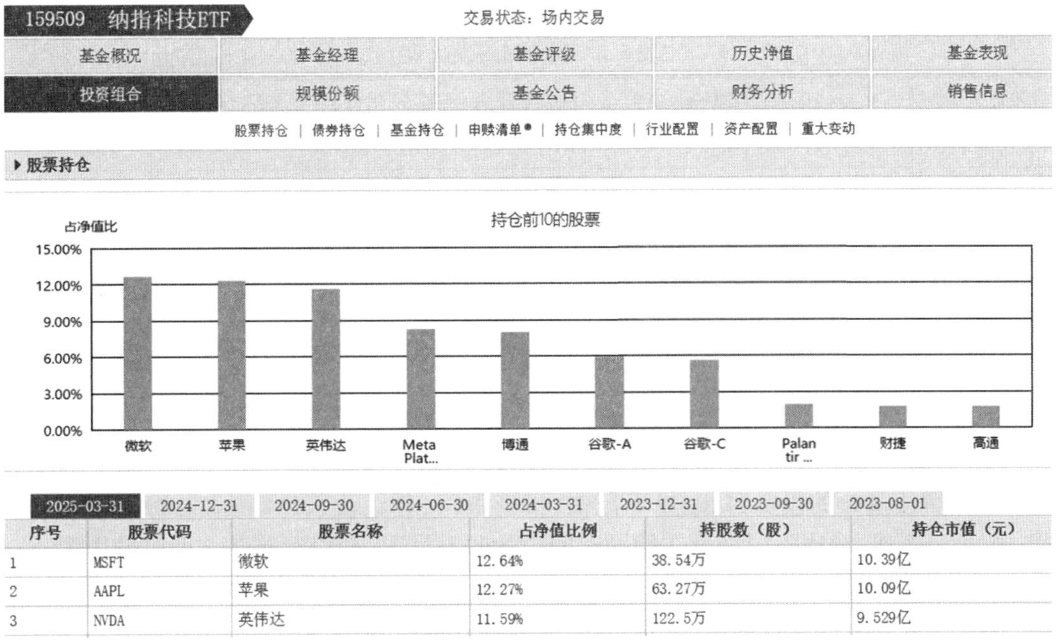

图 6.15　纳指科技 ETF（QDII 基金）的投资组合

实训项目十一　基金市场信息收集及场内基金的仿真交易

一、实训目的

（1）深入理解基金市场主要的运作机制和不同类型基金的特点、投资方法。

（2）熟练掌握收集基金市场信息的方法，包括基金的基本资料、投资组合、业绩表现、基金评级等内容，提升信息筛选和分析能力。

（3）运用仿真交易平台进行场内基金模拟交易操作，熟悉交易流程、规则。

（4）培养实际投资决策能力，提高综合金融实践素养，增强金融风险防范意识。

二、实训要求

（1）认真学习基金市场的理论知识，提前了解实训目的、要求和流程。

（2）以小组为单位进行实训，发挥团队协作精神，共同完成实训项目。

（3）在计算机上准备好东方财富软件，熟悉软件的操作页面，能够正常进行基金模拟交易。

（4）认真完成基金市场信息收集、模拟交易操作和实训报告撰写等任务。

三、实训内容及步骤

（1）打开东方财富软件或者天天基金网，查找不同类型的基金。在表 6.2 中记录每只基金的基本信息，包括基金名称、基金代码、基金类型、基金管理人、基金托管人、基金规模、单位净值等信息。

表 6.2　基金情况统计表

基金名称	基金代码	基金类型	基金管理人	基金托管人	基金规模	单位净值

（2）分别收集一只股票型基金、债券型基金、混合型基金、ETF、LOF、QDII 基金和 FOF，认真解读基金的投资目标、投资范围、投资策略、分红政策、风险收益特征等。分析基金的业绩表现，对比不同基金在相同时间段的收益情况，探讨影响基金业绩的因素。

（3）根据对基金市场的分析，选择投资的基金品种和投资比例，撰写投资策略报告，详细说明投资策略的制定依据、投资目标、风险控制措施等。

（4）按照制定的投资策略，运用东方财富软件进行场内基金仿真交易，密切关注基金的市场表现和净值变化，根据投资策略的执行情况和市场行情的变化，适时调整投资组合。记录每一笔交易的时间、基金名称、基金代码、成交价格、成交数量等信息，并填写交易明细表（表 6.3）。

表 6.3　交易明细表

交易时间	基金名称	基金代码	买卖方向	成交价格	成交数量	交易费用

（5）根据模拟交易的结果计算投资收益率，评估投资策略的有效性，提出改进投资策略的思路和方法。

四、实训结果

总结基金模拟交易过程中的经验和教训，撰写一篇实训报告。报告要能够体现实训的完整过程以及对基金市场的深刻理解和对投资实践的思考。

实训项目十二　模拟基金运作

一、实训目的

(1)通过模拟基金的实际运营,使学生熟悉基金从设立到运作的完整流程。

(2)通过分组扮演基金经理、研究员、交易员、风控师等不同角色,培养学生的团队协作精神与沟通能力,让学生体会各岗位在基金运作中的重要性以及相互协作的必要性。

(3)提升学生信息收集、分析与处理能力,锻炼其根据市场动态制定合理投资策略、执行交易操作以及有效控制风险的实践能力,增强学生对金融市场的敏锐度和适应性。

(4)培养金融风险防范意识和理性投资思维,提高学生在复杂金融环境下的决策能力。

二、实训要求

(1)认真学习基金相关理论知识,提前了解基金设立及运作的基本流程和规则,做好知识储备。

(2)团队成员明确自身的角色和职责,严格按照岗位要求完成各项任务,保证实训项目顺利推进。

(3)按时完成各阶段实训任务,如实记录实训过程中的信息和数据,认真撰写实训报告。

三、实训内容及步骤

1. 团队组建与角色分工

自由组队,每组 5 人,其中基金经理 1 人、研究员 2 人、交易员 1 人、风控师 1 人。具体职责分工如下。

基金经理:全面负责基金的运作,制定基金投资目标和总体策略,协调团队成员工作,根据研究员的分析报告和市场动态做出投资决策,审核交易员的交易指令,对基金的业绩负责。

研究员:负责收集、整理和分析市场信息,进行宏观经济研究、行业研究、上市公司研究等。通过深入研究,撰写市场分析报告和投资策略研究报告,为基金经理制定投资决策提供依据。

交易员:能够快速、准确地在模拟交易平台上执行基金经理下达的交易指令,监控交易过程,向基金经理提供每日的交易数据,做好交易记录,并及时向基金经理反馈交易中的异常情况。

风控师:建立基金风险评估体系,对基金投资组合进行风险监测和评估,识别潜在风险因素,制定风险控制措施和应急预案。在交易过程中,实时监控风险指标,对超出风险限额的交易提出预警并及时向基金经理报告,定期出具风险评估报告。

2. 模拟基金设立

团队共同讨论确定模拟基金的名称、类型、投资目标、投资策略、投资范围、业绩比较基准以及存续期限等基本信息。规划基金的募集规模、募集方式、募集对象、认购价格和认购费用等内容,模拟撰写基金募集说明书,详细阐述基金的基本情况,为基金募集做好准备。

3. 模拟基金运作

(1)研究员收集信息并进行深入的研究分析,撰写投资分析报告,包括对当前市场形势的判断、不同行业和资产类别的投资价值分析、上市公司投资分析等,并提出具体的投资建议,撰写投资策略研究报告。

(2)基金经理组织团队成员对研究员的报告进行讨论,审核投资策略研究报告,结合基金的投资目标和风险承受能力,制定详细的投资策略,明确投资组合中各类资产的配置比例、重点投资的行业和上市公司等。

(3)交易员根据基金经理制定的投资策略,在模拟交易平台上进行买入或卖出操作,构建投资组合。在交易过程中,严格按照交易规则和流程执行交易指令,准确填写交易数量、价格等信息,并及时记录交易时间、成交价格、成交数量等交易数据。交易员应密切关注交易动态,及时向基金经理反馈交易执行情况。对于未成交的交易指令,根据市场变化及时调整交易价格和数量,确保投资策略的有效实施。

(4)风控师建立基金风险评估模型,设定风险指标和风险限额。在基金运作过程中,风控师实时监控基金投资组合的风险状况,定期对投资组合进行风险评估,分析风险来源和变化趋势,撰写风控报告。一旦发现风险指标超出设定的风险限额,立即向基金经理发出预警,并提出相应的风险控制建议,确保基金在可控的风险范围内运作。

(5)对投资组合进行跟踪,做好盈亏分析、风险分析,对持仓品种、持仓比重等进行动态调整。也可以进行岗位轮换,具体轮换规则由团队成员自行决定。

4. 实训总结

各团队对模拟基金的运作过程和结果进行全面总结和分析。基金经理组织团队成员回顾投资策略的制定和执行情况,分析投资收益和风险控制效果,总结成功经验和不足之处。

四、实训结果

对基金模拟运作过程进行总结,撰写一篇基金模拟运营实训报告,详细描述基金设立、市场分析、策略制定、交易执行和风险控制等环节的具体操作,展示基金的投资组合、交易记录、收益情况、风险指标等数据,并进行分析和评价。

第七章　期货投资分析

第一节　期货与期货市场

一、期货合约的定义与种类

期货合约是指期货交易场所统一制定的、约定在将来某一特定的时间和地点交割一定数量标的物的标准化合约。基于标的物的不同，期货可以分为商品期货和金融期货。

常见的商品期货如下。

农产品期货：白糖、棉花、小麦、籼稻、油菜籽、菜籽油、菜籽粕、棉纱、苹果、红枣、玉米、玉米淀粉、大豆、豆油、豆粕、棕榈油、纤维板、胶合板、鸡蛋、生猪、花生、粳米、原木等。

能源化工期货：原油、燃料油、石油沥青、天然橡胶、20 号胶、纸浆、动力煤、精对苯二甲酸（PTA）、甲醇、玻璃、尿素、纯碱、聚乙烯、聚氯乙烯、聚丙烯、乙二醇、苯乙烯、液化石油气、涤纶短纤、合成橡胶、对二甲苯、烧碱等。

黑色金属期货：螺纹钢、热轧卷板、不锈钢、铁矿石、硅铁、锰硅、线材等。

有色金属期货：铜、铝、锌、铅、镍、锡、工业硅、氧化铝、碳酸锂、多晶硅等。

贵金属期货：黄金、白银。

常见的金融期货主要可分为股价指数期货、利率期货和外汇期货等。其中，股价指数期货是指以特定股票价格指数为标的资产的期货合约，如沪深 300 指数期货、上证 50 指数期货、中证 500 指数期货、中证 1000 指数期货和香港恒生指数期货等。利率期货是指标的资产价格依赖于利率水平的期货合约，如欧洲美元期货和中国国债期货等。外汇期货则以货币作为标的资产，如美元、欧元、英镑、日元和澳元等。

二、标准化期货合约的内容

期货合约是由交易所设计的，通常有标准化的合约条款。一般来说，常见的标准期货合约条款包括交易品种、交易单位、报价单位、最小变动价位、每日价格波动限制（涨跌停板幅度）、最低交易保证金、合约交割月份、交易时间、最后交易日、交易代码、交割条款等。表 7.1 至表 7.4 分别给出了苹果期货、鸡蛋期货、铅期货和中证 500 指数期货合约的主要内容。

表 7.1 郑州商品交易所苹果期货合约

交易品种	鲜苹果(简称苹果)
交易单位	10 t/手
报价单位	元(人民币)/t
最小变动价位	1 元(人民币)/t
每日价格波动限制	上一交易日结算价的±5%及《郑州商品交易所期货交易风险控制管理办法》相关规定
最低交易保证金	合约价值的 7%
合约交割月份	1 月、3 月、4 月、5 月、10 月、11 月、12 月
交易时间	9:00—11:30,13:30—15:00, 以及交易所规定的其他交易时间
最后交易日	合约交割月份的第 10 个交易日
最后交割日	仓单交割:合约交割月份的第 13 个交易日 车(船)板交割:合约交割月份的次月 10 日
交割品级	见《郑州商品交易所鲜苹果期货业务细则》
交割地点	交易所指定交割地点
交割方式	实物交割
交易代码	AP
上市交易所	郑州商品交易所

表 7.2 大连商品交易所鸡蛋期货合约

交易品种	鲜鸡蛋(简称鸡蛋)
交易单位	5 t/手
报价单位	元(人民币)/500 kg
最小变动价位	1 元(人民币)/500 kg
涨跌停板幅度	上一交易日结算价的 4%
合约月份	1—12 月
交易时间	9:00—11:30,13:30—15:00, 以及交易所规定的其他交易时间
最后交易日	合约月份倒数第 4 个交易日
最后交割日	最后交易日后第 3 个交易日
交割等级	大连商品交易所鸡蛋交割质量标准(F/DCE JD003-2020)

续表 7.2

交割地点	大连商品交易所鸡蛋指定交割仓库、指定车板交割场所
最低交易保证金	合约价值的 5%
交割方式	实物交割
交易代码	JD
上市交易所	大连商品交易所

表 7.3　上海期货交易所铅期货合约

交易品种	铅
交易单位	5 t/手
报价单位	元(人民币)/t
最小变动价位	5 元(人民币)/t
涨跌停板幅度	上一交易日结算价的±4%
合约月份	1—12 月
交易时间	9:00—11:30,1:30—3:00 和交易所规定的其他交易时间
最后交易日	合约月份的 15 日(遇国家法定节假日顺延,春节月份等最后交易日交易所可另行调整并通知)
交割日期	最后交易日后连续两个工作日
交割品级	标准品:铅锭,符合国标 GB/T 469—2023 Pb99.994 规定,或者符合国标 GB/T 469—2023 Pb99.996 规定
交割地点	交易所交割仓库
最低交易保证金	合约价值的 5%
交割方式	实物交割
交割单位	25 t
交易代码	PB
上市交易所	上海期货交易所

表 7.4　中国金融期货交易所中证 500 指数期货合约

合约标的	中证 500 指数
合约乘数	每点 200 元
报价单位	指数点
最小变动价位	0.2 点
合约月份	当月、下月及随后两个季月

续表 7.4

交易时间	9:30—11:30,13:00—15:00
每日价格最大波动限制	上一个交易日结算价的±10%
最低交易保证金	合约价值的 8%
最后交易日	合约到期月份的第三个周五,遇国家法定假日顺延
交割日期	同最后交易日
交割方式	现金交割
交易代码	IC
上市交易所	中国金融期货交易所

由于期货合约的高度标准化,使得期货头寸的开立和平仓能够非常便利地进行,大大提高了期货合约的交易效率和流动性,促进了期货交易的发展。

三、期货交易制度

为了维护期货交易的“三公”原则与期货市场的高效运行,对期货市场实施有效的风险管理,期货交易所制定了一系列的相关制度与规则。

(一)保证金制度

期货交易实行保证金制度。在期货交易中,期货买方和卖方必须按照其所买卖期货合约价值的一定比率缴纳保证金,用于结算和履约保障。不同交易所、期货公司、期货品种甚至同一品种的不同时期,保证金要求都可能不同。在我国,期货交易者缴纳的保证金可以是现金,也可以是国债、股票、基金份额、标准仓单等流动性强的有价证券,以及国务院期货监督管理机构规定的其他财产。以有价证券等作为保证金的,可以依法通过质押等具有履约保障功能的方式进行。

(二)当日无负债结算制度

期货交易实行当日无负债结算制度。在期货交易场所规定的时间,期货结算机构应当在当日按照结算价对结算参与人进行结算;结算参与人应当根据期货结算机构的结算结果对交易者进行结算。结算结果应当在当日及时通知结算参与人和交易者。当交易发生亏损,进而导致保证金账户资金不足时,应当及时追加保证金或者自行平仓,否则可能会被强制平仓。当日无负债结算制度的实施对于控制期货市场风险,维护期货市场的正常运行具有重要作用。

(三)涨跌停板制度

涨跌停板制度,又称每日价格最大波动限制,是指期货合约在一个交易日中的交易价格波动不得高于或者低于规定的涨跌幅度,超过该涨跌幅度的报价视为无效,不能成交。涨跌停板一般是以合约上一交易日的结算价为基准确定的。

(四)持仓限额制度

持仓限额是指交易所规定的会员或者客户持仓的最大数量。期货交易实行持仓限额制度,防范合约持仓过度集中的风险。从事套期保值等风险管理活动的,可以申请持仓限额豁免。

(五)大户报告制度

大户报告制度是指当交易所会员或客户某品种某合约持仓达到交易所规定的持仓报告标准时,会员或客户应向交易所报告。

(六)强行平仓制度

期货交易实行强行平仓制度,以控制期货交易风险。比如中国金融期货交易所规定:会员或者客户存在违规超仓、未按照规定及时追加保证金等违规行为或者交易所规定的其他情形的,交易所有权对相关会员或者客户采取强行平仓措施。强行平仓盈利部分按照有关规定处理,发生的费用、损失及因市场原因无法强行平仓造成的损失扩大部分由相关会员或者客户承担。

(七)信息披露制度

信息披露制度是指期货交易所按有关规定公布期货交易有关信息的制度。《中华人民共和国期货和衍生品法》规定,期货交易场所应当实时公布期货交易即时行情,并按交易日制作期货市场行情表,予以公布。期货交易行情的权益由期货交易场所享有。未经期货交易场所许可,任何单位和个人不得发布期货交易行情。

四、期货交易及盈亏计算

期货交易采用双向交易方式,交易者可以先买后卖(也叫“做多”),即买入期货合约建仓,通过卖出同一期货合约平仓,解除履约责任;也可以先卖后买,即当投资者预期未来价格会下跌时,选择先卖出期货,开立空头仓位,待价格下跌后再选择买进期货,将之前卖出的仓位进行对冲平仓,即可获得下跌时价差的收益。这是期货特有的交易手法,称为“做空”。期货市场投资者都可自由选择“做多”或是“做空”,不受限制。

期货采取的是T+0交易。投资者当天可连续交易期货而不受时间或次数的限制。这种方式可提高短线交易者的投资回报率,增加了日内交易的机会。T+0交易为投资者提供了随时终止亏损的机会,把投资风险控制在最小的范围之内。

期货结算方式有两种:一种是“逐笔对冲”方式,另一种是“逐日盯市”方式。

逐笔对冲以每一笔开仓交易为基础,将其与后续的平仓交易或当前市场价格进行逐笔匹配来计算盈亏。逐笔对冲能够清晰地反映每一笔交易的实际盈亏情况,便于投资者对每笔交易进行单独的成本核算和风险控制。

逐日盯市基于每日结算制度,每天收盘后以当日的结算价为基准,对所有持仓合约进行盈亏计算,并调整保证金账户余额。它强调的是每日持仓价值的变动,将每个交易日视为一个独立的结算周期。逐日盯市能够及时反映市场价格波动对投资者账户资金的影响,有效控制市场风险,确保期货市场的正常运转。

逐笔浮盈和盯市浮盈是期货交易中用于衡量投资者持仓盈亏状况的两个重要概念。

逐笔浮盈是指从每一笔开仓交易开始,按照当前市场价格与该笔交易的开仓价格之间的差额,乘以合约单位和持仓手数计算得出的浮动盈利或亏损。

盯市浮盈也称为盯市盈亏，是指以每日结算价为基础，计算得出的当日持仓相对于上一交易日结算价的盈亏情况，它是期货市场实行的每日结算制度的体现。盯市浮盈简单说就是每天结算盈亏。如果是当天开的仓，持有买入头寸的“盯市浮盈”就是当天结算价和开仓价之差，持有卖出头寸的“盯市浮盈”就是开仓价与当天结算价之差。如果是以前交易日开的仓，“盯市浮盈”就只与两天的结算价有关，而跟当初开仓时的价位无关了，持有买入头寸的“盯市浮盈”是当天结算价和前一交易日结算价之差，持有卖出头寸的“盯市浮盈”是前一交易日结算价与当天结算价之差。

平仓盈亏是指投资者进行平仓操作时，根据平仓价格与开仓价格的差值计算的盈亏。

下面举例说明逐笔浮盈、盯市浮盈、平仓盈亏的计算方法和区别（为简化计算，不考虑手续费）。

例 7.1 假设某投资者做多 5 手中证 1000 指数期货 IM2509 合约，合约乘数为 200，盈亏计算如下：

第一天

开仓：买入 5 手 IM2509 合约，开仓价格为 5 598 点。

当日结算价：5 620 点。

$$逐笔浮盈=(5\ 620-5\ 598)\times200\times5=22\ 000\ 元$$

$$盯市浮盈=(5\ 620-5\ 598)\times200\times5=22\ 000\ 元$$

第二天

持仓：继续持有 5 手合约。

当日结算价：5 605 点。

$$逐笔浮盈=(5\ 605-5\ 598)\times200\times5=7\ 000\ 元$$

$$盯市浮盈=(5\ 605-5\ 620)\times200\times5=-15\ 000\ 元$$

第三天

平仓：平仓价格 5 580 点。

$$平仓盈亏=(5\ 580-5\ 598)\times200\times5=-18\ 000\ 元$$

采用盯市盈亏计算方法，每个期货合约均以其当日结算价作为计算当日盈亏的依据。在期货交易账户计算中，盈亏计算、权益计算、持仓保证金计算、可用资金余额计算是最基本的内容。

例 7.2 某投资者在一家期货公司开户后存入保证金 500 万元，在 5 月 9 日开仓买进 6 月沪深 300 指数期货合约 20 手，成交价为 3 600 点，同一天该客户卖出平仓 10 手沪深 300 指数期货合约，成交价为 3 650 点，当日结算价为 3 620 点，合约乘数为每点 300 元，交易保证金比例为 15%，手续费为每手 100 元，则其账户情况为（表 7.5）：

$$当日平仓盈亏=(3\ 650-3\ 600)\times300\times10=150\ 000\ 元$$

$$当日持仓盈亏=(3\ 620-3\ 600)\times300\times(20-10)=60\ 000\ 元$$

$$当日盈亏=150\ 000+60\ 000=210\ 000\ 元$$

$$手续费=(20+10)\times100=3\ 000\ 元$$

$$当日权益=5\ 000\ 000+210\ 000-3000=5\ 207\ 000\ 元$$

保证金占用 $=3\ 620\times300\times10\times15\%=1\ 629\ 000$ 元（注：保证金按当日结算价计算）

资金余额(可继续开仓交易的资金)=5 207 000−1 629 000=3 578 000 元

表 7.5　资金项目情况表(1)

日期	资金项目	金额/元
5 月 9 日	存入保证金	5 000 000
	(+)平仓盈亏	150 000
	(+)持仓盈亏	60 000
	(−)手续费	3 000
	当日权益	5 207 000
	(−)持仓占用保证金	1 629 000
	资金余额	3 578 000

5 月 10 日该投资者买入 5 手 6 月沪深 300 指数期货合约,成交价为 3 670 点,随后卖出平仓 15 手 6 月合约,成交价为 3 710 点,后来又卖出 30 手 6 月合约,成交价为 3 680 点。当日结算价为 3 695 点,则其账户情况为(表 7.6):

$$
\begin{aligned}
\text{当日平仓盈亏} &= (3\ 710-3\ 670)\times300\times5+(3\ 710-3\ 620)\times300\times10 \\
&= 60\ 000+270\ 000 \\
&= 330\ 000\ \text{元}
\end{aligned}
$$

$$\text{当日持仓盈亏}=(3\ 680-3\ 695)\times300\times30=-135\ 000\ \text{元}$$

$$\text{当日盈亏}=330\ 000-135\ 000=195\ 000\ \text{元}$$

$$\text{手续费}=(5+15+30)\times100=5\ 000\ \text{元}$$

$$\text{当日权益}=5\ 207\ 000+195\ 000-5\ 000=5\ 397\ 000\ \text{元}$$

$$\text{保证金占用}=3\ 695\times300\times30\times15\%=4\ 988\ 250\ \text{元}$$

$$\text{资金余额}=5\ 397\ 000-4\ 988\ 250=408\ 750\ \text{元}$$

表 7.6　资金项目情况表(2)

日期	资金项目	金额/元
5 月 10 日	上日权益	5 207 000
	(+)平仓盈亏	330 000
	(+)持仓盈亏	−135 000
	(−)手续费	5 000
	当日权益	5 397 000
	(−)持仓占用保证金	4 988 250
	资金余额	408 750

五、保证金追加

当日权益减去持仓保证金就是资金余额。如果当日权益小于持仓保证金,则意味着资金余额是负数，同时也意味着保证金不足。按照规定，期货公司会通知账户所有人在下一交易日开市之前将保证金补足。此举即称为追加保证金。如果账户所有人在下一交易日开市之前没有将保证金补足，按照规定，期货公司可以对该账户所有人的持仓实施部分或全部强制平仓，直至留存的保证金符合规定的要求。

例 7.3 某投资者账户有保证金 100 万元，9 月 7 日，开仓买进 12 月中证 500 指数期货合约 6 手，成交价 5 160 点，手续费为每手 100 元，当日结算价为 5 130 点，合约乘数为每点 200 元，保证金比例为 15%，则

$$当日开仓持仓盈亏=(5\ 130-5\ 160)\times200\times6=-36\ 000\ 元$$

$$手续费=100\times6=600\ 元$$

$$当日权益=1\ 000\ 000-36\ 000-600=963\ 400\ 元$$

$$保证金占用=5\ 130\times200\times6\times15\%=923\ 400\ 元$$

$$资金余额=963\ 400-923\ 400=40\ 000\ 元$$

9 月 8 日，该投资者没有交易，但 12 月中证 500 指数期货合约的当日结算价降为 5 017点，当日账户情况为：

$$历史持仓盈亏=(5\ 017-5\ 130)\times200\times6=-135\ 600\ 元$$

$$当日权益=963\ 400-135\ 600=827\ 800\ 元$$

$$保证金占用=5\ 017\times200\times6\times15\%=903\ 060\ 元$$

$$资金余额=827\ 800-903\ 060=-75\ 260\ 元$$

则该投资者的资金账户情况如表 7.7 所示。

表 7.7 资金项目情况表(3)

日期	资金项目	金额/元
9 月 7 日	原有保证金	1 000 000
	(+)平仓盈亏	0
	(+)持仓盈亏	-36 000
	(-)手续费	600
	当日权益	963 400
	(-)持仓占用保证金	923 400
	资金余额	40 000
9 月 8 日	上日权益	963 400
	(+)平仓盈亏	0
	(+)持仓盈亏	-135 600
	(-)手续费	0
	当日权益	827 800
	(-)持仓占用保证金	903 060
	资金余额	-75 260

显然,要维持6手的多头持仓,保证金尚缺75 260元,这意味着下一交易日开市之前必须追加保证金75 260元。若期货公司已经向该投资者发出了期货经纪合同中约定的追加保证金通知,但该投资者在下一交易日开市之前没有将保证金补足,那么期货公司将对其持仓实施部分强制平仓。

另外,风险度的计算是期货公司风险管理中的重要环节。

$$风险度=保证金占用/客户权益\times 100\%$$

正常情况下客户的风险度在0~100%之间,风险度越高,说明可用资金越少。若客户没有持仓,则风险度为0;若客户满仓,则风险度为100%,客户的可用资金为0;当风险度大于100%时,说明可用资金为负,客户则会收到期货公司《追加保证金通知书》,保证金应追加至可用资金大于等于0,否则会被期货公司强行平仓。

第二节　期货的应用

一、期货套期保值

(一)套期保值的定义与类型

套期保值是利用现货价格与期货价格的趋同性,在现货市场上买进或卖出某种商品或金融证券的同时,在期货市场上卖出或买进同种、同量商品或金融证券的期货合约。当现货市场价格出现不利变动时,期货市场上的盈利可以弥补现货市场的亏损,反之亦然,从而实现风险的对冲。

套期保值之所以能够规避风险,是因为期货市场上存在以下基本原理:

(1)期货价格和现货价格通常会呈现出同向变动的趋势。当现货价格因市场因素上涨或下跌时,相应的期货价格也会朝着相同方向变化。

(2)随着期货合约到期日的临近,期货价格与现货价格趋向一致。

基差是指现货价格与期货价格之间的差值,直接影响两个市场的对冲效果。在套期保值过程中,虽然现货价格和期货价格都会波动,但基差相对稳定。只要基差不发生大幅变动,套期保值就能够有效地发挥作用。

套期保值的目的是规避价格波动风险,而价格的变化无非是下跌和上涨两种情形,对应地,套期保值可以分为卖出套期保值和买入套期保值。卖出套期保值又称空头套期保值,是指套期保值者通过在期货市场建立空头头寸,预期对冲其目前持有的或者未来将卖出的商品或资产的价格下跌风险的操作。买入套期保值又称多头套期保值,是指套期保值者通过在期货市场建立多头头寸,预期对冲其现货商品或资产空头,或者未来将买入的商品或资产的价格上涨风险的操作。

在实际操作中,套期保值的效果会受到多种因素的制约,如市场的突发重大事件导致基差大幅波动、期货合约与现货资产的不完全匹配等。依据套期保值的效果,可以将套期保值分为完全性套期保值、过度补偿性套期保值、补偿不足性套期保值和恶化性套期保值等。

(二)套期保值的注意事项

在运用期货进行套期保值的时候,一般需要考虑以下问题。

(1)合约的选择。

套期保值者应选择具有足够流动性且与被套期保值的现货资产高度相关的合约品种。这是因为套期保值的原理在于:期货价格与现货价格受到相似的供求等因素影响,两者的变动趋势趋同,通过套期保值,无论价格是涨还是跌,总会出现一个市场盈利而另一个市场亏损的情形,盈亏相抵,这样就可以规避现货市场价格波动带来的风险。选择与被套期保值的现货资产高度相关的合约品种,才能够起到风险对冲的作用。在具体合约的选择上还要考虑合约流动性,流动性不足的合约,会给套期保值者开仓和平仓带来困难。

(2)合约到期日的选择。

运用期货进行套期保值,可能发生市场中可得的期货到期日与套期保值到期时间无法完全吻合的现象。由于期货可以用提前平仓的方式方便地结清头寸,套期保值者通常会选择比所需的套期保值月份略晚但尽量接近的期货品种。另外,应该尽量避免在期货到期的月份中持有期货头寸,因为到期月份期货价格常常因为流动性太差而出现异常波动,可能会给套期保值者带来额外的风险。

(3)合约头寸方向的选择。

当价格的上升可能对套期保值主体的现货头寸造成不利影响的时候,应该选择多头套期保值;当价格的下跌可能对套期保值主体的现货头寸造成不利影响的时候,应该选择空头套期保值。

(4)期货合约的交易数量。

在套期保值数量选择上,要使期货与现货市场的价值变动大体相当。如果期货市场上存在与被套期保值的商品或资产相同的期货合约,套期保值者可选择与其现货数量相当的期货合约数量,保证期货与现货两个市场的价值变动大体相当;但由于期货可得的品种较少,如果不存在与被套期保值的商品或资产相同的期货合约,套期保值者可以选择其他的相关期货合约进行套期保值,期货合约的交易数量使得期货头寸的价值变动与实际的、预期的现货头寸的价值变动大体上相当。

套期保值使企业能够主动管理市场风险,而不是被动接受价格波动的影响。对于生产、加工、贸易等企业来说,商品价格的波动会直接影响企业的采购成本、生产成本和销售利润。通过套期保值,企业可以将未来的采购成本或销售价格锁定在一个相对稳定的水平,避免因价格大幅波动导致利润大幅下降甚至出现亏损,有助于企业稳定经营和持续发展。企业可以根据自身的风险承受能力和经营目标,合理运用套期保值工具,将风险控制在可接受的范围内,从而提高企业的风险管理水平和抗风险能力。

(三)指数期货套期保值及效果分析

一般来说,股票市场的风险可以分为非系统性风险和系统性风险两种类型。

非系统性风险是指某个行业或个别上市公司因自身经营不善而只对其自身股票的收益产生影响的风险,而与整个股市的总体价格涨跌不存在系统的联系。由于非系统性风险是个别性的风险,不会对市场整体发生作用,投资者可以通过组合投资来将这种风险进行分散，因此非系统性风险也被称为可分散风险。

而系统性风险则难以通过分散投资的方法加以规避。因为系统性风险是指由于全局性的共同因素引起的投资收益的损失。这类因素对整个股票市场或绝大多数股票价格普遍产生不利影响。系统性风险造成的后果带有普遍性，其主要特征是几乎所有的股票均下跌，投资者往往要遭受很大的损失。正是由于这种风险不能通过分散投资相互抵消或者消除，因此又称为不可分散风险。这种风险对各种证券的影响程度是不一样的，其程度大小可以用贝塔(β)系数来表示。β 系数反映的是某一投资对象相对于大盘指数的表现情况。当 $\beta=1$ 时，股票或者股票组合与指数的涨跌幅度完全相同，风险相当；而当 $\beta>1$ 时，股票或股票组合的涨跌变化幅度将大于指数的变化，风险也高于整个市场；当 $\beta<1$ 时，情况恰好相反。如果 β 是负值，则显示其变化的方向与大盘的变化方向相反：大盘涨的时候它跌，大盘跌的时候它涨。

如何规避股市的系统性风险呢？可以借助指数期货，它可以向市场提供对冲风险、确保投资收益的途径，增强投资者对股市投资的安全性。比如，当预期股票市场下跌时，投资者可通过卖出指数期货合约对冲股市整体下跌风险，在继续享有相应股东权益的同时维持所持股票资产的原有价值，减轻集中性抛售对股票市场造成的恐慌性影响。相反，如果投资者预计市场要上涨而来不及全面建仓，则可以通过买进一定数量的指数期货合约以避免踏空。

例 7.4 3 月 10 日，某开放式基金管理的资产市值规模为 40 亿元。此时，基金经理认为股市已经完成顶部的构筑，看空未来 3 个月的行情，于是开始卖出股票减仓。但是，按照基金契约的规定，任何情况下，该基金持有的股票市值比例都不得低于总资产市值的 60%，这就意味着，即使基金管理人对未来走势做出了准确判断，仍然会有至少 60% 的股票仓位承担市场下跌的风险。在这种情况下，基金经理人考虑借助指数期货卖出套期保值，来降低有效仓位。

(1)根据套期保值操作步骤，首先基金管理人计算剩余的持股组合与沪深 300 指数、上证 50 指数、中证 500 指数、中证 1000 指数的关联程度。结果发现它们的相关系数分别为 0.77、0.65、0.87 和 0.76，由此判断最适合采用中证 500 指数期货进行卖出套期保值。

(2)基金经理通过进一步计算发现，持股组合的 β 系数为 1.34。如果该基金经理希望把股票的有效仓位从 60% 降低到 30%，而当日 4 月中证 500 指数期货合约盘中价为 5 580点，那么需要卖出多少手该期货合约呢？计算过程如下。

第一步：$P\times\beta=(60\%-30\%)\times40\times1.34=16.08$ 亿元 $=160\ 800$ 万元

第二步：计算 1 手中证 500 指数期货合约价值 $F=5\ 580\times200=111.6$ 万元

第三步：计算需要卖出的期货合约数量 $N=160\ 800/111.6=1\ 441$ 手

(3)由于 4 月期货合约在 4 月 19 日将到期交割，因此 4 月 10 日基金管理人打算进行一次移仓操作，即把持有的 4 月指数期货合约空头平仓，同时开立 5 月指数期货合约的空头头寸。当天盘中 4 月合约价格为 4 650 点，5 月合约价格为 4 700 点，基金经理需要卖出多少手 5 月期货合约？计算过程如下。

第一步：计算平仓 1 441 手 4 月期货合约的总市值

$$1\ 441\times4\ 650\times200=134\ 013\ \text{万元}=1\ 340\ 130\ 000\ \text{元}$$

第二步:计算需要卖出的5月期货合约数量

$$1\ 340\ 130\ 000/(4\ 700\times200)=1\ 426\text{ 手}$$

(4)到了5月8日,该基金经理认为市场阶段底部已到,打算结束套期保值。当天5月期货合约全部平仓均价为4 510点,而整个套期保值期间,基金持有的股票组合市值下跌了27.5%,那么从套期保值效果来看,本次套期保值属于什么类型?(手续费略)。计算过程如下。

第一步:计算期货市场盈亏情况

$$(5\ 580-4\ 650)\times200\times1\ 441+(4\ 700-4\ 510)\times200\times1\ 426$$
$$=268\ 026\ 000+54\ 188\ 000\approx3.22\text{ 亿元}$$

第二步:计算现货市场盈亏情况。由于不是对所有的股票持仓进行套期保值,而是对(60%-30%)=30%的持仓量进行套期保值,因此只计算这一部分股票仓位的盈亏情况

$$40\times30\%\times(-27.5\%)=-3.3\text{ 亿元}$$

第三步:计算套期保值效果

$$\text{期货市场盈亏}+\text{现货市场盈亏}=3.22-3.3=-0.08\text{ 亿元}$$

结论:该套期保值属于补偿不足性套期保值。

二、期货投机交易

期货投机是指交易者通过预测期货合约未来价格变化,以在期货市场上获取价差收益为目的的期货交易行为。投机者根据自己对期货价格走势的判断,做出买进或卖出的决定,如果这种判断与市场价格走势一致,则投机者平仓后可获取投机利润;如果这种判断与价格走势相反,则投机者平仓后承担投机损失。另外,投机者一般都是平仓了结期货头寸,而不进行实物交割。

在交易中,投机者根据对未来价格波动方向的预测确定交易头寸的方向。若投机者预测价格上涨买进期货合约持有多头头寸,则被称为多头投机者;若投机者预测价格下跌卖出期货合约持有空头头寸,则被称为空头投机者。

由于期货交易采用保证金制度,具有杠杆效应,因此能以较少的资金控制较大规模的合约价值。这使得价格的小幅波动就能引起较大的盈亏变化,投机者可能获得高额利润,也可能遭受巨大损失。

根据持有期货合约时间的长短,投机者可分为三类。

第一类是长线投机者,此类交易者在买入或卖出期货合约后,通常将合约持有几天、几周甚至几个月,待价格对其有利时才将合约对冲。投机者利用期货价格波动的特点从事趋势交易,以期获得较高的投资收益。长线投机获利方式建立在对市场整体走势正确判断的基础之上。

第二类是短线交易者,一般进行当日或某一交易时段的期货合约买卖。短线交易者主要关注市场的短期波动和技术指标的变化,通过捕捉价格的短期波动来获利,已经被期货市场广泛认可,如今在期货市场中有着巨大的交易规模。

第三类是逐小利者,又称抢帽子者,他们利用价格的微小变动进行交易来获取微利,一天之内他们可以做多个回合的买卖交易。这种交易策略关心的不是市场大趋势,甚至

不是短暂的趋势,而只关心价格的瞬间波动。投机者运用这种交易策略时必须拥有交易手续费低廉的优势。

投机需要分析市场判断走势,选择时机和分配资金。投机是有风险的。止损指令是指当市场价格达到客户预先设定的触发价格时,即变为市价单或限价单予以执行的一种指令,是期货交易中用于控制风险的重要工具。在期货市场中,价格波动剧烈且不确定性高,通过设置止损指令,投机者可以将损失控制在可承受的范围内,避免因市场不利变动而导致巨大的亏损甚至爆仓。只要止损单运用得当,就可以为投机者提供必要的保护。止损单中的价格一般不能太接近于市场价格,以免价格稍有波动就不得不平仓;但也不能离市场价格太远,否则易遭受不必要的损失。止损单中价格的选择,可以根据交易策略、风险承受能力和市场情况等因素来确定。

投机者是期货市场的重要组成部分,承担了套期保值交易转移的风险,是期货市场正常运营的保证。投机者的大量参与增加了期货市场的交易量和活跃度,使市场有足够的买卖双方,提高了市场的流动性,便于套期保值者顺利进行合约的买卖和对冲操作。

例 7.5　8 月 11 日,某投机者认为未来的市场利率将走低,于是以 104.50 元价格买入 30 手 12 月份到期的中国金融期货交易所 TF2512 合约。两周之后,该期货合约价格涨到 105.60 元,投机者以此价格平仓。若不计交易费用,该投机者将获利 11 000 元/手,总盈利 33 万元。

三、期货套利交易

(一)期货价差

期货价差是指期货市场上不同期货合约之间的价格差,包括跨期价差、跨品种价差和跨市场价差。

跨期价差是同一期货品种不同交割月份合约之间的价差,例如在多晶硅期货中,6 月合约与 9 月合约的价格差,就是跨期价差。跨期价差反映了市场对该品种不同时间点的供求关系和价格预期的变化。

跨品种价差是指不同但相互关联的期货品种之间的价差,例如玉米期货和玉米淀粉期货之间存在着较为紧密的跨品种价差关系,玉米是玉米淀粉的主要原材料,在正常的市场情况下,玉米和玉米淀粉的价格会保持一定的联动性,同时也存在着相对稳定的价差范围。

跨市场价差是指同一期货品种在不同交易所上市的合约之间的价差。由于不同交易所的市场环境、供求关系、交易规则等因素存在差异,会导致同一品种在不同市场的价格有所不同,形成跨市场价差。例如沪铜期货和伦铜期货之间就存在跨市场价差,投资者可根据两个市场的价格差异进行套利操作。

我们首先确定价差的计算方法。建仓时的价差是用价格较高的期货合约减去价格较低的期货合约,计算平仓时的价差时,也要与建仓时两合约相减的顺序保持一致。只有按照相同的口径计算价差,才能够判断价差是扩大了还是缩小了,然后结合自己套利操作的方向来判断套利的盈亏。

（二）套利与套利类型

期货套利是指在期货市场中，通过捕捉不同合约之间、不同市场之间或不同品种之间的不合理价差，进行双向对冲交易，待价差回归合理水平后平仓获利的低风险交易策略。期货套利可分为跨期套利、跨品种套利、跨市场套利和期现套利。最为常见的期货套利是跨期套利和期现套利。

跨期套利是指在同一期货市场同时买入、卖出同一期货品种的不同交割月份的期货合约，以期在有利时机同时将这些期货合约对冲平仓获利。在跨期套利中，交易者不关注某一期货合约的价格向哪个方向变动，而是关注相关期货合约之间的价差是否在合理的区间范围内。如果价差不合理，就存在潜在的套利机会。交易者可利用这种不合理的价差对相关期货合约进行方向相反的交易，等价差趋于合理时再同时将两个合约平仓获取收益。价差的变化直接关系到套利的盈亏。在实际操作中，根据套利者对不同合约月份中近月合约与远月合约买卖方向的不同，跨期套利可分为牛市套利、熊市套利和蝶式套利。由于期货跨期套利买入和卖出交易均在期货市场实施，不涉及现货市场，因此整个交易策略制定和执行相对容易。在实际交易中，跨期套利所占用资金不多，交易灵活，风险较小而收益可观，一般比较适合资金不大的中小投资者。

期现套利是指利用期货市场与现货市场之间的不合理价差，通过在两个市场上进行反向交易，待价差趋于合理而获利的交易。在实际操作中，可以通过到期交割来完成期现套利，也可通过将期货合约和现货部位分别了结的方式来结束期现套利操作。但由于进行期现套利要求的条件比较苛刻，作为中小投资者进行期现套利是有一定困难的。特别是在商品期货市场进行期现套利操作，一般要求交易者对现货商品的生产、经营、运输和储存等环节比较熟悉。因此，期现套利参与者常常是有现货生产经营背景的企业。

（三）期货套利盈亏计算

期货套利的交易者要同时在相关合约上进行方向相反的交易，即同时建立一个多头头寸和一个空头头寸，这是套利交易的基本原则。根据价差买卖方向的不同，期货价差套利可以分为买入套利和卖出套利。

（1）买入套利的盈亏。

如果套利者预期两个或两个以上期货合约的价差将扩大，则套利者将买入其中价格较高的合约，同时卖出价格较低的合约，我们称这种套利为买入套利。如果价差变动方向与套利者的预期相同，则套利者同时将两份合约平仓而获利。买入套利适用于期货合约间价差低估的情形。

例 7.6 6 月 11 日，某套利者以 14 695 元/t 卖出 9 月份橡胶期货，同时以 15 160 元/t 买入 11 月份橡胶期货。假设经过一段时间之后，7 月 11 日，9 月份价格变为 14 790 元/t，同时 11 月份价格变为 15 510 元/t，该套利者同时将两合约对冲平仓，套利结果可用两种方法来分析。

方法一：分别对两合约的盈亏进行计算，然后加总计算净盈亏，计算结果如下。

9 月份的天然橡胶期货合约：

$$盈利 = 14\ 695 - 14\ 790 = -95\ 元/t$$

11 月份的天然橡胶期货合约：

$$盈利 = 15\ 510 - 15\ 160 = 350\ 元/t$$

$$套利结果 = -95 + 350 = 255\ 元/t$$

该套利交易可获得净盈利 255 元/t。

方法二：使用价差的概念来计算盈亏。该套利者买入的 11 月份天然橡胶的期货价格要高于 9 月份，可以判断是买入套利。价差从建仓的 465 元/t 变为平仓的 720 元/t，价差扩大了 255 元/t，因此可以判断该套利者的净盈利为 255 元/t。交易结果如表 7.8 所示。

表 7.8　买入套利盈亏分析　　单位：元/t

	合约月份		价差
	9 月	11 月	
6 月 11 日	卖：14 695	买：15 160	15 160－14 695＝465
7 月 11 日	买：14 790	卖：15 510	15 510－14 790＝720
盈亏状况	14 695－14 790＝－95	15 510－15 160＝350	价差扩大 720－465＝255
总盈亏	255		

（2）卖出套利的盈亏。

如果套利者预期两个或两个以上相关期货合约的价差将缩小，套利者可通过卖出其中价格较高的合约，同时买入价格较低的合约进行套利，我们称这种套利为卖出套利。卖出套利适用于期货合约间价差高估的情形。

例 7.7　5 月 9 日，某套利者以 780 元/g 买入 10 月份黄金期货，同时以 792 元/g 卖出 12 月份黄金期货。假设经过一段时间之后，6 月 9 日，10 月份价格变为 789 元/g，同时 12 月份价格变为 797 元/g 时，该套利者同时将两合约对冲平仓，套利结果可用两种方法来分析。

方法一：分别对两合约的盈亏进行计算，然后加总计算净盈亏，计算结果如下。

10 月份的黄金期货合约：

$$盈利 = 789 - 780 = 9\ 元/g$$

12 月份的黄金期货合约：

$$盈利 = 792 - 797 = -5\ 元/g$$

$$套利结果 = 9 + (-5) = 4\ 元/g$$

该套利可以获取净盈利 4 元/g。

方法二：使用价差的概念来计算盈亏。从套利操作方式上，可以看到该套利者卖出的 12 月份黄金期货价格要高于买入的 10 月份黄金期货价格，因而是卖出套利。价差从建仓时的 12 元/g 变为平仓时的 8 元/g，价差缩小了 4 元/g，因此，可以判断该套利者的净盈利为 4 元/g。交易结果如表 7.9 所示。

表 7.9　卖出套利盈亏分析　　单位:元/g

	合约月份		价差
	10 月	12 月	
5 月 9 日	买:780	卖:792	792-780=12
6 月 9 日	卖:789	买:797	797-789=8
盈亏状况	789-780=9	792-797=-5	价差缩小 12-8=4
总盈亏	4		

第三节　期货行情软件的下载与使用

一、同花顺期货通软件的下载与安装

利用同花顺期货通软件能够方便地进行期货模拟交易,检验投资策略,操作流程与实盘交易相同。

进入同花顺官方网站,单击网页上方的【软件下载】,打开同花顺下载中心页面,选择同花顺期货通,点击下载,如图 7.1 所示。等下载完成后,双击下载后的同花顺期货通安装程序进行安装即可。

图 7.1　同花顺期货通软件下载导航

二、同花顺期货通软件的使用

打开同花顺期货通软件，可以查看上海期货交易所、大连商品交易所、郑州商品交易所、广州期货交易所、中国金融期货交易所等正在交易的期货合约。如图 7.2 所示，是同花顺期货通软件期货全景页面。

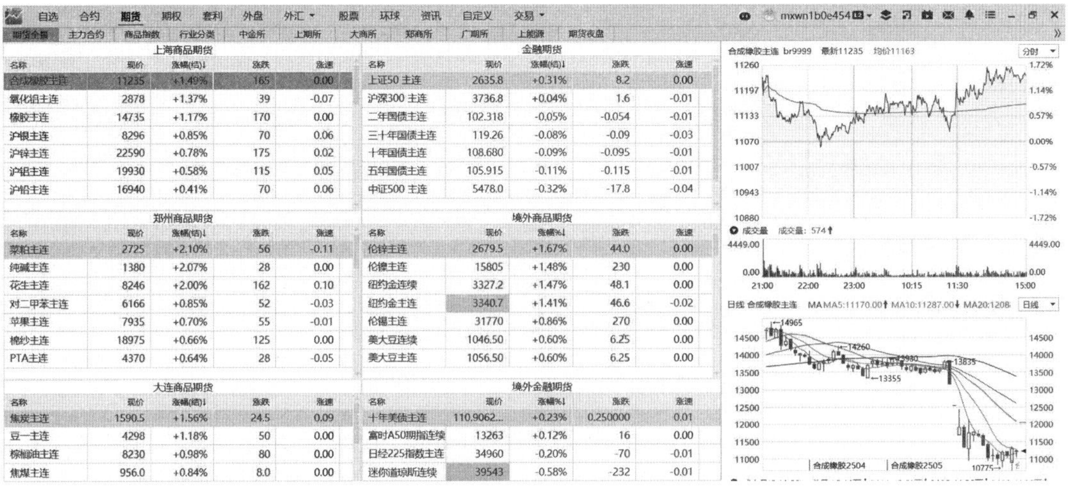

图 7.2　同花顺期货通软件期货全景页面

主力合约是某一期货品种中成交量和持仓量最大的合约。主力合约交易活跃，具有较高的流动性。投资者在该合约上进行买卖操作时，能够更容易地找到对手方，以相对合理的价格快速成交。因此，一般投资者应尽量选择在主力合约上进行交易，避免参与流动性差的期货合约。对于企业和机构投资者来说，套期保值是规避现货市场价格风险的重要手段。而主力合约因其流动性好、价格代表性强，成为套期保值者的首选。如图 7.3 所示，点击【主力合约】，可以看到所有期货品种的主力合约，例如当前时刻螺纹钢期货的主力合约为螺纹钢 2510。

在期货行情列表选中具体期货合约品种，如鸡蛋 2603，双击查看期货行情，或者直接在键盘输入鸡蛋 2603 的代码 jd2603，即可打开该品种的价格走势图，如图 7.4 所示。

点击分时、日线、周线、月线、5 分、15 分等能够查看不同周期的期货行情。投资者可以运用价格与均线关系、成交量变化、形态以及技术指标等技术分析方法对期货价格走势进行研判，以提高决策的准确性，降低风险。

期货全景 主力合约 商品指数 行业分类 中金所 上期所 大商所 郑商所 广期所 上能源 期货夜盘

全部主力 夜盘主力

	代码	名称	现价	涨幅(结)	涨跌	涨速	买价	卖价	买量	卖量
1	ag2506	沪银2506	8296	+0.85%	70	0.06	8294	8296	3	45
2	al2506	沪铝2506	19930	+0.58%	115	0.05	19925	19930	2	247
3	ao2509	氧化铝2509	2878	+1.37%	39	-0.07	2877	2878	33	212
4	au2506	沪金2506	792.20	-2.22%	-18.02	0.08	792.20	792.28	2	4
5	bc2505	国际铜2505	68900	-0.51%	-350	0.00	68830	68950	1	1
6	br2506	合成橡胶2506	11235	+1.49%	165	0.00	11230	11235	8	1
7	bu2506	沥青2506	3406	+0.38%	13	-0.03	3406	3408	7	31
8	cu2506	沪铜2506	77410	-0.45%	-350	-0.06	77410	77420	21	2
9	ec2506	欧线集运2506	1358.4	-9.40%	-140.9	-0.78	1358.3	1360.0	2	5
10	fu2507	燃油2507	2998	-1.12%	-34	0.13	2998	2999	1	222
11	hc2510	热卷2510	3204	-0.12%	-4	0.03	3204	3205	23	457
12	lu2506	低硫燃油2506	3446	-0.86%	-30	0.00	3445	3446	39	26
13	ni2506	沪镍2506	125770	-0.10%	-130	0.04	125760	125790	9	8
14	nr2506	20号胶2506	12400	+0.08%	10	0.04	12400	12405	27	6
15	pb2506	沪铅2506	16940	+0.41%	70	0.06	16935	16940	1	14
16	rb2510	螺纹钢2510	3106	-0.10%	-3	0.00	3106	3107	16	1587
17	ru2509	橡胶2509	14735	+1.17%	170	0.00	14735	14740	29	12
18	sc2506	原油2506	493.4	-1.04%	-5.2	0.04	493.3	493.4	25	3
19	sn2505	沪锡2505	259520	+0.36%	920	0.00	259510	259660	2	2
20	sp2507	纸浆2507	5388	0.00%	0	0.04	5386	5388	10	54
21	ss2506	不锈钢2506	12780	+0.12%	15	0.04	12775	12780	31	129
22	wr2505	线材2505	3299	-1.96%	-66	0.00	3289	3303	1	5
23	zn2506	沪锌2506	22590	+0.78%	175	0.02	22590	22595	116	39
24	a2507	豆一2507	4298	+1.18%	50	0.00	4296	4298	20	17
25	b2509	豆二2509	3700	+0.63%	23	-0.05	3700	3701	56	18

图 7.3 同花顺期货通软件主力合约行情页面

图 7.4 鸡蛋 2603 期货合约 K 线图

在选中的期货合约分时图或者 K 线图页面，按【F10】快捷键，可以打开基本面分析功能(图 7.5)。该功能主要分为总览、供给分析、需求分析、库存分析、进出口分析、期现基差以及品种简介七个板块。

总览简要描述了期货品种的供需平衡表、季节性规律等内容，让投资者对该品种有一个总体认识。

总览　供给分析　需求分析　库存分析　进出口分析　期现基差　品种简介

供需平衡表

列表 | 图表

指标	2025-03	2025-02	2025-01	2024-12	2024-11	2024-10	2024-09	2024-08	2024-07	2024-06	2024-05
产量(万吨)	1100.0	1100.0	1100.0	1100.0	1100.0	1100.0	1100.0	1100.0	1100.0	1106.0	1050.0
进口(万吨)	515.0	515.0	515.0	510.0	510.0	510.0	510.0	510.0	510.0	510.0	510.0
国内消费(万吨)	1580.0	1580.0	1580.0	1575.0	1575.0	1575.0	1575.0	1575.0	1575.0	1575.0	1570.0
出口(万吨)	17.0	17.0	17.0	17.0	17.0	17.0	17.0	17.0	17.0	17.0	13.0
损耗量(万吨)	39.0	39.0	39.0	39.0	39.0	39.0	39.0	39.0	39.0	39.0	39.0
期末库存(万吨)	343.4	343.4	343.4	343.4	343.4	364.6	367.6	367.6	367.6	373.6	326.6
库存消费比	20.99%	20.99%	20.99%	21.05%	21.05%	22.35%	22.54%	22.54%	22.54%	22.91%	20.14%
糖料播种面积(万公顷)	139.6	139.6	139.6	139.6	139.6	139.6	139.6	139.6	139.6	139.6	142.0
糖料单产(吨/公顷)	58.70	58.70	58.70	58.70	58.70	58.70	58.70	58.70	58.70	58.70	--
白糖收盘价	6075 (+2.43%)	5931 (+1.96%)	5817 (-2.42%)	5961 (-2.84%)	6135 (+4.51%)	5870 (-0.76%)	5915 (+4.65%)	5652 (-8.78%)	6196 (-0.26%)	6212 (+1.50%)	6120 (-0.78%)

图 7.5　同花顺期货通软件白糖期货基本面分析

供给分析主要展示与该期货品种供给相关的信息，包括产量数据、产能分布、产能利用率等方面的内容。通过分析这些信息，用户可以了解到市场上该品种的供应状况，判断供应的充足与否以及未来供应的变化趋势。

需求分析聚焦于期货品种的需求端情况，例如需求行业的分布、各行业对该品种的需求量、需求的季节性变化等。了解需求情况有助于用户把握市场对该品种的需求强度和变化规律，进而分析价格走势。

库存分析提供该期货品种的储备量以及库存变化情况，库存的增减对期货价格有重要影响，投资者可据此判断市场的供求关系是宽松还是紧张。

进出口分析包含该品种的进出口数据，如进出口量、主要进出口国家和地区、进出口政策等。进出口情况会影响国内市场的供需关系，进而影响期货价格。

期现基差展示期货品种的基差数据，即现货价格与期货价格之间的差值，以及基差的历史走势。基差的变化可以反映市场对该品种未来价格的预期，以及现货市场和期货市场之间的关系，对期货投资决策具有重要的参考价值。

品种简介介绍期货品种的基本情况，如交易品种、交易单位、最小变动价位、涨跌停幅度、交割方式、上市日期和交易所等信息。

三、期货仿真交易

（一）同花顺期货通软件模拟交易

打开同花顺期货通软件，点击主菜单栏中的【交易】⇨【期货交易】⇨【模拟交易】，打开如图 7.6 所示的模拟交易登录页面，同花顺期货通软件会自动创建模拟交易账号，直接登录即可进入模拟交易页面(图 7.7)。

图 7.6　同花顺期货通软件模拟交易登录页面

图 7.7　期货模拟交易页面

(二)期货模拟下单

挑选出准备交易的期货合约,点击期货下单,可以进行委托下单。

(1)品种:输入需要交易的期货合约代码,如中国金融期货交易所 2025 年 6 月份的 5 年期国债期货合约,代码为 TF2506。

(2)价格:可以选择最新价、对手价、市价等,给出具体的委托价格。

(3)手数:交易数量为 1 手或者 1 手的整数倍。模拟交易页面会显示当前账户的最大可交易数量以及需要的保证金,供投资者参考。

(4)买卖方向:做多开仓选择买多,做空开仓选择卖空。如果进行平仓,选择平仓。

(三)委托、成交以及持仓等的查询

委托下单后,点击【委托】,可以查看当天的委托单,包括委托时间、期货品种、合约代码、状态、买卖、开平、委托价、委托量、已成交等信息。对于尚未成交的委托单可以进行撤单、改价等操作。

点击【成交】,可以查询当日所有成交的委托单,包括成交时间、期货品种、合约代码、买卖、开平、成交价、成交量、手续费等信息。

点击【持仓】,可以查询到持仓明细,包括持仓期货品种、合约代码、多空、总仓、可用、开仓均价、逐笔浮盈、保证金、资金占比、持仓均价、盯市浮盈等。

需要注意的是个人投资者持有临近交割月合约属高风险行为，个人投资者不可持仓进入交割月。

案例 7.1　碳酸锂期货及应用

一、碳酸锂概述

碳酸锂是一种常见的无机锂盐，化学式为 Li_2CO_3，相对分子质量为 73.89，通常为无色单斜晶系结晶体或白色粉末，是最重要的锂产品之一，可再加工成其他锂产品。碳酸锂不属于国家规定的危化品，性质稳定；在空气中不易氧化、潮解；热稳定性较高，熔点为 720 ℃，沸点为 1 310 ℃。因此，碳酸锂耐储存，保质期一般在 12 个月以内，需密闭贮存于通风干燥处，注意防雨淋水浸，不可与酸类物品接触。

碳酸锂应用广泛，现阶段主要用途为制备锂电池。锂电池按应用领域可分为新能源汽车动力电池、消费电子电池、储能电池。其余应用领域为玻璃陶瓷、医药、润滑脂等传统行业。锂电池方面，碳酸锂的下游产品可分为正极材料、电解液和负极材料。

二、碳酸锂市场概况

1. 国际碳酸锂市场概况

现阶段，全球碳酸锂供给呈现高度集中的特点。从矿石提锂产业链来看，澳大利亚为目前锂精矿主要产地，我国为锂矿冶炼和碳酸锂主要生产国。未来随着巴西和非洲五国[刚果(金)、马里、津巴布韦、加纳、纳米比亚]的锂矿陆续投产，矿石来源将呈现多元化趋势；我国将维持锂矿冶炼的统治地位。从盐湖提锂产业链来看，我国青海和西藏盐湖虽然资源禀赋较差，但通过不断的技术创新，依然占据了全球盐湖提锂 22% 的产量。南美国家由于盐湖资源特性，能直接由卤水析出粗制碳酸锂，占据全球盐湖提锂 78% 的产量。其中智利由于盐湖开发起步最早，是目前海外碳酸锂主要生产国。未来几年，随着阿根廷盐湖陆续投产，海外碳酸锂生产将呈现两强格局。

2. 我国碳酸锂市场概况

我国碳酸锂产业发展经历了成长期、震荡发展期和快速扩张期几个阶段。2021 年以来，续航能力和安全性等技术的进步使新能源汽车销量和市场渗透率大幅上涨，碳酸锂产销量也同步快速增长。

目前，受全球锂资源有限、电池级碳酸锂技术门槛较高、电池级碳酸锂有效产能不足等因素的影响，我国碳酸锂行业生产端集中度较高，CR10① 达 53%。从产区看，我国碳酸锂产量集中于江西(40%)、四川(17%)和青海(18%)，其中江西和四川为矿石型锂资源，青海为盐湖卤水型锂资源。此外，碳酸锂由于生产特性导致产能提升较为平缓，而下游新能源汽车行业目前正处于高速发展期，增速波动较大，因此碳酸锂产量与新能源汽车需求容易发生供需错配，导致碳酸锂价格波动明显。

---

① CR 表示行业集中度，CR10 即某行业的相关市场内前 10 家最大的企业所占市场份额的总和。

三、碳酸锂期货合约

碳酸锂期货是以碳酸锂为标的物的期货品种。广州期货交易所碳酸锂期货合约如表1所示。

表1　广州期货交易所碳酸锂期货合约

合约标的物	碳酸锂
交易单位	1 t/手
报价单位	元(人民币)/t
最小变动价位	20元(人民币)/t
涨跌停板幅度	上一交易日结算价的±4%
合约交割月份	1—12月
交易时间	9:00—11:30,13:30—15:00,以及交易所规定的其他时间
最后交易日	合约月份第10个交易日
最后交割日	最后交易日后的第3个交易日
交割品级	见《广州期货交易所碳酸锂期货、期权业务细则》
交割地点	交易所指定交割库
最低交易保证金	合约价值的5%
交割方式	实物交割
交易代码	LC
上市交易所	广州期货交易所

注:①交易所可以根据市场情况调整各合约涨跌停板幅度和交易保证金标准。

②日盘交易分三个交易小节,分别为第一节9:00—10:15、第二节10:30—11:30和第三节13:30—15:00。

四、碳酸锂期货的应用

1. 企业参与碳酸锂期货市场的原因

近年来,碳酸锂行业受供求变化、下游产业快速发展及行业政策等影响,价格波动较为剧烈,加大了产业企业经营风险,不利于产业健康有序发展。产业企业运用碳酸锂期货进行套期保值,将有助于管理企业经营过程中的价格风险,锁定原料成本和销售利润,合理安排产能建设周期和投产计划,从而实现稳健经营。此外,基于广州期货交易所碳酸锂期货的场外服务,将为产业企业提供基差贸易等创新贸易模式,帮助企业管理生产经营。

2. 应用碳酸锂衍生品工具的场景

(1)下游生产商锁定短期原材料成本。

正极材料企业A在8月份计划12月份购买碳酸锂1 000 t。企业A在碳酸锂期货12合约建仓1 000手多头头寸,建仓均价250 000元/t,到11月15日碳酸锂12合约价格上涨至275 000元/t,现货价格从建仓时的245 000元/t上涨至265 000元/t。期现货损益如下：

综合损益为盈利 500 万元。通过期货买入套期保值，企业 A 规避了原材料成本上涨带来的价格风险，较好地锁定了原材料成本。

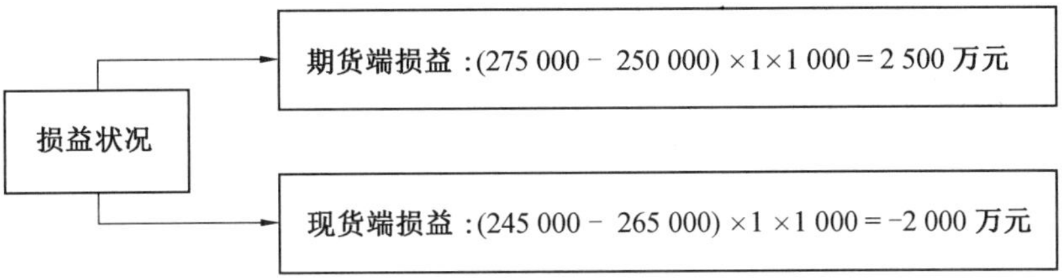

(2)利用碳酸锂期货进行卖出套期保值。

碳酸锂生产企业 B 在碳酸锂期货 08 合约建仓 2 000 手空头头寸，建仓均价 300 000 元/t，7 月碳酸锂期货 08 合约价格下跌至 250 000 元/t，现货价格从建仓时的 302 500 元/t 下跌至 260 000 元/t。期现货损益如下：

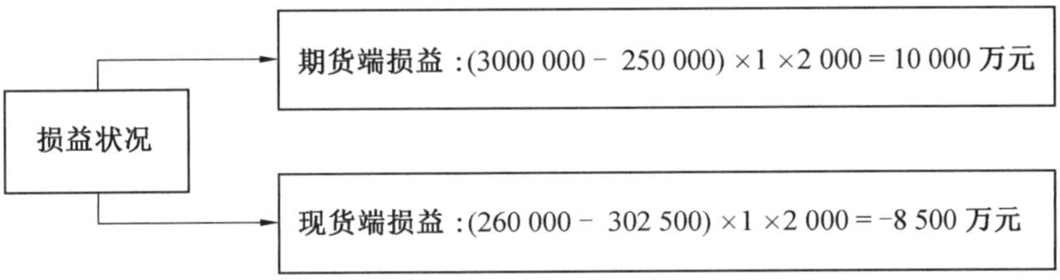

综合损益为盈利 1 500 万元，若不进行套期保值，企业 B 将损失 8 500 万元。通过期货卖出套期保值，企业 B 规避了碳酸锂价格下跌带来的损失，较好地锁定了产品销售价格。

(3)下游建立虚拟库存。

正极材料企业 D 在 4 月份计划 6 月生产需要 500 t 电池级碳酸锂作为原材料。4 月企业 D 在碳酸锂期货 06 合约建仓 500 手多头头寸，建仓价格 250 000 元/t。合约到期交割 500 t 电池级碳酸锂，交割结算价 280 000 元/t，现货价格从建仓时的 255 000 元/t 上涨至 280 000 元/t。企业的损益如下：

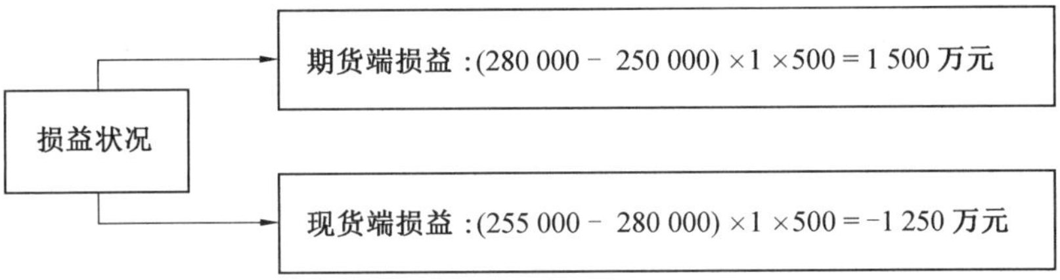

综合损益为盈利 250 万元。企业 D 通过建仓期货多头头寸建立虚拟库存，一方面降低了原材料采购成本，同时降低了提前购入原材料带来的资金压力；另一方面如果在头寸持有阶段未能找到货源，企业可以通过期货市场实物交割取得货物。

(4)下游通过基差贸易采购原料。

正极材料企业 E 从 3 月份开始备货原料电池级碳酸锂，与某贸易商以基差贸易方式进行采购。3 月 1 日当天电池级碳酸锂现货价格 360 000 元/t，碳酸锂期货 05 合约价格

340 000 元/t，基差 20 000 元/t。企业 E 与贸易商签订合同，确定基差 15 000 元/t，买方点价。3 月 25 日碳酸锂期货 05 合约盘中价格 300 000 元/t，现货价格 323 000 元/t，基差扩大至 23 000 元/t，企业 E 此时点价成交 1 000 t，结算价为 300 000+15 000=315 000 元/t。

点价交易损益：(323 000−315 000)×1 000=800 万元。

企业 E 通过点价交易实现现货采购，比直接采购现货节省 800 万元。基差贸易帮助卖方稳定经营利润、买方点价稳定价格、保障生产。

资料来源：广州期货交易所

实训项目十三　期货仿真交易与盈亏计算

一、实训目的

(1)掌握通过期货交易所官网查询合约细则的方法，熟悉目前期货市场上主要的期货交易品种和标准化期货合约的具体内容。

(2)运用同花顺期货通软件进行仿真交易，深入理解期货交易流程和交易规则。

(3)掌握不同情形下的期货交易盈亏计算，包括多头和空头头寸的盈亏计算，结合市场行情分析盈亏原因。

(4)通过“信息检索→策略制定→仿真交易→数据核算”全流程实训，构建从理论到实践的完整认知链。

二、实训要求

(1)提前掌握期货市场的基本术语、基本规则和交易流程。

(2)能够熟练使用期货模拟交易软件，完成合约选择、下单交易等操作。严格记录开仓和平仓的时间、价格、数量。准确计算每笔交易的盈亏，包括浮动盈亏和实际盈亏，并能分析盈亏产生的原因。

(3)以小组为单位进行实训，成员需分工合作，共同分析市场行情、制定交易策略，分享交易经验，提高团队协作能力和沟通能力。

(4)遵守实训时间安排，按时完成各项实训任务。

三、实训内容及步骤

1. 期货合约信息检索

(1)登录期货交易所官方网站，统计每家期货交易所的期货交易品种，认真解读期货交易规则及实施细则。

(2)收集上海期货交易所、大连商品交易所、郑州商品交易所、广州期货交易所等的商品期货合约以及中国金融期货交易所的金融期货合约的具体内容，提取标准化期货合约的关键信息，选择具有代表性的期货品种，填写表 7.10。

表 7.10　期货合约要素对比表

期货品种	交易单位	报价单位	最小变动价位	涨跌停板幅度	合约月份	保证金比例	交割方式	交易代码	上市交易所

2. 仿真交易

（1）登录同花顺期货通软件，了解各个功能模块的作用。尝试进行模拟下单操作，包括选择期货合约品种、确定交易方向（多头或空头）、下单价格、下单数量等，熟悉开仓、平仓的操作流程。

（2）观察期货实时走势，分析 K 线形态、成交量、持仓量变化等行情信息，同时对期货品种进行基本面分析。小组成员讨论并制定交易策略，策略内容包括选择交易的期货品种、确定开仓时机、止损和止盈点位等。

（3）按照小组制定的交易策略进行仿真交易操作。建议小组内部分工操作不同品种，对比不同品种的波动幅度、保证金占用差异，总结交易体验。同时，实时关注市场行情变化，根据市场动态调整交易策略。

（4）在交易过程中，记录每笔交易的详细信息，填写交易明细表（表 7.11）。

表 7.11　交易明细表

交易时间	合约名称	合约代码	交易方向	成交价格	成交数量	保证金	备注:交易原因、依据等

3. 盈亏计算

（1）持仓期间观察每日结算价，计算每笔交易的浮动盈亏和平仓盈亏。各小组内部进行讨论和核对，确保计算结果的准确性。分析盈亏的原因以及止损止盈设置的合理性。

（2）记录每笔交易的详细信息和对应的盈亏计算结果，填写期货仿真交易盈亏明细表（表7.12）。

表7.12　期货仿真交易盈亏明细表

序号	交易日期	期货品种	合约代码	交易方向	开仓价格	平仓价格	手数	手续费	盈亏金额

四、实训结果

提交一份实训报告，内容包括团队的交易策略、交易过程、盈亏分析、风险控制、不足之处与改进方向、对期货交易的认识和感悟等。实训报告应结构合理、逻辑清晰，并且能够体现团队协作能力。

实训项目十四　期货套期保值的应用

一、实训目的

（1）加深对期货套期保值基本原理和操作过程的理解。

（2）能够较为熟练地运用期货合约规避现货市场中价格波动的风险。

（3）培养学生风险管理意识以及制定风险管理策略的能力。

（4）提高学生将理论知识应用于实际金融市场的实践能力。

二、实训要求

（1）提前学习期货套期保值的相关理论知识，包括套期保值的概念、原理、类型等。

（2）学生应熟练掌握计算机基本操作，熟悉软件的各项功能和操作页面。

（3）在实训过程中，严格按照实训要求进行操作，记录每一个操作环节和相关数据，确保数据的真实性、准确性。

（4）撰写实训报告，要求逻辑清晰、内容完整、分析深入。

三、实训内容及步骤

1. 构建股票投资组合

(1)登录同花顺软件,从沪深京股市中选取5~7只不同行业的股票,构建一个模拟的股票投资组合。记录每只股票的名称、代码、买入价格、买入数量等信息,填写股票交易明细表(表7.13),并计算出股票投资组合的初始总价值。

表7.13　股票交易明细

股票名称	股票代码	买入价格/元	买入数量/股	市值/元	交易时间

(2)计算构建的股票组合与上证50指数和沪深300指数、中证500指数、中证1000指数的关联程度。思考如果需要进行套期保值的话,应该选择哪种指数期货合约更合适。

2. 计算股票组合的β系数

(1)运用同花顺软件,查看股票模拟投资组合中每只股票的β系数。

(2)根据每只股票的市值占投资组合总市值的权重,计算出股票投资组合的加权平均β系数。

3. 利用指数期货对股票投资组合进行套期保值操作

(1)打开同花顺期货通软件,登录模拟交易账户。

(2)根据股票投资组合的价值和β系数,计算出套期保值需要交易的指数期货合约数量。

(3)在同花顺期货通软件中,对选定的指数期货合约进行委托下单,输入交易指令,包括交易方向、合约数量、价格等信息,确认交易并记录交易的相关信息,如成交价格、成交时间等。

4. 对套期保值的效果进行评价

(1)实训周期结束后,记录股票组合的期末价值和指数期货合约的盈亏情况;计算套期保值前后股票组合的价值变化,以及考虑指数期货盈亏后的实际总价值变化。

(2)通过对比未进行套期保值和进行套期保值后的投资组合价值变化,评价套期保值的效果,并填写套期保值效果分析表(表7.14)。

表 7.14　套期保值效果分析表

时间	现货市场	期货市场
盈亏		
套期保值效果		

四、实训结果

撰写一篇实训报告，报告中需要详细描述构建股票投资组合、进行套期保值操作及效果评价的具体步骤和计算结果，附上相关的数据和图表，深入分析套期保值操作是否达到了预期的效果。同时，分享自己在实训过程中的收获、遇到的问题及解决方法，总结对期货套期保值的理解和认知。

实训项目十五　跨期套利的应用

一、实训目的

(1)深入理解跨期套利的基本原理、策略和操作逻辑，明晰跨期套利的适用场景。

(2)掌握使用期货行情软件筛选套利机会的方法，提升数据分析与处理能力。

(3)能够制定合理的跨期套利方案，并进行模拟套利交易，加深对套利操作过程的理解，增强学生将理论知识应用于实践的能力。

二、实训要求

(1)提前学习跨期套利的相关理论知识，包括跨期套利的概念、分类、盈利机制及风险因素等，以便更好地理解和开展实训操作。

(2)掌握计算机操作技能，能够运用同花顺期货通软件进行行情查看、交易下单、持仓查询等操作，并熟练地进行数据统计与分析。

(3)严格按照实训内容及步骤开展操作，详细记录跨期价差数据、套利方案的具体内容、模拟交易的操作过程和交易结果等信息，保证数据的真实性、准确性和完整性。

(4)撰写实训报告，要求结构合理、逻辑清晰、论述充分。

三、实训内容及步骤

1. 观察期货行情寻找跨期套利机会

(1)打开同花顺期货通软件，进入期货行情页面，选择交易活跃的期货品种，查看其不同交割月份合约的价格、成交量、持仓量等数据。

(2)重点观察同一期货品种不同交割月份合约之间的价差变化情况，分析价差的历史走势和当前趋势。同时，结合基本面信息，判断价差是否属于正常范围。

(3)筛选出价差偏离正常范围，且有较大可能回归的期货合约组合，作为潜在的跨期套利机会。

2. 设计套利方案

(1)根据前期观察到的价差变化趋势和市场情况，确定具体的跨期套利类型。从筛选出的潜在套利机会中，选择流动性好、价差波动明显的期货合约。

(2)制定交易策略，明确交易方向、合约数量、入场价格条件、止损止盈设置等。

3. 跨期套利模拟交易

(1)登录同花顺期货通软件模拟交易账户，进入交易下单页面。根据制定的套利方案，依次输入近月合约和远月合约的代码、交易方向、合约数量等交易指令，仔细核对信息，确保信息无误后，点击【确认】下单。

(2)持续关注期货行情变化和持仓情况，实时监控价差走势。若价差达到止损或止盈条件，及时进行平仓操作；若市场情况发生变化，也应灵活调整交易策略。

(3)详细记录成交价格、成交数量、成交时间、手续费等信息，以及整个套利过程中的持仓市值变化、盈亏情况等数据。依据交易情况，填写期货套利交易明细表(表 7.15)与套利结果分析表(表 7.16)。

表 7.15　期货套利交易明细表

合约代码	开仓方向	开仓价格	成交数量	保证金	平仓方向	平仓价格	手续费

表 7.16　套利结果分析表

<table>
<tr><td rowspan="2">时间</td><td colspan="2">合约代码</td><td rowspan="2">价差</td></tr>
<tr><td></td><td></td></tr>
<tr><td></td><td></td><td></td><td></td></tr>
<tr><td></td><td></td><td></td><td></td></tr>
<tr><td>盈亏状况</td><td></td><td></td><td></td></tr>
<tr><td>总盈亏</td><td colspan="3"></td></tr>
</table>

4. 套利策略评估

(1)计算跨期套利操作的实际盈亏金额、收益率等指标,评估套利交易的收益情况。

(2)对比近月与远月合约实际价差变化与预期价差变化的差异,分析导致差异的原因。

(3)结合套利收益和价差分析,对制定的套利策略进行评估。判断策略的合理性,总结策略的优点和不足之处。

(4)分析套利操作过程中遇到的风险因素,总结应对风险的经验教训,提出改进风险管理的措施和建议。

四、实训结果

对运用期货进行套利的操作过程和结果进行总结,撰写一篇关于期货套利的实训报告。报告应详细描述寻找套利机会的具体过程,说明套利方案的内容,记录模拟交易的操作流程,并附上相关交易数据。深入分析套利操作结果,对套利操作进行全面、客观的评价。

第八章　期权投资分析

第一节　期权基本知识

一、期权及其分类

（一）期权的定义

期权是买卖未来权利的合约，赋予其买方在规定期限内按双方约定的价格购买或出售一定数量某种标的资产的权利。期权的买方是期权的权利方，期权的卖方是期权的义务方。期权权利方为获得这一权利向期权义务方支付的价款就是期权价格，也称权利金或期权费。

期权买方、卖方的权利和义务是不对等的，买方可以行使权利，也可以放弃权利，如果买方行使权利，卖方必须履行相应的义务。

（二）期权的种类

根据权利不同、行权时限不同和标的资产不同等，期权有多种不同的分类。

按权利方行权方向的不同，可将期权分为看涨期权和看跌期权。买方支付权利金后，如果有权在将来某一时间按约定价格买入一定数量的标的资产，则称为看涨期权，或称认购期权、买权。买方预期未来标的资产价格快速上涨时可以买入看涨期权，以获得价格上涨的收益。买方支付权利金后，如果有权在将来某一时间按约定价格卖出一定数量的标的资产，则称为看跌期权，或称认沽期权、卖权。买方预期未来标的资产价格快速下跌时可以买入看跌期权，以获得价格下跌的收益。

按期权权利方行使期权的时限划分，期权可分为欧式期权和美式期权。欧式期权的权利方只有在期权到期日才能行使期权，而美式期权允许权利方在期权到期前的任何交易日行使期权。

按期权合约标的资产划分，期权可分为股票期权、股价指数期权、期货期权、利率期权、外汇期权、互换期权、信用期权及商品期权等。

按交易市场类型的不同，期权可分为场内期权和场外期权。在交易所上市交易的期权称为场内期权，在交易所以外交易的期权称为场外期权。

期权买卖双方权利和义务如表 8.1 所示。

表 8.1　期权买卖双方权利和义务

	期权买方(支付权利金)	期权卖方(收取权利金)
看涨期权	有买入标的资产的权利	有卖出标的资产的义务
看跌期权	有卖出标的资产的权利	有买入标的资产的义务

二、期权内在价值与时间价值

期权的权利金包含两部分,分别是内在价值与时间价值。内在价值是期权立即行权可以获得的收益,时间价值为权利金与内在价值之差。距期权到期日时间越长,时间价值越大,因为较长的到期时间为期权的标的资产价格提供了更多的时间来朝着对期权持有者有利的方向变动,从而增加了期权行权获利的可能性,所以权利金也会增高。

权利金公式如下:

$$权利金 = 内在价值 + 时间价值$$

看涨期权内在价值 $= \max(S-K,0)$;看跌期权内在价值 $= \max(K-S,0)$。其中,S 为标的资产的价格,K 为期权的行权价格。

三、实值、虚值和平值期权

实值期权是有内在价值的期权,标的资产价格高于行权价格的看涨期权和标的资产价格低于行权价格的看跌期权是实值期权。例如,棉花期货价格为 13 000 元/t 时,行权价格为 12 800 元/t 的看涨期权和行权价格为 13 200 元/t 的看跌期权是实值期权。

虚值期权则相反,标的资产价格低于行权价格的看涨期权和标的资产价格高于行权价的看跌期权是虚值期权。例如,棉花期货价格为 13 000 元/t 时,行权价格为 12 800 元/t的看跌期权和行权价格为 13 200 元/t 的看涨期权是虚值期权。虚值期权只有时间价值,没有内在价值,其权利金相对较为便宜。特别是深度虚值期权,权利金更低,但这并不意味着期权虚值程度越深越值得买入。相反,买入深度虚值期权时更需谨慎,因为深度虚值期权转化为实值期权可能性较小,即使价格向有利方向变动,深度虚值期权也可能最终没有价值。

平值期权从理论上讲是行权价格恰好等于标的资产价格的期权,但在实际交易中,由于行权价格并不连续,离标的市场价最近的行权价格的期权被认定为平值期权。

一般来说,投资者应根据交易成本、价格变动方向和波动程度,选择合适的实值、平值或虚值期权。

四、期权价格的影响因素

期权合约每单位报价的权利金,就是期权价格。期权价格的变化更加多元化与复杂化,了解期权价格影响因素,能够帮助投资者理解期权价格变动的原因,从而更好地评估和管理投资风险,寻找到合适的期权投资机会。总的来看,期权价格的影响因素主要有以下几个。

(一)标的资产市场价格与行权价格

标的资产当前市场价格与行权价格是影响期权价格的主要因素。投资者在进行期权交易时,首先要考虑标的资产价格,然后根据其与行权价格的关系选择实值期权、平值期权或虚值期权。

这两种价格的关系不仅决定了期权有无内在价值及内在价值的大小,而且还影响时间价值的大小。一般而言,行权价格与标的资产当前市场价格之间的差距越大,时间价值越小;反之,则时间价值越大。也就是说,实值程度和虚值程度越高,时间价值越小,平值期权的时间价值理论上说是最大的。

看涨期权在行权时,其回报等于标的资产当时的市价与行权价格之差。因此,标的资产的价格越高、行权价格越低,看涨期权的价格就越高;对看跌期权而言,由于行权时其收益等于行权价格与标的资产市价的差额,因此标的资产的价格越低、行权价格越高,看跌期权的价格就越高。

(二)标的资产价格的波动性

在其他因素不变的条件下,标的资产价格的波动性越大,期权价格越高;波动性越小,期权价格越低。因为标的资产价格波动性越大,则在期权到期前,看涨期权标的资产价格涨至行权价格之上或看跌期权标的资产价格跌至行权价格之下的可能性越大。

(三)期权有效期

有效期是指期权距离到期日的剩余时间,即期权成交日至期权到期日的时间。其他条件不变的情况下,有效期越长,美式看涨期权和看跌期权的价值就越大。这是因为,对美式期权而言,由于它可以在剩余期限内任意交易日行权,剩余期限越长,期权多头获利机会就越大,而且剩余期限长的期权包含了剩余期限短的期权的所有行权机会。欧式期权由于只能在期末行权,随着有效期的延长,欧式期权的价值并不必然增加。

(四)无风险利率

无风险利率的变动会影响期权的价格。无风险利率对期权价格的影响,要视当时的经济环境以及利率变化对标的资产价格影响的方向,考虑对期权内在价值的影响方向及程度,然后综合对时间价值的影响,得出最终的影响结果。

(五)标的资产收益

标的资产进行分红付息,将减少标的资产的价格。如果标的资产分红的时候并不对期权的行权价格进行调整,那么在期权剩余期限内标的资产产生红利将使看涨期权价格下降,而使看跌期权价格上升。但如果标的资产分红的时候交易所对期权的行权价格进行调整,则要依据调整方式进行具体分析。

综上所述,决定和影响期权价格的因素很多,而且这些因素对期权价格的影响也很复杂,既有影响方向的不同又有影响程度的不同,各个影响因素之间既相互补充又相互抵消。

五、期权价格的敏感性分析

期权的风险指标通常用希腊字母的名称来表示,包括 Delta、Gamma、Vega、Theta 和

Rho 等(表 8.2),它们反映了期权价格对不同因素的敏感度。了解这些指标,能够帮助投资者进一步理解期权价格的变动,评估和管理期权交易的风险。

表 8.2 期权风险指标

指标	作用
Delta	衡量标的资产价格变动时,期权价格的变化幅度
Gamma	衡量标的资产价格变动时,期权 Delta 值的变化幅度
Vega	衡量标的资产价格波动率变动时,期权价格的变化幅度
Theta	衡量随着时间的消逝,期权价格的变化幅度
Rho	衡量利率变动时,期权价格的变化幅度

期权风险指标能够衡量当影响期权价格的因素发生一定的变化时,对期权价格的影响方向和影响程度。投资者可以利用敏感性指标构建风险中性的期权交易策略,有效地降低期权交易的风险。

六、中国的期权市场

我国上海证券交易所率先于 2015 年 2 月 9 日在中国市场推出了上证 50ETF 期权,这是国内首只场内期权品种。上证 50ETF 期权标的资产是华夏上证 50 交易型开放式指数证券投资基金,这只基金跟踪上证 50 指数,其成分股选取了上海证券市场中规模大、流动性好的最具代表性的 50 只股票,能够较好地反映沪市大盘蓝筹股的整体状况。目前上海证券交易所期权市场已挂牌上证 50ETF 期权、沪深 300ETF 期权、中证 500ETF 期权和科创 50ETF 期权。四个 ETF 期权品种覆盖 A 股超大盘、大盘、中盘及科创板股票,形成了良好的互补。

2017 年 3 月,大连商品交易所上市豆粕期权,标志着首只场内商品期货期权正式推出。目前,场内商品期权已经涉及农产品、能源化工、有色金属、黑色金属和贵金属等多个领域。2019 年 12 月 23 日,沪深 300 指数期权合约在中国金融期货交易所上市交易,成为境内首只指数期权产品。

我国交易所上市交易的期权合约如表 8.3 所示。

表 8.3 我国交易所上市交易的期权合约

交易所	上市期权合约
上海证券交易所	上证 50ETF 期权、沪深 300ETF 期权、中证 500ETF 期权、科创 50ETF 期权
深圳证券交易所	深证 100ETF 期权、创业板 ETF 期权、沪深 300ETF 期权、中证 500ETF 期权
大连商品交易所	黄大豆 1 号、黄大豆 2 号、豆油、豆粕、棕榈油、玉米、玉米淀粉、铁矿石、聚丙烯、聚氯乙烯(PVC)、乙二醇、苯乙烯、塑料、鸡蛋、生猪、原木等期货期权合约

续表8.3

交易所	上市期权合约
郑州商品交易所	白糖、棉花、甲醇、PTA、花生、菜粕、菜油、对二甲苯、烧碱、硅铁、锰硅、苹果、尿素、纯碱、涤纶短纤、玻璃、红枣、瓶片等期货期权合约
上海期货交易所	黄金、白银、铜、铝、锌、铅、锡、镍、氧化铝、螺纹钢、橡胶、丁二烯胶等期货期权合约
广州期货交易所	工业硅、多晶硅、碳酸锂等期货期权合约
中国金融期货交易所	沪深300指数期权、中证1000指数期权、上证50指数期权
上海国际能源交易中心	原油期货期权合约

除了交易所市场外，期权在场外市场也有很大的规模。近年来，我国期权市场呈现出迅猛发展的势头，期权产品体系逐步丰富、交易机制日臻完善、投资者生态更加多元。

第二节　场内期权交易

一、场内期权合约

场内期权也称交易所期权，是指由交易所统一制定的并在交易所集中交易的标准化期权合约。一般来说，常见的标准期权合约条款包括合约标的、合约类型、交易单位、报价单位、最小变动价位、涨跌停板幅度、合约月份、交易时间、最后交易日、到期日、行权价格、行权方式、交易代码等。

上海证券交易所中证500ETF期权合约如表8.4所示。

表8.4　上海证券交易所中证500ETF期权合约

合约标的	南方中证500交易型开放式指数证券投资基金（证券简称：中证500ETF；证券代码：510500）
合约类型	认购期权和认沽期权
合约单位	10 000份
合约到期月份	当月、下月及随后两个季月
行权价格	9个（1个平值合约、4个虚值合约、4个实值合约）
行权价格间距	3元或以下为0.05元，3元至5元（含）为0.1元，5元至10元（含）为0.25元，10元至20元（含）为0.5元，20元至50元（含）为1元，50元至100元（含）为2.5元，100元以上为5元
行权方式	到期日行权（欧式）
交割方式	实物交割（业务规则另有规定的除外）
到期日	到期月份的第四个星期三（遇法定节假日顺延）

续表 8.4

行权日	同合约到期日，行权指令提交时间为 9:15—9:25，9:30—11:30，13:00—15:30
交收日	行权日次一交易日
交易时间	9:15—9:25，9:30—11:30（9:15—9:25 为开盘集合竞价时间），13:00—15:00（14:57—15:00 为收盘集合竞价时间）
委托类型	普通限价委托、市价剩余转限价委托、市价剩余撤销委托、全额即时限价委托、全额即时市价委托以及业务规则规定的其他委托类型
买卖类型	买入开仓、买入平仓、卖出开仓、卖出平仓、备兑开仓、备兑平仓以及业务规则规定的其他买卖类型
最小报价单位	0.000 1 元
申报单位	1 张或其整数倍
涨跌幅限制	认购期权最大涨幅＝max｛合约标的前收盘价×0.5%，min［（2×合约标的前收盘价−行权价格），合约标的前收盘价］×10%｝ 认购期权最大跌幅＝合约标的前收盘价×10% 认沽期权最大涨幅＝max｛行权价格×0.5%，min［（2×行权价格−合约标的前收盘价），合约标的前收盘价］×10%｝ 认沽期权最大跌幅＝合约标的前收盘价×10%
熔断机制	连续竞价期间，期权合约盘中交易价格较最近参考价格涨跌幅度达到或者超过 50% 且价格涨跌绝对值达到或者超过 10 个最小报价单位时，期权合约进入 3 分钟的集合竞价交易阶段
开仓保证金最低标准	认购期权义务仓开仓保证金＝［合约前结算价＋max（12%×合约标的前收盘价−认购期权虚值，7%×合约标的前收盘价）］×合约单位 认沽期权义务仓开仓保证金＝min［合约前结算价＋max（12%×合约标的前收盘价−认沽期权虚值，7%×行权价格），行权价格］×合约单位
维持保证金最低标准	认购期权义务仓维持保证金＝［合约结算价＋max（12%×合约标的收盘价−认购期权虚值，7%×合约标的收盘价）］×合约单位 认沽期权义务仓维持保证金＝min［合约结算价＋max（12%×合约标的收盘价−认沽期权虚值，7%×行权价格），行权价格］×合约单位

中国金融期货交易所上证 50 指数期权合约如表 8.5 所示。

表 8.5　中国金融期货交易所上证 50 指数期权合约

合约标的物	上证 50 指数
合约乘数	每点人民币 100 元
合约类型	看涨期权、看跌期权
报价单位	指数点
最小变动价位	0.2 点
每日价格 最大波动限制	上一交易日上证 50 指数收盘价的±10%
合约月份	当月、下两个月及随后三个季月
行权价格	行权价格覆盖上证 50 指数上一交易日收盘价上下浮动 10% 对应的价格范围 对当月与下两个月合约:行权价格≤2 500 点时,行权价格间距为 25 点;2 500 点<行权价格≤5 000 点时,行权价格间距为 50 点;5 000 点<行权价格≤10 000 点时,行权价格间距为 100 点;行权价格>10 000 点时,行权价格间距为 200 点 对随后三个季月合约:行权价格≤2 500 点时,行权价格间距为 50 点;2 500 点<行权价格≤5 000 点时,行权价格间距为 100 点;5 000 点<行权价格≤10 000 点时,行权价格间距为 200 点;行权价格>10 000 点时, 行权价格间距为 400 点
行权方式	欧式
交易时间	9:30—11:30,13:00—15:00
最后交易日	合约到期月份的第三个星期五,遇国家法定假日顺延
到期日	同最后交易日
交割方式	现金交割
交易代码	看涨期权:HO 合约月份-C-行权价格 看跌期权:HO 合约月份-P-行权价格
上市交易所	中国金融期货交易所

广州期货交易所多晶硅期权合约如表 8.6 所示。

表 8.6　广州期货交易所多晶硅期权合约

合约标的物	多晶硅期货合约
合约类型	看涨期权、看跌期权
交易单位	1 手(3 t)多晶硅期货合约
报价单位	元(人民币)/t
最小变动价位	1 元(人民币)/t
涨跌停板幅度	与多晶硅期货合约涨跌停板幅度相同

续表 8.6

合约月份	1—12 月
交易时间	9:00—11:30,13:30—15:00,以及交易所规定的其他时间
最后交易日	标的期货合约交割月份前一个月第五个交易日
到期日	同最后交易日
行权价格	行权价格覆盖多晶硅期货合约上一交易日结算价上下浮动 1.5 倍当日涨跌停板幅度对应的价格范围。行权价格 ≤40 000 元/t,行权价格间距为 500 元/t;40 000 元/t<行权价格 ≤100 000 元/t,行权价格间距为 1 000 元/t;行权价格>100 000 元/t,行权价格间距为 2 000 元/t
行权方式	美式。买方可以在到期日之前任一交易日的交易时间,以及到期日 15:30 之前提出行权申请
交易代码	看涨期权:PS-合约月份-C-行权价格 看跌期权:PS-合约月份-P-行权价格
上市交易所	广州期货交易所

注:日盘交易分为三个交易小节,分别为第一节 9:00—10:15、第二节 10:30—11:30 和第三节 13:30—15:00。

场内期权合约条款都是交易所规定好的,对每一位投资者都适用。场内期权采用标准化、集中交易,结算机构还为投资交易双方提供了可靠的履约保证,这有利于市场流动性的提高。

二、期权交易

(一)投资者准入

期权是相对复杂的金融工具,杠杆相对较大,对期权有认知能力与风险承受能力的投资者方可参与。期权经营机构应向投资者全面介绍期权产品特征,充分揭示期权交易风险,对投资者的适当性进行评估。建立投资者适当性制度能够更好地保护中小投资者,引导投资者理性参与期权交易、保护投资者合法权益、促进期权市场规范有序发展。

(二)交易指令

交易指令分为限价指令、市价指令、组合指令和交易所规定的其他指令。

限价指令是指执行时以限定价格或者更好价格成交的指令,分为买入限价指令和卖出限价指令。限价指令一般当日有效。集合竞价期间的限价指令,未成交的开市后继续有效。

市价指令仅在当时成交的时候有效,未成交的市价指令自动撤销。集合竞价期间不接受市价指令;交易期间,市价指令先于限价指令执行。

另外,有些交易所还提供了一些其他交易指令。例如,郑州商品交易所提供了期权组合指令,包括跨式组合、宽跨式组合等指令,为套利交易提供便利。投资者可根据自身情况，利用组合指令进行套利交易，降低投资风险，提高资金的使用效率。需要注意的是，集合竞价期间或行情出现单边无报价时，交易所不接受组合指令；组合指令须附加指令属性，指令属性包括立即成交剩余指令自动撤销、立即全部成交否则自动撤销。

（三）竞价与撮合

期权交易采用集合竞价、连续竞价和做市商询报价方式，撮合原则为价格优先和时间优先。

（1）竞价方式。

期权竞价采用集合竞价、连续竞价方式。集合竞价指在规定时间内对接受的买卖申报一次性集中撮合；连续竞价指对买卖申报逐笔连续撮合。

集合竞价采用最大成交量原则，即以此价格成交能够得到最大成交量。开盘集合竞价中的未成交申报单自动参与开市后连续竞价交易。

集合竞价期间不能提交市价指令、行权指令和放弃指令等指令。

（2）撮合成交原则。

期权交易期间，撮合成交原则是价格优先、时间优先。价格优先的原则为：较高价买入申报优先于较低价买入申报撮合成交，较低价卖出申报优先于较高价卖出申报成交。时间优先的原则为：买卖方向、价格相同的，先接受的申报优先于后接受的申报撮合成交。

当某期权合约以涨跌停板价格成交时，成交撮合原则为平仓优先和时间优先。平仓优先的原则为：以涨停价申报，买入平仓申报优先于买入开仓申报；以跌停价申报，卖出平仓申报优先于卖出开仓申报。

（四）做市商与询价

为满足市场流动性的需要，期权交易实行做市商制度。做市商可以为市场提供持续报价，或收到客户询价后进行回应报价。做市商双边报价包括期权合约的买价、卖价和数量，以限价方式报价。做市商报单也按照“价格优先、时间优先”的原则进行撮合，没有成交优先权。

当市场中出现没有报价、只有单边报价或者双边报价价差太大的情形时，投资者可向做市商询价。客户可以通过客户端发出询价指令，然后交易所将询价单发给做市商。集合竞价期间，交易所不接收询价指令，当市场存在合理报价或规定时间内已有询价时，交易所不接收询价指令。

（五）期权结算

期权结算是指对期权交易保证金、权利金、交易手续费及行权等业务进行结算。期权买方支付权利金，不交纳交易保证金，期权卖方收取权利金，交纳交易保证金。结算包括权利金划转、保证金收取、手续费收取和行权结算等事项。

（1）期权结算价。

期权结算价主要用于计算期权卖方保证金的收取，确定下一交易日期权的涨跌停板价。例如，中国金融期货交易所规定：指数期权合约除最后交易日外的当日结算价为合约当日收盘集合竞价的成交价格。当日收盘集合竞价未形成成交价格或者成交价格明显不合理的,交易所有权决定当日结算价。

指数期权合约最后交易日的结算价确定方法如下:

①对看涨期权合约,合约交割结算价高于行权价格的,该合约最后交易日的结算价为交割结算价与行权价格的差额,其他情形下最后交易日的结算价为零;

②对看跌期权合约,合约交割结算价低于行权价格的,该合约最后交易日的结算价为行权价格与交割结算价的差额,其他情形下最后交易日的结算价为零。

其中,指数期权合约交割结算价为最后交易日标的指数最后2小时的算术平均价。

(2)权利金、保证金收付。

期权交易时,交易所对买方按照其报价冻结权利金,按照期权成交价划出权利金给卖方;对卖方交易所按照上一交易日结算时合约交易保证金标准冻结和收取合约卖方交易保证金。结算时,交易所按照当日期权结算价重新计算并收取卖方交易保证金。期权合约卖方平仓时,交易所释放合约卖方所平合约的交易保证金。

三、期权行权

目前,上海证券交易所和深圳证券交易所的ETF期权,中国金融期货交易所的指数期权都是欧式期权,只能在到期日行权。大连商品交易所、郑州商品交易所、上海期货交易所和广州期货交易所交易的商品期货期权一般都是美式期权,在到期日及到期日前任意交易日均可行权。下面以郑州商品交易所行权为例进行介绍。

(一)行权时间

郑州商品交易所商品期权在到期日及到期日前任意交易时间段均可提交行权申请。

(二)行权与履约

买方行权时,必须准备好满足期货交易保证金和其他手续费要求的资金。

当买方提出行权申请时,期权的卖方负有履约义务。郑州商品交易所按照投机持仓、组合持仓、套期保值持仓的顺序选择卖方进行配对。

行权后,看涨期权的买方按行权价格获得期货多头持仓,卖方按同一行权价格获得期货空头持仓;看跌期权的买方按行权价格获得期货空头持仓,卖方按同一行权价格获得期货多头持仓。行权当日结算时,交易所释放期权交易保证金,收取期货交易保证金。

例如,苹果看涨期权买方行权,可以获得苹果期货多头持仓,苹果看涨期权卖方履约,可以获得苹果期货空头持仓;烧碱看跌期权买方行权,可以获得烧碱期货空头持仓,烧碱看跌期权卖方履约,可以获得烧碱期货多头持仓。

(三)行权资金

到期日是期权买方行使权利的最后一天,到期日结算时,买方虚值期权的权利失效,实值期权自动行权。到期日前期货公司应提醒客户注意行权时间与资金是否充足,并妥善处理期权持仓。

资金不足的买方,不允许行权。由于卖方交纳期权保证金,可以转作期货保证金,覆盖次日期货价格波动风险。因此,对于期权卖方履约时不再进行资金检查。

到期日结算时，对未在规定时间内提交行权或放弃申请的期权持仓，按实值期权自动行权，虚值期权自动放弃行权。具体处理如下：①行权价格小于当日标的物结算价的看涨期权持仓自动行权；②行权价格大于当日标的物结算价的看跌期权持仓自动行权；③其他期权持仓自动放弃。

需要注意的是，由于浅实值和浅虚值期权标的期货收盘价与结算价不同、手续费差异和投资者对市场未来走势的判断，因此可能需要对浅实值期权提交放弃或对浅虚值期权提交行权。

（四）行权与限仓

期权和期货分别限仓，期权行权转化为期货持仓后，造成期货超仓的，下一交易日按期货相关风险管理制度处理。期权持仓转化为期货持仓，投机属性与套保属性不变。

需要注意的是，客户在参与期权交易中，需要做好资金与持仓管理，避免因超仓而面临强行平仓风险。

另外，期权交易实行保证金制度、涨跌停板制度、限仓制度和强行平仓等风控制度，以规范期权交易行为，保障各方合法权益，维护市场秩序和社会公共利益，促进期权市场服务国民经济，防范化解金融风险，维护期权交易的“三公”原则与期权市场的高效运行。

四、期权行情解读与模拟交易

（一）查看期权市场行情

打开同花顺期货通软件，点击菜单栏【期权】，可以查看上海期货交易所、大连商品交易所、郑州商品交易所、广州期货交易所、上海国际能源交易中心、中国金融期货交易所、上海证券交易所和深圳证券交易所正在交易的期权合约，如图 8.1 所示。

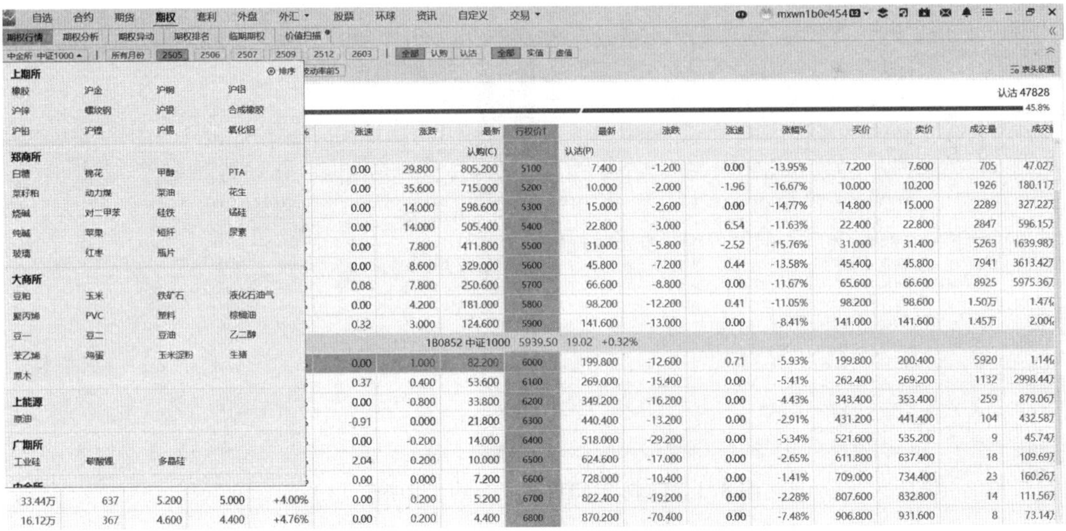

图 8.1　同花顺期货通软件期权行情页面

以中国金融期货交易所指数期权为例，上证 50 指数看涨期权合约交易代码为 HO 合约月份-C-行权价格，看跌期权合约交易代码为 HO 合约月份-P-行权价格。沪深 300 指数看涨期权合约交易代码为 IO 合约月份-C-行权价格，看跌期权合约交易代码为 IO 合约月份-P-行权价格。中证 1 000 指数看涨期权合约交易代码为 MO 合约月份-C-行权价格，看跌期权合约交易代码为 MO 合约月份-P-行权价格。图 8.2 所示为中证 1000 指数期权（MO2509-C-7000）分时图。

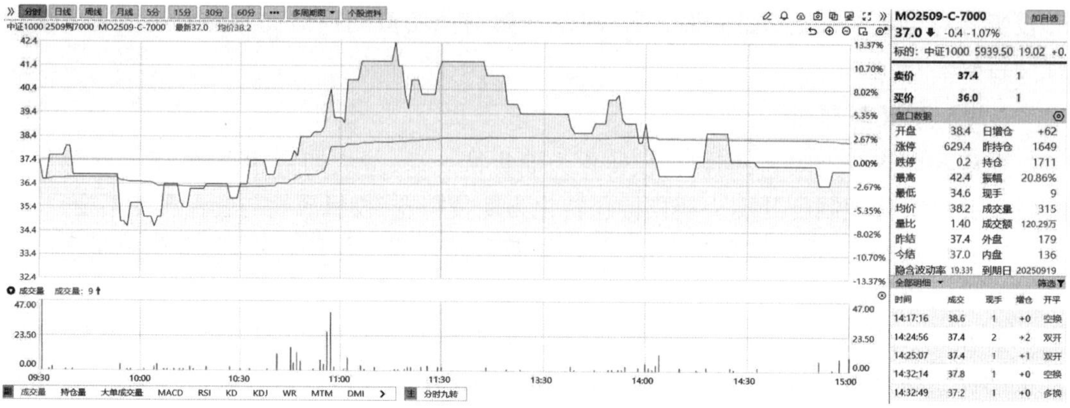

图 8.2　中证 1000 指数期权（MO2509-C-7000）分时图

（二）期权行情识读

期权 T 型报价是专门用于期权行情的一种报价方式，展示期权合约的不同行权价格及其各项数据指标。期权 T 型报价以中间行权价格为轴，左右分别列出认购（看涨）和认沽（看跌）期权，在 T 型报价的上方通常会显示到期时间。如果行权价格按照自上而下升序排列，那么左上角和右下角均为实值期权，左下角和右上角均为虚值期权。T 型报价如图 8.3 至图 8.5 所示。

成交额	成交量	卖价	买价	涨幅%	涨速	涨跌	最新	行权价↑	最新	涨跌	涨速	涨幅%	买价	卖价	成交量
2025-06-25到期，剩余60天							认购(C)		认沽(P)						
2.88万	9	0.3179	0.3108	+3.40%	0.00	0.0107	0.3252	1.600	0.0089	-0.0003	0.00	-3.26%	0.0086	0.0089	1389
2.69万	10	0.2713	0.2644	+1.55%	0.00	0.0041	0.2690	1.650	0.0123	-0.0005	0.00	-3.91%	0.0118	0.0122	1022
23.11万	103	0.2260	0.2203	+3.10%	-0.09	0.0067	0.2225	1.700	0.0171	-0.0014	-0.58	-7.57%	0.0171	0.0172	836
20.89万	115	0.1830	0.1781	+6.01%	0.00	0.0102	0.1800	1.750	0.0243	-0.0030	0.00	-10.99%	0.0241	0.0247	1373
101.34万	709	0.1433	0.1415	+6.60%	0.07	0.0088	0.1421	1.800	0.0349	-0.0045	0.00	-11.42%	0.0347	0.0357	2485
174.35万	1614	0.1079	0.1062	+7.21%	0.00	0.0072	0.1071	1.850	0.0497	-0.0062	0.00	-11.09%	0.0493	0.0500	2099
489.85万	6184	0.0784	0.0770	+5.05%	-0.26	0.0037	0.0770	1.900	0.0707	-0.0086	0.00	-10.84%	0.0707	0.0714	3648
159915 创业板ETF　1.920　0.013　+0.68%															
134.87万	2337	0.0563	0.0556	+5.89%	0.00	0.0031	0.0557	1.950	0.0985	-0.0102	0.00	-9.38%	0.0973	0.0992	2506
89.12万	2175	0.0398	0.0390	+7.65%	0.00	0.0028	0.0394	2.000	0.1316	-0.0104	-0.60	-7.32%	0.1304	0.1340	766
107.51万	3750	0.0285	0.0281	+9.30%	0.36	0.0024	0.0282	2.050	0.1700	-0.0112	0.00	-6.18%	0.1685	0.1715	277
52.18万	2558	0.0201	0.0196	+11.11%	-0.50	0.0020	0.0200	2.100	0.2110	-0.0145	0.00	-6.43%	0.2100	0.2145	231
17.49万	1203	0.0147	0.0143	+9.77%	-0.68	0.0013	0.0146	2.150	0.2463	-0.0218	-2.99	-8.13%	0.2463	0.2576	293
17.42万	1551	0.0113	0.0112	+15.46%	0.00	0.0015	0.0112	2.200	0.3035	-0.0115	0.00	-3.65%	0.2998	0.3068	55
10.55万	1269	0.0093	0.0087	+14.47%	1.16	0.0011	0.0087	2.250	0.3517	-0.0109	0.00	-3.01%	0.3472	0.3544	83
3.47万	511	0.0076	0.0069	+21.67%	0.00	0.0013	0.0073	2.300	0.3984	-0.0124	0.03	-3.02%	0.3952	0.4025	22
4.17万	696	0.0064	0.0056	+27.08%	0.00	0.0013	0.0061	2.350	0.4480	-0.0114	0.00	-2.48%	0.4435	0.4513	3
8.21万	1514	0.0066	0.0055	+51.16%	20.37	0.0022	0.0065	2.400	0.4960	-0.0123	0.00	-2.42%	0.4924	0.5003	1
2.68万	613	0.0047	0.0042	+32.35%	0.00	0.0011	0.0045	2.450	0.5401	-0.0172	0.00	-3.09%	0.5413	0.5494	1

图 8.3　创业板 ETF 期权合约 T 型报价（1）

溢价率	杠杆比率	历史波动率	隐含波动率	内在价值	时间价值	日增仓	持仓量	行权价↑	持仓量	日增仓	时间价值	内在价值	隐含波动率	历史波动率	杠杆比率
2025-06-25到期，剩余60天							认购(C)		认沽(P)						
0.27%	5.90	50.78%	0.01%	0.3200	0.0052	3	819	1.600	6773	855	0.0089	0.0000	32.43%	50.78%	215.73
-0.05%	7.14	50.78%	0.01%	0.2700	-0.0010	-10	314	1.650	4330	315	0.0123	0.0000	30.61%	50.78%	156.10
0.13%	8.63	50.78%	0.01%	0.2200	0.0025	-15	1026	1.700	4788	183	0.0171	0.0000	29.26%	50.78%	112.28
0.52%	10.67	50.78%	17.52%	0.1700	0.0100	17	3557	1.750	1.35万	1067	0.0243	0.0000	28.01%	50.78%	79.01
1.15%	13.51	50.78%	19.86%	0.1200	0.0221	111	4614	1.800	1.25万	968	0.0349	0.0000	27.10%	50.78%	55.01
1.93%	17.93	50.78%	20.34%	0.0700	0.0371	62	5195	1.850	8770	199	0.0497	0.0000	26.38%	50.78%	38.63
2.97%	24.94	50.78%	20.41%	0.0200	0.0570	1518	1.24万	1.900	1.30万	1899	0.0707	0.0000	26.31%	50.78%	27.16
159915 创业板ETF　1.920　0.013　+0.68%															
4.46%	34.47	50.78%	21.29%	0.0000	0.0557	367	7616	1.950	5746	409	0.0685	0.0300	26.87%	50.78%	19.49
6.22%	48.73	50.78%	21.97%	0.0000	0.0394	807	8674	2.000	6126	243	0.0516	0.0800	27.69%	50.78%	14.59
8.24%	68.09	50.78%	22.94%	0.0000	0.0282	2050	1.05万	2.050	4645	83	0.0400	0.1300	29.08%	50.78%	11.29
10.42%	96.00	50.78%	23.73%	0.0000	0.0200	753	1.76万	2.100	1.02万	30	0.0310	0.1800	30.41%	50.78%	9.10
12.74%	131.51	50.78%	24.75%	0.0000	0.0146	664	1.73万	2.150	6529	117	0.0163	0.2300	28.25%	50.78%	7.80
15.17%	171.43	50.78%	26.06%	0.0000	0.0112	938	1.53万	2.200	4926	30	0.0235	0.2800	35.20%	50.78%	6.33
17.64%	220.69	50.78%	27.23%	0.0000	0.0087	636	9489	2.250	1059	4	0.0217	0.3300	38.02%	50.78%	5.46
20.17%	263.01	50.78%	28.82%	0.0000	0.0073	194	6092	2.300	924	0	0.0184	0.3800	39.71%	50.78%	4.82
22.71%	314.75	50.78%	30.24%	0.0000	0.0061	361	7745	2.350	796	0	0.0180	0.4300	42.67%	50.78%	4.29
25.34%	295.38	50.78%	33.10%	0.0000	0.0065	504	1.30万	2.400	714	-1	0.0160	0.4800	44.55%	50.78%	3.87
27.84%	426.67	50.78%	33.08%	0.0000	0.0045	379	4815	2.450	551	-1	0.0101	0.5300	47.05%	50.78%	3.55

图 8.4　创业板 ETF 期权合约 T 型报价(2)

行权日	Vega	Theta	Rho	Gamma	Delta	理论价格	真实杠杆率	行权价↑	真实杠杆率	理论价格	Delta	Gamma	Rho	Theta	Vega
2025-06-25到期，剩余60天							认购(C)		认沽(P)						
20250625	0.0000	-0.0231	0.2711	0.0000	1.0000	0.3618	6.11	1.600	-15.88	0.0378	-0.0736	0.5438	-0.0255	-0.1032	0.1104
20250625	0.0000	-0.0239	0.2796	0.0000	1.0000	0.3239	7.14	1.650	-15.94	0.0498	-0.0996	0.7224	-0.0345	-0.1219	0.1385
20250625	0.0000	-0.0246	0.2881	0.0000	1.0000	0.2884	8.63	1.700	-15.48	0.0642	-0.1379	0.9514	-0.0479	-0.1460	0.1743
20250625	0.1262	-0.0878	0.2669	1.1502	0.9122	0.2553	9.73	1.750	-14.92	0.0810	-0.1888	1.2198	-0.0657	-0.1707	0.2139
20250625	0.2182	-0.1479	0.2384	1.7545	0.8050	0.2249	10.88	1.800	-14.08	0.1004	-0.2560	1.5006	-0.0894	-0.1954	0.2546
20250625	0.2766	-0.1834	0.2090	2.1716	0.6965	0.1970	12.49	1.850	-13.05	0.1224	-0.3378	1.7507	-0.1186	-0.2145	0.2892
20250625	0.3097	-0.2010	0.1753	2.4230	0.5776	0.1716	14.40	1.900	-11.71	0.1469	-0.4311	1.8877	-0.1526	-0.2278	0.3110
159915 创业板ETF　1.920　0.013　+0.68%															
20250625	0.3140	-0.2087	0.1400	2.3547	0.4583	0.1488	15.80	1.950	-10.23	0.1740	-0.5249	1.8728	-0.1879	-0.2331	0.3151
20250625	0.2939	-0.1993	0.1083	2.1359	0.3526	0.1283	17.18	2.000	-8.90	0.2034	-0.6099	1.7510	-0.2213	-0.2286	0.3036
20250625	0.2606	-0.1830	0.0825	1.8137	0.2678	0.1101	18.23	2.050	-7.67	0.2351	-0.6794	1.5550	-0.2505	-0.2211	0.2832
20250625	0.2214	-0.1599	0.0618	1.4903	0.1998	0.0941	19.18	2.100	-6.70	0.2689	-0.7365	1.3571	-0.2760	-0.2078	0.2584
20250625	0.1850	-0.1387	0.0466	1.1935	0.1506	0.0800	19.80	2.150	-6.34	0.3048	-0.8139	1.1984	-0.3073	-0.1501	0.2120
20250625	0.1553	-0.1222	0.0362	0.9520	0.1168	0.0678	20.03	2.200	-5.07	0.3424	-0.8013	0.9986	-0.3129	-0.2026	0.2207
20250625	0.1295	-0.1062	0.0282	0.7593	0.0909	0.0572	20.07	2.250	-4.48	0.3816	-0.8207	0.8700	-0.3274	-0.2039	0.2071
20250625	0.1119	-0.0969	0.0232	0.6201	0.0749	0.0480	19.70	2.300	-4.06	0.4224	-0.8429	0.7650	-0.3426	-0.1931	0.1902
20250625	0.0965	-0.0875	0.0191	0.5097	0.0618	0.0402	19.46	2.350	-3.65	0.4644	-0.8525	0.6828	-0.3541	-0.1989	0.1824
20250625	0.0951	-0.0942	0.0187	0.4586	0.0606	0.0335	17.91	2.400	-3.35	0.5076	-0.8665	0.6111	-0.3669	-0.1923	0.1705
20250625	0.0742	-0.0734	0.0137	0.3583	0.0444	0.0279	18.95	2.450	-3.08	0.5518	-0.8744	0.5548	-0.3778	-0.1941	0.1635

图 8.5　创业板 ETF 期权合约 T 型报价(3)

最新价显示期权合约的当前价格,也称为权利金。

成交量、持仓量显示某一行权价格期权合约的活跃度。

隐含波动率是通过期权价格反推出的标的波动率。

杠杆比率=标的价格/期权价格,真实杠杆率=标的价格/期权价格×Delta。虚值程度越高,杠杆比率越高。认沽期权真实杠杆率为负数,表示期权价格随标的价格上涨而下跌。

Delta、Gamma、Vega、Theta 和 Rho 这些指标用于描述期权价格对市场变动的敏感性。

期权 T 型报价能够将同一到期日、不同行权价格的看涨期权和看跌期权的关键信息集中展示,有助于投资者在复杂的信息中进行筛选,对不同期权合约进行对比分析,快速获取所需的各项信息,全面了解期权市场的即时状况。

(三)期权模拟交易

(1)委托下单。

打开同花顺期货通软件,点击主菜单栏中的【交易】⇨【期货交易】⇨【模拟交易】,登录模拟交易账户。点击【期权下单】,进入期权下单页面,输入需要交易的期权合约代码、价格、手数,选择买卖方向,即可进行期权交易委托下单,如图 8.6 所示。

图 8.6　期权交易下单页面

以多晶硅 2026 年 03 月购 38 500 为例,输入合约代码 ps2603-C-38500,给出具体的委托价格以及交易手数,点击【买多】、【卖空】或者【平仓】,委托确认后即可下单。买入该期权合约需支付权利金,当前时刻 1 手权利金支出约 15 618 元,卖出该期权合约将收取权利金,提供保证金,1 手权利金收入约 15 618 元,1 手保证金占用约 19 941.9 元。

委托价格可以选择最新价、对手价、排队价、中间价、市价、超价,如图 8.7 所示。

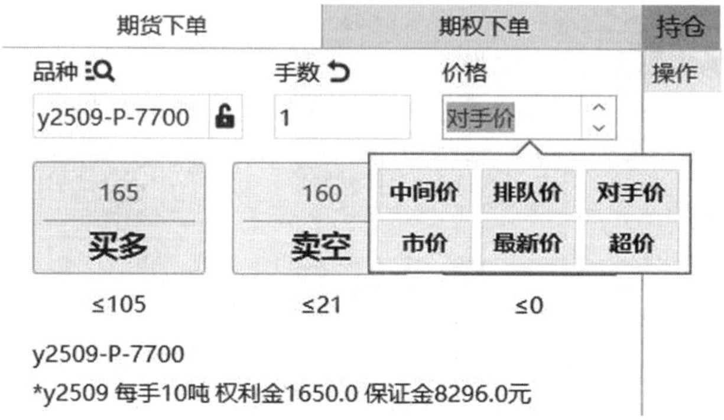

图 8.7　期权交易下单价格选择

①最新价:最新价是指期权合约最新的成交价格,即上一笔交易的实际成交价。投资者以最新价发出买卖指令,成交情况需视市场当时的报价而定,不保证能即时成交。

②对手价:对于买方来说,对手价是当前市场的卖一价;对于卖方,则是当前市场的买一价。采用对手价下单,能确保交易即时成交,因为以对手方的报价作为委托价格,所以可快速与对手方达成交易。

③排队价:买入时按照当前市场的买一价发出委托,卖出时按照当前市场的卖一价发出委托。这种报价方式不具有优先权,不能保证立即成交,需要与其他参与者的订单一起排队等候匹配,遵循价格优先、时间优先的原则。

④中间价:中间价一般是指买一价和卖一价的平均值。在期权交易中,中间价可作为一个参考价格,帮助投资者了解市场买卖报价的中间水平。

⑤市价:市价指以涨跌停板价格进行买入或卖出委托,以确保订单能够立即成交。在期权交易中,市价指令常用于需要迅速进入或退出市场的情况。市价虽然能保证快速成

交,但成交价格具有不确定性,可能导致较大损失。因此,使用市价指令需要谨慎。

⑥超价:超价是指投资者在对手价基础上设定一定幅度的价格偏离,通过主动让利换取更快的成交速度。超价方式有助于投资者在价格波动时迅速平仓,适用于流动性不足、紧急平仓等情形。

(2)委托、成交以及持仓等的查询。

委托下单后,点击【委托】,可以查看当天的委托单,包括委托时间、期权品种、合约代码、状态、买卖、开平、委托价、委托量、已成交量等信息,如图 8.8 所示。

持仓 | 行权 | 委托 | 成交 | 条件单 | 损盈单 | 资金 | 合约

时间	品种	合约	状态	买卖	开平	委托价	委托量	可撤	已成交	已撤单
11:04:57	沪深300期	IO2505-C-3800	全部成交	买	开仓	418.4	3	0	3	0
10:53:38	多晶硅期权	ps2506-C-3850(	全部成交	卖	开仓	733	5	0	5	0
10:52:23	多晶硅期权	ps2506-C-3850(	全部成交	卖	开仓	1	5	0	5	0
10:47:59	苹果期权	AP510C8000	全部成交	买	开仓	344.5	10	0	10	0
10:36:53	碳酸锂期权	lc2507-C-68000	全部成交	买	开仓	1830	10	0	10	0
10:35:45	原油期权	sc2506C495	全部成交	买	开仓	15.55	1	0	1	0
10:35:02	苹果期权	AP510C8000	全部成交	买	开仓	349.5	4	0	4	0
10:33:16	原木期权	lg2507-C-800	全部成交	买	开仓	19	1	0	1	0

图 8.8　期权交易委托单

点击【成交】,可以查询当日所有成交的委托单,包括成交时间、期权品种、合约代码、买卖、开平、成交价、成交量、手续费等信息,如图 8.9 所示。

持仓 | 行权 | 委托 | 成交 | 条件单 | 损盈单 | 资金 | 合约

时间	品种	合约	买卖	开平	成交价	平仓盈亏(逐笔)	手续费	成交量	主场号
10:58:59	鸡蛋期权	jd2506-C-3000	卖	开仓	59.5		2.5	1	001529003333
10:58:49	鸡蛋期权	jd2506-C-3000	卖	开仓	59.5		5	2	001529002628
10:58:37	原木期权	lg2507-C-800	买	开仓	18.75		5	1	001529001783
10:58:28	鸡蛋期权	jd2506-C-3000	卖	开仓	59.5		2.5	1	001529001084
10:56:22	多晶硅期权	ps2506-C-3850(	卖	开仓	729		20	2	001528991157
10:54:43	多晶硅期权	ps2506-C-3850(	卖	开仓	728		10	1	001528983328
10:53:40	苹果期权	AP510C8000	买	开仓	342		10	2	001528978605
10:49:52	苹果期权	AP510C8000	买	开仓	343.5		5	1	001528962366
10:49:49	苹果期权	AP510C8000	买	开仓	343.5		5	1	001528962135
10:48:42	苹果期权	AP510C8000	买	开仓	344		30	6	001528957151
10:46:49	苹果期权	AP510C8000	买	开仓	344.5		10	2	001528949446
10:45:57	苹果期权	AP510C8000	买	开仓	345		5	1	001528946220
10:38:15	碳酸锂期权	lc2507-C-68000	买	开仓	1830		75	5	001528916202
10:38:03	碳酸锂期权	lc2507-C-68000	买	开仓	1830		15	1	001528915462
10:38:00	碳酸锂期权	lc2507-C-68000	买	开仓	1830		15	1	001528915302
10:37:59	碳酸锂期权	lc2507-C-68000	买	开仓	1830		45	3	001528915246
10:36:15	苹果期权	AP510C8000	买	开仓	347		5	1	001528908893
10:35:56	原油期权	sc2506C495	买	开仓	15.55		50	1	001528907817
		汇总				0	315	33	

图 8.9　期权成交明细

点击【持仓】,可以查询模拟账户期权持仓明细,包括持仓期权品种、标的物、合约代码、合约到期日、总仓、可用、开仓均价等信息,如图 8.10 所示。

持仓 行权 委托 成交 条件单 损盈单 资金 合约 汇总 明细

品种	标的	合约号	合约到期日	买卖	相对结算价	相对收盘价	总仓	可用	今仓	今可用	开仓均价
苹果期权	AP510	AP510C8000	2025-08-27(121天)	买	实值	实值	14	14	14	14	344
上证50期	1B0016	HO2505-C-2700	2025-05-16(18天)	买	--	虚值	1	1	1	1	14.8
铁矿石期	i2509	i2509-C-710	2025-08-18(112天)	卖	实值	虚值	5	5	5	5	38
沪深300期	1B0300	IO2505-C-3800	2025-05-16(18天)	买	--	虚值	3	3	3	3	36.133
鸡蛋期权	jd2506	jd2506-C-3000	2025-05-21(23天)	卖	实值	实值	22	22	22	22	59.318
碳酸锂期	lc2507	lc2507-C-68000	2025-06-09(42天)	买	实值	实值	10	10	10	10	1830
原木期权	lg2507	lg2507-C-800	2025-06-18(51天)	买	虚值	虚值	1	1	1	1	18.75
多晶硅期	ps2506	ps2506-C-38500	2025-05-12(14天)	卖	实值	虚值	10	10	10	10	759
原油期权	sc2506	sc2506C495	2025-05-14(16天)	买	虚值	实值	1	1	1	1	15.55

图 8.10　模拟账户期权持仓列表

第三节　期权交易策略

一、方向性策略

(一)看涨策略

看涨策略是预期标的物价格上涨时,使用的期权交易策略。主要包括买入看涨期权、卖出看跌期权、牛市看涨期权价差、牛市看跌期权价差四个策略。

(1)买入看涨期权策略。

①基本原理。

买入看涨期权,买方向卖方支付一定数量的权利金,获得在未来某时间以行权价格购买标的物的权利。标的物价格上涨,期权买方可以行权或平仓,获得价格上涨的收益。

②使用动机。

当投资者预期标的物价格上涨时,可以买入看涨期权,用较少的资金获得价格上涨时更大的收益。

③盈亏说明。

对于看涨期权买方来说,理论上,当市场价格上涨时,潜在盈利无限;当市场价格下跌时,风险有限,最大亏损是支付的权利金。

期权到期时盈亏平衡点等于行权价格加上买方买入期权时支付的权利金(不考虑交易成本)。

期权到期时,市场价格高于盈亏平衡点越多,期权买方的盈利越多。

买入看涨期权到期盈亏图如图 8.11 所示。其中,K 代表行权价格;B 代表盈亏平衡点;L 代表最大亏损。

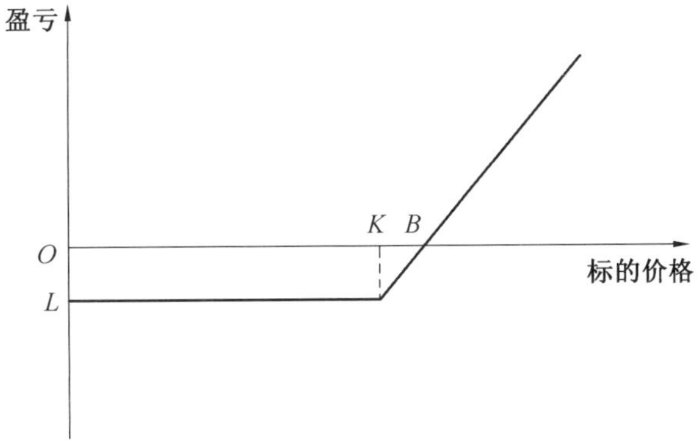

图 8.11　买入看涨期权到期盈亏图

例 8.1　投资者买入行权价格为 78 000 元/t 碳酸锂看涨期权，三个月后到期，付出权利金 3 350 元/t。到期时，标的碳酸锂期货合约价格涨到 85 000 元/t。

行权获利 = 期货价格 - 行权价格 = 85 000 - 78 000 = 7 000 元/t

净盈亏 = 行权获利 - 权利金 = 7 000 - 3 350 = 3 650 元/t

盈亏平衡点 = 78 000 + 3 350 = 81 350 元/t

即碳酸锂期货价格在期权到期时高于 81 350 元/t 时，买入看涨期权获利；低于 81 350 元/t时，买入看涨期权亏损。

(2)卖出看跌期权策略。

①基本原理。

卖出看跌期权，卖方收取一定数量的权利金，买方行权时，卖方有履约的义务。如果看跌期权到期被放弃行权，卖方收益为全部权利金。

②使用动机。

卖出看跌期权使用动机，取决于投资者风险和收益策略的权衡。卖出看跌期权收取了权利金，当标的期货价格下跌时，卖出看跌期权与买入标的期货合约一样会产生损失，但权利金收入可以弥补下跌产生的部分损失。当标的期货价格上涨时，卖出看跌期权最大收益为权利金。当投资者预期标的价格不跌(上涨或窄幅震荡)时，卖出看跌期权较适宜。

③盈亏说明。

对于看跌期权卖方来说，当市场价格下跌时，看跌期权面临风险，而当市场价格上涨时，有可能获得全部权利金收益。

期权到期时盈亏平衡点等于行权价格减去卖出期权时收取的权利金。

期权到期时，标的物价格下跌超过盈亏平衡点越多，期权卖方的亏损越多。

卖出看跌期权到期盈亏图如图 8.12 所示。其中，K 代表行权价格；B 代表盈亏平衡点；P 代表最大盈利。

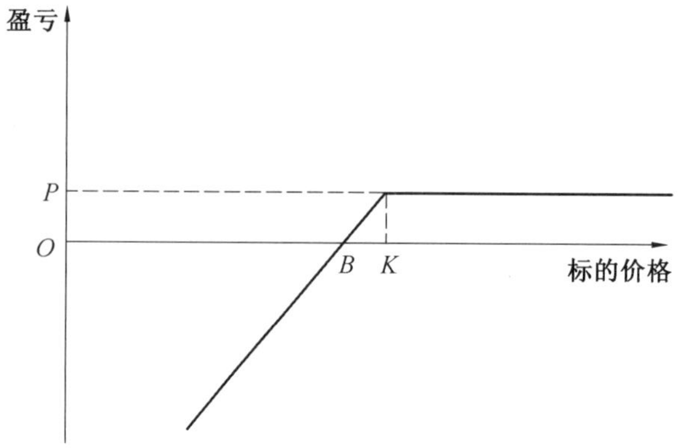

图 8.12　卖出看跌期权到期盈亏图

例 8.2　投资者卖出行权价格为 2 200 元/t 的甲醇看跌期权，收取权利金 75 元/t，到期时，标的期货价格跌到 2 090 元/t，如果买方行权，卖方履约，则有

履约盈亏=期货价格-行权价格=2 090-2 200=-110 元/t

净盈亏=权利金收入+履约盈亏=75-110=-35 元/t

盈亏平衡点=2 200-75=2 125 元/t

即标的价格高于 2 125 元/t 时，卖出看跌期权获利；低于 2 125 元/t 时，卖出看跌期权亏损。

(3)牛市看涨期权价差策略。

①基本原理。

牛市看涨期权价差策略由买入 1 手低行权价格的看涨期权，同时卖出 1 手相同到期日的高行权价格看涨期权组成。由于买入看涨期权的权利金高于卖出看涨期权的权利金，所以投资者通常要净支出权利金。

投资者一般采用买入 1 手平值或虚值的看涨期权和卖出 1 手虚值程度更深的看涨期权的方式。

②使用动机。

投资者预期市场价格上涨，但上涨幅度有限，或者投资者想减少买入看涨期权所支付的权利金成本，可使用牛市看涨期权价差策略。

③盈亏说明。

到期时，如果市场价格上涨后等于或高于卖出看涨期权的行权价格，投资者可获得最大收益。

牛市看涨期权价差策略的最大收入是卖出看涨期权与买入看涨期权的行权价格之差，最大盈利是最大收入减去权利金净支出，最大亏损是权利金净支出(不考虑交易成本)。

期权到期时的盈亏平衡点等于买入看涨期权的行权价格加上权利金净支出(不考虑交易成本)。

牛市看涨期权价差策略到期盈亏情况如表 8.7、图 8.13 所示。

表 8.7　牛市看涨期权价差策略到期盈亏

最大收益 P	(高行权价格-低行权价格)-权利金净支出
最大亏损 L	净权利金
盈亏平衡点 B	低行权价格+权利金净支出

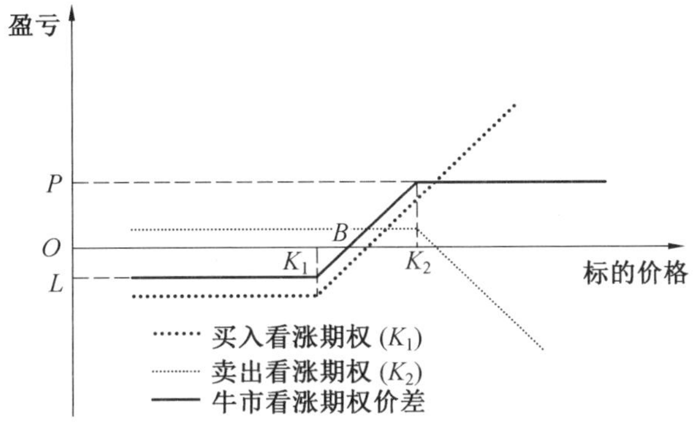

图 8.13　牛市看涨期权价差策略到期盈亏图

④优点与缺点。

优点:在买入看涨期权后,再卖出看涨期权,减少了权利金成本,从而降低了盈亏平衡点。此外,该策略最大风险是权利金净支出。

缺点:采用此交易策略,限定了最大收益,无法获得市场价格上涨超过卖出看涨期权行权价格后所带来的收益。

例 8.3　2025 年 4 月 27 日,SR2601 期货合约的价格为 5 818 元/t,买入 1 手看涨期权 SR2601C5900 的权利金为 168.5 元/t,卖出 1 手 SR2601C6100 的权利金为 100 元/t,持有期权到期,若到期标的期货价格为 6 050 元/t,则有

行权盈亏 = 期货价格-买入行权价格 = 6 050-5 900 = 150 元/t

履约盈亏 = 0 元/t(未履约)

净权利金 = 权利金收入-权利金支出 = 100-168.5 = -68.5 元/t

净盈利 = 行权与履约盈亏+净权利金 = 150-68.5 = 81.5 元/t

盈亏平衡点 = 5 900+68.5 = 5 968.5 元/t

即标的期货价格高于 5 968.5 元/t 时,牛市看涨期权价差策略获利;低于 5 968.5 元/t时,牛市看涨期权价差策略亏损。

(4)牛市看跌期权价差策略。

①基本原理。

牛市看跌期权价差策略由卖出 1 手高行权价格的看跌期权,同时买入 1 手相同到期日的低行权价格看跌期权组成。由于卖出看跌期权的权利金高于买入看跌期权的权利金,所以投资者通常会净收入权利金。

投资者一般采用卖出 1 手平值或虚值的看跌期权和买入 1 手虚值程度更深的看跌期

权的方式。

②使用动机。

投资者预期市场价格上涨，但上涨幅度有限，或者投资者想要降低卖出看跌期权的潜在风险，可使用牛市看跌期权价差策略。

③盈亏说明。

到期时，如果市场价格上涨后超过卖出看跌期权的行权价格，期权全部放弃，权利金的净收入（不考虑交易成本）为投资者可获得的最大收益。

牛市看跌期权价差策略最大盈利是权利金净收入（不考虑交易成本），最大亏损是卖出看跌期权与买入看跌期权的行权价格之差，再减去权利金收入。

期权到期时的盈亏平衡点等于卖出看跌期权的行权价格减去权利金净收入（不考虑交易成本）。

牛市看跌期权价差策略到期盈亏情况如表 8.8 和图 8.14 所示。

表 8.8　牛市看跌期权价差策略到期盈亏

最大亏损 L	（高行权价格-低行权价格）-净权利金
最大收益 P	净权利金
盈亏平衡点 B	高行权价格-净权利金

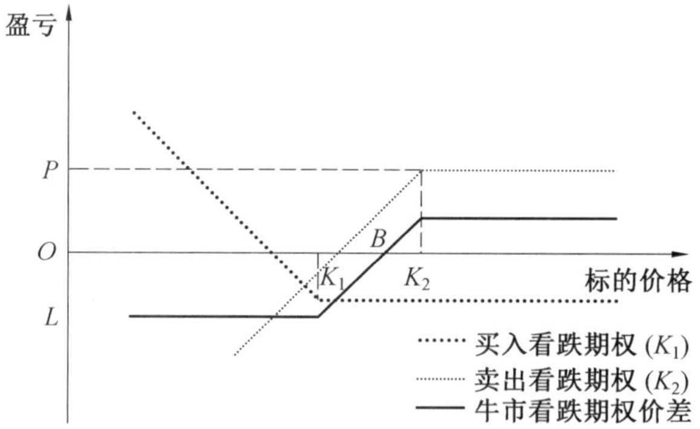

图 8.14　牛市看跌期权价差策略到期盈亏图

④优点与缺点。

优点：在卖出看跌期权后，再买入看跌期权，限定了更大交易损失的风险。

缺点：采用此交易策略，限定了最大亏损，但降低了卖出看跌期权的权利金收益。

例 8.4　2025 年 4 月 27 日，i2509 期货合约的价格为 704.5 元/t，卖出 1 手看跌期权 i2509p690 的权利金为 32.3 元/t，买入 1 手 i2509p670 的权利金为 23.8 元/t，持有期权到期，若到期标的期货价格为 653.5 元/t，则有

i2509p670 行权盈亏 = 行权价格 - 期货价格 = 670 - 653.5 = 16.5 元/t

i2509p690 履约盈亏 = 期货价格 - 行权价格 = 653.5 - 690 = -36.5 元/t

净权利金 = 权利金收入 - 权利金支出 = 32.3 - 23.8 = 8.5 元/t

净盈利 = 行权与履约盈亏 + 净权利金 = 16.5 - 36.5 + 8.5 = -11.5 元/t

$$盈亏平衡点 = 690 - 8.5 = 681.5 元 /t$$

即标的期货价格低于 681.5 元/t 时，牛市看跌期权价差策略亏损；高于 681.5 元/t 时，牛市看跌期权价差策略盈利。

（二）看跌策略

看跌策略是预期标的物价格下跌时使用的交易策略。主要包括买入看跌期权、卖出看涨期权、熊市看跌期权价差、熊市看涨期权价差四个策略。

（1）买入看跌期权策略。

①基本原理。

买入看跌期权，买方向卖方支付一定数量的权利金，获得在未来某一时间以行权价格卖出标的物的权利。标的物价格下跌，期权买方可以行权或平仓，获得价格下跌的收益。

②使用动机。

当投资者预期市场价格将下跌时，可以买入看跌期权。

③盈亏说明。

对于看跌期权买方来说，理论上，当市场价格下跌时，潜在盈利巨大，当市场价格上涨时，风险有限，最大亏损是支付的权利金。

期权到期时的盈亏平衡点等于行权价格减去买方买入期权时支付的权利金（不考虑交易成本）。

期权到期时，市场价格低于盈亏平衡点越多，期权买方的盈利越多。

买入看跌期权到期盈亏图如图 8.15 所示。其中，K 代表行权价格；B 代表盈亏平衡点；L 代表最大亏损。

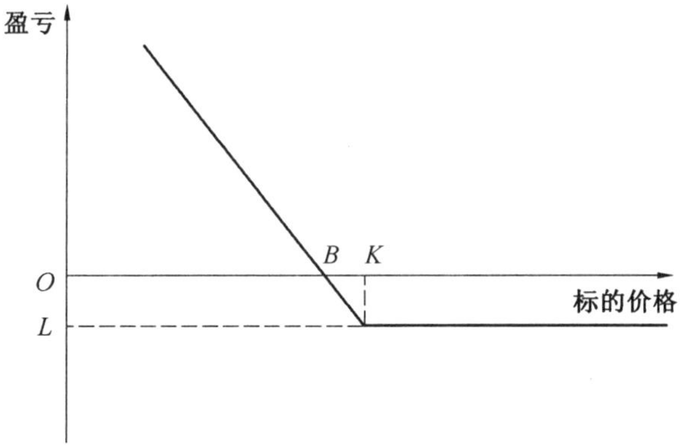

图 8.15　买入看跌期权到期盈亏图

例 8.5　投资者买入行权价格为 13 800 元/t 的棉花看跌期权，付出权利金 281 元/t，到期时，标的期货价格跌到 13 150 元/t，则有

$$行权获利 = 行权价格 - 期货价格 = 13\ 800 - 13\ 150 = 650 元/t$$

$$净盈亏 = 行权获利 - 权利金 = 650 - 281 = 369 元/t$$

$$盈亏平衡点 = 13\ 800 - 281 = 13\ 519 元/t$$

即标的期货价格低于 13 519 元/t 时，买入看跌期权获利；高于 13 519 元/t 时，买入看跌期权亏损。

(2)卖出看涨期权策略。

①基本原理。

卖出看涨期权,卖方收取一定数量的权利金,买方行权时,卖方有履约的义务。如果看涨期权到期被放弃行权,卖方收益为全部权利金。

②使用动机。

卖出看涨期权使用动机,取决于投资者对风险和收益的权衡。当投资者预期标的物价格不涨(下跌但幅度不大)时,卖出看涨期权较适宜。

③盈亏说明。

对于看涨期权卖方来说,当市场价格上涨时,卖出的看涨期权面临风险,而当市场价格下跌时,有可能获得向买方收取的全部权利金。

期权到期时的盈亏平衡点等于行权价格加上卖出期权时收取的权利金。

期权到期时,市场价格上涨超过盈亏平衡点越多,期权卖方的亏损越多。

卖出看涨期权到期盈亏图如图 8.16 所示。其中,K 代表行权价格;B 代表盈亏平衡点;P 代表最大盈利。

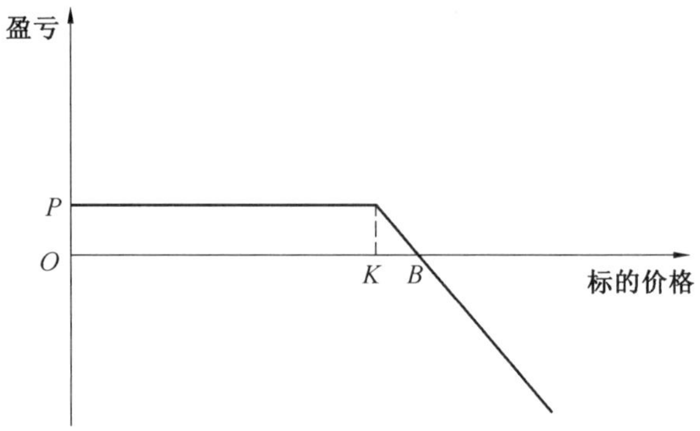

图 8.16　卖出看涨期权到期盈亏图

例 8.6　投资者卖出行权价格为 2 175 元/t 甲醇看涨期权,收入权利金 63 元/t,到期时,标的期货价格涨到 2 290 元/t,则有

$$履约盈亏=行权价格-期货价格=2\ 175-2\ 290=-115\ 元/t$$

$$净盈亏=权利金收入+履约盈亏=63-115=-52\ 元/t$$

$$盈亏平衡点=2\ 175+63=2\ 238\ 元/t$$

即标的期货价格低于 2 238 元/t 时,卖出看涨期权获利;高于 2 238 元/t 时,卖出看涨期权亏损。

(3)熊市看跌期权价差策略。

①基本原理。

熊市看跌期权价差策略由买入 1 手高行权价格的看跌期权,同时卖出 1 手相同到期日的低行权价格看跌期权组成。由于买入看跌期权的权利金高于卖出看跌期权的权利金,所以投资者通常要净支出权利金。

投资者一般会选择买入 1 手平值或虚值的看跌期权和卖出 1 手虚值程度更深的看跌期权。

②使用动机。

投资者预期市场价格下跌，但下跌的幅度有限，或者投资者想减少买入看跌期权所支付的权利金成本，可使用熊市看跌期权价差策略。

③盈亏说明。

到期时，如果市场价格下跌后等于或低于卖出看跌期权的行权价格，投资者可获得最大收益。

熊市看跌期权价差策略最大收入是高行权价格与低行权价格之差，最大盈利是最大收入减去权利金净支出，最大风险是权利金净支出（不考虑交易成本）。

期权到期时的盈亏平衡点等于买入看跌期权的行权价格减去权利金净支出（不考虑交易成本）。

熊市看跌期权价差策略到期盈亏情况如表 8.9 和图 8.17 所示。

表 8.9　熊市看跌期权价差策略到期盈亏

最大盈利 P	（高行权价格-低行权价格）-净权利金
最大亏损 L	净权利金
盈亏平衡点 B	高行权价格-权利金净支出

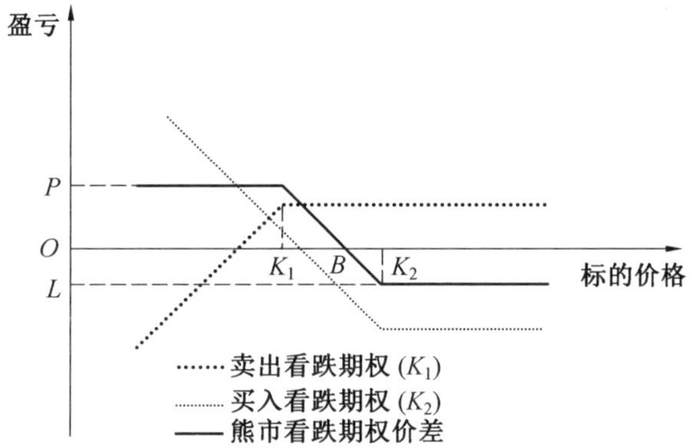

图 8.17　熊市看跌期权价差策略到期盈亏图

④优点与缺点。

优点：在买入看跌期权后，再卖出看跌期权，减少了权利金成本，从而提高了盈亏平衡点。此外，该策略最大风险是权利金净支出。

缺点：采用此交易策略，限定了最大收益，即无法获得市场价格下跌低于卖出看跌期权行权价格所带来的收益。

例 8.7　2025 年 4 月 25 日，若买入 1 手看跌期权 b2509p3850 的价格为 258 元/t，卖出 1 手 b2509p3700 的价格为 172 元/t，持有期权到期，到期标的期货价格为 3 670 元/t，则有

b2509p3850 行权盈亏＝行权价格－期货价格＝3 850－3 670＝180 元/t

b2509p3700 履约盈亏＝期货价格－行权价格＝3 670－3 700＝－30 元/t

权利金净支出＝权利金支出－权利金收入＝258－172＝86 元/t

净盈利＝行权与履约盈亏－权利金净支出＝180－30－86＝64 元/t

（4）熊市看涨期权价差策略。

①基本原理。

熊市看涨期权价差由卖出 1 手低行权价格的看涨期权，同时买入 1 手相同到期日的高行权价格看涨期权组成。由于卖出看涨期权的权利金高于买入看涨期权的权利金，因此投资者通常会净收入权利金。一般采用卖出 1 手平值或虚值的看涨期权和买入 1 手虚值程度更深的看涨期权的方式。

②使用动机。

投资者预期市场价格下跌，但下跌幅度有限，或者投资者想减少卖出看涨期权的无限风险，可使用熊市看涨期权价差策略。

③盈亏说明。

到期时，如果市场价格下跌后低于卖出看涨期权的行权价格，期权全部放弃，权利金的净收入（不考虑交易成本）为投资者可获得的最大收入。

熊市看涨期权价差策略的最大盈利是权利金净收入（不考虑交易成本），最大亏损是买入看涨期权与卖出看涨期权的行权价格之差，再减去权利金净收入（不考虑交易成本）。

期权到期时的盈亏平衡点等于卖出看涨期权的行权价格加上权利金净收入（不考虑交易成本）。

熊市看涨期权价差策略到期盈亏图如图 8.18 所示。其中，P 代表最大盈利；L 代表最大亏损；B 代表盈亏平衡点；K_1、K_2 代表行权价格。

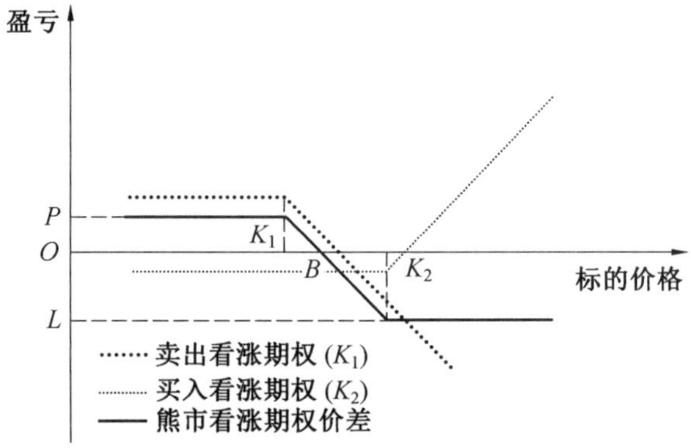

图 8.18　熊市看涨期权价差策略到期盈亏图

④优点与缺点。

优点：在卖出看涨期权后，再买入看涨期权，限定了交易风险。

缺点：采用此交易策略，限定了最大亏损，但降低了卖出看涨期权的权利金收益。

例 8.8　2025 年 4 月 25 日，卖出 1 手看涨期权 rb2510C3200 的价格为 107 元/t，买入 1 手 rb2510C3400 的价格为 49.5 元/t，持有期权到期，若到期标的期货价格为 3 298 元/t，

则有

$$行权盈亏=0\ 元/t$$

$$履约盈亏=卖出行权价格-期货价格=3\ 200-3\ 298=-98\ 元/t$$

$$净权利金=权利金收入-权利金支出=107-49.5=57.5\ 元/t$$

$$净盈利=行权与履约盈亏+净权利金=-98+57.5=-40.5\ 元/t$$

二、波动率策略

(一)震荡策略

震荡策略是预期标的物价格不会大幅涨跌时,使用的期权交易策略,主要包括卖出跨式期权、卖出宽跨式期权两个策略。

(1)卖出跨式期权策略。

①基本原理。

卖出跨式期权由卖出相同行权价格、相同月份、相同数量的平值看涨期权和平值看跌期权组成。

②使用动机。

当投资者预期市场价格在到期前不会剧烈涨跌时,可以卖出跨式期权,从价格波动不大的市场中获利。

③盈亏说明。

卖出跨式期权的收入是收取的卖出两个期权的权利金之和。不考虑交易成本的情况下,到期标的物市场价格等于卖出跨式期权的行权价格,跨式期权卖方获得最大盈利;当市场价格上涨或下跌的幅度不超过卖出看涨期权和看跌期权收取的权利金之和时,跨式期权卖方可以盈利;当市场价格上涨或下跌的幅度超过卖出看涨期权和看跌期权收取的权利金之和时,卖出跨式期权面临风险。

期权到期时的盈亏平衡点有两个,一个是行权价格加上收取的全部权利金,一个是行权价格减去收取的全部权利金(不考虑交易成本),即盈亏平衡点=行权价格±收取的全部权利金。

到期时,市场价格上涨或下跌超过盈亏平衡点越多,期权卖方的亏损越多。

卖出跨式期权策略到期盈亏图如图 8.19 所示。其中,K 代表行权价格;B 代表盈亏平衡点;P 代表最大盈利。

④优点与缺点。

优点:无论市场价格涨跌,只要涨幅或跌幅不超过盈亏平衡点,跨式期权卖方都可盈利。

缺点:到期时,看涨和看跌一般总有一个是实值期权。一旦市场价格上涨或下跌超过了盈亏平衡点,跨式期权卖方面临风险。跨式期权卖方盈利有限,无论市场涨跌,卖出跨式期权的潜在风险都很大。

例 8.9　投资者卖出行权价格为 37 500 元/t 的多晶硅看涨期权与看跌期权,六个月后到期,收入权利金 1 830 元/t,到期时,多晶硅期货价格涨到 38 150 元/t,则有

$$看涨期权履约盈亏=行权价格-期货价格=37\ 500-38\ 150=-650\ 元/t$$

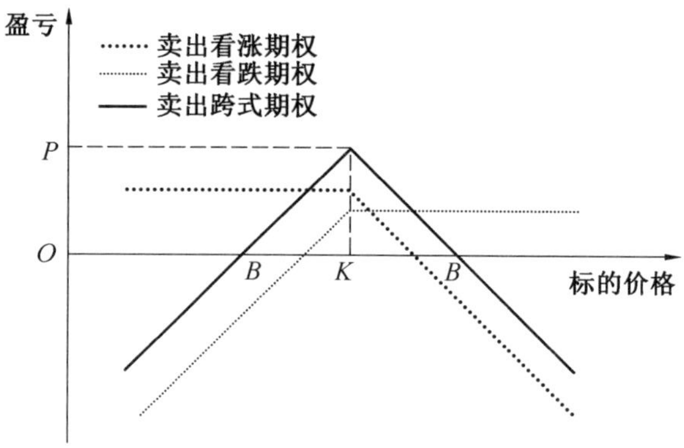

图 8.19　卖出跨式期权策略到期盈亏图

看跌期权放弃。

净盈亏=权利金收入-履约亏损=1 830-650=1 180 元/t。

盈亏平衡点:

37 500+1 830=39 330 元/t

37 500-1 830=35 670 元/t

即多晶硅期货价格高于 39 330 元/t 或低于 35 670 元/t 时,卖出跨式组合策略亏损;多晶硅期货价格为 35 670 ~ 39 330 元/t 时,卖出跨式组合策略盈利。

(2)卖出宽跨式期权策略。

①基本原理。

卖出宽跨式期权由卖出相同月份、相同数量的虚值看涨期权(高行权价)和虚值看跌期权(低行权价)组成。宽跨式期权合约建仓时都是虚值期权,卖方收取的权利金比跨式期权少。

②使用动机。

投资者预期市场到期前一段时间不会剧烈波动,只是进行窄幅的价格调整,可以使用卖出宽跨式期权获取权利金收入。

③盈亏说明。

卖出宽跨式期权的最大收入是收取的两个期权的权利金之和。不考虑交易成本的情况下,到期市场价格介于卖出宽跨式期权的行权价格之间时,宽跨式期权卖方获得最大盈利。

到期市场价格上涨不超过看涨期权行权价格加上收取的权利金,或者下跌不低于看跌期权行权价格减去收取的权利金,卖出宽跨式期权策略可以盈利。反之,卖出宽跨式期权将会出现亏损(不考虑交易成本)。卖出宽跨式期权盈利有限,到期市场价格大幅上涨或下跌,卖方在任何一个方向上均面临风险。

期权到期时的盈亏平衡点:有两个,一个是看涨期权行权价格加上收取的全部权利金,一个是看跌期权行权价格减去收取的全部权利金。

期权到期时,市场价格上涨或下跌超过盈亏平衡点越多,期权卖方的亏损越大。

卖出宽跨式期权策略到期盈亏图如图 8.20 所示。其中,P 代表最大盈利;B 代表盈亏平衡点；K_1、K_2 代表行权价格。

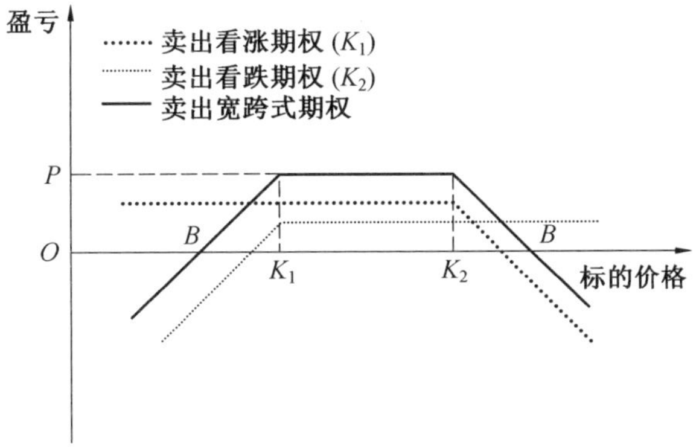

图 8.20　卖出宽跨式期权策略到期盈亏图

例 8.10　投资者同时卖出行权价格为14 600 元/t的棉花看涨期权与行权价格为14 400 元/t棉花看跌期权，共收取权利金 850 元/t，到期时，标的棉花期货价格涨到14 900 元/t，则有

看涨期权履约盈亏 = 行权价格 − 期货价格 = 14 600 − 14 900 = −300 元/t

看跌期权放弃。

净盈利 = 权利金收入 + 履约盈亏 = 850 − 300 = 550 元/t

盈亏平衡点：

14 600 + 850 = 15 450 元/t

14 400 − 850 = 13 550 元/t

到期标的棉花期货价格低于 13 550 元/t 或高于 15 450 元/t 时，卖出宽跨式组合亏损；标的物价格为 13 550 ~ 15 450 元/t 时，卖出宽跨式组合盈利。

（二）突破策略

突破策略是预期标的物价格出现突破行情时使用的期权交易策略，主要包括买入跨式期权、买入宽跨式期权两个策略。

(1)买入跨式期权策略。

①基本原理。

买入跨式期权由买入相同行权价格、相同月份、相同数量的平值看涨期权和平值看跌期权组成。

②使用动机。

投资者预期市场将会出现大幅波动，但不确定波动的方向，可以使用买入跨式期权，从价格突破性波动中获利。

③盈亏说明。

买入跨式期权的最大风险是支付的两个期权的权利金之和。

当到期标的物市场价格等于买入跨式期权的行权价格时，跨式期权买方面临最大亏损；当市场价格上涨或下跌的幅度不超过买入看涨期权和看跌期权支付的权利金之和时，跨式期权买方将亏损；当市场价格大幅上涨或下跌的幅度超过买入看涨期权和看跌期权支付的权利金之和时，跨式期权买方盈利。

期权到期时的盈亏平衡点有两个，即行权价格加上或减去支付的全部权利金（不考虑交易成本）。

到期时，市场价格上涨或下跌超过盈亏平衡点越多，期权买方的盈利越多。

买入跨式期权策略到期盈亏图如图 8.21 所示。其中，L 代表最大亏损；B 代表盈亏平衡点；K 代表行权价格。

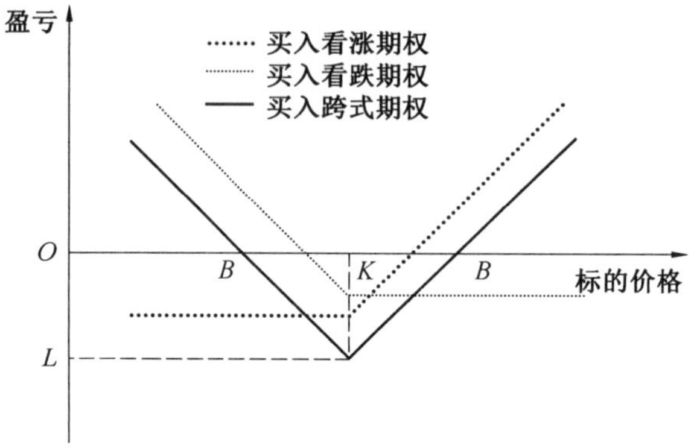

图 8.21　买入跨式期权策略到期盈亏图

（2）买入宽跨式期权策略。

①基本原理。

买入宽跨式期权由买入相同月份、相同数量的虚值看涨期权（高行权价）和虚值看跌期权（低行权价）组成。宽跨式期权合约都是虚值期权，买方支付的权利金比跨式期权少。

②使用动机。

如果投资者预期市场将会出现大幅剧烈波动，但不确定波动的方向，可以使用买入宽跨式期权策略。

③盈亏说明。

买入宽跨式期权策略盈利的关键在于标的资产价格出现较大幅度的波动。如果到期时标的资产价格只是在较小范围内波动，可能会造成亏损。买入宽跨式期权的最大亏损是支付的两个期权的权利金之和。当市场价格介于宽跨式期权的行权价格之间时，宽跨式期权买方面临最大亏损；当市场价格大幅上涨或下跌时，买方在任何一个方向上的潜在盈利都是极大的。

到期时的盈亏平衡点有两个，一个是看涨期权行权价格加上支付的全部权利金，一个是看跌期权的行权价格减去支付的全部权利金（不考虑交易成本）。

期权到期时，市场价格上涨或下跌超过盈亏平衡点越多，期权买方的盈利越大。

买入宽跨式期权策略到期盈亏图如图 8.22 所示。其中，L 代表最大亏损；B 代表盈亏平衡点；K_1、K_2 代表行权价格。

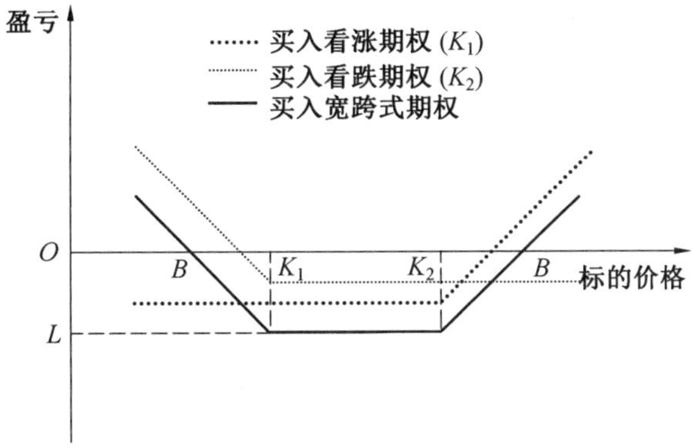

图 8.22　买入宽跨式期权策略到期盈亏图

实训项目十六　期权行情识读与模拟交易

一、实训目的

(1)让学生深入了解期权市场的运行机制,熟悉期权行情的识读方法。

(2)掌握期权交易规则及实施细则,能够运用交易软件进行期权模拟交易,准确计算盈亏。

(3)培养学生的实际操作能力和风险防范意识,为将来从事金融投资相关工作打下坚实的基础。

二、实训要求

(1)实训前充分掌握期权的相关理论知识,为实践操作奠定基础。

(2)准确获取期权相关信息,记录相关数据,为后续分析提供翔实资料。

(3)严格遵守模拟交易的规则与流程,保证交易操作的规范性。

(4)制定合理的交易策略,记录详细的交易过程,积极思考并总结交易经验。

(5)分析交易结果,按时完成实训报告。

三、实训内容及步骤

1. 统计期权品种,解读交易规则

(1)登录上海证券交易所、深圳证券交易所、中国金融期货交易所、上海期货交易所、大连商品交易所、郑州商品交易所等交易所网站,统计每家交易所正在交易的期权品种。

(2)查找期权交易规则及实施细则相关文档,仔细阅读并理解其中的重要条款,对关键条款进行总结,做好记录。

2. 收集期权合约的具体内容

(1)针对统计出的每个期权品种,在交易所网站查找其对应的期权合约。

(2)收集至少三种商品期权合约以及中国金融期货交易所的指数期权合约、上海证券交易所和深圳证券交易所的 ETF 期权合约的具体内容，整理收集到的合约信息，制作成表格，便于对比和分析。

3. 期权行情解读

（1）下载并安装同花顺期货通软件。

（2）查看期权的实时行情，解读期权 T 型报价，分析期权的价格、成交量、持仓量、内在价值、时间价值、隐含波动率等指标的变化。

4. 期权模拟交易

（1）根据收集的期权合约信息和对市场行情的分析，制定期权交易策略，明确交易目标、交易品种与资金分配等。

（2）按照交易策略，在同花顺期货通软件上进行期权模拟交易，选择合适的期权合约进行买入、卖出以及平仓操作，并密切关注期权行情的变化，及时调整交易策略。

（3）记录每笔交易的详细信息，包括交易时间、合约名称、交易方向、交易数量、成交价格、权利金、保证金等。

5. 盈亏计算

（1）根据每笔交易的开平仓价格和成交数量，计算每笔交易的盈亏金额。

（2）汇总计算模拟交易的总盈亏金额，并分析盈亏原因。

四、实训结果

撰写一篇实训报告，对期权交易规则、模拟交易过程、交易结果、交易过程中遇到的问题及解决方法等进行总结。实训报告要求内容完整、逻辑清晰、数据准确。

实训项目十七　期权交易策略——方向性策略

一、实训目的

（1）理解方向性策略的适用场景及风险收益特征。

（2）掌握根据标的资产价格走势设计期权方向性策略的方法，加深对方向性策略原理和操作过程的理解。

（3）熟练使用计算机进行期权模拟交易，提升实操能力。

（4）通过团队协作强化数据分析、决策制定与风险控制能力，提升金融实践思维。

二、实训要求

（1）提前掌握期权基础知识、方向性策略的原理及盈亏计算。

（2）以团队形式进行实训，成员 3 ~ 5 人，分工明确，分析师制定策略方案，操作员执行模拟交易，风控员监控策略风险。

（3）实时记录交易数据、行情指标、策略调整等信息，整理交易日志及盈亏分析表。

（4）提交实训报告，包含策略设计逻辑、模拟交易记录、策略执行效果及风险点、盈亏分析、总结反思等。

三、实训内容及步骤

(1)登录同花顺期货通软件,查找交易比较活跃的期权合约。

(2)结合技术分析等方法对较为活跃的期权合约对应的标的资产价格走势进行分析研判。

(3)根据对期权标的资产价格走势的预测,设计合理的期权方向性交易策略,并在同花顺期货通软件上进行模拟实施,记录每笔交易的策略类型、合约代码、交易方向、行权价格、权利金、数量、保证金等信息,填写表8.10。

表8.10　交易记录表

策略类型	合约代码	交易方向	行权价格	权利金	数量	保证金	操作理由

(4)计算各策略盈亏,分析策略实际表现与预期差异的原因,总结操作中暴露的风险点,提出改进措施。

四、实训结果

对策略操作进行分析总结,撰写一篇实训报告,内容包括策略设计逻辑、模拟交易过程、盈亏计算、结果分析、心得体会等。

实训项目十八　期权交易策略——波动率策略

一、实训目的

(1)深入理解期权波动率策略的核心原理,熟练掌握震荡策略与突破策略在不同市场环境下的具体应用。

(2)设计期权波动率策略并进行模拟交易,将策略理论知识转化为实际操作能力,加深对波动性策略操作过程的理解。

(3)培养分析市场波动率变化、制定并调整策略的能力,增强金融风险防范意识。

二、实训要求

(1)全面掌握期权波动率策略相关知识,包括震荡策略和突破策略的特点、风险收益特征、应用场景等。

(2)熟练操作同花顺期货通软件,熟悉期权交易页面、下单流程、行情数据查看等功能,确保模拟交易顺利进行。

(3)在模拟交易过程中,严格按照所设计的波动率策略执行交易,不得随意更改策略,除非市场情况发生重大变化并能提供合理的调整依据。

(4)完整、准确地记录模拟交易的过程和数据,为后续分析提供翔实资料。

(5)能够根据模拟交易结果,准确分析波动率策略的有效性,撰写实训报告,总结交易经验与教训。

三、实训内容及步骤

(1)通过同花顺期货通软件,从 ETF 期权、指数期权和商品期权中查找当前交易比较活跃的合约。观察不同期权合约标的资产的历史价格走势、波动率变化趋势,分析当前市场处于震荡行情还是突破行情。

(2)结合对期权标的资产价格走势的研判,选择期权合约,设计合理的期权波动率策略。确定期权合约的行权价格、到期时间等,预估可能的收益和潜在的风险。

(3)在同花顺期货通软件中,找到选定的期权合约,按照设计的策略进行操作,记录交易时间、成交价格、权利金、保证金等信息。在持有合约期间,持续跟踪市场动态,根据市场变化调整持仓或进行止损操作,并记录交易过程中的关键数据、调整的原因、时间和具体操作等,填写表 8.11。

表 8.11　交易记录表

交易时间	合约名称	策略类型	交易方向	成交价格	权利金	保证金	策略盈亏	操作理由

(4)根据模拟交易的成交记录和最终持仓情况,计算每一笔交易的盈亏金额并进行汇总,分析策略的盈亏原因。

(5)对比波动率策略的实际交易结果与预期目标,评估策略的有效性。分析策略在执行过程中存在的问题,如策略选择是否合理、交易时机把握是否准确、风险控制措施是否得当等。

四、实训结果

总结在策略设计和模拟交易过程中的经验教训，撰写一篇关于期权交易策略的实训报告，报告内容包括引言、理论知识回顾、市场分析与策略设计、模拟交易过程、交易结果分析、总结与反思、附录等。

第九章　量化投资入门

第一节　量化投资概述

一、量化投资的概念与特点

量化投资是利用量化分析方法和计算机技术，建立投资量化分析模型，实时处理相关信息，自动进行买卖决策并下单交易的投资决策和交易方式。量化投资具有如下特点。

（一）纪律性

量化投资依据预先设定的模型和规则进行投资决策，不受情绪、主观判断等人为因素的影响，能够严格执行投资策略，摆脱人性中贪婪、恐惧和侥幸心理的弱点，避免主观认知上形成的偏差。

（二）系统性

量化投资能够对市场进行全方位分析，覆盖资产配置、行业轮动、个股精选等层级，通过构建数学模型和策略，综合考虑各种因素之间的相互关系，形成一个完整的投资决策系统。

（三）高效性

量化投资通过自动化交易系统，可以快速处理和分析大量数据，并实时做出投资决策。这种高效性使得量化投资能够在短时间内捕捉到更多的投资机会。

（四）数据驱动

量化投资高度依赖大量的数据，包括市场宏观数据、财务数据、历史交易数据等。通过对这些数据的挖掘和分析，发现市场中的规律和趋势，为投资决策提供依据。

（五）可验证性

量化投资的模型和策略可以通过历史数据进行回测和验证，评估其在过去市场环境下的表现，判断其有效性和可靠性。

二、量化投资的类型

量化投资种类丰富多样，可以从不同角度，按不同标准进行分类。

（一）按投资策略分类

从投资策略的角度，量化投资可以分为量化选股策略、量化择时策略、量化套利策略、量化宏观配置策略等不同类型。

(1)量化选股策略。

量化选股策略是指通过建立数学模型和算法,基于大量历史数据和实时市场信息,从众多股票中筛选出具有投资价值的股票组合。主要包括多因子选股策略、风格轮动选股策略、行业轮动选股策略、事件驱动选股策略等。

多因子选股策略基于对大量历史数据的分析,挖掘出与股票收益相关的各种因子,如基本面因子、技术面因子、市场面因子等,通过构建多因子模型,综合考虑这些因子对股票收益的影响,筛选出具有较高投资价值的股票。

风格轮动选股策略根据市场风格的变化,如成长股和价值股之间的轮动,或者大盘股和小盘股之间的切换等,选择相应风格的股票进行投资。

行业轮动选股策略是一种根据不同行业在经济周期不同阶段的表现差异,通过轮动投资不同行业的股票来获取收益的量化选股策略。例如,在经济复苏期,优先配置周期性行业的股票;在经济衰退期,增加防御性行业的股票比重。

事件驱动选股策略是一种利用特定事件如并购重组、业绩超预期、政策利好等对股价的影响来进行股票选择的量化投资策略。通过及时捕捉这些事件,并分析其对相关公司的潜在影响,来筛选出可能受益的股票进行投资,以获取事件发生后股价波动带来的收益。

(2)量化择时策略。

量化择时策略是一种运用量化分析技术,通过对大量历史数据和实时市场数据的分析处理,来预测市场趋势,进而确定最佳投资时机的策略。主要包括趋势跟踪策略、均值回归策略、情绪指标策略等。

趋势跟踪策略通过识别市场价格趋势,跟随趋势进行买卖操作,以获取趋势延续带来的收益。例如,当价格在一段时间内呈现持续上涨趋势时,该策略会发出买入信号并持有资产,直到趋势发生反转。趋势跟踪策略常用的技术指标有移动平均线、异同移动平均线(MACD)等。

均值回归策略认为市场价格围绕均值上下波动,当价格偏离均值达到一定程度时,有较大概率向均值回归。因此,当价格高于均值一定幅度时卖出,当价格低于均值一定幅度时买入。例如,可以计算股票的历史市盈率的均值和标准差,当市盈率高于均值加一定倍数标准差时,认为股价高估,发出卖出信号;当市盈率低于均值减一定倍数标准差时,认为股价低估,发出买入信号。

情绪指标策略通过跟踪市场情绪指标如投资者情绪指数、成交量、新增开户数、融资融券余额等,来判断市场的过热或过冷状态。当市场情绪过度乐观时,可能预示着市场即将见顶,此时考虑卖出;当市场情绪极度悲观时,可能是市场见底的信号,此时考虑买入。

(3)量化套利策略。

量化套利策略是利用金融市场中资产价格的不合理差异,同时进行买入和卖出操作,以获取无风险或低风险收益的一种量化投资策略。常见的套利方式包括期货跨期套利、跨品种套利、跨市场套利、期现套利、ETF 套利、可转债套利等。

(4)量化宏观配置策略。

量化宏观配置策略是一种基于宏观经济数据和量化模型,对股票、债券等不同资产类别进行动态配置的投资策略。该策略通过分析宏观经济变量,如国内生产总值、利率、汇率、通货膨胀率等,来预测宏观经济走势,进而运用量化模型确定各类资产在投资组合中的最优配置比例。

(二)按数据来源分类

从数据来源的角度,量化投资可以分为基本面量化策略和技术面量化策略。

(1)基本面量化策略。

基本面量化策略主要基于宏观经济数据、行业统计数据、公司的财务报表等基本面信息进行分析和建模。通过对这些数据的量化处理,评估公司的内在价值和投资潜力,进而制定投资策略。例如,通过分析公司的盈利能力、偿债能力、成长能力等财务指标,结合宏观经济环境和行业发展趋势,构建量化模型来筛选出具有投资价值的股票。这种策略注重长期投资价值。

(2)技术面量化策略。

技术面量化策略以市场交易数据,如价格、成交量、持仓量等为主要分析对象,通过对这些数据进行技术分析,来预测市场走势和价格变化。常见的技术指标如移动平均线、MACD、KDJ、RSI 等被广泛应用于技术面量化策略中。投资者根据这些指标的交叉、背离等信号来制定买卖决策,以捕捉市场的短期波动和交易机会。

另外,按照交易频率分类,量化投资策略可以分为高频交易策略、中频交易策略和低频交易策略。

从投资标的角度,量化投资可以分为投资于股票、债券、基金、期货、期权等的量化投资。

第二节　量化投资交易平台

量化投资交易策略需要在量化交易平台上进行开发、测试、优化和运行。东方财富量化平台是为专业量化投资打造的一款落地式终端,支持策略的开发、回测、模拟交易和实盘交易全流程操作。

一、Python 开发环境配置

Python 是一门简单易学且功能强大的编程语言,拥有丰富的量化相关库,如用于科学计算的 NumPy、用于数据处理的 Pandas、用于可视化分析的 Matplotlib 和 Seaborn,以及用于机器学习和深度学习的 Scikit-learn、TensorFlow、PyTorch 等。在东方财富量化平台上,从简单的技术分析策略到基于机器学习的智能策略,都可以利用 Python 语言方便地编写。

运行 Python 程序需要安装 Python 解释器。Python 解释器的下载网址是:https://www.python.org/downloads/。

Python 官方网站下载页面如图 9.1 所示,下载 Python 解释器需要选择相适应的操作系统,图中位置展示了 Python 最新版本的解释器。

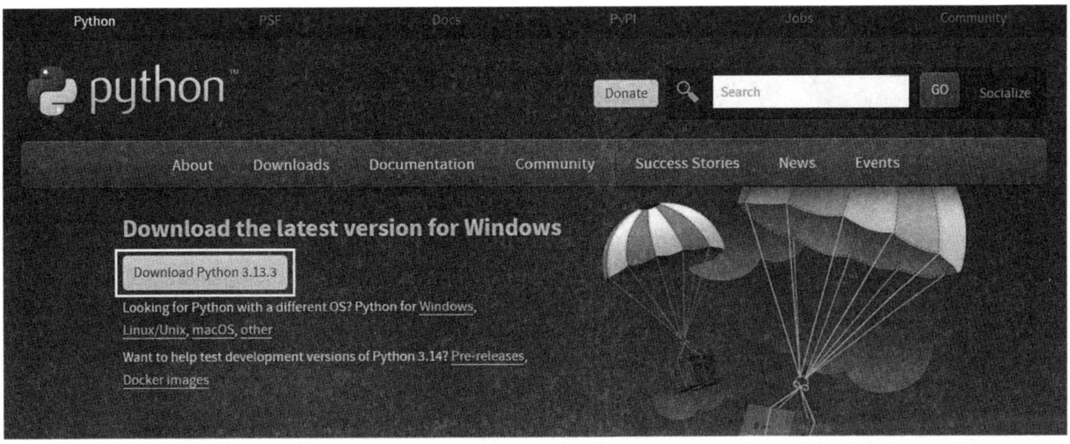

图 9.1 Python 官方网站下载页面

以 Windows 操作系统为例,单击图 9.1 中矩形框内的按钮,即可直接下载 python-3.13.3-amd64.exe 文件。如果使用其他操作系统,请选择页面内相应的链接,找到对应文件进行下载。

执行下载后的 Python 安装文件,将产生一个启动页面,如图 9.2 所示。在该页面中,勾选椭圆框内的“Use admin privileges when installing py.exe”“Add python.exe to PATH”两个复选框,再执行矩形框内的链接启动安装过程。安装成功页面如图 9.3 所示。除了 Python 解释器外,安装程序还提供了一批与 Python 开发和运行相关的工具,最重要的是 Python 集成开发环境 IDLE。在 Windows“开始”菜单中,找到 IDLE 的快捷方式,打开 IDLE 开发环境,即可进行 Python 编程,运行 Python 程序。

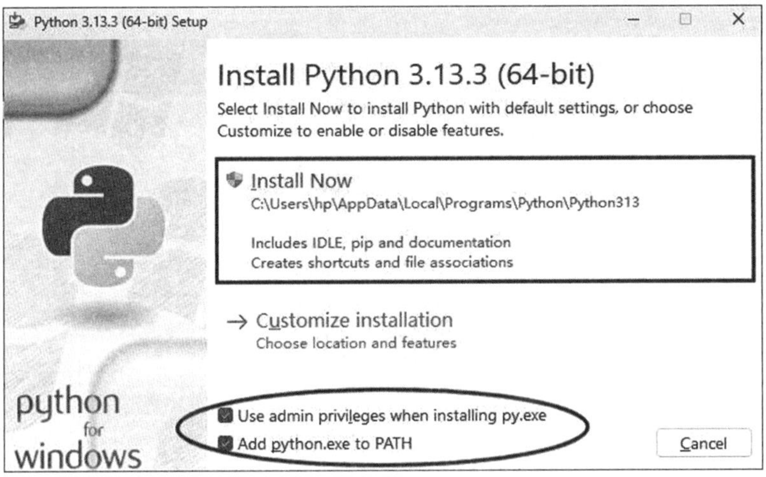

图 9.2 Python 安装程序的启动页面

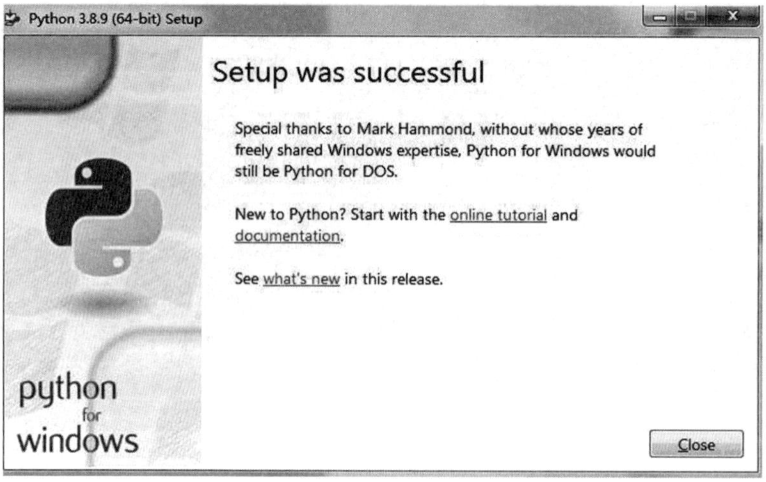

图 9.3　Python 安装成功页面

二、东方财富量化平台的搭建

(一)东方财富量化平台的安装

打开东方财富软件,点击左下角【量化】(图 9.4),弹出安装提示框,等待安装完成即可得到东财掘金量化终端。量化终端安装成功后,需要进行初始配置,设置回测数据的初始下载地址,然后重启,即可打开东财掘金量化终端。

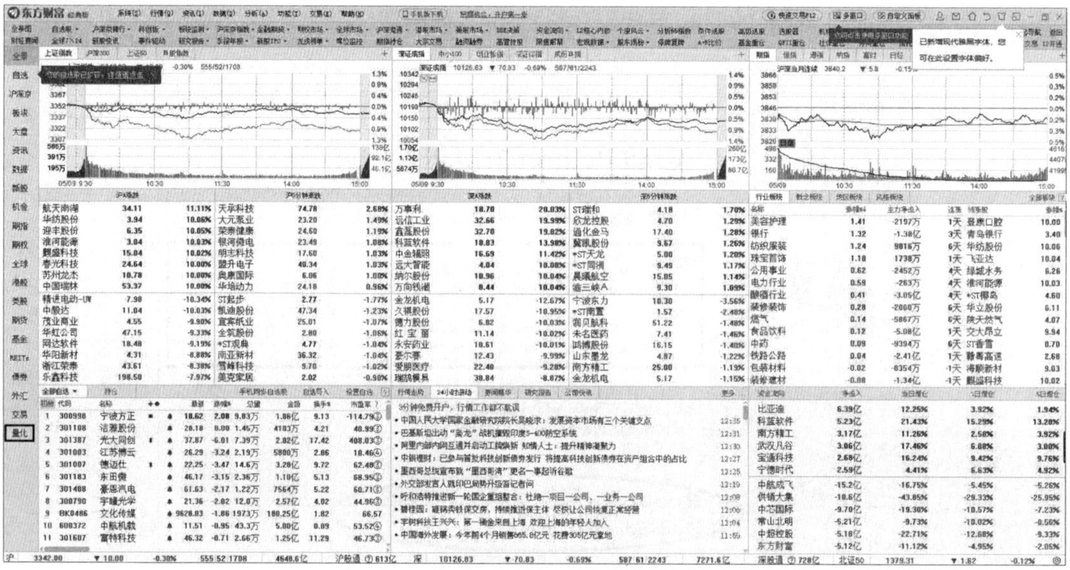

图 9.4　东方财富软件量化导航页面

(二)SDK 安装

策略 SDK(软件开发工具包)可以比作是策略的承载容器,它以插件形式提供。面向策略时,以标准接口方式供策略直接调用,保证策略简单和稳定,而在 SDK 内部可处理许多烦琐的逻辑,包括处理数据、切换运行模式、连接终端等。SDK 完美支持外部调用,比如 PythonSDK 通过 PyCharm 进行调用。

进入东财掘金量化终端后,点击【量化研究】⇨【SDK 下载】,如图 9.5 所示。

图 9.5　SDK 下载导航页面

如图 9.6 所示,在选择策略编辑语言页面上选择 Python,进行相应 SDK 的安装。Python 语言的 SDK 可自动安装,选择 Python 解释器后,点击矩形框中的【设为默认解释器】,然后点击一键安装即可。另外,页面也提供了手动安装指引。SDK 安装成功后,会显示已完成安装(图 9.7)。

图 9.6　SDK 安装页面

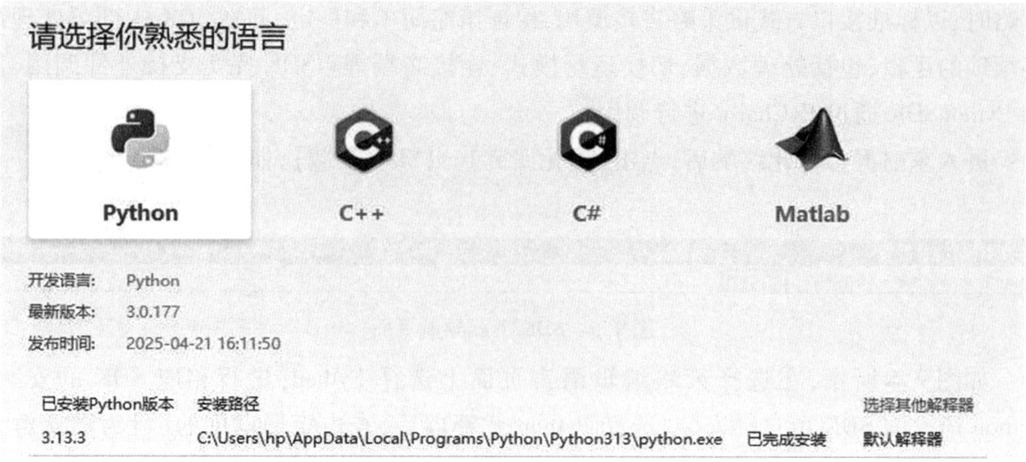

图 9.7　SDK 安装成功页面

三、东方财富量化平台的使用

东财掘金量化终端的主菜单栏包括【量化研究】、【策略交易】、【智能策略】、【交易工具】、【账户管理】等菜单项，如图 9.8 所示。

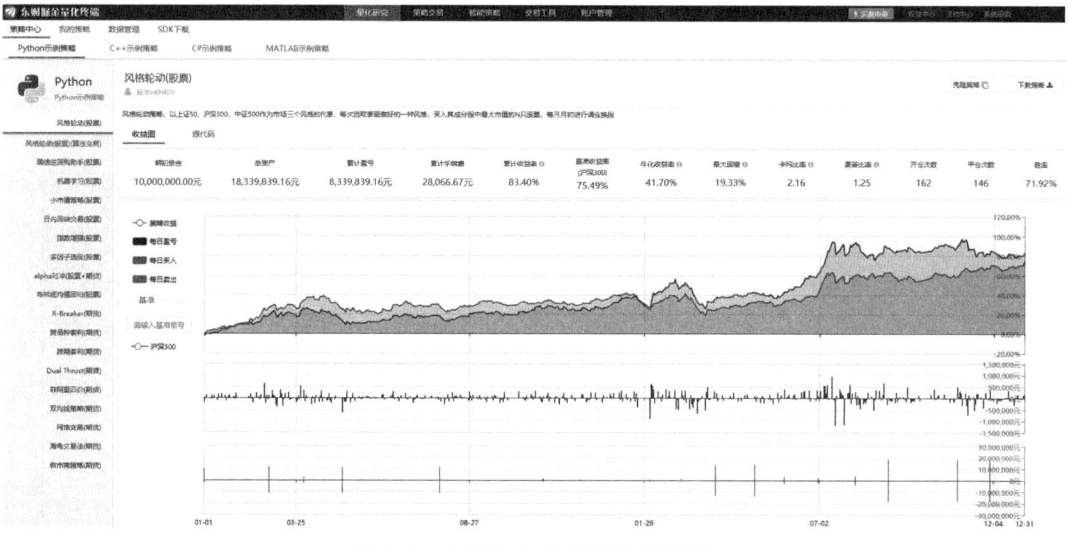

图 9.8　东财掘金量化终端主页面

（一）量化研究

量化研究是进行策略开发、测试和分析的核心模块。用户可以在此获取实时行情和历史数据，利用多语言策略 SDK 和完备的策略编写架构，将自己的投资思想转化为量化策略代码。通过历史回测功能，使用真实历史数据验证交易逻辑并生成绩效报告，帮助投资者分析策略的优缺点，进而优化投资逻辑或模型。还能在策略研究的绩效列表中查看回测绩效的明细情况，包括绩效分析、信号分析、交易明细、每日持仓和收益等，为策略优化提供依据。量化研究包括策略中心、我的策略、数据管理和 SDK 下载。

(1)策略中心。

点击【量化研究】⇨【策略中心】,进入策略中心页面。策略中心按语言分类提供了丰富的策略示例,包括收益图和源代码,为用户提供了参考的模板,有助于启发用户的策略开发思路,加快策略开发进程。用户可使用“克隆策略”创建策略进行研究,或选择“下载策略”到本地,如图 9.9 所示。

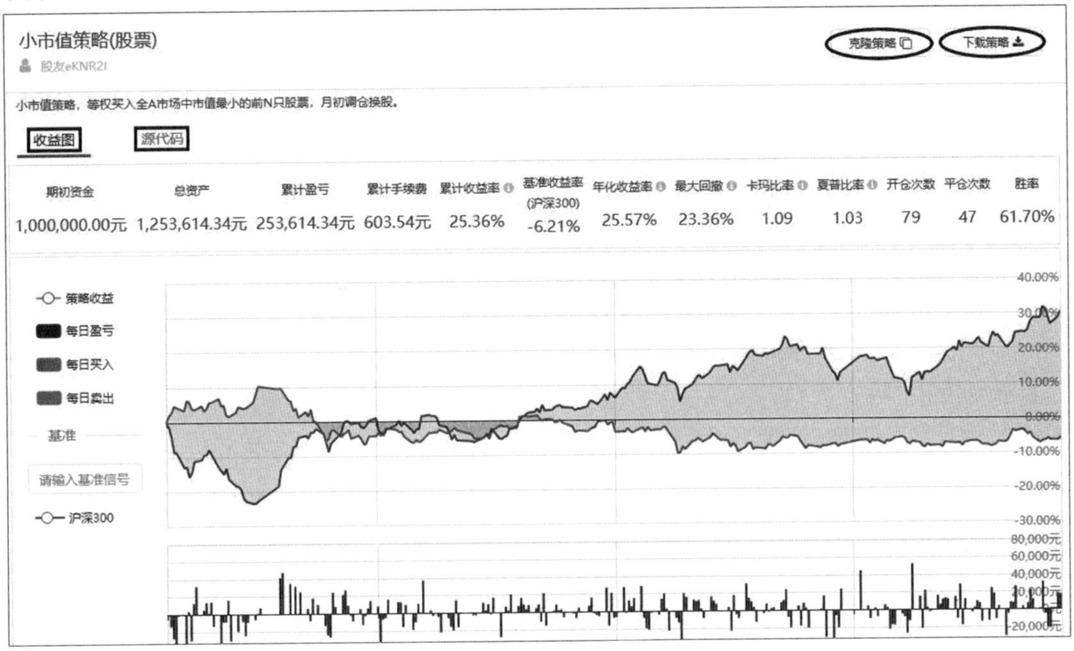

图 9.9　策略中心页面

以布林线均值回归策略为例,该策略采用布林线进行均值回归交易。当价格触及布林线上轨的时候进行卖出,当价格触及下轨的时候进行买入。其 Python 程序代码如下:

```
# coding=utf-8
from __future__ import print_function, absolute_import
from gm.api import *

# 策略中必须有 init 方法
def init(context):
    # 设置布林线的三个参数
    context.maPeriod = 26 # 计算布林线中轨的参数
    context.stdPeriod = 26 # 计算布林线标准差的参数
    context.stdRange = 1 # 计算布林线上下轨和中轨距离的参数
    # 设置要进行回测的合约
    context.symbol = 'SZSE.300433' # 订阅交易标的, 此处订阅的是 300433
    context.period = max(context.maPeriod, context.stdPeriod, context.stdRange) + 1 # 订阅数据滑窗
长度
```

```
    # 订阅行情
    subscribe(symbols= context.symbol, frequency='1d', count=context.period)

def on_bar(context, bars):
    # 获取数据滑窗,只要在 init 里面有订阅,在这里就可以取到
    #返回值是 pandas.DataFrame
    data= context.data(symbol = context.symbol, frequency ='1d', count = context.period, fields =
'close')
    ## 计算布林带
    # 标准差
    std= data['close'].rolling(context.stdPeriod).std()
    # 均值
    mean= data['close'].rolling(context.maPeriod).mean()
    # 布林带上轨
    bollUpper= mean + context.stdRange * std
    # 布林带下轨
    bollBottom= mean - context.stdRange * std
    # 获取现有持仓
    pos= list(filter(lambda x:x['symbol']==context.symbol,\
    get_position()))
    # 交易逻辑与下单
    # 当有持仓,且股价穿过布林线上界的时候卖出股票。
    if pos and data.close.values[-1] > bollUpper.values[-1] and data.close.values[-2] <=
      bollUpper.values[-2]:
      order_volume(symbol=context.symbol, volume=100, \
              side=OrderSide_Sell, order_type = OrderType_Limit, position_effect = PositionEffect_Close,
              price=data.close.values[-1])
    # 当没有持仓,且股价穿过布林线下界的时候买入股票。
    elif not pos and data.close.values[-1] < bollBottom.values[-1] and data.close.values[-2] >=
      bollBottom.values[-2]:
      order_volume(symbol=context.symbol, volume=100, side=OrderSide_Buy,\
              order_type = OrderType_Limit, position_effect = PositionEffect_Open, price = data.close.
              values[-1])

def on_order_status(context, order):
    # 标的代码
    symbol= order['symbol']
    # 委托价格
    price= order['price']
    # 委托数量
    volume= order['volume']
```

```
    # 目标仓位
    target_percent= order['target_percent']
    # 查看下单后的委托状态,等于 3 代表委托全部成交
    status= order['status']
    # 买卖方向,1 为买入,2 为卖出
    side= order['side']
    # 开平仓类型,1 为开仓,2 为平仓
    effect= order['position_effect']
    # 委托类型,1 为限价委托,2 为市价委托
    order_type= order['order_type']
    if status == 3:
        if effect == 1:
            if side == 1:
                side_effect= '开多仓'
            else:
                side_effect= '开空仓'
        else:
            if side == 1:
                side_effect= '平空仓'
            else:
                side_effect= '平多仓'
        order_type_word= '限价' if order_type==1 else '市价'
        print('{}:标的:{},操作:以{}{},委托价格:{},\
                委托数量:{}'.format(context.now,symbol,\
                order_type_word,side_effect,price,volume))

def on_backtest_finished(context, indicator):
    print('*'*50)
    print('回测已完成,请通过右上角"回测历史"功能查询详情。')

if __name__ == '__main__':
    '''
        strategy_id 策略 ID,由系统生成
        filename 文件名,请与本文件名保持一致
        mode 实时模式:MODE_LIVE 回测模式:MODE_BACKTEST
        token 绑定计算机的 ID,可在系统设置-密钥管理中生成
        backtest_start_time 回测开始时间
        backtest_end_time 回测结束时间
        backtest_adjust 股票复权方式,不复权:ADJUST_NONE 前复权:ADJUST_PREV 后复权:
        ADJUST_POST
        backtest_initial_cash 回测初始资金
```

```
        backtest_commission_ratio 回测佣金比例
        backtest_slippage_ratio 回测滑点比例
        backtest_match_mode 市价撮合模式,以下一 tick/bar 开盘价撮合:0,
        以当前 tick/bar 收盘价撮合:1
'''
run(strategy_id='a805aca2-2ee0-11f0-9680-c01803c298a5',
        filename='main.py',
        mode=MODE_BACKTEST,
        token='8043e5af4d81e8ee20150ca553939bfca6576b25',
        backtest_start_time='2020-01-01 09:00:00',
        backtest_end_time='2025-03-31 15:00:00',
        backtest_adjust=ADJUST_PREV,
        backtest_initial_cash=10000,
        backtest_commission_ratio=0.0001,
        backtest_slippage_ratio=0.0001,
        backtest_match_mode=1)
```

(2)我的策略。

我的策略主要用于用户管理自己创建和保存的策略。用户可以在此对自己的策略进行编辑、修改、删除等操作,还能查看策略的运行状态、绩效等信息,方便用户对自己的策略进行集中管理和优化。

点击【量化研究】⇨【我的策略】,进入我的策略页面。点击【新建策略】,选择语言和模板来构建策略,选择好策略模板后,点击确认(图 9.10)。然后点击策略编辑,或者进入我的策略页面,点击新建的策略,进入策略编辑(图 9.11)。进入编辑器(集成 VS code),可以对策略文件 main. py 进行修改调试以及回测运行。

图 9.10　新建策略页面

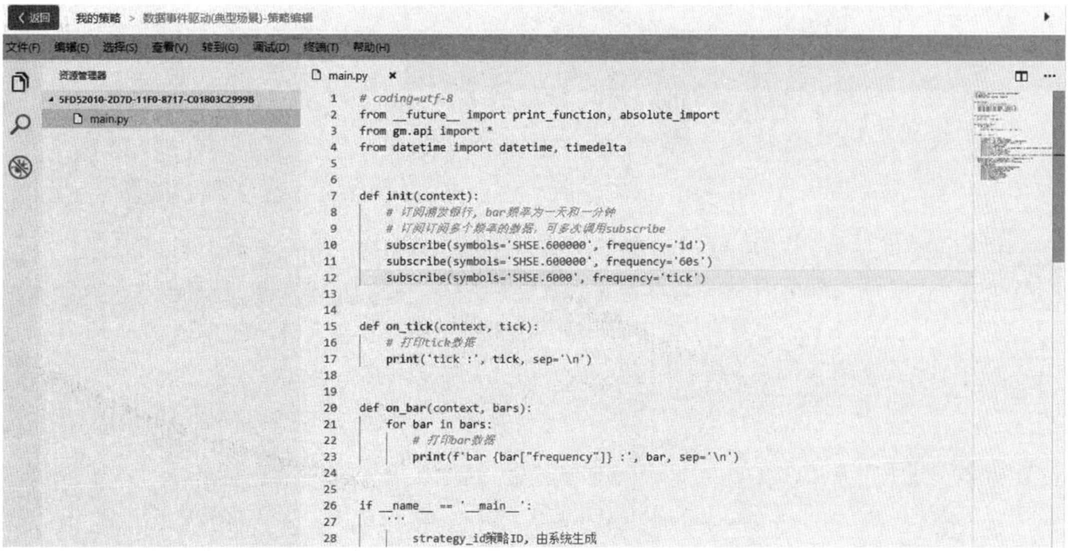

图 9.11　策略编辑页面

回测是一种快速验证投资思想的手段，使用真实历史数据验证交易逻辑并产生交易绩效报告，通过分析绩效报告能够帮助投资者优化投资逻辑或模型。点击右上方【运行回测】，可对策略参数进行调整，也可以采用策略代码设置的回测参数，如图 9.12 所示。点击【确认运行】按钮开始回测，会弹出 Python 策略的控制台，如图 9.13 所示。

图 9.12　回测参数设置页面

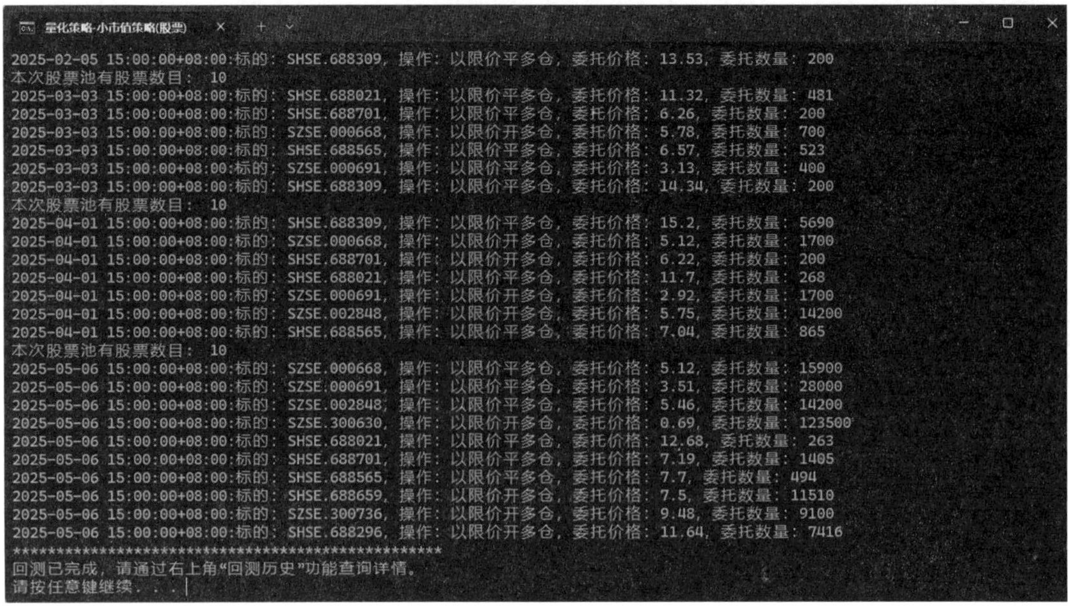

图 9.13　Python 策略的控制台

点击右上角【回测历史】，进入回测记录页面，如图 9.14 所示。点击【单一回测结果】可进入回测绩效分析报告详细页面，如图 9.15 所示。绩效报告展示了策略回测明细情况，包括绩效概览、持仓分析、交易统计、每日明细、信号分析和回测日志。点击上方【报告导出】，可以导出绩效分析报告。

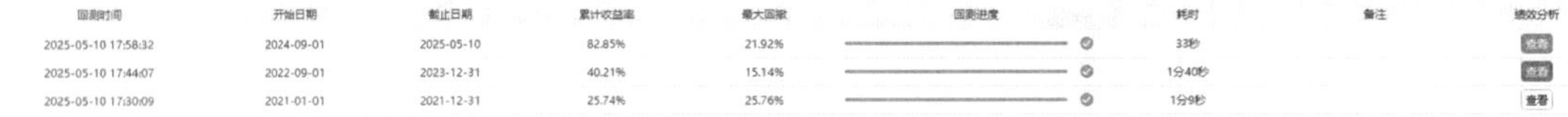

回测时间	开始日期	截止日期	累计收益率	最大回撤	回测进度	耗时	备注	绩效分析
2025-05-10 17:58:32	2024-09-01	2025-05-10	82.85%	21.92%		33秒		查看
2025-05-10 17:44:07	2022-09-01	2023-12-31	40.21%	15.14%		1分40秒		查看
2025-05-10 17:30:09	2021-01-01	2021-12-31	25.74%	25.76%		1分9秒		查看

图 9.14　回测记录页面

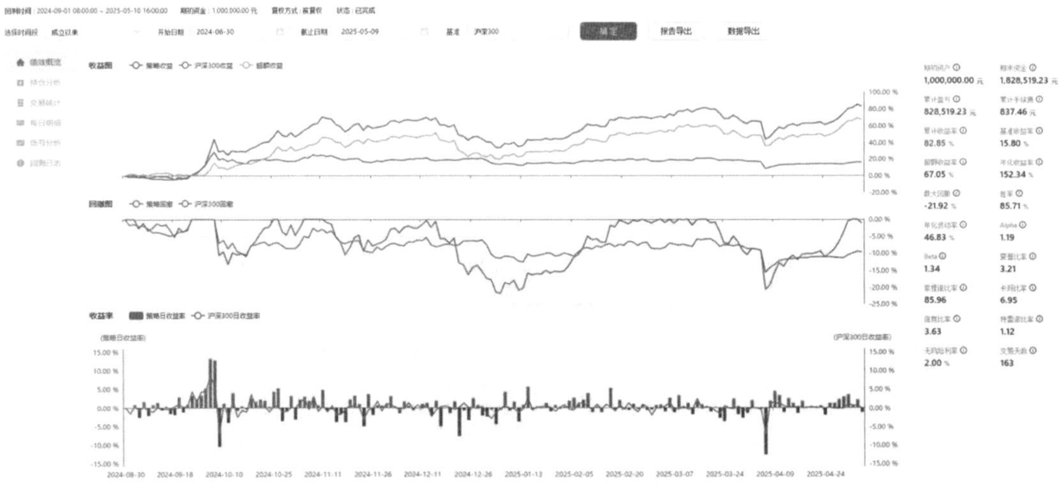

图 9.15　绩效分析页面

(3)数据管理。

数据管理负责对量化研究所需的数据进行管理和维护,包括行情数据、基本面数据等的存储、查询和更新,确保用户能够快速、准确地获取到所需的数据,为策略开发、回测和分析提供数据支持,同时也能方便用户对数据进行整理和分析。

(4)SDK 下载。

SDK 下载提供数据接口和交易接口供策略程序使用,支持 Python、C++、C#、Matlab 等多种编程语言,用户通过下载安装相应的 SDK,能够将终端与自己熟悉的开发环境连接起来,更高效地进行策略开发和测试。

(二)策略交易

策略交易主要负责将经过测试和优化的策略部署到实际交易环境中。支持股票、期货等多个实盘通道,具备多维度风控功能,可确保交易的安全性和稳定性。用户可以在这个模块中管理策略的实盘交易,包括添加实盘账户、切换策略至实盘状态等操作。同时,还能对实盘交易的绩效进行分析,了解策略在实际市场中的表现。

(三)智能策略

智能策略集成了一系列常见的量化交易策略,如条件单、网格交易、涨停开板、自动打新股、自动逆回购等。这些策略无须用户编写代码,方便用户直接使用。用户只需在智能策略界面进行简单设置,就可以启动相应的策略进行交易。例如,条件单可以根据设定的价格、涨跌幅等条件自动触发买卖操作;网格交易可以在设定的价格范围内自动调整标的的仓位。

(四)交易工具

交易工具提供了类似于传统交易软件的功能,方便用户进行手动交易。它包括买入、卖出、撤单、市价买入、市价卖出等功能,用户可根据自身需求选择对应的交易方式。此外,它还能查询持仓、成交、委托信息,在当前持仓中可以手动一键卖出或选择单个标的卖出,对未结委托可以一键撤单或单独撤单。另外,它还支持组合交易,用户可以新建篮子,添加成分股,设置交易参数,进行篮子校验后下单并跟踪组合。

(五)账户管理

账户管理用于管理交易账户,包括仿真账户和实盘账户。对于仿真账户,用户可以在该界面设置交易手续费和出入金,添加和删除账户,以便在仿真交易环境中模拟真实交易,检验策略的有效性。对于实盘账户,用户在申请通过后,可在此添加实盘账户信息,连接账户并进行相关设置,为实盘交易做好准备。

四、策略仿真交易

仿真柜台由交易清算系统和实时撮合系统组成,非常接近真实市场环境,能够更准确地检验策略有效性。

(一)新建仿真账户

进行仿真交易,需要选择仿真交易账户,如果没有仿真交易账户,需要到账户管理页面进行创建。点击【账户管理】⇨【添加仿真账户】，打开新建仿真账户页面（图9.16），设置账户名称、柜台类型、期初资金、撮合方式等信息。撮合方式分为精准撮合和模拟撮合。精准撮合是交易时段撮合，委托按价格优先、时间优先的规则，与实时行情盘口数据精准撮合；模拟撮合是7×24小时撮合，委托与交易标的的最新价或指定价撮合，多用于策略调试或系统测试场景。

图9.16　新建仿真账户页面

在账户管理页面可以设置仿真账户的交易手续费和出入金、添加和删除账户，如图9.17所示。

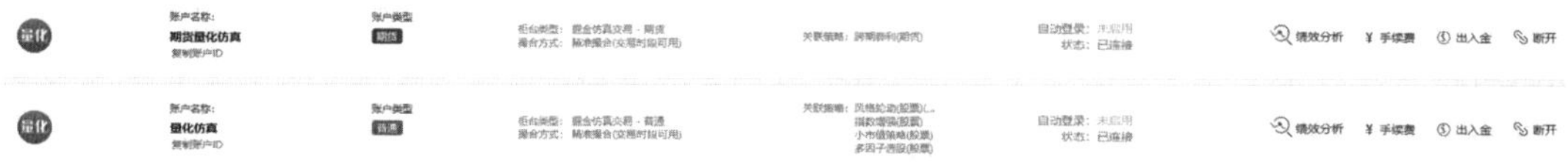

图9.17　账户管理页面

点击【手续费设置】，在手续费设置页面中修改手续费（图9.18）。页面中会列出仿真柜台默认的手续费，直接在具体项中修改即可，修改后的手续费会顶置标明，可以点击【恢复默认值】。点击【出入金设置】，在出入金设置页面中填入金额，点击【提交】即可（图9.19）。

（二）仿真交易运行

在我的策略页面，选中用于仿真交易的策略，点击【交易】，选择仿真交易账户，在策略仿真交易页面点击【启动】按钮，开始运行策略代码，进行仿真交易，如图9.20所示。

盯盘页面可以提供行情、动态参数和策略日志等多个窗口。策略交易数据可在页面下方查看，包括当前持仓、最近成交、最近委托等，其中撤单和平仓功能也可在该页面上选择相对应的数据进行操作。

在仿真交易页面点击右侧风控图标进入风控设置页面，可对持仓、指标、交易等进行限制或设置，对量化交易进行全面的风险监控和管理，降低潜在风险，提高收益的稳定性和交易的安全性。

手续费设置

全选 上交所 深交所 中金所 上期所 大商所 郑商所 能源所 广期所 请输入产品名称

市场	证券类型	产品名称	开仓手续费(按金额%%)	开仓手续费(按手数)	平仓手续费(按金额%%)	平仓手续费(按手数)	平今手续费(按金额%%)	平今手续费(按手数)	操作
上交所	股票	全部代码	2.1	0	12.1	0	0	0	
上交所	基金	全部代码	3	0	3	0	0	0	
上交所	可转债	可转债	3	0	3	0	0	0	
上交所	期权	全部代码	0	1.6	0	1.6	0	1.6	
深交所	股票	全部代码	2.1	0	12.1	0	0	0	
深交所	基金	全部代码	3	0	3	0	0	0	
深交所	可转债	可转债	3	0	3	0	0	0	
深交所	期权	全部代码	0	1.6	0	1.6	0	1.6	
中金所	期货	上证50股指	0.23	0	0.23	0	3.45	0	
中金所	期货	沪深300股指	0.23	0	0.23	0	3.45	0	
中金所	期货	中证500股指	0.23	0	0.23	0	3.45	0	
中金所	期货	中证1000股指	0.23	0	0.23	0	3.45	0	
中金所	期货	10年期国债	0	3	0	3	0	0	

图 9.18　手续费设置页面

图 9.19　出入金设置页面

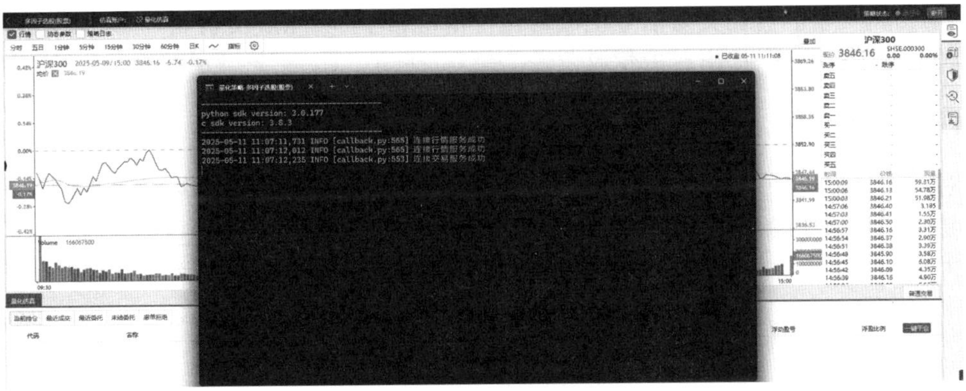

图 9.20　策略仿真交易进行页面

实训项目十九　量化投资交易平台的搭建与使用

一、实训目的

(1)熟悉东方财富量化平台的功能模块,通过完整流程操作,提升量化交易系统的实际应用能力。

(2)了解量化交易策略的结构,初步理解策略逻辑与策略代码。

(3)通过历史数据进行回测评估策略表现,学习评估策略表现的核心指标,掌握参数优化方法。

(4)在仿真环境中验证策略的有效性,培养金融风险防范意识。

二、实训要求

(1)掌握 Python 编程基础,熟悉常用库,如 Pandas、Numpy 等,提前学习量化交易基础知识。

(2)安装平台客户端,完成量化交易环境配置,确保网络连接稳定。

(3)提交量化策略代码、回测绩效分析报告,完成仿真交易,分析策略表现与改进方向。

三、实训内容及步骤

(1)打开东方财富软件,安装东财掘金量化终端,熟悉平台界面及量化研究、策略交易等功能模块,确保数据能正常调用。

(2)进入策略中心,查看具有代表性的量化策略代码,掌握策略框架结构。结合自己的投资思路,选择一个较为合适的量化策略添加到我的策略,设置回测参数后,运行回测,生成收益率曲线、交易记录,导出回测报告,分析年化收益率、夏普比率、最大回撤等关键指标,评价策略的优缺点,并进行参数优化。

(3)设置仿真账户,在平台策略交易模块中加载回测通过的策略,设置仿真交易参数,启动仿真交易。监控交易信号生成与执行情况,记录实际成交价格与数量,评估策略在实时市场中的表现,提出改进建议。

四、实训结果

对实训过程进行总结,撰写一篇实训报告,报告内容包括量化策略逻辑、回测绩效、仿真交易过程及结果,策略优缺点、优化方向与改进建议、实盘应用风险点等。

第十章　量化投资策略的开发

第一节　量化投资策略的开发过程

一、量化投资策略开发流程

在准备好开发环境与策略接口后，就可以进行量化投资策略的开发了。量化投资策略的开发是一个系统性的工作，一般需经历策略构思、代码编写与调试、回测、仿真交易和实盘交易五个关键阶段（图 10.1），每个阶段都需要精心设计与严格执行。

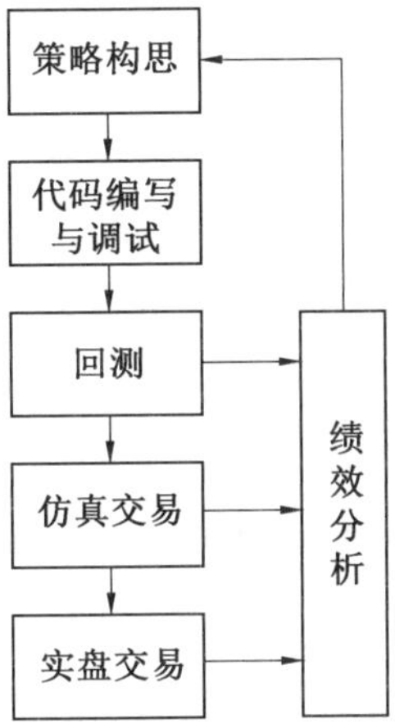

图 10.1　量化投资策略开发流程

（一）策略构思

策略构思是量化投资策略开发的起点，其质量直接决定了策略的潜力。在策略构思阶段，量化投资者需要明确投资目标，如长期稳定增值、追求高收益、短期套利或对冲风险等，并综合考虑市场特性、流动性、交易成本等因素，确定量化策略的关键要素，包括选择标的资产、制定买卖时机判断规则、设置仓位管理和风险控制机制等。在策略构思过程中，还需要不断地进行分析，结合历史数据和实际市场行情，反复进行验证和调整，以确保量化投资策略的合理性和有效性。

（二）代码编写与调试

代码实现是将策略构思转化为可执行程序的关键环节，在量化投资策略开发中处于核心地位。首先进行数据获取与预处理,整合行情数据、基本面数据等数据信息,并清洗缺失值与异常值。其次构建策略核心模块,包括信号生成、仓位管理和交易执行。信号生成模块根据预设规则产生买卖指令;仓位管理模块确定投资组合的资金分配;交易执行模块负责将策略生成的交易信号转化为实际的交易操作,确定订单类型、数量及价格,将订单发送至交易所或经纪商并选择最优交易路径,实时跟踪订单状态并管理未成交订单,执行风险控制,同时与策略生成、仓位管理等其他模块协同工作并反馈交易结果。代码编写完成后,需进行全面测试,包括单元测试验证函数正确性、集成测试确保模块间协同工作,以及压力测试优化大数据处理性能。

(三)回测

回测是在历史数据上验证策略有效性的重要环节。进行回测时,需要设置合理的参数,包括回测周期、初始资金、交易费用等。执行回测后,计算关键绩效指标,如累计收益率、年化收益率、最大回撤、夏普比率等,并生成详细报告,根据回测结果分析策略的优缺点。若回测结果不理想,则返回策略构思阶段进行调整,反复进行测试,形成闭环优化。

(四)仿真交易

仿真系统由交易清算系统和实时撮合系统组成。仿真交易是实盘前的最后验证环节,旨在评估策略在接近真实市场环境下的表现。接入模拟交易接口,同步实时行情数据,严格按照实盘流程执行交易。此阶段重点关注策略的市场适应性与执行效率,监控实盘与回测的差异,分析流动性冲击、滑点成本等因素对收益的影响。持续记录交易日志,定期进行绩效分析,评估策略在不同市场环境下的稳定性。若发现仿真交易结果偏离预期太大,则需要返回策略构思阶段进行优化。

(五)实盘交易

经过充分的测试和优化,确认策略可行后,将策略部署到实盘交易环境中。实盘交易是量化策略的最终目标,需谨慎部署与严格监控。实盘交易过程中,应持续监控策略的运行状态,及时处理各种异常情况,同时定期对策略进行绩效复盘,对比实盘与回测结果,分析差异原因,结合市场反馈不断完善策略逻辑与风控体系,以适应市场的变化,确保策略持续有效。

二、量化投资策略的基本功能

量化投资策略的基本功能包括数据获取、分析决策和执行交易三个方面,如图 10.2 所示。

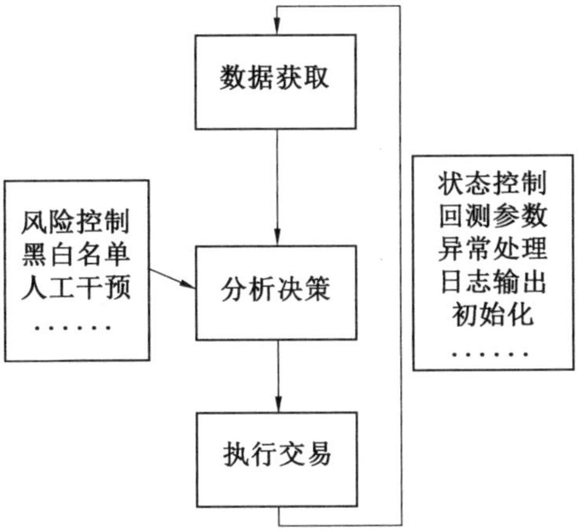

图 10.2　量化投资策略的基本功能

(一)数据获取

东方财富量化平台提供了丰富的金融数据接口,支持股票、基金、期货等多个市场的数据获取。数据获取方式有订阅数据获取实时数据和接口直通获取历史数据等。通过订阅函数获取实时数据,适用于获取高频次、规则行情数据,在高频实时行情接收、策略回测时性能较高。通过接口获取数据,可获取的数据种类多,使用场景灵活,可以直接获取指定数据,比较适用于低频次、大数据量的数据获取。

(二)分析决策

分析决策的主要作用是找出市场规律并做出正确决策,主流决策包括选股(选择最优价值的投资组合)和择时(选择最佳的买卖时机)。量化分析手段多样,并无固定模式。

(三)执行交易

执行交易是实现策略价值的必备步骤,使用交易接口实现下单、撤单、委托查询、回报查询等功能,完成交易操作,并通过仓位管理、止盈止损等功能,使收益和风险趋于平衡。东方财富量化平台的交易接口将不同品种、多种场景统一,自动接入回测、仿真、实盘等不同交易通道,下单格式统一。该平台同时提供账户查询、资金查询、持仓查询接口,方便投资者对交易进行全面管理。

此外,策略还可能包含风险控制、标的黑白名单、人工干预因子等功能,以及回测参数、异常情况处理、日志信息输出、初始化等系统功能,以保持策略的稳定运行。

第二节　量化投资策略的编写

量化投资策略的实现需要通过系统化流程将投资思想转化为可执行代码。“strategy_id”是策略文件与终端连接的纽带,是策略的身份标识。每创建一个策略都会对应生成一个策略 ID,创建策略时即可看到。策略 ID 用于终端识别策略身份,如终端识别不同策略发来的日志、消息、回测报表、交易信号等。“token_id”是用户身份的唯一标识,

token 位置参见东财掘金量化终端—系统设置—密钥管理(token),如图 10.3 所示。

图 10.3　token 生成与查询页面

一、策略运行机制

东方财富量化平台的策略运行机制主要包括定时任务机制和数据事件驱动机制,分别适用于不同的交易场景和需求。

(一)定时任务

定时任务是指策略按照固定的时间间隔执行,无论市场数据是否更新或事件是否触发。定时任务适用于需要定期执行某些操作的场景,如定时调仓、定期记录数据等。以下 Python 代码实现了在每个交易日的 14:30 市价买入 100 股读者传媒股票。

```
# coding=utf-8
from __future__ import print_function, absolute_import
from gm.api import *


def init(context):
    # 每天 14:30 定时执行 algo 任务
    # algo 执行定时任务函数,只能传 context 参数
    # date_rule 执行频率,目前暂时支持 1d、1w、1m
    # time_rule 执行时间
    schedule(schedule_func=algo, date_rule='1d', \
            time_rule='14:30:00')
```

```
def algo(context):
    # 以市价购买 100 股读者传媒股票，price 为保护限价
    order_volume(symbol='SHSE.603999', volume=100, \
                 side=OrderSide_Buy,order_type=OrderType_Market,\
                 position_effect=PositionEffect_Open, price=0)

# 查看最终的回测结果
def on_backtest_finished(context, indicator):
    print(indicator)

if __name__ == '__main__':
    run(strategy_id='strategy_id',
        filename='main.py',
        mode=MODE_BACKTEST,
        token='token_id',
        backtest_start_time='2025-04-09 08:00:00',
        backtest_end_time='2025-05-08 16:00:00',
        backtest_adjust=ADJUST_PREV,
        backtest_initial_cash=10000,
        backtest_commission_ratio=0.0001,
        backtest_slippage_ratio=0.0001,
        backtest_match_mode=1)
```

整个策略的实现需要三步：

第一步设置初始化函数 init，使用 schedule 函数进行定时任务配置。

第二步配置任务，到固定时间执行该任务。

第三步执行策略。

（二）数据事件驱动

数据事件驱动是指策略根据市场数据的更新或特定事件的触发来执行，能够实时响应市场变化。数据事件驱动适用于需要根据实时市场数据做出交易决策的场景。以下 Python 代码订阅并打印了读者传媒的市场数据。

```
# coding=utf-8
from __future__ import print_function, absolute_import
from gm.api import *
from datetime import datetime, timedelta

def init(context):
    # 订阅读者传媒，订阅多个频率的数据，可多次调用 subscribe
    subscribe(symbols='SHSE.603999', frequency='1d')
```

```
    subscribe(symbols='SHSE.603999', frequency='60s')
    subscribe(symbols='SHSE.603999', frequency='tick')

def on_tick(context, tick):
    # 打印 tick 数据
    print('tick :', tick, sep='\n')

def on_bar(context, bars):
    for bar in bars:
        # 打印 bar 数据
        print(f'bar {bar["frequency"]} :', bar, sep='\n')

if __name__ == '__main__':
    backtest_start_time = str(datetime.now() - \
                              timedelta(days=5))[:19]
    backtest_end_time = str(datetime.now())[:19]
    run(strategy_id='strategy_id',
        filename='main.py',
        mode=MODE_BACKTEST,
        token='token_id',
        backtest_start_time=backtest_start_time,
        backtest_end_time=backtest_end_time,
        backtest_adjust=ADJUST_PREV,
        backtest_initial_cash=10000000,
        backtest_commission_ratio=0.0001,
        backtest_slippage_ratio=0.0001,
        backtest_match_mode=1)
```

在 init 函数中，使用 subscribe 函数订阅了读者传媒（SHSE. 603999）的三种不同频率的市场数据：日线数据、分钟线数据、实时报价数据。

每当接收到新的实时报价数据即 tick 数据时，on_tick 函数会被调用，并打印出 tick 数据的详细信息；每当接收到新的 bar 数据时，on_bar 函数会被调用，并打印出 bar 数据的详细信息。

（三）提取数据

如果只为提取数据，无须实时数据驱动策略，无须交易下单，那么可以直接通过数据查询函数进行查询。下面这段代码的作用是获取读者传媒（SHSE. 603999）从 2025 年 1 月 1 日到 2025 年 5 月 18 日的日线历史数据，包括开盘价、最高价、最低价和收盘价，并使用向前复权的方式对数据进行调整。

```
# coding=utf-8
from __future__ import print_function, absolute_import
from gm.api import *

# 设置 token,token_id 参见系统设置—密钥管理(token)
set_token('token_id')

# 查询历史行情，采用定点复权的方式
data= history(symbol='SHSE.603999', frequency='1d', \
              start_time='2025-01-01 09:00:00',\
              end_time='2025-05-18 16:00:00',\
              fields='open,high,low,close', adjust=ADJUST_PREV, adjust_end_time='2025-05-
              18', df=True)
print(data)
```

整个过程需要两步：

第一步利用 set_token 函数设置用户 token，如果 token 不正确，函数调用会出现异常。

第二步调用数据查询函数，直接进行数据查询。

二、变量约定

（一）symbol——代码标识

symbol 是东方财富量化平台用于唯一标识交易标的的代码，格式为“交易所代码.交易标代码”。

例如宁德时代的 symbol 为 SZSE.300750，其中 SZSE 表示深圳证券交易所，300750 是宁德时代的交易代码。上海证券交易所的代码缩写为 SHSE，如中国石油的 symbol 是 SHSE.601857。

交易标代码指交易所给出的交易标的代码，包括股票、期货、期权、指数、基金等代码。具体的代码可参考交易所给出的证券代码。

（二）mode——模式选择

策略支持两种运行模式，分别为实时模式和回测模式。用户需要在运行策略时进行选择。

实时模式订阅行情服务器推送的实时行情，也就是交易所的实时行情，只在交易时段提供，常用于仿真和实盘。实时模式需指定 mode = MODE_LIVE。

回测模式订阅指定时段、指定交易代码、指定数据类型的历史行情，行情服务器将按指定条件全速回放对应的行情数据。适用的场景是策略回测阶段，快速验证策略的绩效是否符合预期。回测模式需指定 mode = MODE_BACKTEST。

（三）context——上下文对象

context 是策略运行上下文环境对象，用于在策略函数之间传递信息，存储策略运行过程中的状态和数据。用户可以通过 context 定义多种自己需要的属性,也可以查看 context 固有属性。

(1)context. symbols。

当使用 subscribe 函数订阅行情时,订阅的代码会生成一个代码集合,该集合可通过 context. symbols 进行访问。

(2)context. data。

context. data 是一个用于获取订阅数据滑窗的接口,允许用户从订阅的数据中提取指定时间段、指定频率和指定字段的数据。这些数据通常用于策略分析、指标计算和交易决策。以下是一个使用 context. data 接口的示例代码:

```
# coding=utf-8
from __future__ import print_function, absolute_import
from gm.api import *


def init(context):
    # 订阅宁德时代 10 个长度 1 分钟的 bar 数据
    subscribe(symbols='SZSE.300750', frequency='60s', count=10)
def on_bar(context, bars):
    # 提取订阅的宁德时代 1 分钟 bar 数据的收盘价
    data= context.data(symbol='SZSE.300750', frequency='60s', \
                               count=10, fields='close')
    print(data)


if __name__ == '__main__':
    run(strategy_id='strategy_id',
        filename='main.py',
        mode=MODE_BACKTEST,
        token='token_id',
        backtest_start_time='2025-01-01 08:00:00',
        backtest_end_time='2025-05-10 16:00:00',
        backtest_adjust=ADJUST_PREV,
        backtest_initial_cash=10000000,
        backtest_commission_ratio=0.0001,
        backtest_slippage_ratio=0.0001,
        backtest_match_mode=1)
```

在上述代码中,init 函数订阅了宁德时代的 10 个长度 1 分钟的 bar 数据。在 on_bar 函数中,使用 context. data 接口提取了这些数据的收盘价,并打印出来。

(3)context. account。

context. account 提供当前策略运行账户的详细信息和状态,主要用于策略中访问和操作与账户相关的数据。

context. account(). positions() 提供了当前账户所有持仓的详细信息,包括持仓标的、持仓量、持仓均价等。

通过 context. account( ). position(symbol, side)可以查询当前账户特定标的和持仓方向的持仓情况,这在策略中需要精确控制仓位或进行风险管理时很有用。

通过 context. account( ). cash 可以查询当前账户的资金,帮助策略了解账户当前的资金状况。

三、基础函数

(一) init(context)

功能:策略初始化函数,策略启动时自动执行。

参数:context(策略上下文对象,用于存储全局变量)。

示例:

```
def init(context):
    context.symbol = 'SHSE.600150' # 标的
    context.period = '1d' # 数据周期
    context.short_ma = 5 # 短周期均线
    context.long_ma = 20 # 长周期均线
    # 订阅行情
    subscribe(symbols=context.symbol, frequency=context.period)
```

(二) run(strategy_id, filename, mode, token, ...)

功能:运行策略(回测或实盘)。

参数:

strategy_id:策略 ID。

filename:策略文件名称。

mode:策略模式。

token:用户标识。

示例:

```
'''
strategy_id 策略 ID,由系统生成
filename 文件名
mode 实时模式:MODE_LIVE 回测模式:MODE_BACKTEST
token 绑定计算机的 ID,可在系统设置—密钥管理中生成
backtest_start_time 回测开始时间
backtest_end_time 回测结束时间
backtest_adjust 股票复权方式,不复权:ADJUST_NONE;前复权:ADJUST_PREV;
                后复权:ADJUST_POST
backtest_initial_cash 回测初始资金
backtest_commission_ratio 回测佣金比例
backtest_slippage_ratio 回测滑点比例
```

```
backtest_match_mode 市价撮合模式,以下一 tick/bar 开盘价撮合:0;以当前 tick/bar 收盘价撮
合:1
'''

run(strategy_id='strategy_id',
    filename='main.py',
    mode=MODE_BACKTEST,
    token='token_id',
    backtest_start_time='2023-01-01 09:00:00',
    backtest_end_time='2025-05-10 16:00:00',
    backtest_adjust=ADJUST_PREV,
    backtest_initial_cash=5000000,
    backtest_commission_ratio=0.0001,
    backtest_slippage_ratio=0.0001,
    backtest_match_mode=1)
```

(三)schedule(schedule_func, date_rule, time_rule)

功能:在指定时间自动执行策略算法,通常用于选股类型策略。

参数:

schedule_func:定时触发的回调函数,需接受 context 参数。

date_rule:日期规则,*n*+时间单位,如'1d'、'1w'、'1m'。

time_rule:时间规则,指定任务执行的具体时间,如'09:30:00'。

示例:

```
def init(context):
    # 每天 10:30 定时执行 algo 任务
    # algo 执行定时任务函数,只能传 context 参数
    schedule(schedule_func=algo, date_rule='1d', time_rule='10:30:00')


def algo(context):
    print(context.symbols)
```

四、数据获取函数

(一)subscribe(symbols, frequency, count,...)

功能:订阅指定标的的行情数据,支持多次调用,支持同一标的不同频率订阅。订阅后的数据存储在本地,需要通过 context.data 接口调用或是直接在 on_tick 或 on_bar 中获取。

参数:

symbols:指定要订阅数据的标的代码。可以是单个标的代码,也可以是多个标的代码。数据类型是字符串或字符串列表。

frequency:设定订阅数据的时间频率,即数据的更新间隔。支持'1d' '60s' 'tick'等,默认'1d'。

count:订阅数据滑窗大小,即获取最近多少个单位时间的数据。

示例:

```
subscribe(symbols='SZSE.300750.', frequency='1d', count=10)
```

上述代码订阅了宁德时代(SZSE.300750)的日线行情数据,并设置了数据窗口大小为最近10个交易日。订阅成功后,当有新的日线数据产生时,平台会将数据推送给策略,策略可以通过相应的事件函数获取并处理这些数据。

```
subscribe(symbols='SHSE.601857,SZSE.000651,SZSE.300433', \
          frequency='tick', count=30)
```

上述代码订阅了中国石油、格力电器、蓝思科技三只股票的逐笔行情数据,并设置了数据窗口大小为最近30笔交易记录。在东方财富量化平台,tick是分笔成交数据,股票频率为3 s,指数为5 s。

(二)history(symbol, frequency, start_time, end_time, fields,adjust,df)

功能:主要用于获取指定交易标的的历史行情数据,支持多种时间周期和数据类型。history是主动请求历史数据,而非实时推送。

参数:

symbol:标的代码,若要获取多个标的的历史数据,可以采用逗号隔开的方法。

frequency:频率,指定数据的时间周期,支持'1d'、'60s'、'tick'等,默认'1d'。

start_time:开始时间。

end_time:结束时间。

fields:指定返回对象字段,如有多个字段,中间用逗号隔开,默认所有。

adjust:ADJUST_NONE or 0:不复权;ADJUST_PREV or 1:前复权;ADJUST_POST or 2:后复权,默认不复权。

df:是否返回dataframe格式,默认False,返回list[dict]。

示例:

```
data= history(symbol='SHSE.601985', frequency='1d', start_time='2025-01-01 09:00:00',
      end_time='2025-05-12 15:00:00', fields='symbol, close', adjust=ADJUST_PREV,df=
      True)
```

上述代码使用history函数获取了中国核电(SHSE.601985)在2025年1月1日至2025年5月12日期间的日线收盘价,返回标的代码和收盘价两列数据,adjust=ADJUST_PREV表示对数据进行前复权处理以确保股价的连续性,df=True则使结果以dataFrame格式返回,便于后续进行策略回测、技术分析或可视化等操作。

(三)current(symbols,fields)

功能:查询当前行情快照,返回tick数据。回测时,返回回测当前时间点的tick数据。

参数：
symbols：查询代码，可以是单个标的代码，也可以是多个标的代码。
fields：查询字段，默认所有字段。
示例：

```
# 获取单只股票的实时行情
stock_data = current(symbols='SHSE.601985')
# 获取多只股票的实时行情
stocks_data= current(symbols=['SZSE.300750', 'SZSE.000333',
             'SZSE.300433'])
```

上述代码第一句实现了获取中国核电（SHSE.601985）的实时行情数据并存储在stock_data 变量中；第二句获取了宁德时代（SZSE.300750）、美的集团（SZSE.000333）、蓝思科技（SZSE.300433）三只股票的实时行情数据并存储在 stocks_data 变量中。

五、事件处理函数

（一）on_tick(context,tick)

功能：当市场产生新的 tick 数据时，on_tick 会被触发，策略可实时获取最新行情信息，策略开发者可在 on_tick 中编写逻辑代码。
参数：
context：策略上下文对象，存储策略运行过程中的全局变量。
tick：tick 对象，当前被推送的 tick 数据。
示例：

```
# coding=utf-8
from __future__ import print_function, absolute_import
from gm.api import *


# 初始化函数
def init(context):
    # 订阅中国船舶的 tick 数据
    subscribe(symbols='SHSE.600150', frequency='tick')
def on_tick(context, tick):
    print(tick)


if __name__ == '__main__':
    run(strategy_id='strategy_id',
        filename='main.py',
        mode=MODE_BACKTEST,
        token='token_id',
        backtest_start_time='2025-05-13 09:00:00',
        backtest_end_time='2025-05-13 15:00:00')
```

上述是一段完整的 Python 代码，订阅了中国船舶（SHSE. 600150）的 tick 数据，并在每次收到新 tick 时打印其内容，通过 run 函数启动策略的回测。

（二）on_bar（context，bars）

功能：bar 数据更新时触发的事件函数，接收固定周期 bar 数据，可在 on_bar 中编写策略逻辑代码。

参数：

context：策略上下文对象，存储全局变量。

bars：当前被推送的 bar 列表。

示例：

```
def init(context):
    subscribe(symbols=['SZSE.300750', 'SZSE.000333', 'SZSE.300433'],\
              frequency='1d')
def on_bar(context, bars):
    for bar in bars:
        print(bar)
```

上述代码用于获取并打印三只股票的日线行情数据。在 init 函数中，通过 subscribe 订阅了宁德时代（SZSE. 300750）、美的集团（SZSE. 000333）和蓝思科技（SZSE. 300433）三只股票的日线数据；在 on_bar 回调函数中，遍历接收到的每根 K 线数据并打印，包含股票代码、开盘价、收盘价、最高价、最低价、成交量、时间等信息。

六、交易执行函数

（一）order_volume（symbol，volume，side，order_type，position_effect，price）

功能：按指定数量下单，支持市价单、限价单等。

参数：

symbol：标的代码。

volume：交易数量（股数或合约数）。

side：委托方向，买入 OrderSide_Buy，卖出 OrderSide_Sell。

order_type：委托类型，市价单 OrderType_Market，限价单 OrderType_Limit。

position_effect：开平仓类型，开仓 PositionEffect_Open，平仓 PositionEffect_Close。

price：限价委托时的委托价格，市价单时可不填或填 0。

示例：

```
order_volume(symbol='SZSE.002078',volume=500,\
             side=OrderSide_Buy,order_type=OrderType_Market, \
             position_effect=PositionEffect_Open, price=0)
```

上述代码使用 order_volume 函数，以市价单方式买入 500 股在深圳证券交易所上市的太阳纸业（SZSE. 002078）股票，并指定为开仓操作。

(二)order_target_percent(symbol,percent,position_side,order_type,price)

功能:根据当前持仓情况,自动计算并执行买入或卖出指令,使得指定标的的持仓比例达到用户设定的目标百分比。该函数适用于需要动态调整持仓比例的交易策略。

参数:

symbol:标的代码,表示需要调整持仓比例的金融产品,如股票、期货等。

percent:目标持仓比例,表示希望该标的在总资产中的占比,通常以小数形式表示,例如0.2表示20%。

position_side:持仓方向,表示将多仓还是空仓调到目标持仓,可以指定为PositionSide_Long或PositionSide_Short。

order_type:订单类型,指定交易指令的类型,如市价单OrderType_Market、限价单OrderType_Limit等。

price:下单价格。

示例:

```
def init(context):
    context.targets = {
                    'SHSE.601985': 0.3, # 中国核电占总资产30%
                    'SZSE.002078': 0.2, # 太阳纸业占总资产20%
                    'SZSE.300433': 0.1, # 蓝思科技占总资产10%
                    }
        schedule(schedule_func=algo, date_rule='1d', time_rule='09:30:00')


    def algo(context):
        for symbol, target_percent in context.targets.items():
            order_target_percent(symbol=symbol,percent=target_percent,
                            position_side=PositionSide_Long,
                            order_type=OrderType_Market)
```

上述代码的核心功能是每日开盘时自动调整中国核电(SHSE.601985)、太阳纸业(SZSE.002078)、蓝思科技(SZSE.300433)三只股票的持仓比例。在初始化函数中,设定了三只股票的目标持仓比例——中国核电(30%)、太阳纸业(20%)、蓝思科技(10%),合计占总资产的60%。通过schedule函数设置每日09:30触发调仓算法,确保策略按日执行。在algo函数中,使用order_target_percent函数将每只股票的仓位自动调整至预设比例。例如,若当前太阳纸业持仓不足20%,则买入补充;若超过20%,则卖出减持;若无持仓,则按总资产20%的金额买入。在交易执行方式上,采用市价单确保订单快速成交,但可能存在滑点风险。

实训项目二十 量化投资策略的设计、开发与优化

一、实训目的

(1)掌握量化投资策略的设计、实现与优化全流程,熟悉量化终端API(应用程序编程接口)的功能与调用方法。

(2)理解常见量化策略的核心逻辑与实现,能独立设计并优化策略。

(3)培养基于 API 的量化交易策略开发思维,提升量化编程能力。

(4)通过回测与仿真交易验证策略有效性,学习风险控制与参数调优方法。

二、实训要求

(1)具备 Python 编程基础,掌握东财掘金量化终端 API 文档的查阅方法,能够根据需求调用对应的接口。

(2)使用东方财富掘金量化终端平台完成策略开发、回测与仿真交易。

(3)提交策略代码、回测报告、仿真交易记录及优化分析总结。代码需包含 API 调用的详细注释,说明接口功能、参数设置及返回值处理逻辑等。

三、实训内容及步骤

(1)明确策略目标与逻辑框架,结合市场特征与风险偏好定义信号生成规则、交易执行规则及风险控制规则。分析所需数据类型及调用频率、交易指令类型等,选择对应的 API 接口,确保策略逻辑可通过编程实现并与量化平台兼容。

(2)编写 Python 程序,初始化策略参数与变量,通过 API 获取历史或实时数据并对其进行预处理,基于策略逻辑生成交易信号,通过 API 发送交易指令并处理结果反馈,同时嵌入风险控制逻辑。代码需结构清晰、注释完整。

(3)对编写好的策略进行回测,配置回测参数,导出回测报告,分析策略表现,评估策略的有效性与稳定性,并进行参数优化。

(4)在策略交易模块中加载优化后的策略,运行仿真交易,监控信号生成与执行情况,观察策略在实时行情中的表现,记录实际成交情况,对比仿真结果与回测结果的差异,分析差异原因。根据仿真交易情况,优化策略参数或交易执行逻辑,提升策略的实盘适应性。

四、实训结果

对实训过程进行总结,撰写一篇实训报告,详细描述策略逻辑、策略代码、信号生成方法、仓位管理规则,列出核心回测指标,绘制收益曲线和回撤曲线,分析策略在不同市场环境下的表现,记录参数优化的过程,总结仿真交易结果,提出未来改进方向。

参 考 文 献

[1] 胡金焱. 证券投资学[M]. 4 版. 北京：高等教育出版社，2021.

[2] 郑振龙，陈蓉. 金融工程[M]. 5 版. 北京：高等教育出版社，2020.

[3] 同花顺. 同花顺软件操作技巧与实战指南[M]. 北京：电子工业出版社，2024.

[4] 董雪梅，李莹，姜睿. 证券投资学实训教程[M]. 北京：清华大学出版社，2022.

[5] 刘俊棋. 证券投资定量分析与模拟实训[M]. 西安：西安电子科技大学出版社，2022.

[6] 韩曙平，黄萍. 证券投资综合实训教程[M]. 2 版. 大连：东北财经大学出版社，2020.

[7] 中国证券业协会. 金融市场基础知识[M]. 北京：中国财政经济出版社，2024.

[8] 中国期货业协会. 期货及衍生品基础[M]. 3 版. 北京：中国财政经济出版社，2021.

[9] 陈学彬. Python 量化投资基础教程[M]. 北京:高等教育出版社,2021.

[10] 龙马金融研究中心. 东方财富炒股软件从入门到精通[M]. 北京：人民邮电出版社，2017.